国家社科基金后期资助项目
出版说明

后期资助项目是国家社科基金设立的一类重要项目,旨在鼓励广大社科研究者潜心治学,支持基础研究多出优秀成果。它是经过严格评审,从接近完成的科研成果中遴选立项的。为扩大后期资助项目的影响,更好地推动学术发展,促进成果转化,全国哲学社会科学工作办公室按照"统一设计、统一标识、统一版式、形成系列"的总体要求,组织出版国家社科基金后期资助项目成果。

全国哲学社会科学工作办公室

国家社科基金
GUOJIA SHEKE JIJIN HOUQI ZIZHU XIANGMU
后期资助项目

被控异端与
宗教改革

约翰·胡斯的思想与实践

曾祥敏　著

上海三联书店

目　　录

前　言

综观基督教的历史，可以发现，在不同的历史时期，总会有一些所谓的"异端"思想或"异端"运动大行其道，它们对既有的基督教义和基督教会造成冲击，并通过对教义的重新或"另类"阐释对基督教的发展和变革产生或多或少的影响。一定程度而言，正是因为不同时期的"异端"思想或运动，最终形成了今日基督教会教派林立、教义并存的局面。毋庸置疑，基督教思想的嬗变对西方文明的历史进程产生了不可磨灭的影响，而宗教改革是其中重要的一环。

就宗教改革，著名历史学家威尔·杜兰(Will Durant)有如下论断："宗教改革真正开始于 14 世纪的约翰·威克里夫……，由 15 世纪时的约翰·胡斯推波助澜，而到 16 世纪，在鲁莽的维腾堡修道士(即马丁·路德，引者注)手中开始大放异彩。"[①]这一论断准确地指出，马丁·路德发动的新教改革固然关键，但是它不可能凭空而生、一蹴而就，威克里夫和胡斯发挥的作用和造成的影响不容忽视。[②] 实际上，杜兰的论断已经成为广为接受的学术

---

① ［美］威尔·杜兰著，幼狮文化公司译:《世界文明史卷六:宗教改革》，东方出版社，1998 年版，原序第 3 页。引文参照英语原文有个别调整，英文原文参见 Will Durant, *The Reformation: A History of European Civilization from Wyclif to Calvin: 1300 - 1564* (*The Story of Civilization*, Part VI), New York: Simon and Schuster, 1957, To the Reader, p. vii。

② 学术术语使用的变化也能说明这一点。Reformation 以前专指路德发动的宗教改革，现在它已经开始和某些限定词搭配，来指代路德之前发生在英格兰和波西米亚的教会改革运动。比如，牛津大学教授安妮·哈德逊(Anne Hudson)发明"早产的宗教改革"(the Premature Reformation)这一术语来描述威克里夫及其罗拉德派运动，参见 Anne Hudson, *The Premature Reformation: Wycliffite Texts and Lollard History*, Oxford: Clarendon Press, 1988。捷克史学界使用"波西米亚宗教改革"(Bohemian Reformation)来描述胡斯以及胡斯派运动，从 1994 年开始每两年在布拉格举办"波西米亚宗教改革和实践"(Bohemian Reformation and Religious Practice，缩写为 BRRP)国际研讨会，并主要以英语出版会议论文集，参见 BRRP 官方网址 http://www.brrp.org/about.htm。胡斯研究的当代权威学者托马斯·A. 法吉(Thomas A. Fudge)则使用"第一次宗教改革"(the First Reformation)来指代 14 至 15 世纪发生在波西米亚的宗教改革运动，参见 Thomas A. Fudge, *The Magnificent Ride: The First Reformation in Hussite Bohemia*, Aldershot and Brookfield: Ashgate, 1998。

界共识，因此有关宗教改革史、基督教史、中世纪史的诸多中外论著有专节或至少一定的内容讨论威克里夫和胡斯。[①]

图1　约翰·胡斯

（图片来源：David Schley Schaff, *John Huss: His Life, Teachings and Death, After Five Hundred Years*, New York: Charles Scribener's Sons, 1915，书名页前的插图。）

　　作为中世纪后期波西米亚（今捷克）最著名的宗教改革家，约翰·胡斯（John Hus，约 1372—1415）[②]前承"宗教改革的晨星"、英国宗教改革家约

[①] 以国外基督教史研究为例，《基督教会史》（［美］威利斯顿·沃尔克著，孙善玲、段琦、朱代强译，北京：中国社会科学出版社，1991 年版）在"第五时期：中世纪后期"有第 12 章"威克里夫和胡斯"（第 339—348 页）；《基督教简史》（［美］G. F. 穆尔著，郭舜平等译，北京：商务印书馆，1981 年版）在第 6 章"中世纪后期"第 207—208 页有简要介绍胡斯，等等。以国内基督教史研究为例，《基督教史纲》（杨真著，北京：三联书店，1979 年版）第 270—271 页讨论威克里夫，273—277 页讨论胡斯和胡斯战争；《基督教史》（王美秀、段琦、文庸、乐峰等著，南京：江苏人民出版社，2006 年版）第 155—159 页以"欧洲宗教改革运动的先驱"为题介绍威克里夫和胡斯；《中世纪"上帝"的文化——中世纪基督教会史》（张绥著，杭州：浙江人民出版社，1987 年版）第 200—207 页以"宗教改革运动的前奏曲"为题介绍了威克里夫和胡斯，等等。

　　通史类著作方面，著名的《新编剑桥中世纪史卷 7：1415—1500》第 18 章"胡斯、胡斯派和波西米亚"专题讨论胡斯及其影响，见 Christopher Allmand（ed.），*The New Cambridge Medieval History*（vol. vii，c. 1415 - c. 1500），New York: Cambridge University Press, 1998, pp.367 - 391。国内学者朱寰、马克垚主编的《世界史：古代史编》（下卷，北京：高等教育出版社，1994 年版）第 317—320 页介绍了胡斯的宗教改革。

[②] 约翰·胡斯的名字在不同语种中有多种拼写方式，比如英语文献中有 John Hus、John Huss 以及 Jan Hus，法语文献中称 Jean Huss，拉丁文献中称 Joannes Hus，捷克语文献中称 Jan Hus。而约翰·胡斯的中文译名也有数种，比如扬·胡司、杨·胡斯等。类似的是，在胡斯研究的国内外著述中，相关历史人物的姓名以及汉译名也有多种表达。因此，有必要说明的是，本书所采用的 John Hus 及后文所附其他人物的英文名主要参照了（转下页）

翰·威克里夫(John Wyclif，约 1330—1384)，后启德国宗教改革的发起人马丁·路德(Martin Luther，1483—1546)，在基督教历史中占据着重要而独特的位置。从时间的跨度来看，胡斯这一承前启后的位置对于理解威克里夫和路德的宗教改革思想以及实践具有重要的桥梁意义。对于威克里夫而言，其宗教改革思想之所以能够远渡海峡、跃出国界，并最终扎根波西米亚而结出远胜于在英格兰的累累硕果，胡斯功不可没。对于路德而言，他不仅被罗马教会称为伪装起来的胡斯派，而且路德本人也公开承认自己无形中教导和信仰着胡斯的观点，自己就是胡斯派。可见，如果缺乏对胡斯这样一个枢纽式人物全面深入的解读，我们对发端于 14 世纪并在 16 世纪达致顶峰的欧洲宗教改革运动的理解将是有所局限的。

今人称之为宗教改革家的胡斯，却是中世纪后期基督教史上最为著名的"异端"之一。从 1400 年被按立为神甫并在 1402 年出任伯利恒小教堂的布道师，胡斯出现在波西米亚教会的舞台上并逐渐成为教会改革运动的领导者。从 1410 年首次遭受异端起诉，直到 1415 年 7 月 6 日被康斯坦茨公会议(Council of Constance，1414—1418)定罪为异端并判火刑烧死，胡斯的被控异端个案比较典型地反映了中世纪后期基督教会与"异端"之间的张力，为我们理解路德宗教改革之前的基督教会所面临的挑战提供了重要的参照。

胡斯的一生正好处于西方教会大分裂(Great Western Schism)这一特殊的历史时期。肇始于 1378 年的西方教会大分裂，进一步降低了自"阿维农之囚"时期以来罗马教会在欧洲的威信，教会的混乱与腐败无以复加。这样的环境刺激着胡斯反思教会以及教皇制度的本质，促成了胡斯"异端"思想的形成，并导致了胡斯与教皇领导下的天主教会彻底决裂。同时，在导致胡斯被控异端的整个过程中，教会大分裂所引发的系列事件起到了推波助澜的作用。因此，研究处在对立教皇复杂对峙环境中胡斯的所思所想、所作所为，对于我们丰富理解西方教会大分裂具有独特的意义。

胡斯在基督教史上的重要地位还在于他殉道后留下的巨大而深远的影响。胡斯的殉道激起了波西米亚人民极大的义愤，胡斯成为了波西米亚民

(接上页)美国学者马修·斯宾卡的英文专著《约翰·胡斯传》(Matthew Spinka, *John Hus: A Biography*, Princeton: Princeton University Press, 1968)，而中文译名主要参考《世界人名翻译大辞典(修订版)》(新华通讯社译名室主编，北京：中国对外翻译出版公司，2007 年版)和国内史学界约定俗成的翻译，个别译名按照其英文读音由笔者自行翻译。本书出现的外国地名的中文译名主要参考《世界地名翻译大辞典》(周定国主编，北京：中国对外翻译出版公司，2007 年版)和约定俗成的翻译，个别参考了"Google 地图"的译名。

族主义运动的精神领袖。1419 年胡斯战争爆发，并一直持续到 1434 年。恩格斯曾将胡斯战争的实质和内容概括为"捷克民族为反对德国贵族和德意志皇帝的最高权力而进行的带有宗教色彩的农民战争。"[①]事实上，在胡斯生活的时代，波西米亚民族与德意志[②]民族之间存在着深刻的民族矛盾，民族意识也正在波西米亚人民中形成，而胡斯在推动民族语言布道、促使波西米亚控制布拉格大学等方面发挥过重要的作用。讨论胡斯生前对推动波西米亚民族意识形成的贡献，以及去世后其宗教改革思想对于胡斯战争以及胡斯追随者（即胡斯派）的影响，有助于我们了解 15 世纪波西米亚民族主义运动的历史进程，加深我们对于波西米亚民族反抗封建王权统治和天主教会统治的理解。

回顾和梳理国外学界的学术史，胡斯研究从宗教改革家、异端等多个视角对胡斯的生平、胡斯的宗教改革实践、胡斯的神学思想、胡斯的历史影响等开展了深入研究。除了此前涉及胡斯的零星论述，西方学界以胡斯为对象的专题研究大致肇始于 19 世纪中期，井喷于 20 世纪上半叶，巅峰之作问世于 20 世纪下半叶，以及 21 世纪的再攀高峰，其标志性成果当属以时间为序、全面呈现胡斯宗教改革实践的多本胡斯生平传记，以及一些主题鲜明的胡斯研究论著。[③] 下面重点介绍几部最有代表性的作品，以此呈现胡斯研究的概况。

---

① 恩格斯：匈牙利的斗争，《马克思恩格斯全集》（第六卷），北京：人民出版社，1961 年版，第 199 页。

② 有必要就"德意志"（deutsch）和"日耳曼"（Germann）两个术语在本书中的使用做一说明。"德意志"一词源自古日耳曼词语 diutisc（由 theoda 即部族民一词而来），最初只是指生活在法兰克王国东部的古老部落和部族讲的方言，时间大约在 8 世纪。就民族而言，日耳曼人的变迁史表明，德意志人是"生活在莱茵河以东古称大日耳曼尼亚土地上的一部分日耳曼部落和部族融合而成的。"（引自丁建弘：《德国通史》，上海：上海社会科学院出版社，2002 年版，第 22—23 页）因此，有德国史家指出，"日耳曼人和德意志人并非一回事。只有法兰克王国才为德意志民族，而且也为法兰西民族的形成奠定了基础。因之它的历史成为德意志民族的史前史。然而在九世纪才开始逐渐成为语言和文化统一体的德意志民族的形成史，则是日耳曼人与基督教精神和古代遗产大会合的一个组成部分。"（引自［德］赫伯特·格隆德曼等著，张载扬等译：《德意志史》［第一卷：古代和中世纪上册］，北京：商务印书馆，1999 年版，第 123 页）就德意志人国家的形成而言，不能不提到法兰克王国。历经墨洛温王朝和加洛林王朝，法兰克王国被 843 年的凡尔登缔约一分为三，即东法兰克王国、西法兰克王国和中法兰克王国（后称洛林王国）。919 年出任东法兰克国王的亨利一世次年将国名改为德意志王国，因此 919 年被视为德意志历史的开端（另有学者取 911 年，因为该年康拉德一世出任国王，标志加洛林王朝退出历史舞台）。参见丁建弘：《德国通史》，第 23—25 页。鉴于本书研究的历史时段主要在 14—15 世纪，因此除个别地方涉及 919 年之前的史实需要使用"日耳曼"术语之外，本书主要采用"德意志"这一术语。

③ 详见拙文，曾祥敏：捷克宗教改革家约翰·胡斯研究述评，《西南民族大学学报（人文社会科学版）》，2013 年第 2 期。

　　就篇幅而言,不能不提 E.H.吉列特(E.H. Gillett)初版于 1861 年、总页数超过 1200 页的 2 卷本胡斯传记《约翰·胡斯的生平与时代:15 世纪的波西米亚宗教改革》,①对胡斯作为宗教改革家的一生进行了详尽刻画,对波西米亚的宗教改革事业进行了 200 余年的长时段考察,为我们把握胡斯宗教改革的历史背景和深远影响奠定了基础。

　　就学术影响力而言,必须提及奥地利历史学家约翰·洛瑟斯(Johann Loserth)的一本开山之作和 20 世纪下半叶问世的三本经典之作。早在 1884 年,洛瑟斯用德语出版了《胡斯与威克里夫:论胡斯思想的起源》一书,其英译本同年在英国以《威克里夫与胡斯》为题出版,②首次研究了胡斯对威克里夫神学思想的接受问题,产生了持久的学术影响力。几十年之后,迟至 1966 年,美国学者马修·斯宾卡(Matthew Spinka)才首次对于胡斯的神学思想展开了全面论述,出版了《约翰·胡斯的教会观》,③系统梳理了胡斯神学思想形成和发展的过程,深入阐述了胡斯的教会观,明确了胡斯宗教改革家的身份。两年后,1968 年斯宾卡出版了英文传记《约翰·胡斯传》,④不仅材料的选取丰富多样,而且兼顾论证的严密和细节的生动,业已成为胡斯研究领域公认的经典之作。这一时期的另一本经典之作是 1960 年比利时学者保罗·德·沃赫特(Paul de Vooght)出版的法语专著《约翰·胡斯的异端》,⑤主要从中世纪的历史语境和罗马教会的视角辨析了胡斯何以是异端,展示了论者开阔的视野、娴熟的材料征引、极强的理性思辨和问题阐释能力等。

　　最后需要提及的是当代胡斯研究的权威学者托马斯·A.法吉(Thomas A. Fudge)。2010 年,法吉出版了英文专著《约翰·胡斯:波西米亚的宗教改革和社会革命》,⑥打破了传统意义上传记的书写体例,每章单辟主题,既涉及生平、神学、布道等常见主题,又有政治、革命等必要视角,甚至

① E.H. Gillett, *The Life and Times of John Huss; or, the Bohemian Reformation of the Fifteenth Century* (2 vols.), Boston: Gould and Lincoln, 1861.

② 德文版参见 Johann Loserth, *Hus und Wiclif, zur Genesis der hussitischen Lehre*, Prag: F. Tempsky; Leipzig: G. Freytag, 1884。英文版参见 Johann Loserth, M. J. Evans (trans), *Wiclif and Hus*, London: Hodder and Stoughton, 1884。

③ Matthew Spinka, *John Hus' Concept of the Church*, Princeton: Princeton University Press, 1966.

④ Matthew Spinka, *John Hus: A Biography*, Princeton: Princeton University Press, 1968.

⑤ Paul De Vooght, *L'hérésie de Jean Huss*, Louvain: Publications universitaires de Louvain, 1960.

⑥ Thomas A. Fudge, *Jan Hus: Religious Reform and Social Revolution in Bohemia*, New York: I.B. Tauris & Co Ltd, 2010.

还涵盖了胡斯的视觉艺术、历史编纂学等全新主题,讨论具有很强的思辨性,体现出了很高的学术价值。随后,法吉又陆续出版了至少3本胡斯研究的专题专著,①分别讨论了康斯坦茨公会议审判胡斯异端案的全过程、胡斯选择重建道德的教会改革之路的动机以及后世对于胡斯的记忆、多重身份胡斯的解读及其影响,延续了其思辨性学术写作的风格,对于当代的胡斯研究进行了深度拓展,由此形成的总体看法是,如果将胡斯放在中世纪的历史语境中,胡斯应该被视为中世纪的教会改革者。

相较之下,国内学界对于胡斯的关注远远不够,虽有一些数量不多的单篇论文,②但未见以胡斯为专题研究的论著出版,这与前述胡斯的历史地位是不相匹配的。

虽然西方学界的胡斯研究视角多样、成果丰硕,但是对于胡斯的被控异端依然缺乏整体性论述。具体而言,一方面,胡斯的"异端"究竟在何处,哪些力量的合谋最终判定胡斯为"异端",认定"异端"的过程和程序如何,胡斯如何回应对其"异端"的指控以及产生了哪些影响,这些问题的讨论有助于我们理解罗马天主教会维护大一统统治的运作、教皇主导之下的罗马教廷与各民族教会和民族国家之间的关系、教会法的实施、早期的宗教裁判制度、中世纪大学与社会的互动,等等;另一方面,需要系统梳理胡斯的"异端"思想,也就是其宗教改革思想的起源、发展和成熟的过程,以及厘清胡斯"异端"或宗教改革思想在后世的接受和传播,这些问题有助于我们深化理解中世纪后期基督教史上各种思想之间的角力,丰富我们对于基督教思想史的研究。鉴于以往的绝大部分研究聚焦在描述胡斯的一生和宗教改革实践,少量研究探讨了胡斯的宗教改革思想,因此本书试图将上述两个方面结合起来进行,从宗教、政治、民族等多角度,从教义之争、教权王权关系、西方教会大分裂的特定时代等多因素,展开整体性的分析和讨论。

总体来说,本书以胡斯的著述和书信以及相关的历史文献等第一手材料为主要史料,③吸收国内外现有的研究成果,在尽量还原胡斯所处的历史

---

① Thomas A. Fudge, *The Trial of Jan Hus: Medieval Heresy and Criminal Procedure*, New York: Oxford University Press, 2013; Thomas A. Fudge, *The Memory and Motivation of Jan Hus, Medieval Priest and Martyr*, Turnhout: Brepols, 2013; Thomas A. Fudge, *Jan Hus Between Time and Eternity: Reconsidering a Medieval Heretic*, Lanham and London: Lexington Books, 2016.

② 迟至20世纪90年代,始有中国学者关注胡斯的宗教改革思想以及实践,代表性学者包括华君如、吴泽义、霍红霞、曾祥敏等。在此之前,包括刘明翰、尹曲、周尊南等学者主要关注胡斯战争和胡斯运动。上述学者发表的中文论文,参见本书所附参考文献。

③ 本书参引的第一手材料作为"基本史料"列在"参考文献"之中。此处有必要简要介绍有关胡斯的重要第一手材料的出版和翻译情况。尽管学界对胡斯遗留的著述和书信(转下页)

时代和生活环境的基础上，从胡斯被控异端这一新的考察视角，全面探讨胡斯作为宗教改革家的思想形成、实践过程和历史影响。

（接上页）最早于何年出版并无定论，但是早在 1558 年《基督教殉难者约翰·胡斯和布拉格的杰罗姆之传记及其著述》一书已收录胡斯的部分书信、撰写的短论文等，参见 Matthias Flacius Illyricus（ed.），*Historia et Monumenta Joannis Hus et Hieronymi Pragensis, Confessorum Christi*，Norimberg，1558。

对有关胡斯的原始文献进行全面系统的整理当属捷克历史学家弗兰蒂泽克·帕莱兹奇（František Palacký）在 1869 年编辑出版的《有关约翰·胡斯教士的文献》。该书所收文献主要是拉丁文和捷克文，以拉丁文文献为主，其中收录 92 封胡斯的往来信件和胡斯遭受指控期间的重要文献等。参见 František Palacký（ed.），*Documenta Mag. Johannis Hus*，Praha：F. Tempský，1869。

从 19 世纪 60 年代开始，胡斯著述和书信以捷克文陆续出版并持续至今。最早的版本是卡雷尔·J. 厄尔本本（Karel J. Erben）编辑出版的《约翰·胡斯教士捷克语作品全集》，后来 V. 弗莱什汉斯（V. Flajšhans）也整理出版了多卷本的《约翰·胡斯教士作品集》，而最著名的以捷克文出版的胡斯书信集当属 V. 诺沃特尼（V. Novotný）编辑的《约翰·胡斯教士的书信与文献》。参见 Francis hrabě Lützow，*The Life and Times of Master John Hus*，London：J. M. Dent ℰ. Co.，1909，pp. 315 - 316。

除了上述原始文献以外，已有学者将胡斯的书信和部分著述翻译成英文、法文等予以出版。就书信而言，埃米尔·德·博纳绍斯首次将胡斯流亡和被囚康斯坦茨期间总计 71 封书信翻译成法文（该法文版后被译成英文出版），不过该书信集对每封信写作的时间没有考订。赫伯特·B. 沃克曼和罗伯特·M. 蒲柏编辑并译成英文出版的胡斯书信集收录了 82 封书信，并对每封书信的写作日期进行了考订。美国学者马修·斯宾卡根据 V. 诺沃特尼的版本英译的胡斯书信集收录有 101 封书信，另外在他编辑并以英文出版的《约翰·胡斯在康斯坦茨公会议》一书中也收录有胡斯参加康斯坦茨公会议期间重要的通信和文件共 34 篇。参见 Émile de Bonnechose，*Lettres de Jean Hus ecrites Durant son Exil et dans sa Prison avec une Preface de Martin Luther*（2ᵉ édition），Paris：L. R. Delay，Libbaire-Éditeur，1846；Émile de Bonnechose，Campbell Mackenzie（trans.），*Letters of John Huss, Written during His Exile and Imprisonment*，Edinburgh：William Whyte ℰ. Co.，1846；Herbert B. Workman ℰ. Robert M. Pope（trans.），*The Letters of John Hus*，London：Hodder and Stoughton，1904；Matthew Spinka（trans.），*The Letters of John Hus*，Manchester：Manchester University Press，1972；Matthew Spinka（ed. ℰ. trans.），*John Hus at the Council of Constance*，New York：Columbia University Press，1965，pp. 237 - 298。就著述而言，胡斯最为重要的神学著作、用拉丁文写成的《论教会》（*De Ecclesia*）一书已经被翻译成英文出版。胡斯批评当时教会堕落现象的代表作、用捷克文写成的长篇论文《论西门主义》（*O svatokupectví*）已有英译本问世。参见 John Hus，David Schley Schaff（trans.），*De Ecclesia (The Church)*，New York：Charles Scribner's Sons，1915；John Hus，On Simony，Matthew Spinka（ed.），*Advocates of Reform: From Wyclif to Erasmus*，Philadelphia：The Westminster Press，1953，pp. 196 - 278。

第一章　波西米亚:"异端"形成的历史语境

　　"波西米亚"(Bohemia)一词与一群叫做波伊人(Boii)的凯尔特人有关,意思就是"波伊人的家乡",他们的踪迹出现在波西米亚地区的时间大概可以追溯到公元前 4 世纪中叶。① 随着日耳曼人的入侵,长达 5 个世纪的凯尔特文化被终结。6—7 世纪期间,一些斯拉夫部落离开喀尔巴阡盆地移居到波西米亚、摩拉维亚等地,史称西斯拉夫人的这些人就是今天捷克人、斯洛伐克人和波兰人的先祖,②他们将定居生活的这片土地称为 Čechy,这就是今天"捷克"之名的由来。③ 先后经历来自中亚的阿瓦尔人(Avar)和法兰克王国的统治后,西斯拉夫人建立了大摩拉维亚王国(Kingdom of Great Moravia, 833—906 年)。在这一时期,波西米亚作为其中的公国由公爵统治,博日沃伊一世(Borivoj I, 872—889 年在位)是有史以来首个波西米亚公爵,他开创的普热米斯尔(Premysl)王朝对波西米亚的统治一直持续到1306 年。随着大摩拉维亚王国的瓦解,波西米亚从摩拉维亚分离出来,逐渐形成为独立国家,最终弗拉吉斯拉夫二世(Vratislav II, 1061—1092 年在位)在 1085 年成为了波西米亚的第一任国王。④

　　基督教传入波西米亚的具体年代已不可考,但是早在两名希腊教士西里尔(Cyril,约 827—869)和美多德(Methodius,约 815—885)兄弟首次传入基督教的时候,波西米亚就开始置身于思想交锋的漩涡中。除了基督教与波西米亚本土长期存在的异教之间的交锋以外,早期希腊教士开创的用斯拉夫语传教以及采用斯拉夫宗教礼仪就和采用拉丁文为官方传

---

① William M. Mahoney, *The History of the Czech Republic and Slovakia*, Santa Barbara: Greenwood, 2011, pp. 19 - 20.

② William M. Mahoney, *The History of the Czech Republic and Slovakia*, pp. 21 - 22.

③ Cosmas of Prague, Lisa Wolverton (trans. & ed.), *The Chronicle of the Czechs*, Washington, DC: Catholic University of America Press, 2009, Introduction, p. 25.

④ William M. Mahoney, *The History of the Czech Republic and Slovakia*, pp. 22 - 33, 42.

教语言的日耳曼教士之间产生了矛盾。[1] 随着天主教在波西米亚的扎根和发展壮大,教会自身不可避免地暴露出了很多问题,这些问题引起了教会内外有识之士的反思和批评,因此寻求教会改革的人士与维护教会权威和利益的人士之间就演化为基督教义以及具体实践诸多方面的斗争。按照早期教会教父们所形成的对于异端的认知,异端反对教会的一致看法和普遍观念,无视圣经、传统和教义,偏执于个人的观点,从而威胁到了教会的完整。[2] 从这个意义上看,波西米亚并不缺少"异端"。但是,15 世纪初以胡斯为代表的"异端"以及随后引发的胡斯运动在波西米亚基督教史的史册中是声势最为浩大、影响最为深远的一页。当然,如果要准确解释"异端"胡斯的所思所为以及揭示其中蕴含的历史意味,则必须要尽量还原胡斯当时所处的历史语境,具体而言,就是胡斯所生活的波西米亚社会和天主教会。

第一节　14 世纪的波西米亚

中世纪时期的波西米亚毗邻德意志、波兰和匈牙利等国,因此 10—13 世纪期间波西米亚逐步发展成强国的历程与和邻国的接触交织在一起,而其中最为重要的是波西米亚与神圣罗马帝国之间的关系。

在普热米斯尔王朝的早期君主统治期间,波西米亚不得不小心地维持与巴伐利亚、萨克森等公国的关系。弗拉吉斯拉夫一世(Vratislav I,约 915—921 年在位)选择支持巴伐利亚而对抗萨克森。随着萨克森公爵"捕鸟者"亨利一世成为东法兰克国王,从瓦茨拉夫(Václav,拉丁文写为 Wenceslas,921—935 年在位)统治期间开始,波西米亚被迫向东法兰克王国臣服甚至纳贡。[3] 另一方面,尽管后来的波西米亚君主与神圣罗马帝国不

---

[1] Jaroslav Pánek, Oldřich Tůma et al., *A History of the Czech Lands* (2nd edition), Prague: Charles University Karolinum Press, 2018, pp. 69 - 70; Robert H. Vickers, *History of Bohemia*, Chicago: C. H. Sergel Company, 1894, pp. 56 - 57.

[2] Edward Peters (ed.), *Heresy and Authority in Medieval Europe*, London: Scolar Press, 1980, pp. 14 - 22.

[3] Jaroslav Pánek, Oldřich Tůma et al., *A History of the Czech Lands* (2nd edition), p. 78. 瓦茨拉夫和他的兄弟波列斯拉夫一世在国家的发展方向上存在根本分歧,波列斯拉夫认为波西米亚应该建立强大的军队走独立之路。935 年(也有一种说法认为是在 929 年),波列斯拉夫在 9 月 28 日派人杀死了瓦茨拉夫,篡夺了王位。瓦茨拉夫后来被封为圣徒,被誉为波西米亚的保护神,9 月 28 日成为了瓦茨拉夫圣徒纪念日,并延续至今。

时有抵牾甚至对抗，比如波列斯拉夫一世（Boleslav I，约 935—972 年在位）与德意志国王奥托一世产生的军事冲突，尽管波西米亚与神圣罗马帝国保持着附庸关系，神圣罗马帝国也有机会插手波西米亚的内政，但是，总体来看，波西米亚一直拥有独立自主的疆域和实际的主权，拥有自己的货币，贵族甚至有权选举继任君主。① 另外，当神圣罗马帝国在对外扩张、与罗马教皇产生矛盾等方面寻求波西米亚支持之时，波西米亚就利用这些机会获取种种优惠和权利，君主的封号最终由公爵变为国王。1075 年德意志国王亨利四世（1084—1105 年出任神圣罗马帝国皇帝）与教皇格列高利七世就德意志主教续任权发生争执，时任波西米亚公爵弗拉吉斯拉夫二世选择坚定地支持亨利四世，后于 1082 年率兵大败反叛亨利的奥地利大公。为表达对波西米亚盟友的感谢，亨利四世公开承认弗拉吉斯拉夫二世为波西米亚国王，是为波西米亚历史上第一位国王。这也标志着波西米亚从神圣罗马帝国的附庸变为可以和德意志国王平等结盟的王国。不过，弗拉吉斯拉夫二世的国王称号并非世袭，半个多世纪后波西米亚才迎来第二任国王。1158 年，神圣罗马帝国皇帝红胡子腓特烈一世（Frederick I，1155—1190 年在位）授予弗拉迪斯拉夫二世（Vladislav II，1140—1172 年在位）国王称号，感谢后者的支持：在腓特烈与教皇因为主教叙任权发生争执时，弗拉迪斯拉夫二世站在了腓特烈一边；腓特烈意图控制意大利北部的一些富裕城市，弗拉迪斯拉夫二世因此率兵协助腓特烈围攻米兰。② 奥塔卡一世国王（Premysl Otakar I，1198—1230 年在位）继续支持神圣罗马帝国皇帝，因此腓特烈二世（Frederick II，1220—1250 年在位）在 1212 年加冕德意志国王后发布令状，宣布承认波西米亚任何当选的国王，波西米亚国王成为世袭称号。③

　　入选神圣罗马帝国的选帝侯可以视为波西米亚成为强国的标志之一。在此之前，六大选帝侯的机制导致了两个皇帝候选人得票均等而无人胜出的情况，因此波西米亚被选为第七个选帝侯，而且早在 1024 年时任波西米亚公爵的欧尔德利希（Oldrich，1012—1034 年在位）就参加了帝国皇帝的选举。④

---

① 周力行：《捷克史：波西米亚的传奇》，台北：三民书局，2008 年版，第 82 页。

② William M. Mahoney, *The History of the Czech Republic and Slovakia*, p.44.

③ Peter H. Wilson, *Heart of Europe: A History of the Holy Roman Empire*, Cambridge: the Belknap Press of Harvard University Press, 2016, pp.207 - 208.

④ Charles Edmund Maurice, *Bohemia: from the Earliest Times to the Fall of National Independence in 1620; with a Short Summary of Later Events*, p.48. 有关罗马帝国七大选帝侯的缘起和演变过程，参见［英］詹姆斯·布赖斯著，孙秉莹、谢德风、赵世瑜译：《神圣罗马帝国》，北京：商务印书馆，1998 年版，第 208—210 页。

当然,成为七大选帝侯中的世俗选帝侯之首标志着波西米亚登上了强国历程的顶峰。这主要归功于神圣罗马帝国皇帝、也是波西米亚国王的查理四世(Charles IV, 1346—1378年在位)在波西米亚三十多年的统治。查理于1316年生于布拉格,父亲是波西米亚卢森堡王朝(1310—1437)的开国之君卢森堡的约翰(John of Luxemburg, 1310—1346年在位),母亲是瓦茨拉夫二世的女儿伊莉莎白。1323年查理被送到法兰西宫廷接受教育,1333年被父亲召回波西米亚并在父亲外出时统治国家,1346年在他父亲战死于克雷西战役后继任波西米亚国王。同年查理被选为神圣罗马帝国皇帝,这在波西米亚历史上开创了先例,不过迟至1355年他才举行了皇帝加冕礼。[1] 正是从卢森堡的约翰国王开始,经过查理四世的治理,波西米亚王国的统治范围得以扩大,不仅包括波西米亚,还下辖有摩拉维亚、西里西亚公爵领地以及诸多小的封地等。[2]

图2 建于1848年的查理四世雕塑
(图片来源: http://en. wikipedia. org/wiki/Charles_IV,_Holy_Roman_Emperor)

一、查理四世的统治

由于卢森堡的约翰国王一生的主要精力用于开疆拓土,很少关注波西米亚国内事务,因此统治下的波西米亚经济萧条、民生凋敝,民众对国王的怨气很大,普遍欢迎查理这个新国王。针对当时波西米亚濒临崩溃的局面,查理曾有如下的回忆:

> 我们发现,王国是如此的破败,没有一处城堡未被作为皇室的财产用作抵押。除了城市中的房子,没有一处地方可用作行宫。布拉格城堡早已被废弃,因为自奥塔卡一世国王以来它就已被夷为平地。[3]

---

① Jaroslav Pánek, Oldřich Tůma et al., *A History of the Czech Lands* (2nd edition), pp. 132 - 136.

② Thomas A. Fudge, *The Magnificent Ride: The First Reformation in Hussite Bohemia*, Aldershot and Brookfield: Ashgate, 1998, p.7.

③ Bede Jarrett, *The Emperor Charles IV*, New York: Sheed & Ward, Inc., 1935, pp.46 - 47.

接手父王留下的烂摊子后,查理运用他的政治智慧和领导才干,迅速改变了波西米亚的面貌。史家将查理四世统治波西米亚的时代喻为"黄金时代",比如萨甘的卢尔多夫(Ludolph of Sagan)对这一时代的缔造者查理曾有高度评价:"他是荣耀的君主,正直的朋友,和平的热烈爱好者。由于他在波西米亚为建立有序的秩序而不遗余力,因此邻人和睦,森林原野一片安宁,一个人即使满载金银行走在路上也不用有丝毫的担心。"①

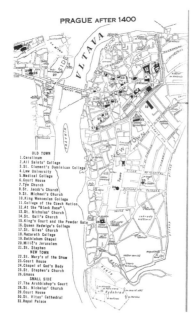

图3　1400年以后的布拉格城区地图

(图片来源:Matthew Spinka, *John Hus: A Biography*,第104至105页间的插图。)

登上王位的查理选择布拉格作为王国的首府,并斥巨资修建该城。在布拉格老城区(Old Town)的东南面,从1348年开始修建了新城区(New Town),它们都位于伏尔塔瓦河(Vltava River)的东岸,同时在西岸修建了小城区(Lesser Town 或称 Small Side),以及以法国罗浮宫为样本重建了皇宫赫拉德查尼城堡(castle of Hradčany),这样就构建了布拉格市区的四大部分。② 据估计,14世纪波西米亚的人口已经达到了200万,其中布拉格的人口在14世纪末可能已有近4万人。③ 查理还重建了布拉格最重要的圣维特大教堂(St. Vitus Cathedral),并在布拉格和波西米亚其他重要城市修建多所教堂,同时利用他在法兰西期间曾师从教皇克莱门特六世(Clement VI, 1342—1352年在任)的有利条件,获得教皇的准许,布拉格主教区在1344年被提升为大主教区。查理还大力发展工农业和采矿业,疏浚伏尔塔瓦河以改善其通航条件,重修了横跨伏尔塔瓦河的石桥(即著名的查

---

① Johann Loserth, M. J. Evans (trans), *Wiclif and Hus*, London: Hodder and Stoughton, 1884, p.3.

② 可以参见两幅地图的比较,Charles Edmund Maurice, *Bohemia: from the Earliest Times to the Fall of National Independence in* 1620*; with a Short Summary of Later Events*, pp.138 - 139;也可参见地图,Thomas A. Fudge, *Jan Hus: Religious Reform and Social Revolution in Bohemia*, pp.vii - viii. 另外,伏尔塔瓦河全长435千米,是捷克最长的河流。它发源于波希米亚森林,向北流经南波希米亚州、中波希米亚州和首都布拉格,在梅尔尼克注入易北河。

③ Thomas A. Fudge, *Jan Hus: Religious Reform and Social Revolution in Bohemia*, p.20.

理大桥),并且扶持文学艺术的发展。[1] 此外,查理四世所统治的区域也不断扩大,除了业已世袭的摩拉维亚,还获得了波西米亚以北的下卢塞舍、靠近德意志中部的勃兰登堡、西里西亚等领地。[2]

大兴土木、开疆拓土之余,查理四世的"事功"中可能最为人所称道者有二。其一,1348 年 4 月 7 日,查理四世签署了创建布拉格大学的特许状,授予它与巴黎大学和博洛尼亚大学同等的特权。[3] 布拉格大学是当时中欧的第一所大学,吸引了包括德意志在内的来自欧洲很多国家的学者和学生,这使得布拉格成为了波西米亚乃至整个神圣罗马帝国的文化中心、教育中心。[4] 特别是大学里的神学院,不仅为教会培养了大批教士,而且让布拉格成为了宗教中心,这为胡斯后来的求学、接触神学、形成并传播宗教改革思想提供了重要的基础和平台。其二,为结束神圣罗马帝国皇帝选举的不确定性以及教皇的干涉,查理四世在 1356 年颁布了著名的"黄金诏书"(the Golden Bull)。根据"黄金诏书"的规定,无需教皇的同意,由三个大主教和四个世俗君主组成的七大选帝侯有权自行选出神圣罗马帝国皇帝,而且波西米亚位列世俗选帝侯之首。[5] 这标志着查理四世治下的波西米亚,特别是布拉格,已经成为帝国的政治中心,同时也意味着各种教俗势力将会在这块舞台上角力,胡斯以后面临的异端起诉将会充分体现这一点。

二、瓦茨拉夫四世的统治

查理四世于 1378 年去世后,其长子瓦茨拉夫四世(Wenceslas IV,1378—1419 年在位)继位波西米亚国王和神圣罗马帝国皇帝。如同查尔斯·埃德蒙·莫里斯(Charles Edmund Maurice)所言:"伟大的名声在任何

① E. H. Gillett, *The Life and Times of John Huss; or, the Bohemian Reformation of the Fifteenth Century* (vol. 1, 2nd edition), Boston: Gould and Lincoln, 1864, pp. 41,49 - 50.有关查理扶持文学艺术的发展,最著名的例子当属查理四世与意大利著名诗人弗朗西斯科·彼特拉克(Francesco Petrarca, 1304—1374)的交往,包括 1354 年查理访问意大利会见诗人以及 1356 年诗人作为米兰的特使访问波西米亚受到查理的热情接待,详见 David Schley Schaff, *John Huss: His Life, Teachings and Death, After Five Hundred Years*, pp. 24 - 25。

② Matthew Spinka, *John Hus: A Biography*, pp. 6 - 7;[美]威廉·兰格主编,刘绪贻、李崇淮、施子愉译:《世界史编年手册(古代和中世纪部分)》,北京:三联书店,1981 年版,第595 页。

③ Matthew Spinka, *John Hus: A Biography*, p. 5.

④ Charles Edmund Maurice, *Bohemia: from the Earliest Times to the Fall of National Independence in 1620; with a Short Summary of Later Events*, p. 133.

⑤ Frederic Austin Ogg (ed.), *A Source Book of Medieval History*, New York: American Book Company, 1908, pp. 409 - 416.

情况下都是十分危险的遗产。而且,当那份遗产意味着其继任者必须要推进他的前任开创的伟大功业时,传统往往导致继任者的失败和羞辱。"①瓦茨拉夫的"失败和羞辱"首先体现在 1400 年其皇帝之位被废黜,尽管他一直都未承认失去这一封号。巴拉丁伯爵鲁佩特(Ruprecht of Palatinate)一直觊觎神圣罗马帝国皇帝宝座,且得到了美因茨大主教和教皇卜尼法斯九世(Boniface IX, 1389—1404 年在任)的支持。他们怪罪瓦茨拉夫只是关注波西米亚而对帝国事务不闻不问,指责瓦茨拉夫未能采用和平的方式处理与教会的冲突,于是 1400 年 2 月选帝侯在法兰克福选举鲁佩特为新的神圣罗马帝国皇帝。② 鲁佩特在 1410 年去世后,瓦茨拉夫同父异母的弟弟、时任匈牙利国王西吉蒙德(Sigismund)继位神圣罗马帝国皇帝,他将在定罪胡斯为异端的康斯坦茨公会议中发挥关键性作用。瓦茨拉夫失去神圣罗马帝国皇帝所拥有的君权,很大程度上导致他此后在应对罗马教会起诉波西米亚存在异端时(主要针对胡斯)丧失了主导地位。

图 4　瓦茨拉夫四世

(图片来源:Francis hrabě Lützow, *The Life and Times of Master John Hus*,第 82 至 83 页之间的插图。)

"失败和羞辱"还体现在,查理四世统治时期创造的和平环境在瓦茨拉夫时期已经大不如前。比较查理和瓦茨拉夫,史家认为后者缺乏他父王所拥有的政治智慧,比如查理懂得何时该坚持、何时该放弃,何时该惩罚、何时该宽恕等。③ 有史家认为瓦茨拉夫沉溺于狩猎、酗酒和女人,缺少他父王所拥有的自制,这可能与他年仅十七岁就大权在握有关。④

首先,瓦茨拉夫与教会的关系日益紧张,这尤其体现于他与布拉格大主教让斯特因的约翰(John of Jenštejn, 1378—1396 年在任)的冲突。1393 年,瓦茨拉夫拟任命一名亲信出任波美拉尼

---

①　Charles Edmund Maurice, *Bohemia: from the Earliest Times to the Fall of National Independence in 1620; with a Short Summary of Later Events*, p.163.

②　Charles Edmund Maurice, *Bohemia: from the Earliest Times to the Fall of National Independence in 1620; with a Short Summary of Later Events*, pp.172 - 173.

③　Charles Edmund Maurice, *Bohemia: from the Earliest Times to the Fall of National Independence in 1620; with a Short Summary of Later Events*, p.163.

④　Matthew Spinka, *John Hus: A Biography*, p.9.

亚(Pomerania)主教。遭到反对后，瓦茨拉夫决定在波西米亚另设一个主教区以便安插他的亲信，但是布拉格大主教反对这一做法，因为这将缩减他的所辖范围。此外，一所修道院院长去世后，大主教无视瓦茨拉夫的命令，怂恿教士们选举新的修道院院长，这也极大地触怒了瓦茨拉夫。在无法把大主教传唤到布拉格的情况下，瓦茨拉夫命人逮捕了大主教区的两名主要神职人员，百般折磨其中的一位后将其溺死在伏尔塔瓦河，这也是1400年选帝侯起诉瓦茨拉夫的另一罪名。瓦茨拉夫很快就对自己的不理智行为后悔了，因此释放了另一位神职人员。惧怕于瓦茨拉夫采用的暴力方式，大主教秘密逃到罗马，请求教皇卜尼法斯九世禁止波西米亚参与圣事活动，不过因为教皇要寻求瓦茨拉夫的支持而未能得逞。与此同时，几乎所有的教士都呼吁西吉蒙德出任波西米亚国王以便为他们复仇。[①] 因此，如何处理与教会的矛盾颇可体现瓦茨拉夫冲动易怒等性格缺陷以及崇尚使用暴力解决问题。

其次，瓦茨拉夫与贵族阶层的冲突加剧。为削弱大贵族的势力，瓦茨拉夫选用中小贵族甚至城市平民组成议会，并时常秘密巡查贵族们是否有违法行为，这些激起了大贵族们的不满甚至反叛。在其统治期间，瓦茨拉夫居然遭遇两次监禁，可见其统治基础并不牢固。第一次监禁发生在1394年5—8月，在摩拉维亚侯爵约布斯特(Jobst、Jost或称为Jodok)领导下贵族们反叛瓦茨拉夫，他们要求拥有曾经抵押给他们的所有城堡，要求任命约布斯特为波西米亚总督，等等。第二次监禁发生在约1402年，匈牙利国王西吉蒙德将他监禁在维也纳，瓦茨拉夫在1403年成功逃脱。[②]

其三，民族矛盾日益突出。由于毗邻德意志王国，波西米亚不可避免地和德意志民族之间存在交流和冲突。早在805年，查理曼率领军队侵入波西米亚，迫使其变成查理曼帝国的附庸并缴纳贡金，这种状况一直持续到德意志王国时期。但是，此后几个世纪里，两国君主和人民的交往总体上来说是友好的。虽然承认德意志王国的领导地位，但是波西米亚的治理具有很大程度的独立自主性，除了君主和主教的即位需要得到神圣罗马帝国皇帝

[①] Charles Edmund Maurice, *Bohemia: from the Earliest Times to the Fall of National Independence in 1620; with a Short Summary of Later Events*, pp.166 - 167.有文献明确指出，遭到瓦茨拉夫处死的那位神职人员是布拉格大主教区的副大主教波穆克的约翰(John of Pomuky)，他于1729年被封为圣徒，他的青铜像是查理大桥上竖立的第一尊雕像，参见［英］德里克·塞耶著，金天译：《布拉格：欧洲的十字路口》，上海：上海文艺出版社，2021年版，第42页。

[②] Charles Edmund Maurice, *Bohemia: from the Earliest Times to the Fall of National Independence in 1620; with a Short Summary of Later Events*, pp.168,174.

(大多时候也是德意志国王)作程序上的确认,来自德意志君主的干涉并不多。出于自身利益的考虑,比如确保王位的继承,比如希望得到国王的封号,波西米亚君主既会寻求德意志国王的军事支持,又会给予德意志国王对外作战所需的军事支持。当然,两国之间也在一定时期存在冲突。比如,1040 年和 1041 年德意志国王亨利三世(1046—1056 年出任神圣罗马帝国皇帝)的两次入侵就曾激发了波西米亚人反德意志的情绪,因此当斯皮季赫涅夫二世(Spitihněv II,1055—1061 年在位)即位波西米亚公爵,他立刻下令把德意志人驱逐出波西米亚。[①] 不过,随着波西米亚国王瓦茨拉夫一世(Wenceslas I,1230—1253 年在位)和奥塔卡二世(Přemysl Otakar II,1253—1278 年在位)实施鼓励政策,自 13 世纪以来大批德意志人开始定居波西米亚并依据德意志的法律建立城镇,德意志人逐步在教俗事务居于主导地位。[②] 这种主导地位体现在诸多方面:德意志人出任的法官主导司法审判,政府机构里的高级职位大量被德意志人占据,布拉格大学里的德意志学生是波西米亚本地学生数量的 5 倍,教堂里的布道师大多为德意志人(甚至布拉格首任主教就是德意志人),等等。[③] 更为刺激和伤害波西米亚民族感情的是,作为波西米亚民族重要标志之一的捷克语却被德语取而代之,德语成为波西米亚的通行语言。比如,布拉格的市政档案是用德语书写的,司法审判的记录也是使用德语,很多城堡用德语命名,日常生活中使用德语也十分普遍,[④]布拉格大学里讨论艰深的学术问题往往采用德语作为工作语言,[⑤]使用捷克语布道的神甫和教堂凤毛麟角。应该说,查理四世统治期间两大民族之间

① Cosmas of Prague, Lisa Wolverton (trans. & ed.), *The Chronicle of the Czechs*, pp. 123 - 131.亨利三世发动战争,是因为波西米亚在其统治下的波兰境内发现了储量丰富的金银矿,因此亨利三世主张对这些金银拥有所有权,但是遭到了波西米亚人的严词拒绝,理由是他们可以每年缴纳"120 头精选好牛和 500 马克"的贡品和贡金,但是"宁愿受死,也不接受传统约定之外的负担",参见同书第 123—124 页。亨利三世在 1040 年的军事行动遭到了失败,但在次年获得了胜利。

② Charles Edmund Maurice, *Bohemia: from the Earliest Times to the Fall of National Independence in 1620; with a Short Summary of Later Events*, p.110;周力行:《捷克史:波西米亚的传奇》,第 77、79 页。

③ E.H. Gillett, *The Life and Times of John Huss; or, the Bohemian Reformation of the Fifteenth Century* (vol.1,2nd edition), pp.6 - 7.布拉格首任主教是蒂特马尔(Thietmar,973—982 年在任),是一名萨克森人,他被选为主教以及被美因茨大主教祝圣的过程详见 Cosmas of Prague, Lisa Wolverton (trans. & ed.), *The Chronicle of the Czechs*, pp.73 - 74。

④ E.H. Gillett, *The Life and Times of John Huss; or, the Bohemian Reformation of the Fifteenth Century* (vol.1,2nd edition), pp.6 - 7.

⑤ Charles Edmund Maurice, *Bohemia: from the Earliest Times to the Fall of National Independence in 1620; with a Short Summary of Later Events*, p.162.

还能相安无事。但是,查理四世去世后,民族之间的冲突日益普遍,民族意识的强化在 14 世纪末显得更为突出,而民族因素的介入使得教会问题在波西米亚变得更为复杂,这也为宗教改革家胡斯被认为是"民族主义者"提供了阐释空间。

此外,社会矛盾和阶级矛盾也不容忽视。以首都布拉格为例。城市的经济基础主要靠地租。如果有谁未能及时缴纳地租,他就会受到惩罚。1379—1382 年主教对教区的视察显示民众对于给教区教堂缴纳大量地租存在抱怨。除了教俗封建主征收的地租以外,国王也经常在一年之内数次征税。另外,14 世纪中叶开始西欧一些国家出现了比较严重的社会危机并导致农民起义,比如 1358 年在法国爆发的扎克雷起义,1381 年在英格兰爆发的瓦特领导的农民起义,反对正统教会的城市异端运动在意大利、法国等国广泛开展,[①]这些或多或少对于波西米亚人民反对教会的统治产生借鉴作用。

经历过查理四世"黄金时代"的波西米亚登上了建立王国以来的顶点。但是,风平浪静三十余载之后,变革的潜流最终酝酿成为社会变革的惊涛骇浪。

第二节 天主教会的危机

一、"万流归宗"的天主教会

一般认为,11 世纪初至 13 世纪末是欧洲中世纪教会的全盛时期。8 世纪下半叶伪造的《君士坦丁的赠礼》以及 9 世纪中叶同样伪造的《伊西多尔教令集》成为了罗马教皇在教权与君权之争中的有力武器。经过 11—12 世纪长达数十年的主教叙任权(investiture of bishops,即授任主教和修道院长等高级神职的权力)之争,1122 年教皇与神圣罗马帝国皇帝签订的《沃尔姆斯宗教协定》表明教皇的权势已经发展到足以与君权平起平坐的程度。1179 年教皇亚历山大三世(Alexander III, 1159—1181 年在任)制定新的《教皇选举法》,规定教皇经枢机主教三分之二多数赞成就能当选,有效防止了神圣罗马帝国皇帝干预教皇选举,这表明教皇权势的进一步扩大。而号

① 王亚平:《西欧中世纪社会中的基督教社会》,北京:中央编译出版社,2011 年版,第 79—85 页。

称教皇是"世界之主"的英诺森三世(Innocent III,1198—1216年在任)则将教皇的实际权势推向了顶峰。随着教皇权势日增,教会法庭的权力也进一步扩大,教会实际上成为中世纪主要的法律制定者,这体现在教会法的不断完备以及1317年教皇克莱门特五世(Clement V,1305—1314年在任)主持编订的《教会法典》的出版。[①]

不仅仅是教皇权威的确立和司法权的垄断,此时的罗马教会事实上已经处于"万流归宗"的地位。"除西班牙南部受阿拉伯人统治外,整个西欧、中欧都归教皇统辖。罗马教会拥有无数庄园领地和庞大的经济财政势力,还拥有强固的各级教会组织和一支僧侣大军,控制着西欧、中欧的法庭,垄断了教育、文化和一切舆论机构,可以发动战争、废黜国王、干预各国内政。西欧、中欧的人民大众,从摇篮到坟墓,一生都脱不出教会的罗网,经济上受剥削,政治上被奴役,思想上受控制。"[②]

不过,从13世纪末开始,随着腓力四世(Philip IV,1285—1314年在位)成为法国历史上第一个强权君主后,法王最终控制了罗马教廷,并导致了随后长达近70年的"阿维农之囚"(1309—1377年),以及紧随其后的"西方教会大分裂"(1378—1417年),自此教皇权势由盛转衰。

地处中欧的波西米亚早在大摩拉维亚王国时期就有基督教传入的记载。845年,14名波西米亚贵族来到雷根斯堡(Regensburg)接受洗礼,试图以此换取东法兰克王国的保护。但是,随着846年东法兰克王国进攻摩拉维亚,失望的波西米亚人拒绝归依基督教。[③] 因此,波西米亚真正接受基督教是源于拜占庭派遣的两位希腊兄弟教士到摩拉维亚的传教。861年大摩拉维亚国王拉斯吉拉夫(Rostislav,约846—869年在位)曾向罗马教皇寻求派遣神甫,在没有得到回应的情况下,转而向拜占庭求助,因此促成了863年西里尔和美多德兄弟到摩拉维亚的传教。他们的传教在波西米亚产生了重要影响。883年波西米亚公爵博日沃伊一世接受了美多德的施洗,

---

① 王美秀、段琦、文庸、乐峰等:《基督教史》,第79—90页。有必要指出的是,教会法(canon law)是基督教会对其神职人员和信徒在信仰、伦理、宗教生活和教会纪律方面进行规范的法律、条例等的总称,其主要来源包括宗教会议(尤其是公会议)所颁布的法令和教皇的教令(即教皇颁布的具有法律约束力的书信),因此形成了数量庞大的教会法令汇编和教令集。对于教会法规的编撰和评注,1140年前后格兰西(Gratian)完成的《教会法汇要》(Decretum Gratiani)尤为著名。有关教会法的起源和发展以及《教会法汇要》的介绍,参见彭小瑜:《教会法研究——历史与理论》,北京:商务印书馆,2003年版,第10—81页。

② 杨真:《基督教史纲》(上册),第249页。

③ Jaroslav Pánek, Oldrich Tůma et al., *A History of the Czech Lands* (2nd edition), p.69.

成为了波西米亚第一位信奉天主教的君主。① 需要指出的是,西里尔和美多德隶属于基督教的"东派教会"②,因此在传教的过程中引进了"东派教会"的一些宗教仪式。更重要的是,西里尔在希腊字母的基础上首创了斯拉夫文字母,他们二人将《圣经》的部分内容翻译成斯拉夫语并以斯拉夫语传教,这对波西米亚的影响十分深远。③ 不过,信奉天主教的日耳曼教士曾两次指控美多德为异端,并且迫使他到拉特兰去证明他的信仰的正统性。在 9 世纪末,日耳曼教士经过努力终于使波西米亚和摩拉维亚信奉天主教,强化了罗马教会对波西米亚的影响。④

作为教会的保护人和赞助者,波西米亚的君主在推动基督教发展的过程中发挥了关键性作用。早期的波西米亚公爵们率先受洗为基督徒,建起一批教堂和首批修道院,直至 12 世纪中叶君主依然是修道院的主要保护者和唯一的建造者。⑤ 此外,波西米亚的历代君主向修道院、教堂捐赠了大量地产,比如布列吉斯拉夫一世不仅创建了位于萨扎瓦的本笃会修道院,还把

---

① Jaroslav Pánek, Oldrich Tůma et al., *A History of the Czech Lands* (2nd edition), pp. 69,76.有关西里尔传教的细节,参见同书第 70 页。有的文献也称西里尔为康斯坦丁 (Constantine),源于他在被派往大摩拉维亚王国传教之前曾在君士坦丁堡(Constantinople)教授哲学,参见 https://www. britannica. com/biography/Saints-Cyril-and-Methodius#ref632898。有关美多德传教的细节,参见同书第 70、72—74 页。

② 基督教在罗马帝国东部的发展过程中,由于教会在神学思想、礼仪等诸多方面受到了希腊和拜占庭文化的影响,因而具有一些不同于以罗马教会为代表的西部地区教会的特色,因此人们习惯上将罗马帝国东部等地区的教会称为"东派教会"或"东方教会",参见王美秀、段琦、文庸、乐峰等:《基督教史》,第 66 页。

③ Elizabeth Jane Whately, *The Gospel in Bohemia, Sketches of Bohemian Religious History*, London: The Religious Tract Society, 1877, pp.5-6.

④ Herbert B. Workman, *The Dawn of the Reformation* (Vol. II: *The Age of Hus*), p.97; [美]威廉·兰格主编,刘绪贻、李崇淮、施子愉译:《世界史编年手册(古代和中世纪部分)》,第 473 页。需要指出的是,彻底清除"东派教会"宗教仪式的影响是一个长期的过程,一个典型的例子是建在萨扎瓦(Sázava,位于波西米亚中部,附近有萨扎瓦河流过)的一座本笃会修道院。该修道院建于 11 世纪中期,由布列吉斯拉夫一世和普洛科普(Prokop)共同创建。普洛科普担任首任院长,从一开始就使用斯拉夫语传教。他死于 1053 年,后来被封为圣徒。但是,1055 年斯皮季涅夫二世即位后不久,修道院因为使用斯拉夫语传教被控为异端,整个修道院的修士们被迫流亡到匈牙利。虽然弗拉吉斯拉夫二世即位后允许他们回到修道院内,但是修士们最终被布列吉斯拉夫二世逐出修道院。详见 Cosmas of Prague, János M. Bak & Pavlína Rychterová (eds.), Petra Mutlová & Martyn Rady (trans.), *Cosmas of Prague, the Chronicle of the Czechs*, Budapest: Central European University Press, 2020, Appendix (Foundation of the Monastry of Sázava), pp.431-453。

⑤ Lisa Wolverton, *Hastening toward Prague: Power and Society in the Medieval Czech Lands*, Philadelphia: University of Pennsylvania Press, 2001, pp.131-132.有研究显示,截至 1125 年,已建有至少 14 座修道院和 1 座修女院,散布在波西米亚和摩拉维亚的各个方向,参见同书第 117 页提供的地图 6。

萨扎瓦河自米洛布兹(Milobuz)到扎克尔尼斯(Zakolnice)沿线的大量土地、森林、草地、水域等捐赠给该修道院,[①]再如位于高堡(Vyšehrad)的主教座堂宣称,弗拉吉斯拉夫二世向他们捐赠了近80个村庄。[②] 更重要的是创建了两大主教区,一是虔诚者波列斯拉夫二世(Boleslav II the Pious, 967—999年在位)在973年设立的布拉格主教区,[③]二是弗拉吉斯拉夫二世约在1064年在摩拉维亚设立的奥洛穆茨(Olomouc)主教区。[④] 当然,早期的基督教化过程也并非总是顺利,比如瓦茨拉夫之母、信仰异教的德拉霍米拉(Drahomíra)在担任摄政期间曾命令关闭教堂并对基督徒大开杀戒。[⑤] 再如第二任布拉格主教瓦伊德克(Vojtěch,又称 St. Adalbert,圣阿德尔伯特),因为谴责道德滑坡的社会现实而遭忌恨,深感转化异教徒任务之艰巨,后长期留居罗马,又到匈牙利传教并让匈牙利国王首次归依基督教,但在波兰传教时死于异教徒之手。他后来被封为圣徒,其遗骨在1040年由布列吉斯拉夫一世(Bretislav I, 1035—1055年在位)迎回波西米亚。[⑥]

需要指出的是,尽管波西米亚最终成为了欧洲天主教会的一部分,但是相较于其他的西欧国家,波西米亚拥有更大的独立性,这当然与波西米亚君主作为教会强有力的保护人和赞助者有极大的关系。建立布拉格主教区后的几个世纪里,主教要么由波西米亚国王选定,要么由平信徒和神职人员召开会议选举产生,[⑦]罗马教廷对波西米亚的影响很小,教皇的权威只是体现

---

① Cosmas of Prague, János M. Bak & Pavlína Rychterová (eds.), Petra Mutlová & Martyn Rady (trans.), *Cosmas of Prague, the Chronicle of the Czechs*, p.439.

② Lisa Wolverton, *Hastening toward Prague: Power and Society in the Medieval Czech Lands*, p.25.

③ Elizabeth Jane Whately, *The Gospel in Bohemia, Sketches of Bohemian Religious History*, pp.7,21.有史家认为虔诚者波列斯拉夫二世即位是在972年,参见 William M. Mahoney, *The History of the Czech Republic and Slovakia*, p.39。

④ Lisa Wolverton, *Hastening toward Prague: Power and Society in the Medieval Czech Lands*, p.132.

⑤ Charles Edmund Maurice, *Bohemia: from the Earliest Times to the Fall of National Independence in 1620; with a Short Summary of Later Events*, p.24.德拉霍米拉还派人杀死了瓦茨拉夫的祖母卢德米拉(Ludmila),因为两人在是否臣服于东法兰克国王亨利一世存在分歧。卢德米拉将瓦茨拉夫抚养长大,对后者基督教信仰的形成有重要影响。卢德米拉后来被封为圣徒。参见 William M. Mahoney, *The History of the Czech Republic and Slovakia*, p.36; Jaroslav Pánek, Oldřich Tůma et al., *A History of the Czech Lands* (2nd edition), p.78。

⑥ Charles Edmund Maurice, *Bohemia: from the Earliest Times to the Fall of National Independence in 1620; with a Short Summary of Later Events*, pp.30-32.布列吉斯拉夫一世迎回瓦伊德克遗骨的具体描述可见同书第39—41页。

⑦ Lisa Wolverton, *Hastening toward Prague: Power and Society in the Medieval Czech Lands*, p.111.需要注意的是,一方面,名义上主教等是教会自己选举产生,但是(转下页)

在对波西米亚君主就宗教事务的重要规定进行确认而已。不过,教皇也多次派遣代表到波西米亚,试图强化波西米亚对罗马的臣服,但遭到了波西米亚君王和人民的敌视,特别是当神圣罗马帝国皇帝与教皇发生矛盾时,波西米亚总是坚定地站在帝国皇帝一边,因而波西米亚与罗马的关系在相当长一段时间内近乎于断绝。但进入 13 世纪以后,随着教皇权威日盛,罗马教会对波西米亚教会的干涉更为频繁,控制和影响更强。比如,教廷给波西米亚境内的修道院颁发豁免书(letters of immunity)从而使修道院不受主教的司法控制。再如,教皇开始直接任命波西米亚国内的主教和修道院院长,这在约翰二十二世和克莱门特六世在位期间已经变得十分平常,而这一政策造成的后果则是:一方面,教皇往往任命自己的亲信,导致大量外国人占据了波西米亚教会的高级圣职;另一方面,本地神甫要想获得圣职,必须得到教皇和波西米亚国王的支持。[1]

波西米亚教会发展的另一个重要标志是布拉格主教区提升为大主教区。由于教皇克莱门特六世曾经是查理四世在法兰西宫廷接受教育时的家庭教师和顾问,因此 1344 年克莱门特将原隶属于美因茨(Mainz)大主教区的布拉格主教区提升为布拉格大主教区。[2] 显然,这有助于推动波西米亚教会的发展,有助于确立布拉格在整个欧洲和神圣罗马帝国基督教中的地位。下列数据可以部分显示波西米亚教会的发展情况。据估计,布拉格市内大约有 44—51 个教区。在 14 世纪末,整个波西米亚拥有 151 个宗教组织,布拉格大主教区内有 2084 所教堂,每 200 名市民拥有一个神甫。除了罗马、阿维农和佛罗伦萨,布拉格极有可能是中世纪欧洲最大的基督教教会中心。[3]

二、天主教会的各种问题

不过,无论整个罗马教会,还是具体到波西米亚教会,教皇权威不断扩大、教会势力不断膨胀的同时也催生出教会的腐败和行为失范。这正是包括胡斯在内的宗教改革人士抨击教会和教皇、反思教会和教皇本质进而提出宗教改革主张的重要原因。

(接上页)实际上波西米亚君主能在此过程中发挥重要影响,另一方面,到了 12 世纪后期,由于社团身份意识的强化、改革观点的影响和参照其他基督教国家和地区的通行做法,波西米亚教会日益反感波西米亚君主对于主教等选举的干预,参见同书第 137—141 页的讨论。
[1] Francis hrabě Lützow, *The Life and Times of Master John Hus*, pp.12-13.
[2] Charles Edmund Maurice, *Bohemia: from the Earliest Times to the Fall of National Independence in 1620; with a Short Summary of Later Events*, p.128.
[3] Thomas A. Fudge, *Jan Hus: Religious Reform and Social Revolution in Bohemia*, p.22.

教会的腐败首先体现在教皇过度争权夺利。自从 751 年教皇为矮子丕平加冕、800 年教皇利奥三世为查理大帝加冕以后，政教之争的种子就此种下，并在 12—13 世纪成为基督教世界政治生活的主旋律。为了与世俗君主争夺权力，教皇不惜插手包括君主宝座之争在内的世俗事务，不惜运用绝罚等手段迫使世俗君主就范，其中最具代表性者莫过于"卡诺沙事件"中德皇亨利四世被迫向教皇格列高利七世臣服、英诺森三世插手德皇王位之争以及与英格兰"失地王"约翰交恶等。在查理四世统治波西米亚的时代，时任教皇英诺森六世怂恿神圣罗马帝国选帝侯反对查理四世，因为查理要求英诺森撤销一些阻止查理改革教会神职人员纪律的敕令，不过英诺森的努力并未得逞。[①] 此外，天主教会还注重发展成套的理论来为教皇权力高于世俗权力张目。特别是英诺森三世，他在吸收圣伯尔纳提出的"双剑说"的基础上，提出了"日月说"理论来论证世俗权威必须服从宗教权威。[②] 而卜尼法斯八世（Boniface XIII, 1294—1303 年在任）在 1302 发布了自中世纪以来宣扬教皇权力至上的最著名圣谕《至一至圣》（Unam Sanctam），提出了"两把刀"理论："两把刀，即属灵权力和世俗权力，都属于教会。前者由教会直接使用，后者必须在教会的指示和允许下由君王和将领们使用。"[③]因此，本应专注于牧养信众、组织宗教活动的教皇却过分醉心于追逐世俗权力，这很容易激起信众的反感和失望。随着 14 世纪中西欧民族国家意识的崛起以及市民阶级的形成，这一问题就显得更为突出。

教皇滥用权力的另一方面则是发动十字军东征以夺回基督教圣地耶路撒冷，发动"圣战"造成的结果是利用世俗之剑对东方物质财富的洗劫和掀起的疯狂屠戮。赵林在《西方宗教文化》一书中对十字军东征的本质进行了深刻的揭示："十字军运动既表现了基督教信仰的高涨和宗教热忱，也表现了基督徒内心深处的贪婪残忍，它是一场在真诚的悔罪动机驱使下进行的惊世骇俗的犯罪活动。在这场活动中，人类心灵的一切虔诚的信念和卑劣的欲望矛盾地纠合在一起，都在耶稣殉难的圣地面前得到了淋漓尽致的宣泄。这是罗马教会在冠冕堂皇的旗帜下引导的一场祸水东移运动，由于教会的怂恿和承诺，最不道德的行为获得了最道德的名义。"[④]尽管很多基督徒

---

① Charles Edmund Maurice, *Bohemia: from the Earliest Times to the Fall of National Independence in* 1620; *with a Short Summary of Later Events*, p.156.

② 刘新利、陈志强：《欧洲文艺复兴史·宗教卷》，北京：人民出版社，2008 年版，第 2—3 页。

③ 卜尼法斯八世的圣谕原文为拉丁文，此处引用译自圣谕的英译文，见 Frederic Austin Ogg (ed.), *A Source Book of Medieval History*, p.387.

④ 赵林：《西方宗教文化》，武汉：武汉大学出版社，2005 年版，第 266 页。

被 1095 年克莱蒙宗教会议(Clermont Council)教皇乌尔班二世蛊惑人心的讲话所迷惑,[1]尽管狂热的宗教热情一时被罪过得以赦免的诱惑所吸引,但是长达近两百年的八次十字军东征促使教会内外开始反思,认识到以教皇为首的教会在这场浩劫中难辞其咎。

更加让人反感的是,以教皇为首的教会变成了无所不用其极的敛财机器。从基督教成为罗马帝国国教开始,天主教会逐步发展成了西欧各国最大的封建主。通过国王的封赠、接受教徒的遗产和捐献等多种方式,教会拥有了大量的地产。[2]除了地产收入以外,教皇历来的敛财手段主要包括:教皇国的赋税、欧洲各国封建主纳贡、教皇侍臣国的献金、对全欧洲教会征收什一税、委派教会职务时所收"献礼"、觐见教皇和教皇赦罪时所收"特别费"等。[3]以什一税的征收为例。早在 585 年法兰克宗教会议已要求征收该税,后在查理曼时代以法律的形式予以明确。[4]从十字军东征时期开始,对什一税的征收到了登峰造极的地步。打着资助圣战的幌子,教皇不惜运用宗教惩罚、没收财产甚至动用世俗军队等形式强行向教会信众征税,而更为荒唐的是,尽管某位教皇已经去世(比如卜尼法斯八世),但后任教皇还多年催索他所发布的"十字军什一税"。[5]再以赎罪券为例。在教皇本笃十二世时期,对各种罪行的赦免完全是明码标价,比如赦免杀人罪需要 8 个金币,赦免谋杀双亲或兄弟姐妹需要 6 个金币,等等。[6]这些大量印制的赎罪券完全成了教皇搜刮钱财的工具。

不过,在教皇诸多敛财手段中,买卖圣职显然最易引发普遍反感。根据教产收入和圣职俸禄的多少,教廷对于主教、修道院院长等神职都标有价格,比如 1332 年的德意志科隆大主教的任命费就有 3 万金币之多,1420 年德意志美因茨大主教的任命费被抬高到了 1 万佛罗林(florin,佛罗伦萨货币名)。德国特里尔城市图书馆保存的《罗马大法院法律全书》手抄本中就有各种圣职的价目表。[7]此外,圣职还可以由买者公开竞价,比如 1411 年布拉格大主教去世后,有不少于 24 个人出价竞争这一圣职,[8]而此前的卜尼法

---

① Frederic Austin Ogg (ed.), *A Source Book of Medieval History*, pp. 284 - 288.
② 陈曦文:《基督教与中世纪西欧社会》,北京:中国青年出版社,1999 年版,第 167—171 页。
③ 杨真:《基督教史纲》(上册),第 256 页;陈曦文:《基督教与中世纪西欧社会》,第 186—195 页。
④ [美]威利斯顿·沃尔克著,孙善玲、段琦、朱代强译:《基督教会史》,第 240 页。
⑤ 刘新利、陈志强:《欧洲文艺复兴史·宗教卷》,第 17 页。
⑥ 刘明翰:《罗马教皇列传》,北京:东方出版社,1995 年版,第 104 页。
⑦ 杨真:《基督教史纲》(上册),第 256 页;陈曦文:《基督教与中世纪西欧社会》,第 190 页。
⑧ John Hus, On Simony, Matthew Spinka (ed.), *Advocates of Reform: From Wyclif to Erasmus*, p. 257.

斯九世则成为了第一个将圣职的售价抬高到买者肯出的最高数的教皇。[①]有时教廷为了多收买卖圣职的任命费,就频繁地撤换神职人员。大主教等领取权杖、觐见教皇都需要支付大笔费用,而低级神甫需要缴纳第一年的收入(即"初熟之果")给主教,后在约翰二十二世时改为交给教皇。12世纪,教廷还盛行出卖"候补"神职,即一个神职人员还未死,他的职位已经出售给候补人,有时候还有第二甚至多达第十候补人,由此造成的荒谬局面是后面的候补人可能还未履职就已死去。[②]买卖圣职这一丑恶现象甚至引起了教会内部神职人员的反对,比如始于10世纪初的克吕尼运动(Cluny Movement)就明确提出了反对买卖圣职,[③]1095年教皇乌尔班二世就曾通过"改革法"重申禁止买卖圣职,[④]但实际收效并不明显。

教廷的大肆敛财在"阿维农之囚"时期显得更为突出。由于教廷丧失了位于意大利的地产收入,加之和西欧等国的矛盾加深,历任教皇为维持教廷的奢华生活而大肆增加捐税,苛捐杂税之繁多已经到了令人生厌的地步,而且教会动辄采用绝罚等手段对付那些拖欠税款者,因此教廷声誉江河日下。[⑤]在"阿维农之囚"期间总计七任教皇中,约翰二十二世的贪婪是最著名的,据说在位18年的约翰所搜刮的金额竟然达到了450万金币,[⑥]因此这遭致了当时方济各修会的猛烈抨击。这些方济各修会的托钵修士四处布道,认为教皇领导的教会是世俗的教会,而非属灵的教会,甚至称教皇和教会是敌基督,是巴比伦的淫妇![⑦]这种对教会的批评语言实属罕见,可见当时教皇和教会的敛财是多么不得人心。

值得注意的是,从12世纪开始掀起的兴建华丽大教堂之风气也并非偶

---

① [英]托马斯·马丁·林赛著,孔祥民等译:《宗教改革史》(上册),北京:商务印书馆,1992年版,第19页。

② 杨真:《基督教史纲》(上册),第257—258页。

③ 该运动是以法国克吕尼修道院为中心掀起的一场旨在整顿修道院组织的运动。事实上,以克吕尼运动为代表,从11世纪中叶开始,已经掀起了强劲的教会改革运动。参见[美]威利斯顿·沃尔克著,孙善玲、段琦、朱代强译:《基督教会史》,第252—258页。

④ 刘明翰:《罗马教皇列传》,第44、59页。

⑤ [美]威利斯顿·沃尔克著,孙善玲、段琦、朱代强译:《基督教会史》,第337—338页。

⑥ 有统计表明,"阿维农之囚"时期,在位9年的克莱门特五世搜刮的金额达到81万4千金币,在位10年的克莱门特六世搜刮的金额达到了200万金币,在位8年的本笃十二世搜刮的金额达到了120万金币,参见刘明翰:《罗马教皇列传》,第103页。另外,也有文献表明,约翰二十二世死后遗留的财产包括1800万佛罗林金币和价值700万佛罗林的珠宝,见 Clinton Locke, *The Age of the Great Western Schism*, New York: Charles Scribner's Sons, 1910, p.39. 有关约翰二十二世的敛财术,还可参见[英]托马斯·马丁·林赛著,孔祥民等译:《宗教改革史》(上册),第16—19页。

⑦ Clinton Locke, *The Age of the Great Western Schism*, p.33.

然,说明"教会统治阶层当年为宣扬上帝的荣耀和受封神职人员的尊严可谓不惜血本"。这些华丽的教堂首先出现在修道院中,也在英格兰大量修建,尤其是始于法国的"哥特式"风格教堂逐渐兴盛于全欧洲。尽管这些闻名于中世纪的教堂最终存世不多,但"贵重的稀有金属被用来浇注神龛和圣坛上的装饰物,礼拜仪式书或祈祷书的文字优美、装帧精良,教士的法衣堪称一种重要的艺术品"从一个侧面体现了当年教会聚敛财富而形成的经济实力。①

一名奥古斯丁隐修士在约 15 世纪初期对当时教会的描述颇能概括时人对教皇和教会的认知:

> 教皇曾经是世界的支柱,但现在已经坍塌。与他一同坍塌的则是教会的神职人员。现在是西门·马格斯(Simon Magus,或译为行邪术的西门)统治的时代了。世俗的财富妨碍了公正的判断。教廷的丑闻层出不穷,已经把上帝的居所变成了交易的市场。圣餐遭到可耻地出售。大家都嫌贫爱富,这就意味着谁有钱,谁就能得到尊重。教廷的初期是黄金时代,随后是白银时代和试图力挽狂澜的铁的时代,最后滑落到泥土时代。还有比这更糟糕的事吗?是的,教廷岌岌可危,一切都在堕落。教廷已朽坏不堪。教皇是一切邪恶之首,他策划了各种各样的可耻阴谋。他赦免他人的罪过,但自己却在加速走向灭亡。②

上述描述也许不乏夸大之词和过于耸人听闻,但教皇及其领导下的教会的神圣光环正在褪色却是不争的事实。

教会聚敛世俗物质财富的同时,教廷大小神职人员也过着奢华的生活。克莱门特五世的登基宴会便花费了 15000 金币,约翰二十二世每年仅衣装费便达到了 12500 金币,教皇宫殿的装饰极其奢华,教皇对宠幸的主教等不时赠送价值昂贵的金银珠宝等礼物。③ 主教等其他高级神职人员的生活同样奢华,以下例子颇能形象地予以说明。教皇英诺森六世派代表出席在美因茨召开的会议,试图劝说神圣罗马帝国皇帝查理四世支持教会向帝国各诸侯征收什一税,不料查理说道,教皇在征税上体现的热情远远超过他在提

---

① [英]约翰·麦克曼勒斯主编,张景龙等译:《牛津基督教史(插图本)》,贵州:贵州人民出版社,1995 年版,第 176 页。
② Thomas A. Fudge, *Jan Hus: Religious Reform and Social Revolution in Bohemia*, pp. 113-114.
③ 杨真:《基督教史纲》(上册),第 261 页。

升教士品行上所花的功夫。查理突然转向美因茨教长(Dean of Mainz),当时教长穿着华丽的丝织长袍,上面缀满金饰,而查理仅仅穿着朴素的布袍。换上教长的华丽长袍后,查理面对与会人员说道,此时的他怎么看都不像教长,倒更像骑士![①]

同样严重的是教士行为的世俗化甚至道德败坏。

首先,教士也充分利用各种手段揽财。由于可以买卖圣职,因此很多贵族和高级神职人员的亲属往往购买多份神职,因为多一份神职,就多一份俸禄。[②] 显然,不能指望这样的"多职"而又"不在职"的神甫去履行他们应该承担的属灵责任。在波西米亚,人们对这些只是领取圣职俸禄却不履行神甫职责的神职人员抱怨甚多。[③] 此外,举行圣礼也成了教士搜刮财富的手段,比如洗礼、葬礼的祈祷都要收费,如果教众没有钱,死人有可能无法安葬。在五幕历史剧《杨·胡斯》(此是约翰·胡斯的另一中文译名)中,捷克剧作家阿·伊拉塞克刻画了胡斯生活的波西米亚所发生的龌龊一幕:刷子匠去世后,他的老婆将最后三个铜板付给了涂抹圣油的神甫,但是在下葬时,神甫却逼着刷子匠的老婆再付三个铜板,否则就不洒圣水。[④] 这些并非戏剧的虚构,实有史实的依据。首任布拉格大主教帕尔杜比采的欧内斯特(Ernest of Pardubice)就曾抱怨,如果不付钱的话,很多神甫拒绝主持葬礼和婚礼,拒绝听从教众的忏悔,拒绝举行圣餐仪式和涂油礼。[⑤] 令人忍俊不禁的是,有的神甫在敛财方式上还很讲究技巧。胡斯讲述过他听过的一次布道。在布拉格新城区圣亨利教堂里,正在布道的神甫说:"现在有三个魔鬼已经来到了这里。第一个魔鬼会封闭人们的心灵,这样大家对自己所犯之罪就不知悔改;第二个魔鬼会堵住大家的嘴巴,这样大家将不能向上帝祈祷;而第三个魔鬼是最糟糕的,因为它将锁住大家的钱包。哦,亲爱的孩子们,千万别让那个可怕的魔鬼把你们的钱包给锁住了。靠近这个圣徒遗物吧,请大家打开钱包!"[⑥]如此煞费心机,原来该神甫只是要向教众兜售圣徒遗物。

其次,教士违背教规。这从14世纪初两名法国主教迈尔和杜朗写给时任教皇克莱门特五世、呼吁教会改革的信中可以看出:酗酒、贪吃、聚赌、纳

---

① Charles Edmund Maurice, *Bohemia: from the Earliest Times to the Fall of National Independence in* 1620; *with a Short Summary of Later Events*, p.157.

② 杨真:《基督教史纲》(上册),第 262 页。

③ Francis hrabě Lützow, *The Life and Times of Master John Hus*, p.14.

④ [捷]阿·伊拉塞克著,苏杰译:《杨·胡斯》(五幕历史剧),第 6、15 页。

⑤ Francis hrabě Lützow, *The Life and Times of Master John Hus*, p.14.

⑥ Thomas A. Fudge, *Jan Hus: Religious Reform and Social Revolution in Bohemia*, p. 111.

妾成风,"要想在教会里找一个持守教规的神甫,就像在荆棘丛中寻找百合花那样困难",因此造成的结果是"教堂里空荡无人,而酒店里却座客常满。"①鉴于教士们的不轨行为,约翰·赫伊津哈(Johan Huizinga)在回顾中世纪的宗教生活时认为,对教士公开的轻视是"贯穿中世纪的一股潜流",而"人们从不倦于听到对教士恶行的控告,一个痛斥教会现状的布道者肯定会赢得喝彩。"②

具体到 14 世纪末的布拉格,天主教会神职人员的道德退化状况也十分严峻。尽管大主教教区法规明文规定神甫不得出入酒馆、打猎、穿着平民的衣服、携带武器,但违背教规者比比皆是。③ 教士违规问题的严重性可以从一份保存至今的官方巡视记录中得到充分的体现。总执事亚诺维采的帕维尔(Pavel of Janovic)在 1379—1382 年对布拉格大主教区近 300 处教区进行了巡视,巡视记录内有大量神甫违背教规、行为有失检点的内容。比如,有些神甫娶有妻子,纳妾行为十分普遍;有些神甫玩忽职守,承担牧养之责的时间远远少于玩乐的时间;有些神甫经常喝得酩酊大醉,令人生厌;有些神甫则是赌博、打架或者违法处置教产。更严重的丑闻是,近 40% 的布拉格教区与卖淫业脱不了干系,官方巡视记录重点记载了小城区里存在的教会神职人员的不道德性行为。此外,布拉格城里的其他地区(比如老城、新城)都有教士身陷嫖妓的丑闻。更有甚者,由于检查人员的逼近,路德维希神甫不止一次被迫从妓女的身边裸身而逃!④

需要特别讨论的是娶妻纳妾现象以及伴随的私生子问题。教士必须独身禁欲是天主教会的一条基本教规。普通基督徒不允许纳妾,更遑论教士。不过,在教士独身这一问题上波西米亚有其特殊之处。如前文所述,波西米亚早期信奉的是基督教的"东派教会",因此对罗马天主教会教规和教俗的接受要晚于西欧其他国家。即便罗马教会被普遍信奉以后,波西米亚的下层民众中间依然存在"东派教会"的信仰者。⑤ 不难想象,11 世纪,当罗马教会试图在波西米亚推行神职人员必须独身这一教规时,它遭到了波西米亚

① 杨真:《基督教史纲》(上册),第 254—255 页。
② Johan Huizinga, F. Hopman (trans.), *The Waning of the Middle Ages*, London: Penguin Books, 1955, pp.172-173. 此处引文参考了该书中译本并有修改,中译本见[荷]约翰·赫伊津哈著,刘军等译:《中世纪的衰落》,杭州:中国美术学院出版社,1997 年版,第 187 页。
③ Francis hrabě Lützow, *The Life and Times of Master John Hus*, p.14.
④ Thomas A. Fudge, *Jan Hus: Religious Reform and Social Revolution in Bohemia*, pp. 23-24.
⑤ Francis hrabě Lützow, *The Life and Times of Master John Hus*, p.10.

神甫们的强烈反对，因为当时几乎所有的神甫都是已婚。1197 年，当教皇西莱斯廷三世(Celestine III, 1191—1198 年在任)派枢机主教拉泰拉的彼得(Peter of Lataira)在布拉格推行教士独身教规时，那些愤怒的神甫差点杀死了彼得。[①] 不过，从 13 世纪开始，教士独身在波西米亚逐步得到接受，在查理四世统治时期更是运用法律和惩罚的方式强制推行。[②] 尽管如此，在 14 世纪下半叶，波西米亚教会的高级神职人员中依然存在公开纳妾并育有私生子的现象。比如，著名作家、布拉格教士斯蒂芬就公开宣称他有数个儿子，其中名为约翰的儿子曾入读布拉格大学；高堡的名为约翰·佩茨尼克(John Pecnik)的教士承认他有多个女儿，其中有个女儿嫁给了裁缝。[③]

　　波西米亚教会的腐败和教士生活的堕落遭到了包括胡斯在内的教俗人士的谴责和批评，这也是波西米亚宗教改革的起因。胡斯对教会的批评在以后章节中会有详细的介绍，这里仅仅引用胡斯曾经的同事、后来的反对者布罗德的安德鲁(Andrew of Brod)对教会的描述："教会神职人员中已经没有教规可言。公开的买卖圣职充斥着教廷。在修道院里——如果我还能使用这个词语的话——只有无尽的贪婪。最后，世俗之人所犯之罪没有哪一桩不是神职人员率先犯过且更为恶名远扬。没有其他可说的，除了神圣教会所吟唱的，'主啊，您对我们所做的一切都是公正的宣判，因为我们对您犯了罪，没有遵守您的命令。'"[④]这说明连胡斯的反对者也不得不承认教会的行为失范已经到了惊人的地步。

第三节　西方教会大分裂

　　对于 1300 年左右的欧洲局势，《欧洲中世纪史》一书有高屋建瓴、极具大局观的精彩评述。书中写道，1300 年的欧洲给人的总体印象是忧多于喜，"气候变坏，农业停滞不前，新的战争困扰大陆，教皇的权威江河日下，虽无蛮族入侵之忧，却有饥荒和疾病的乌云笼罩着整个欧洲大陆"，而且智力

---

① Elizabeth Jane Whately, *The Gospel in Bohemia, Sketches of Bohemian Religious History*, pp.21 - 22.另有文献记载教皇代表的名称为 Peter of Capua，见 Francis hrabě Lützow, *The Life and Times of Master John Hus*, p.13。

② E.H. Gillett, *The Life and Times of John Huss; or, the Bohemian Reformation of the Fifteenth Century* (vol.1, 2nd edition), p.11.

③ Francis hrabě Lützow, *The Life and Times of Master John Hus*, p.15.

④ Thomas A. Fudge, *Jan Hus: Religious Reform and Social Revolution in Bohemia*, p. 108.

危机、教会危机、经济问题、政治灾难等已有明显的征兆,因此,1300 年"为一个天翻地覆的世纪拉开了帷幕"。[①]

在"天翻地覆"的 14 世纪里,教会危机很快就以历时近 70 年的"阿维农之囚"的形式降临了。1305 年,罗马教廷在法王腓力四世的压力下选举法国人、波尔多大主教为新的教皇克莱门特五世。由于新教皇对法国的热爱以及与法王的良好关系、罗马长时间持续混乱的局势、教皇糟糕的健康状态等多种原因,[②]克莱门特五世未去罗马就职,且在 1309 年将教廷迁到了当时还隶属于普罗旺斯伯爵的阿维农,从此法国实质上控制了教皇,这种状况一直持续到 1377 年教皇格列高利十一世将教廷迁回罗马。一年后,西方教会第一次大分裂正式开始。

一、教会大分裂的形成过程

其实,早在西方教会大分裂爆发之前,天主教会史上已经数次存在两个甚至三个教皇对立的先例。比如,1045 年在罗马就出现了西尔威斯特三世、本笃九世和格列高利六世三个教皇鼎立、各据一座主要教堂的闹剧,后由神圣罗马帝国皇帝亨利三世出面干预选举出了克莱门特二世。[③]再如,在教皇格列高利七世与神圣罗马帝国皇帝亨利四世的著名对峙中,尽管教皇迫使亨利四世遭受了 1077 年的"卡诺沙事件"之辱,但亨利后来在美因茨和布里克森召开宗教会议,废黜格列高利七世,另外选举了对立教皇克莱门特三世。[④]甚至在"阿维农之囚"时期,约翰二十二世与神圣罗马帝国皇帝路易四世之间出现激烈矛盾,最终导致路易于 1328 年主导在罗马选举尼古拉五世出任教皇,[⑤]这简直就是西方教会大分裂的预演。

不过,1378 年开始的西方教会大分裂与以前的教皇对立并不完全相

---

① [美]朱迪斯·M. 本内特、C. 沃伦·霍利斯特著,杨宁、李韵译:《欧洲中世纪史》(第 10 版),上海:上海社会科学院出版社,2007 年版,第 351—352 页。另外,从中世纪文化这一视角,克里斯托弗·道森(Christopher Dawson)也提出,13 世纪下半叶是中世纪文化的最高峰,但也是一个转折点和危机时刻的到来。此前的三个世纪,中世纪西欧的发展是围绕基督教世界的统一而形成的向心过程,但从 13 世纪下半叶以来,离心过程开始了并一直延续到 16 世纪的宗教改革。显然,西方教会大分裂是其离心过程中的序曲。详见[英]克里斯托弗·道森著,长川某译:《宗教与西方文化的兴起》,成都:四川人民出版社,1989 年版,第 250 页。

② P. N. R. Zutshi, The Avignon Papacy, Michael Jones (ed.), *The New Cambridge Medieval History* (vol. vi, c. 1300 – c. 1415), New York: Cambridge University Press, 2000, p.653.

③ [美]威利斯顿·沃尔克著,孙善玲、段琦、朱代强译:《基督教会史》,第 255 页。

④ [美]G. F. 穆尔著,郭舜平等译:《基督教简史》,第 170 页。

⑤ Clinton Locke, *The Age of the Great Western Schism*, p.37.

同。首先,不同于以往的教皇对立,这次教会大分裂是同一个枢机主教团两次选举的结果。其次,这次教会大分裂的时间跨度远超以往两个或三个教皇的对立,因此被视为第一次西方教会大分裂。再次,西方教会大分裂对欧洲政治格局造成的影响很大,欧洲主要基督教国家(比如神圣罗马帝国、波西米亚)皆牵扯其中。

1378 年 3 月 26 日,终结"阿维农之囚"窘境的教皇格列高利十一世去世了。当时,罗马民众普遍认为,让教皇和教廷常驻罗马的唯一方式是选举罗马人或至少是意大利人出任新教皇。为达到此目的,甚至可以采用强迫的方式。于是民众在梵蒂冈教廷附近集会,对枢机主教团施加了极大的压力。[①] 同时,尽管待在罗马的 16 名枢机主教中有 11 名法国人,但他们认识到再无可能选举法国人出任教皇,因此逐渐达成共识,决定选举巴里大主教。巴里大主教是那不勒斯人,这就相对满足了罗马民众的愿望,但同时他又效忠于普罗旺斯伯爵夫人,某种程度上可视为法国人,也许有朝一日可以让他将教廷迁回阿维农,因此 4 月 8 日枢机主教团一致选举他为教皇,史称乌尔班六世(Urban VI, 1378—1389 年在任)。[②]

但是,乌尔班六世与枢机主教们的矛盾很快就爆发出来。一方面,乌尔班个性要强、脾气暴躁、语言尖刻,不懂妥协为何物,缺乏处理问题的技巧,时不时宣布他将任命更多的意大利人出任枢机主教。另一方面,枢机主教们基于自身利益的考虑,比如教皇限制他们的奢侈生活、禁止他们买卖圣职等等,决定重新选举教皇。[③] 到 6 月 24 日为止,已有 13 名枢机主教离开罗马,来到了教皇位于阿纳尼(Anagni)的夏季行宫,只有 4 名意大利枢机主教留在教皇的身边。8 月 9 日,13 名枢机主教发表声明,称乌尔班六世是"敌基督者、魔鬼、叛教者、独裁者、骗子,是武力胁迫下选出的"。随后他们来到丰迪(Fondi)这个地方,并劝诱 3 名意大利枢机主教加入了他们的阵营,这就意味着乌尔班教皇身边仅剩一名枢机主教,但这名主教不久便去世了。于是,乌尔班很快任命了 29 名新的枢机主教。与此同时,9 月 20 日,位于丰迪的枢机主教们宣布废黜乌尔班六世,选举法国人、枢机主教罗伯特为新的

---

① Louis Maimbourg, *Histoire du Grand Schisme D'Occident*, Paris: Sebastien Mabre-Cramoisy, 1678, p.12.

② Clinton Locke, *The Age of the Great Western Schism*, pp.86 - 91.

③ 有史家评价乌尔班六世:"他误将粗鲁视为坚强,误将执拗视为决心,误将严厉的限制视为改革的热情。"和枢机主教们谈话时,"闭嘴"等语言成为了他的口头禅,以至于愤怒的枢机主教们对乌尔班说:"你没有像你的前任那样给予枢机主教团应有的尊重。如果你侮辱我们的尊严,我们也将如法炮制。"见 Herbert B. Workman, *The Dawn of the Reformation* (Vol. II: *The Age of Hus*), pp.19 - 20。

教皇克莱门特七世(Clement VII, 1378—1394年在任),他于1379年5月最终将教廷设在了阿维农。[①]

自此,西方教会大分裂正式拉开了序幕。两大教皇各自在罗马和阿维农组织自己的教廷,都标榜自己为正统,都将对方革除教籍,而且还运用武力手段进攻对方。由于两个教皇都对主教区任命自己的主教,因此往往导致同一个主教区(著名的教区比如美因茨、巴塞尔、康斯坦茨等)也有对立的主教。[②] 更为严重的影响是,欧洲主要基督教国家由此分成了两大阵营,但是向哪个教皇效忠并不取决于教皇的人格高尚和教皇是否正统(事实上,很难说哪个教皇就更为正统,毕竟两个教皇是由同一批枢机主教团选举出来),而是取决于政治利益和国家间的联合或对立。具体来说,神圣罗马帝国(包括波西米亚)、意大利、英格兰、佛兰德斯等国支持教廷设在罗马的乌尔班六世,而法国、苏格兰、西班牙等国则支持教廷设在阿维农的教皇克莱门特七世。[③]

教会大分裂显然也让教廷的财政捉襟见肘,因此教皇们在聚敛金钱上都绞尽脑汁。仅以早期的教皇们为例。尽管乌尔班六世自身少有买卖圣职(不过,他在任命枢机主教和教廷官员时却大肆安插自己的亲属),但这并未阻止教廷的其他人从事买卖圣职,而且买卖圣职已经成了支撑教廷经济收入的常规手段。[④] 为筹集军费,乌尔班六世将教区和修道院的财产卖与商人,甚至专门成立委员会,在未经主教和修道院院长的同意下就出售教产。乌尔班六世甚至效法卜尼法斯八世,宣布大赦年(jubilee)。不过,卜尼法斯八世在1300年宣布的大赦年是每100年一次,而到了克莱门特六世手中则缩短为每50年一次,而乌尔班六世以耶稣在世33年为理由,再次将大赦年的周期缩短为33年,并宣布1390年为下一次大赦年,显然希望能像当年的卜尼法斯八世那样,通过吸引虔诚的教众到罗马朝圣从而大赚一笔。[⑤] 位于法国的教皇克莱门特七世同样敛财有术。"他让富裕的法兰西王国流血,而他则吸尽最后的一滴血。"枢机主教团雇人到全国各地,一旦发现哪个富裕的教区或修道院出现了职位空缺,教皇的任职敕令会以最快的速度保证主

---

① Clinton Locke, *The Age of the Great Western Schism*, pp.93 - 96.

② David Schley Schaff, *John Huss: His Life, Teachings and Death, After Five Hundred Years*, p.17; Herbert B. Workman, *The Dawn of the Reformation* (Vol.II: *The Age of Hus*), p.27.

③ Clinton Locke, *The Age of the Great Western Schism*, p.97.

④ Howard Kaminsky, The Great Schism, Michael Jones (ed.), *The New Cambridge Medieval History* (vol.vi, c.1300 - c.1415), p.683.

⑤ Clinton Locke, *The Age of the Great Western Schism*, pp.100,102.

教们拥有这些圣职。此外,教会还出售"候补"神职。① 不过,就买卖圣职而言,克莱门特七世在卜尼法斯九世(即乌尔班六世的继任者)面前可是小巫见大巫。卜尼法斯九世被认为是教会有史以来最大的买卖圣职者:所有主教和修道院院长第一年的收入必须上缴给教皇,凡拖欠不交者将被革除教籍;想要购买主教职位者,必须提前付钱;像以往教皇一样,卜尼法斯也出售"候补"神职,但他会将同一个神职同时出售给好几个人;甚至一个托钵修士花费 100 佛罗林金币就可以变成另外一个修会的修士。1390 年的大赦年给教皇卜尼法斯九世带来了滚滚财源,但他显然没有耐心等待下一个 33年,于是他宣布大赦年不应该以 33 年为周期,还是应该以 50 年为周期,因此发布敕令宣布 1400 年为大赦年,滚滚财源再次落入了教皇的腰包。②

从"阿维农之囚"时期开始,教皇和教会对财富的搜刮变得肆无忌惮,而在教会大分裂时期并无二致,这一切使人们觉得,教会越来越像一个将神职作为商品来经营的庞大机构。教会里同时出现的两个对立教皇所引起的混乱,③也促使人们反思,效忠教皇并非灵魂得救的必要条件,因此有人甚至相信,如果出现更多的教皇,哪怕十二个教皇,也不失为一件可以接受的事情。④ 不过,试图终结西方教会大分裂、将教会重归一统的努力一直存在着。

二、终结教会大分裂的努力

首先来看神圣罗马帝国皇帝查理四世。也许是历史的巧合,执政长达40 余年、在欧洲政治格局中扮演着重要角色的查理四世也在 1378 年与世长辞。当查理四世听到枢机主教有意另立教皇的消息后,他马上派代表会见枢机主教们,敦促他们停止错误的做法并和乌尔班六世和解,因为查理认为乌尔班六世是枢机主教们一致选举的合法教皇。得知枢机主教们已经进入那不勒斯境内的丰迪后,查理四世立刻写信给那不勒斯王后,呼吁她阻止她的封臣、丰迪伯爵对主教们的叛教行为给予任何支持。在枢机主教们选

---

① Clinton Locke, *The Age of the Great Western Schism*, p.104.
② Clinton Locke, *The Age of the Great Western Schism*, pp. 106, 109 – 110; Howard Kaminsky, The Great Schism, Michael Jones (ed.), *The New Cambridge Medieval History* (vol. vi, c.1300 – c.1415), p.684.
③ 教会大分裂引发的混乱还体现在王国之间、教区之间、教士之间等,甚至父子之间都出现对抗,参见 Herbert B. Workman, *The Dawn of the Reformation* (Vol. II: *The Age of Hus*), p.28。
④ Howard Kaminsky, The Great Schism, Michael Jones (ed.), *The New Cambridge Medieval History* (vol. vi, c.1300 - c.1415), p.679. 作为法国乃至欧洲当时最负盛名的神学家之一,约翰·热尔松在 1404 年的一次布道中说,"没有教皇,灵魂依然可以得救",见 Herbert B. Workman, *The Dawn of the Reformation* (Vol. II: *The Age of Hus*), p.42。

举出克莱门特七世后,查理四世坚决反对,并立刻致信罗马帝国的各诸侯甚至欧洲的其他王室,呼吁他们坚定地支持乌尔班六世。查理作为神圣罗马帝国皇帝,也是基督教会的首要保卫者,凭借他出色的个人能力、处事谨慎、广泛的个人影响力,他完全有可能将教会大分裂结束于萌芽状态之中。[①] 因此,1378 年 11 月 29 日查理四世的去世,对终结西方教会大分裂而言,意味着重大的损失。

再来看继位神圣罗马帝国皇帝的瓦茨拉夫四世,他发挥的作用却极其有限。登基不久的瓦茨拉夫在纽伦堡召开会议,只是出席会议的帝国诸侯很少,后来在法兰克福召开的第二次会议终于通过了支持乌尔班六世的决议。他后来还成功地解决了两个教皇对美因茨大主教任职的争端。1398年,他计划在圣诞节同匈牙利和波兰国王会面讨论教会统一的事宜,但是他的突然生病致使这次的努力未果。[②]

当然,法国在终结西方教会大分裂中扮演的作用尤为重要。如果说在"阿维农之囚"时期以及教会大分裂的早期,法国君主常常支持教皇对法国神职人员的征税,那么随着削弱教皇权力的呼声日甚一日,教皇不应该干涉教区主教权力的"主教主义"(episcopalism)思想不断涌动,加之克莱门特七世花样翻新的征税所引发的反感情绪,法国君主开始转向保护本国民族教会反对教皇的斗争。因此,当 1394 年克莱门特七世去世以后,法国皇室委员会马上写信给枢机主教们,要求他们不要选举新的教皇,这一举动就不令人意外了。[③]

针对采取何种方式来结束教会大分裂这一核心问题,巴黎大学在 1394年 1 月面对全校师生征求了书面意见。在总计近一万份的书面意见中,三种方案最终浮出水面:两个教皇退位、两个教皇选择的委员会来仲裁、公会议(general council)决议。[④] 三种方案孰优孰劣、如何取舍?发表于 6 月 6日的一封公开信将两个教皇退位作为首选方案,因为该方案实际上暗示了

① Albert Henry Wratislaw, *John Hus: The Commencement of Resistance to Papal Authority on the Part of the Inferior Clergy*, London: Society for Promoting Christian Knowledge, 1882, pp. 9 - 12.

② Albert Henry Wratislaw, *John Hus: The Commencement of Resistance to Papal Authority on the Part of the Inferior Clergy*, pp. 11 - 12,18.

③ Howard Kaminsky, The Great Schism, Michael Jones (ed.), *The New Cambridge Medieval History* (vol. ⅵ, c. 1300 - c. 1415), p. 687. 另外,巴黎大学也曾试图阻止选举新的教皇,但未成功,见 Herbert B. Workman, *The Dawn of the Reformation* (Vol. Ⅱ: *The Age of Hus*), p. 39。

④ Herbert B. Workman, *The Dawn of the Reformation* (Vol. Ⅱ: *The Age of Hus*), pp. 43 - 44.

结束教会的分裂并不需要审判两个教皇谁为正统,因此这成为了当时法国君主唯一能认真考虑的方案,毕竟法王和各诸侯不希望法官宣判在过去二十年里他们扮演的是裂教者的角色。很快,在 1395 年召开的首次巴黎会议(the First Paris Council)上,包括法国高级神职人员在内的与会代表以 87 票赞成、20 票反对的结果通过了要求两位教皇退位的方案。通过系列外交活动,1397 年法国甚至联合英格兰和卡斯蒂利亚要求两位教皇退位。针对两位教皇拒绝退位的现实,法国形成了如果教皇拒绝退位,那么可以不再效忠教皇的认识,经过 1396 年第二次巴黎会议的尝试和舆论影响,终于在 1398 年召开的第三次巴黎会议上,共有 247 名代表以绝对多数投票支持不再效忠于阿维农教皇本笃十三世(Benedict XIII, 1394—1423 年在任),7 月 27 日法王发布法令对此予以确认。①

应该承认,法国的上述努力开始扭转公众对于教会大分裂的态度,接受两个教皇并存这一现实的公众舆论开始让位于应该结束教会大分裂的认识。② 就连教皇和枢机主教团也能察觉到这种舆论转变形成的压力,从而不得不有所表示,或至少在表面上要做出一种有意结束教会大分裂的姿态。比如,位于阿维农的枢机主教团在 1394 年选举新教皇前,所有的枢机主教都宣誓,任何人当选后,都应该努力结束教会大分裂,尽管当选后的本笃十三世马上就自食其言,说至死也不会放弃教皇的职位。③ 位于罗马的枢机主教团在 1404 年和 1406 年两次选举新教皇前,枢机主教们也举行了类似的宣誓,而且两任教皇英诺森七世(Innocent VII, 1404—1406 年在任)和格列高利十二世(Gregory XII, 1406—1415 年在任)都在当选后重申了誓言。④ 可见,从天主教会的高级神职人员到社会的公众舆论都在推动结束教会大分裂,这为 1409 年召开的比萨公会议(Council of Pisa)和 1415 年召开的康斯坦茨公会议创造了条件。

法国在促成召开比萨公会议的过程中依然扮演了重要的角色。1408 年,两个对立教皇格列高利十二世和本笃十三世商定于 10 月在意大利的萨沃纳(Savona)会晤讨论结束教会大分裂,法国为此派出外交使团分别与两

---

① Howard Kaminsky, The Great Schism, Michael Jones (ed.), *The New Cambridge Medieval History* (vol. vi, c. 1300 - c. 1415), pp. 686, 688 - 690.

② Howard Kaminsky, The Great Schism, Michael Jones (ed.), *The New Cambridge Medieval History* (vol. vi, c. 1300 - c. 1415), p. 689.

③ Herbert B. Workman, *The Dawn of the Reformation* (Vol. II: *The Age of Hus*), pp. 39 - 40.

④ Howard Kaminsky, The Great Schism, Michael Jones (ed.), *The New Cambridge Medieval History* (vol. vi, c. 1300 - c. 1415), p. 692.

个教皇接触,试图劝说他们退位。但事实证明,两个教皇虚与委蛇,毫无诚意,都拒绝了退位的方案,最终没有在预定的时间和地点会晤。这导致了法国在 5 月 25 日公开宣布保持中立。不过,法国代表团并未放弃与两个教廷的联系,试图劝说枢机主教们在没有教皇的情况下自主行动。经过法国代表团的多次努力,6 月 29 日两个枢机主教团的绝大多数成员在意大利里窝那(Livorno)会合,宣布他们统一教会的意愿,并写信呼吁于 1409 年 3 月 25 日在比萨召开公会议。[①]

最终出席比萨公会议的阵容十分强大。除了包括 22 名枢机主教在内的众多教会高级神职人员出席以外,神圣罗马帝国皇帝、法王和英王等均派代表赴会,巴黎大学、布拉格大学、牛津大学、博洛尼亚大学等多所大学也派出了代表团。[②] 不过,从会议的最终效果来看,比萨公会议似乎让教会大分裂陷于更加糟糕的境地。1409 年 6 月 5 日,公会议宣读了判决,宣布废黜未出席会议的两个对立教皇,他们被称为"臭名昭著的裂教者、教会分裂的鼓动者、偏离信仰的异端、犯有作伪证和违背誓言等罪行"。[③] 6 月 15 日,24 名枢机主教选举希腊人、米兰大主教为新的教皇,即亚历山大五世(Alexander V,1409—1410 年在任)。但是,格列高利十二世和本笃十三世认为公会议无权废黜他们,相反,他们谴责比萨公会议是"一群受到诅咒的魔鬼的集会"。[④] 如此一来,教会由以前的两个教皇对峙变成了现在的三个教皇鼎立。与此同时,也要看到比萨公会议的历史意义。它的召开暗示着公会议的权威高于教皇,这是勃兴于 14 世纪的"公会议运动"(conciliar movement)在那个时代最有影响力的一次实践,无怪乎有史家说比萨公会议"已经是宗教改革"了。[⑤] 显然,比萨公会议挑战了当时人们对于教皇至高权威的传统认知,因此就连公会议的代表中也有人质疑整个会议的程序、怀疑枢机主教团的决议。

比萨公会议还决定于 1412 年 4 月再次召开会议。不过,在亚历山大五世的继任者、约翰二十三世(John XXIII,1410—1415 年在任)的主导下,

① Howard Kaminsky, The Great Schism, Michael Jones (ed.), *The New Cambridge Medieval History* (vol. vi, c. 1300 - c. 1415), pp. 693 - 694.

② Clinton Locke, *The Age of the Great Western Schism*, p. 128.

③ 比萨公会议罢黜两名对立教皇的法令的英译文,参见 Howard Kaminsky, The Great Schism, Michael Jones (ed.), *The New Cambridge Medieval History* (vol. vi, c. 1300 - c. 1415), p. 695。

④ Herbert B. Workman, *The Dawn of the Reformation* (Vol. II: *The Age of Hus*), pp. 71 - 74; Clinton Locke, *The Age of the Great Western Schism*, pp. 131, 133 - 134.

⑤ Herbert B. Workman, *The Dawn of the Reformation* (Vol. II: *The Age of Hus*), p. 55.

1412—1413 年召开的罗马公会议（Roman Council）参会人员很少，几乎没有取得有价值的成果，遑论结束教会大分裂。因此，神圣罗马帝国皇帝西吉蒙德敦促约翰二十三世再次召开公会议。持续时间近 4 年的康斯坦茨公会议终于在 1417 年选出新教皇马丁五世，标志着长达 40 年的西方教会大分裂的结束。

从某种程度而言，西方教会大分裂是 14—15 世纪西方天主教会动荡时期的一个缩影。巧合的是，胡斯的一生也大致与西方教会大分裂这一历史时段重合。教会大分裂爆发之始，胡斯正处于童年时期，成长于波西米亚农村的胡斯不大可能感受到这一历史事件对他生活的冲击。但是随着胡斯归依基督教并正式登上历史的舞台，特别是逐步成为波西米亚宗教改革派的领导人物，教会大分裂造成的政治格局和信仰世界的混乱以及教俗力量的干预显然让胡斯无法置身于外，直到他的生命在 1415 年被康斯坦茨公会议终结。

第二章　大学和小教堂:"异端"思想的起源

　　大约在 1372 年,约翰·胡斯出生于波西米亚南部一个贫穷的农民家庭。① 对于胡斯的父亲,相关史料鲜有提及,唯一知道的是他的名字叫迈克尔。不过,有关胡斯母亲的叙述和文献相对更多,胡斯在流亡期间所写的一篇论文中明确提到过她。可以确定的是,胡斯的母亲是虔诚的基督徒,她将神甫之职视为上帝最神圣的召唤,因此希望胡斯有朝一日成为一名神甫,过上既有保障又受人尊敬的生活。② 此外,胡斯在回忆中也提起母亲教他如何祈祷。③ 可见,胡斯的母亲对他最终信奉基督教并选择布道作为终生的事业是有一定影响的。

　　另外可以确定的是,胡斯至少有一个兄弟。在他兄弟去世后,胡斯曾照顾他的两个侄儿。在 1415 年 6 月 16 日写给学生马丁的信中,胡斯对其交

---

① 由于缺乏确切文献的记载,胡斯的出生年份存在争议,学者们推测他大概出生于 1369 年至 1373 年之间的某一年。具体看法有三种。一种意见认为,胡斯出生于 1372 年,如 Thomas A. Fudge, *Jan Hus: Religious Reform and Social Revolution in Bohemia*, p.9; Matthew Spinka, *John Hus: A Biography*, p.21;文庸、乐峰、王继武主编:《基督教词典》(修订版),北京:商务印书馆,2005 年版,第 205 页。第二种意见认为,胡斯出生于 1369 年,如 Herbert B. Workman & Robert M. Pope (trans.), *The Letters of John Hus*, p.5;朱寰、马克垚主编:《世界史·古代史编》(下卷),第 317 页。第三种意见认为胡斯的出生年份为 1373 年,如 David Schley Schaff, *John Huss: His Life, Teachings and Death, After Five Hundred Years*, p.19; E. H. Gillett, *The Life and Times of John Huss; or, the Bohemian Reformation of the Fifteenth Century* (vol.1, 2nd edition), p.43。本书取第一种意见,它也是当代学界更为通行的意见。

② Matthew Spinka, *John Hus: A Biography*, p.22。在中世纪担任教会圣职的收入远远高于普通劳动者。有资料表明,1400 年左右非熟练工人和熟练工人每人每天分别能挣到 1 和 2.5 个格罗申(groschen 或 gulden, 1 个格罗申含有 1.88—3.62 克银,参见 Matthew Spinka [ed.], *Advocates of Reform: From Wyclif to Erasmus*, p.224,注释2),妇女的工资只有男人的一半。与此对照的是,在圣维特大教堂担任圣职,每日薪俸高达 50 格罗申,参见 Thomas A. Fudge, *The Magnificent Ride: The First Reformation in Hussite Bohemia*, p.29。这一圣职收入似乎高得离谱了,由于托马斯·A.法吉未提供该文献出处,因此无法判断其引用是否准确。

③ Thomas A. Fudge, *Jan Hus: Religious Reform and Social Revolution in Bohemia*, p.10.

代后事,其中就有这样的内容:"如果你认为合适,就把我的侄儿们送去学一门手艺吧,我担心他们并不适合从事圣职。"①

胡斯的名字源自于他所出生的名为胡斯涅兹(Husinec)的小村庄。按照当时的习俗,一个人的姓名往往包含其出生地或者接受教育的地方,因此胡斯在布拉格大学入学时的名字是胡斯涅兹的约翰(John of Husinec),后来(特别是在 1400 年以后)胡斯将其简写为约翰·胡斯(John Hus)。② 正是这样一个简写的名字,后来却在波西米亚乃至欧洲掀起了轩然大波,并在波西米亚的宗教史册和民族历史上留下了重要的篇章。

第一节 求学布拉格大学

一、胡斯的早期经历

布拉格大学对于胡斯意义重大。它是胡斯接受系统神学教育、研读圣经、反思基督教教义、初步形成宗教改革思想以及展开宗教改革实践的场所。在讨论胡斯求学布拉格大学的经历之前,有必要简单了解他之前的生活经历。需要指出的是,除了胡斯在其论著中偶有提及的只言片语,其他对胡斯进入布拉格大学之前生活的很多叙述,只能被视为圣徒传记之类的材料,不能被当作确凿无疑的史实。

在胡斯的出生之地胡斯涅兹,最重要的建筑就是石砌的教堂以及附近的木制钟楼。胡斯涅兹属于弗拉霍沃布热济(Vlochovo Brezi)教区,村子里没有神甫,教区神甫布热济的欧尔德利希(Oldrich of Brezi)偶尔过来主持一下圣事,因此胡斯的受洗神甫很可能是欧尔德利希。③

离胡斯涅兹大约五公里,就是靠近巴伐利亚、重要的贸易中心普拉哈季采(Prachatice)。每周大约有 100—1000 辆马拉货车将来自巴伐利亚的货物运到普拉哈季采,然后再转运到布拉格和其他的城市。进口的货物中有盐、酒、香料、布料等,而售卖到外地的货物主要是产自本地的小麦、黄油、奶酪、鱼等。这些大量涌进普拉哈季采的商人大部分是德意志人,商业的兴盛使普拉哈季采成为了波西米亚南部地区最为富裕的商业中心之一。④

---

① Matthew Spinka (trans.), *The Letters of John Hus*, No.76, p.171.
② Francis hrabě Lützow, *The Life and Times of Master John Hus*, p.65.
③ Matthew Spinka, *John Hus: A Biography*, pp.22-23.
④ Matthew Spinka, *John Hus: A Biography*, p.23.

约在 1385 年,胡斯进入了普拉哈季采小学读书。从中世纪早期开始,广泛传播于西欧的基督教垄断了教育,因此西欧的学校主要由修道院或教会控制,教育的目的乃为宗教服务。但是,随着 12 世纪以来城市的兴起和市民阶层的出现,由城市控制的、带有世俗性质的学校得到了大力发展,教育的目的则是服务于城市市民阶层的兴趣和需要。① 由于史料记载所限,我们无法确定胡斯就读的到底是哪种类型的学校,但是考虑到胡斯的母亲信奉基督教的虔诚以及将儿子培养为一名神甫的坚定决心,因此胡斯极有可能是在一所教会主办的小学里接受了基础教育。当时,普拉哈季采设有数座教堂,比如教区长常驻的圣雅各教堂以及最古老的圣彼得和圣保罗教堂。②

在中世纪的教会学校里,学生主要学习"七艺",即文法、修辞、逻辑、算术、几何、音乐和天文学。在小学里,胡斯接受了拉丁文文法训练,为以后的拉丁文阅读打下了基础。事实上,拉丁文是当时的通用语言,更是学校和大学的教学语言,因此掌握基础的拉丁文,对于胡斯日后的大学学习以及从事神职具有奠基性的意义。至于其他"六艺"的学习,或者说全面的学习,可能是胡斯在布拉格大学求学时完成的。③ 除了担任神甫必备的拉丁文语言功底以外,胡斯还能熟练运用德语。在他最终走向火刑柱的途中,胡斯就用德语对随行的民众讲话。④ 不过,我们无法确定胡斯何时学习过德语,既可能在普拉哈季采,也可能在进入布拉格大学以后,甚至早在幼年时期就接触过德语也并非没有可能,毕竟胡斯出生的地方靠近说德语的巴伐利亚。

据说胡斯的母亲曾护送他去学校,在沿途为老师祈祷的过程中她七次下跪,给老师的礼物只是一块面包。⑤ 可以想象,一个贫穷的家庭把胡斯送到一所位于富裕商业中心城市内的小学接受基础的教育,这是很不容易的,也承载了胡斯的母亲把儿子培养成一名神甫的殷殷期望。所以,在普拉哈季采读书期间,家贫的胡斯就在城内一所教堂的唱诗班里唱歌,以此挣钱来

---

① 欧阳军喜、王宪明:《世界中世纪文化教育史》,北京:中国国际广播出版社,1996 年版,第 41—55 页。

② Matthew Spinka, *John Hus: A Biography*, p.23.

③ Matthew Spinka, *John Hus: A Biography*, p.23.

④ Matthew Spinka, *John Hus: A Biography*, p.25.

⑤ Matthew Spinka, *John Hus: A Biography*, p.24.更多类似"圣徒传记"式的描述,可参考 E. H. Gillett, *The Life and Times of John Huss; or, the Bohemian Reformation of the Fifteenth Century* (vol.1, 2nd edition), pp.45 - 46. 比如,就读普拉哈季采的小学之前,胡斯曾在离家不远的一所修道院主办的学校读过书。胡斯父亲去世后,名为胡斯涅兹的尼古拉斯(Nicholas of Husinec)的贵族资助胡斯。更为有趣的是,胡斯的母亲也曾陪着胡斯来到布拉格大学,不过这次送给校长的礼物变成了一只鹅和一块蛋糕,但不幸的是,鹅却在路途中挣脱逃走。

维持日用开销。

胡斯与教会的接触还体现在他参与过一次所谓的"毛驴纪念日"(Feast of the Ass)活动。在写于 1412 年的一篇论文里,胡斯以遗憾和羞愧的口吻回忆了这种当时很流行的化装表演活动:

> 他们将其中的一位化装为身着华服的主教,然后让他倒骑毛驴,俯视驴尾,进入教堂。在弥撒时,他们将一盘汤和一罐啤酒放在他的面前,于是他就在教堂里吃了起来。……伴随着毛驴的一声嘶叫,那些假扮神甫者则将巨大的火把而非蜡烛拿到他的面前,然后他就骑着毛驴将那一个个圣餐台点上香。我注意到,那些"神甫"们则将毛皮镶边圣衣的里子翻露在外面,在教堂里跳起舞来。看到这一幕,所有的围观者都大笑不止。在他们看来,根据祈祷礼仪和教规,这一切都是如此的神圣和得体。①

显然,年轻的胡斯那时并非虔诚的基督徒,但随着皈依基督教以及对圣经的研读,胡斯深感羞愧于自己参加的这种"神圣和得体"实际上却轻浮的活动。事实上,早在 1386 年布拉格大主教就禁止此类活动,不过实际效果在偏远的教区肯定大打折扣,因而迟至 1435 年的巴塞尔宗教会议(Council of Basel)还在谴责这种活动的举行。②

二、布拉格大学概述

正如《欧洲大学史》有关中世纪大学的研究成果所揭示的那样,中世纪大学的大门向每一位希望成为附属或者大学成员的人敞开着。无论一个人的出身、等级、居住地远近、贫富状况如何,也无论他的身体健康状况如何,也不管他先前的学习如何,甚至是否具备读写的能力,总之,大学的入学不存在任何先决条件。尽管自 14 世纪以来,学生接受的普通教育正逐步成为大学入学的"正式"条件,但总体而言,中世纪时"学校和大学之间并没有一种功能上的直接衔接。教育水平和教育目的并没有通过一系列前后相继的步骤而形成的阶段向前推进,也不存在秩序井然的教育模式来传递一种标准化的基础知识体系"。③ 因此,尽管无法得知胡斯在普拉哈季采的学业表

---

① Thomas A. Fudge, *Jan Hus: Religious Reform and Social Revolution in Bohemia*, p.10; Matthew Spinka, *John Hus: A Biography*, pp.24-25.
② Thomas A. Fudge, *Jan Hus: Religious Reform and Social Revolution in Bohemia*, p.10.
③ [瑞士]瓦尔特·吕埃格主编、[比]里德—西蒙斯分册主编,张斌贤等译:《欧洲大学史》(第一卷:中世纪大学),保定:河北大学出版社,2008 年版,第 188—193 页。

现,但这不会影响胡斯于1390年进入布拉格大学学习。另一方面,也应注意到,中世纪大学普遍要求学生缴纳注册费(包括校长收的普通注册费、学院注册费以及有些大学所谓的“新人费”)①以及攻读学位的课程费用,加上伙食费、住宿费在内的生活费用等,因此进入大学者实属凤毛麟角。有史料表明,早于胡斯进入布拉格大学学习、来自于普拉哈季采的学生只有克里斯琴(Christian)和尼古拉斯(Nicholas)两位。②

如前所述,布拉格大学由查理四世创建于1348年,是神圣罗马帝国和中欧的第一所大学。查理四世创办布拉格大学的初衷,乃是让那些孜孜渴求知识的国民省去奔波他国之苦,能在自己的国家内享有教育。③ 布拉格大学的民族性还体现在对教师的选择上。在早期的教师名录上,鲜见德意志教师,大部分教师都是出生于波西米亚而在国外大学学成归来者。但是,瓦茨拉夫四世出任国王以后,情况开始发生很大的变化,到了胡斯求学的时代,德意志教师已经完全在大学中居于主导地位。④ 另一方面,作为神圣罗马帝国皇帝,查理四世又期待布拉格大学能广纳其他国家的学生,从而成为一所国际性大学。事实上,正如编年史家威特密尔的贝内斯(Benes of Witmil)所言,“布拉格大学非常成功,在德意志境内没有哪一所大学能与之匹敌。学生来源于世界各地,特别是来自英格兰、法兰西、伦巴第、波兰以及附近的国家。学生中既有贵族子弟,也有世界各地教会的高级教士。”⑤不过,要准确弄清布拉格大学的学生人数将是徒劳的,由于显示学生人数的注册登记簿已失传,⑥因此对学生人数的估算争议很大。有的认为是5000—

---

① 注册费是中世纪大学赖以生存的最重要收入之一。对于贫穷学生,“贫穷不是入学的障碍,但是就缴纳注册费而言,一般说来,并没有特殊的关照。那些在不同场合下负责收注册费的人必须检查学生有无支付能力。比较贫穷的学生被催促着尽可能地履行与注册相关的经济义务。严格说来,只有在好运降临时,他们才会得到允许推迟交纳注册费。”参见[瑞士]瓦尔特·吕埃格主编、[比]里德—西蒙斯分册主编,张斌贤等译:《欧洲大学史》(第一卷:中世纪大学),第203页。

② Matthew Spinka, *John Hus: A Biography*, p.27.

③ Herbert B. Workman, *The Dawn of the Reformation* (Vol.II: *The Age of Hus*), p.99.

④ Francis hrabĕ Lützow, *The Life and Times of Master John Hus*, p.67.有史料表明,大学早期的8名教授中,有1名萨克森人,1名法国人,1名威斯特法利亚人,见Charles Edmund Maurice, *Bohemia: from the Earliest Times to the Fall of National Independence in 1620; with a Short Summary of Later Events*, p.134.

⑤ 转引自Francis hrabĕ Lützow, *The Life and Times of Master John Hus*, p.68。

⑥ 大约从14世纪下半叶开始,中欧的大学率先完整保存注册登记簿。可能在1367年前,布拉格大学的文学院、神学院和医学院已有“新”型的注册登记簿,但现已失传,而1372年从布拉格大学分离出去,另行成立的布拉格的法律大学的注册登记簿保存至今,它可能是欧洲最古老的注册登记簿。详见[瑞士]瓦尔特·吕埃格主编、[比]里德—西蒙斯分册主编,张斌贤等译:《欧洲大学史》(第一卷:中世纪大学),第196页。

7000 人,有的认为是接近 30000 人,有的认为是介于 7000—44000 人之间,还有的认为是不超过 2000 人。① 尽管布拉格大学的学生人数众说不一,但是按照中世纪大型大学的标准(即最少有 1000 名学生、每年注册人数至少为 400—500 名),布拉格大学应该属于大型大学,并且很可能是继巴黎大学之后欧洲最大的大学,但 1409 年随着部分德意志教师和学生撤出大学,布拉格大学成为了小型大学,其国际吸引力明显下降。②

尤其值得讨论的是布拉格大学的办学模式。当时的欧洲大学主要有两个模式,即以巴黎大学和博洛尼亚大学为样板,分别代表教师的大学和学生的大学,并分别以神学和法学见长。由于查理四世年仅七岁时就被其父王送往法兰西宫廷,因此熟悉并推崇法兰西文化的查理在创办布拉格大学时选择了以巴黎大学为样板。

首先,模仿巴黎大学设立四大民族团(nation,或译为同乡会)。基于对学生籍贯的宽泛地理概念的界定,中世纪大学往往划分为若干民族团,在大学重要事项的表决、财政管理等方面发挥着重要的作用。③ 巴黎大学划分为法兰西民族团、皮卡第民族团、诺曼底民族团和英格兰民族团四大民族团。从这一模式可以看出,在对大学重要事项表决的四票投票权中,只有英格兰民族团作为外国民族团享有一票的投票权,这显示了巴黎大学由本土民族控制的特征。与巴黎大学类似的是,布拉格大学也划分为四大民族团,即萨克森、巴伐利亚、波兰和波西米亚。每个民族团涵盖的地域分别是:萨克森民族团包括的学生来自北德意志、斯堪的纳维亚和芬兰;巴伐利亚民族团包括的学生来自南德意志、奥地利、蒂罗尔、瑞士、莱茵河谷地区和荷兰;波兰民族团包括的学生来自波兰、普鲁士、立陶宛、西里西亚、迈森、图林根;波西米亚民族团包括的学生来自波西米亚、摩拉维亚、斯洛伐克、匈牙利、克罗地亚、特兰西瓦尼亚和西班牙。④ 不同于巴黎大学的是,在总计四票的投票权中外国民族团占有三票,而波西米亚民族团只拥有一票。由于萨克森和巴伐利亚民族团主体是德意志人,而随着 1364 年克拉科大学(Cracow University)在波兰的建立,内含有

---

① David Schley Schaff, *John Huss: His Life, Teachings and Death, After Five Hundred Years*, p.45; Herbert B. Workman, *The Dawn of the Reformation* (Vol. II: *The Age of Hus*), p.99.

② [瑞士]瓦尔特·吕埃格主编、[比]里德—西蒙斯分册主编,张斌贤等译:《欧洲大学史》(第一卷:中世纪大学),第 206—207 页。

③ [法]雅克·韦尔热著、王晓辉译:《中世纪大学》,上海:上海人民出版社,2007 年版,第 39—41 页。

④ Matthew Spinka, *John Hus: A Biography*, pp.25-26.

图林根、迈森等德意志地区的波兰民族团主体也变成了德意志人,[1]因此三大外国民族团在投票权重的绝对优势实际上让德意志人控制了布拉格大学。需要指出的是,随着更多大学如埃尔福特大学(Elfurt,创办于 1379 年)、海德堡大学(Heidelberg,创办于 1385 年)、科隆大学(Cologne,创办于 1388 年)等的建立,布拉格大学里德意志学生的比例明显下降,但他们拥有的三票投票权却并未变更。这为布拉格大学里波西米亚和德意志两大民族之间的对立埋下了伏笔,并最终导致 1409 年瓦茨拉夫四世颁布库特纳山法令(Decree of Kutna Hora),胡斯在这场民族斗争的胜利中所发挥的重要作用将在后文有详细讨论。

事实上,有史料表明,在布拉格大学创建之初,波西米亚民族团曾得到三票的投票权,而另外三个民族团共有一票的投票权,这与巴黎大学的模式是契合的。[2] 但是,随着数所大学在欧洲的建立,比如前已提及的 1364 年成立的克拉科大学以及 1365 年查理四世的女婿、奥地利公爵鲁道夫(Austrian Duke Rudolf)创办的维也纳大学,为了让布拉格大学保持对欧洲学生的吸引力,查理四世通过制度设计最终取消了波西米亚民族团享有的投票优势。

另一个效仿巴黎大学模式的地方是,布拉格大学在创建之初也设有四个学院,分别是文学院、神学院、法学院和医学院,其中神学院是其中最为重要的高级学院。1372 年法学院单独分离出去成为了独立的法律大学后,神学院的地位更为突出。在 14 世纪上半叶,教皇颁布的禁止在巴黎、牛津和剑桥之外讲授神学的法令持续发挥着作用,加上教皇对巴黎大学神学教学垄断地位的保护,因此巴黎大学在神学上一直保持着领先地位,牛津大学紧随其后。[3] 在赫伯特·B.沃克曼看来,神学是否是一所大学的显学,对这所大学有着非同寻常的意义。像以法学著称于世的博洛尼亚大学以及模仿其模式建立的其他大学,都没有出现宗教改革,而以神学为主导学科的巴黎大学以及其他类似的大学,宗教改革运动风起云涌,比如牛津大学的威克里夫、巴黎大学的热尔松和高卢派、布拉格大学的胡斯、以及埃尔福特大学的路德。[4] 由

---

① Francis hrabĕ Lützow, *The Life and Times of Master John Hus*, p. 68.

② Émile de Bonnechose, Campbell Mackenzie (trans.), *The Reformers before the Reformation: The Fifteen Century: John Hus and the Council of Constance*, p. 31.

③ [瑞士]瓦尔特·吕埃格主编、[比]里德—西蒙斯分册主编,张斌贤等译:《欧洲大学史》(第一卷:中世纪大学),第 341、460 页。

④ Herbert B. Workman, *The Dawn of the Reformation* (Vol. II: *The Age of Hus*), pp. 99 - 100.另外,黑斯廷斯·拉什达尔(Hastings Rashdall)也指出,有别于意大利、西班牙等大学神学院交由托钵修士控制因而鲜见反对教会的声音,布拉格大学神学院由世俗人士控制的特点以及大学独具的文化和教育中心地位,为宗教改革运动和"异端"神学思(转下页)

此可见,效仿巴黎大学的模式,布拉格大学对神学的重视和神学院的重要地位为后来胡斯形成宗教改革思想营造了耳濡目染的氛围并奠定了十分重要的基础。

三、大学里的胡斯

对胡斯进入布拉格大学之前所处的大学背景进行简要梳理之后,让我们来具体了解胡斯在布拉格大学的学习和工作经历。

在《欧洲大学史》中,R. C. 施温格斯(R. C. Schwinges)将欧洲中世纪大学的学生分为五类:单纯学生、学士、硕士—学生、上流社会学生和专修生。其中,第三类学生(即硕士—学生)如下所述:

> 这类学生一般都已获得"学士"学位(相当于具备了现代大学的入学资格),再学习 2—3 年时间,就可以获得文科硕士学位。……如果这类学生在获得硕士学位后没有离开大学——在文学院义务教学 2 年,此举从中世纪开始,随着时间的推移逐渐成为惯例——那么他们就可以继续学习医学、神学、教会法或者民法等高级学院的课程。……硕士—学生(往往是神学专业或者是医学专业的)要给文学院的年轻学员授课,后者就是那些选择他作为教师的第一类或第二类学生。围绕他组成了他的弟子、他的教室、他的家。这类学生的许多人仅仅靠带学生来获得支持他们深造的经济来源,他们的下一个目标就是获得某个高级学院的学士学位。……这种硕士—学生还能充任一些行政职位:他能出任文学院院长,如果工作得到特别赞许的话,他能出任甚至还可以当大学的校长。[1]

如果将胡斯在布拉格大学的求学和工作轨迹和上述引文加以比较,不难发现,胡斯是一名典型的"硕士—学生"。

胡斯于 1390 年进入布拉格大学文学院学习,于 1393 年获得了文学学士学位,这是胡斯生平中首次可以确认的年份。[2] 在接下来的三年时间内,胡斯专注于硕士学位的学习,最终于 1396 年 1 月获得硕士学位。同年,胡

(接上页)想的出现创造了更为有利条件。详见 Hastings Rashdall, *The Universities of Europe in the Middle Ages* (vol.2), Oxford: Clarendon Press, 1895, p.222.

[1] [瑞士]瓦尔特·吕埃格主编、[比]里德—西蒙斯分册主编,张斌贤等译:《欧洲大学史》(第一卷:中世纪大学),第 215 页。

[2] Thomas A. Fudge, *Jan Hus: Religious Reform and Social Revolution in Bohemia*, p.11.

斯开始在文学院任教,在1398年成为文学院的全职教师,并于当年春季首次成为学士的"举荐教师"(promoter)。任教期间,胡斯共为11名学士的"确认"(determination)和2名硕士的"就职"(inception)担任"举荐教师"。①胡斯还因学识出色而出任1401—1402年间冬季学期的文学院院长,而相关文献对胡斯是否在1402年出任过一个学期的校长则争议很大。②1402年出任伯利恒小教堂的布道师后,胡斯兼顾了在文学院的教职,并至少举荐了36名学生成为学士或硕士。③

如前所述,胡斯的母亲希望他能成为一名神甫,但是,出身贫穷者要获取一份圣职并非易事。据估计,不包括修士和修女,仅在布拉格就有1200名神甫。这就意味着,如果胡斯要想实现他的目标,就必须要进入高级学院获取更高的学位。因此,工作之余,大约在1400年或1401年,胡斯在神学院注册开始其神学博士学位的学习。④

一般而言,神学博士课程的完成至少要费时10年,而接受学位者不得低于35岁。1404年,胡斯获得了神学学士课程的第一个学位"圣经学士"(*baccalarius biblicus*)。1404—1406年,胡斯作为"圣经学士"举行讲座,讲解圣经中的使徒书信和圣歌,随后获得"格言学士"(*baccalarius sententiarius*)。1407—1409年,作为"格言学士"讲授彼得·隆巴德(Peter Lombard,1095—1160)的《箴言四书》(*Four Books of Sentences*)。完成《箴言四书》的讲座之后,胡斯获得了"完全学士"(*baccalarius formatus*)学位,距离博士学位仅一步之遥。⑤但是,1412年10月胡斯被迫流亡,最终与

① Matthew Spinka, *John Hus: A Biography*, pp.34,38-39,42.同书第30—31页详细介绍了学士"确认"仪式和硕士"就职"仪式的细节。另,也有译者将"determination"一词译为"判决",见[瑞士]瓦尔特·吕埃格主编、[比]里德—西蒙斯分册主编,张斌贤等译:《欧洲大学史》(第一卷:中世纪大学),第172页。

② 认为胡斯在1402年出任过校长的论著主要有:Herbert B. Workman, *The Dawn of the Reformation* (Vol.II: *The Age of Hus*), p.119; E.H. Gillett, *The Life and Times of John Huss; or, the Bohemian Reformation of the Fifteenth Century* (vol.1, 2nd edition), p.52; Francis hrabě Lützow, *The Life and Times of Master John Hus*, p.72; Oscar Kuhns, *John Huss: The Witness*, Cincinnati: Jennings and Graham; New York: Eaton and Mains, 1907, p.43.令人遗憾的是,包括上述论著在内,无一论著提供文献的出处。明确否认胡斯1402年出任校长的学者是马修·斯宾卡,参见 Matthew Spinka, *John Hus: A Biography*, p.102,注释27。

③ Matthew Spinka, *John Hus: A Biography*, pp.40,54.

④ Matthew Spinka, *John Hus: A Biography*, pp.28,51.

⑤ Matthew Spinka, *John Hus: A Biography*, pp.54,57,60.在中世纪大学里,《箴言四书》的评注是获得神学博士学位的必备条件,它也成为后人了解中世纪神学家思想的重要文本。自1990年代以来,针对隆巴德和《箴言四书》及其评注本的研究取得了不少成果,相关介绍参见 František Šmahel & Ota Pavlícek (eds.), *A Companion to Jan Hus*,(转下页)

45

博士学位失之交臂，①这并非因为胡斯把大部分精力投入到布道或其他工作中，而是因为胡斯与神学院的博士们产生了神学争论等原因。

作为学生的胡斯颇有天赋，在总计 22 名获得文学学士的学生中名列第六。② 胡斯拥有强烈的求知热情，在他后来的回忆中对此有如下描述："从我求学的一开始，我就给自己确立了一个准则：无论何时我接触到任何更好的观点，我将会愉快并谦卑地放弃以前的认识。我明白，和我不知道的东西相比，我已经学习的东西是如此的微不足道。"③胡斯在学习过程中也十分勤奋。在 1393 年举行的文学学士授位仪式上，胡斯的"举荐教师"米托的约翰（John of Mýto）发言，盛赞胡斯的勤奋：通过勤奋的学习和工作，胡斯获得了知识和健康；为了精神上的健康，胡斯甚至不惜以身体的健康为代价，长期坚持不懈的学习明显导致了胡斯在学士学位考试中身体虚弱。最后，米托巧用双关语，利用胡斯的名字在捷克语中表示鹅这一意思，称赞胡斯犹如一只展翅高飞的鸟，正飞向更高的领域。④

作为教师，胡斯在文学院任教的头两年主要讲授亚里斯多德，这也是胡斯在初入布拉格大学文学院中最早学习的内容。人们普遍认为，亚里斯多德的著作将为学生更高层次的学习——不仅仅是哲学，还包括逻辑、辩证

（接上页）p.130。需要说明的是，《箴言四书》这一汉译参考自周伟驰：《奥古斯丁的基督教思想》，北京：中国社会科学出版社，2005 年版，第 333 页，其他汉译还有《格言大全》《警句读本》，参见［瑞士］瓦尔特·吕埃格主编、［比］里德—西蒙斯分册主编，张斌贤等译：《欧洲大学史》（第一卷：中世纪大学），第 465 页；［法］雅克·韦尔热著、王晓辉译：《中世纪大学》，第 52 页。

① 对于胡斯是否获得博士学位，相关研究说法不一。国内出版的《基督教词典》（文庸、乐峰、王继武主编，第 206 页）认为他 1396 年获得了博士学位，而马修·斯宾卡（Matthew Spinka, *John Hus: A Biography*, p.60.）和托马斯·A. 法吉（Thomas A. Fudge, *Jan Hus: Religious Reform and Social Revolution in Bohemia*, p.12.）等著名学者则对此说予以否认。其实，胡斯任何书信和论文中从未称呼自己为博士，比如写于 1412 年 10 月 18 日、广为人知的上诉信中，胡斯的落款是"文学硕士和神学完全学士"（见 Matthew Spinka ［ed. & trans.］, *John Hus at the Council of Constance*, p.240.）。其他人也从未称呼胡斯为博士，比如 1414 年神圣罗马帝国皇帝西吉蒙德颁发给胡斯的安全保证书，它明确称呼胡斯为神学完全学士和文学硕士（见 Matthew Spinka ［ed. & trans.］, *John Hus at the Council of Constance*, p.90.）。与此同时，在胡斯生活的时代，称呼已获博士学位者为博士可能是惯例，比如胡斯约写于 1413 年的《约翰·胡斯教士对神学博士斯蒂芬·巴莱奇的回复》（"Responsio Mag. Joannis Hus ad scripta M. Stephani Paletz, theologiae doctoris"，此标题见 Matthew Spinka, *John Hus' Concept of the Church*, p.228，注释 45）一文的标题所示。综上所述，可以断定胡斯并未获得博士学位。

② Matthew Spinka, *John Hus: A Biography*, p.33.不过，胡斯在文学硕士学习阶段的学业表现一般，在 1396 年 1 月获得文学硕士的 16 名学生中，胡斯排名第十。参见 František Šmahel & Ota Pavlíček (eds.), *A Companion to Jan Hus*, p.15.

③ Matthew Spinka, *John Hus: A Biography*, p.29.

④ Matthew Spinka, *John Hus: A Biography*, p.32.

法、修辞等等——打下基础。按照中世纪大学的传统，教师的教学形式主要是讲座和辩论。讲座的功能主要是让学生熟悉教学内容，通常是教师朗读自己认为经典的内容并逐段讲解，学生做好笔记。辩论的功能则是让学生运用所学的知识以及培养演讲技巧，其类型大致分为每周一次的普通辩论、每年一到两次的自由辩论和教师自己组织的小班辩论课[①]三种。因此，除了讲授，胡斯还要组织和参与学生的各种辩论，为此他写了大量的论文。这些教学活动对于胡斯而言具有重要的意义，它们不仅训练了胡斯优异的口头表达能力、辩论能力并为后来的布道能力打下了基础，而且促使胡斯深入思考和研习哲学和神学的诸多问题。

要想更多了解胡斯的教师形象，他担任"举荐教师"留下的 13 篇演讲词为我们提供了独特的视角。总体而言，这些演讲词带有很浓的学术味，多以某个主题为主线，内有各种引用的文献以及日常习语，勉励学生追求美德，敦促他们不得懒惰，特别是强调学生们不可贪睡。这表明，除了关注学业的进展，胡斯也十分注重对学生品德的教育。有意思的是，在有些演讲词中，胡斯体现了他的恶作剧式的风趣，让人看到了一个友善欢快的年轻教师，他与学生的关系是亲近的。比较典型的例子是 1400 年 1 月 22 日发表的演说，举荐苏希采的瓦茨拉夫（Wenceslas of Sušice）成为学士。在这篇题为"美德使谦逊者更为出色"的演说中，胡斯调侃瓦茨拉夫的英俊外表、漂亮着装和矮小身材，不过这些言辞并不让人觉得冒犯。接着，胡斯说，"拥有最英俊的外表意味着同时要拥有最高尚的美德以及知识"，因此鼓励瓦茨拉夫不要追求身体的愉悦，应转向对知识和精神的追求。在举荐布拉格的马丁·昆索夫（Martin Kunšov of Prague）的演讲词中，胡斯大部分时间都在谈论马丁的外表，调侃马丁是一名慵懒而行动迟缓的年轻人，但是同时承认，六年的学习（也许这正是胡斯调侃马丁"行动迟缓"的原因）使得马丁变得诚实而有德行。实际上，胡斯的学生大都成为了他忠诚可靠的朋友。在审判胡斯的康斯坦茨公会议上，胡斯的对手中只有斯托伊琴的尼古拉斯（Nicholas of Stojčín）一人是他过去的学生。[②]

再来看胡斯在布拉格大学的生活。进入大学的初期，就像在普拉哈季采读书时那样，胡斯仍然靠在教堂唱诗班里唱歌来补贴求学的花费，但毕竟

---

① 这种小班辩论课以所学内容的练习和复习为主，一般以一位教师所带的学生为单位，在教师的房间或学生宿舍里进行。辩论中，师生们要援引名人名言、各种评注等作为合理的依据。详见［瑞士］瓦尔特·吕埃格主编、［比］里德—西蒙斯分册主编，张斌贤等译：《欧洲大学史》（第一卷：中世纪大学），第 252 页。笔者认为，这实际上是现代西方大学所采用的名为"习明纳"（seminar，也可译为讨论课）教学组织形式的雏形。

② Matthew Spinka, *John Hus: A Biography*, pp. 40 - 41.

大学的费用更高，因此忍饥挨饿是常有的事。对于这种饥饿的感觉，胡斯曾经幽默地回忆道："年轻求学时，每当饥饿袭来，我只能舀上一小汤匙食物拌着豌豆吞咽下去，甚至恨不得把汤匙都给吞下去。"更有甚者，胡斯还经常不得不睡在地上，有时还会陷入在街上乞讨的境地。不过，由于托钵修士的缘故，中世纪时乞讨并非一件令人羞耻的事情。①

胡斯生活状况的改观，是从他学习文学硕士课程开始的，这一时期他在布拉格大学里最大的卡洛琳学舍（Carolinum）担任了服务员。② 在中世纪大学中，学舍（拉丁文为 collegium，英文为 college）是一种自治或半自治的学术团体，在大学举行会议和讲座中扮演着重要的角色，其重要性逐渐超过了民族团。巴黎大学从建校开始就有学舍，不过 1257 年左右创建的索邦学舍最为著名。由于学舍在欧洲大学形态多样，因此很难准确描述其共有特征，比如巴黎大学、牛津大学等大学学舍中学生是主要成员，而在布拉格大学等中欧大学里学舍的主要成员却是教师。③ 布拉格大学里的卡洛琳学舍由查理四世创建于 1366 年，后在 1383 年由瓦茨拉夫四世搬迁到位于圣格尔修道院（Monastery of St. Gall）附近一处更为宽敞的大院，其设施与规模自此超越了诸如万圣学舍（All Saints' College）和瓦茨拉夫学舍（Wenceslas College）等创建更早的学舍。1386 年利托米什尔的尼古拉斯（Nicholas of Litomyšl）担任布拉格大学校长，推动卡洛琳学舍成为了整个大学最重要的学舍。在胡斯求学的时代，卡洛琳学舍是大学举行重要集会和仪式的场所。

卡洛琳学舍为 12 名教授提供舒适的住宿。胡斯担任服务员，主要工作是为教授们整理房间，偶尔到厨房去帮帮忙。作为回报，胡斯在学舍中可以免费食宿。更为重要的是，食宿无忧之余，胡斯能有机会熟识当时波西米亚最为杰出的学界精英，以及了解最新的思想动态。④ 这对胡斯以后在大学以及宗教改革运动中扮演的角色至关重要。

1398—1402 年期间，胡斯住进了瓦茨拉夫国王学舍。正是在这段时间，胡斯频频造访他的朋友、圣迈克尔教堂神甫普拉哈季采的克里斯琴

---

① Francis hrabě Lützow, *The Life and Times of Master John Hus*, pp. 69 – 70; Matthew Spinka, *John Hus: A Biography*, p. 28.

② Matthew Spinka, *John Hus: A Biography*, p. 33.

③ ［瑞士］瓦尔特·吕埃格主编、［比］里德—西蒙斯分册主编，张斌贤等译：《欧洲大学史》（第一卷：中世纪大学），第 128—130 页。需要说明的是，"学舍"（college）也常被译为"学院"。为避免与布拉格大学划分为四大学院（其实这里的"学院"英文为 faculty）中"学院"一词相混淆，因此此处将 college 一词译为"学舍"。

④ Matthew Spinka, *John Hus: A Biography*, pp. 33 – 34; Paul De Vooght, *L'hérésie de Jean Huss* (2e édition, Tome I), Louvain: Publications universitaires de Louvain, 1975, p. 47.

(Christian of Prachatice),两人广泛讨论了当时的诸多敏感问题,其中可能包括后来引起轩然大波的威克里夫学说。克里斯琴是胡斯的同乡,比胡斯早五年进入布拉格大学,据说是他将胡斯带入布拉格,因此被胡斯视为恩人。[1] 两人的友谊从未中断,后文还会讨论到克里斯琴在胡斯流亡和康斯坦茨公会议受审期间和胡斯的多封通信。

很可能在 1400 年 6 月,胡斯被按立为神甫,并在随后的一年多时间里在圣迈克尔教堂布道。1402 年出任伯利恒小教堂神甫和布道师后,胡斯生平第一次有了一份不错的收入,尽管这份收入无法和卡洛琳学舍的教授们相比。胡斯此后再没有另谋它职。[2]

值得指出的是,在成为神甫之前,胡斯在大学里的言行并非完美无缺。在 1414 年 10 月初启程赴康斯坦茨之前,胡斯写给学生马丁、带有"遗言"性质的信中提到了自己的"轻浮"行为:"但是,凭着耶稣基督的恩典,我恳求你不要重蹈我以前任何轻浮行为的覆辙。唉,你知道,在我成为神甫之前,我曾经喜爱下棋,经常沉迷于此,浪费了大量时间。而且,不幸的是,我和其他的人常常因为下棋而大动肝火。"[3]不放过下棋和争执动怒之类的小事,胡斯对于德行的反思态度由此可见一斑。

正如有关欧洲中世纪大学学生生活的研究成果所揭示的那样,在 13—15 世纪,针对前文业已提到的大学中五种类型学生的抱怨到处都是,比如衣冠不整、打牌下棋、参与赌博、打架斗殴、嫖妓狂欢,甚至携带并使用武器,等等。[4] 就布拉格大学而言,学生中也不乏喜欢聚众闹事者,街头斗殴也很平常,以至于大学校长和执礼杖者无法维持秩序。1374 年,大学当局只好

---

① Matthew Spinka, *John Hus: A Biography*, pp. 27, 43.

② Matthew Spinka, *John Hus: A Biography*, pp. 39, 43. 有资料表明,伯利恒小教堂神甫的年薪与布拉格城内的其他神甫收入相当,为 20 朔克(schock)的布拉格格罗申,参见 Pavel Soukup, *Jan Hus: The Life and Death of a Preacher*, West Lafayette: Purdue University Press, 2020, p. 22. 朔克是中世纪欧洲的计量单位,1 朔克是 60 个,因此胡斯担任神甫的年薪达到了 1200 布拉格格罗申。有学者统计和计算,当时在布拉格生活一年需要 240 至 360 格罗申,以此为标准,胡斯的神职收入是可观的,参见 John Klassen, The Disadvantaged and the Hussite Revolution, *International Review of Social History*, 35, 1990, p. 255.

③ Matthew Spinka (trans.), *The Letters of John Hus*, No. 45, p. 121. 对于下棋等游戏以及跳舞等休闲娱乐活动带来的负面影响,胡斯还在写给某位贵族的一封长信(收信人和写信时间均不详)中有非常详细的论述,具体参见 Matthew Spinka (trans.), *The Letters of John Hus*, No. 3, pp. 8 - 12. 在另一封写给在乡间隐居的年轻女信徒的信中,胡斯也提到了要克制肉欲,不要喜欢华美的服饰等,参见 Matthew Spinka (trans.), *The Letters of John Hus*, No. 6, pp. 20 - 21.

④ [瑞士]瓦尔特·吕埃格主编、[比]里德—西蒙斯分册主编,张斌贤等译:《欧洲大学史》(第一卷:中世纪大学),第 242 页。

和市政当局达成协议,授权治安人员逮捕那些闹事的学生并移交给大学监护关押。[①] 因此,考虑到当时大学的氛围,年轻的胡斯完全不受影响似乎不太可能,但是,成为神甫以后的胡斯,特别是后期作为宗教改革派领导者的胡斯,其个人品行就连其对手和敌人也承认无懈可击。需要思考的是,胡斯如何从一个懵懂青年转变为一个虔诚的基督徒,转变的背后有哪些因素起着推动作用? 本章余下各节将对此问题予以探讨。

第二节　伯利恒小教堂的布道师

托马斯·A.法吉将胡斯的主要经历划分为四个阶段:1390—1402 年是学生或学者;1402—1412 年担任神甫;1412—1414 年是流亡时期;1414—1415 年期间被控异端。[②] 不难发现,1402 年是胡斯人生重要的转折点之一,这一年的 3 月 14 日,他成为了伯利恒小教堂的教长和布道师。

一、"改革"的伯利恒小教堂

伯利恒小教堂的修建始于 1391 年,直到 1400 年方才完工。"伯利恒"(Bethlehem)之名寓意"面饼之屋",意在体现小教堂希望能给信众提供生命的面饼(即上帝之道)。小教堂的用地由富商瓦茨拉夫·克里茨(Wenceslas Kříž)捐献,原本是他房子的花园,而出资修建主要是瓦茨拉夫四世的宠臣米尔海姆的约翰(John of Milheim,或 John of Mühlheim)。小教堂的一面墙甚至还紧倚克里茨的麦芽作坊,而一个角落则毗邻圣菲利普和圣詹姆斯教堂公墓。麦芽作坊的楼上则改建成为小教堂神甫和他助手的住宿房间,胡斯担任布道师后就居住于此。不仅如此,小教堂还为贫困的学生提供住宿,曾有两三名学生居住在小教堂并照顾胡斯,甚至胡斯学生中唯一的贵族子弟也曾在此居住数年并接受胡斯的指导。小教堂的后面最终扩建成一所名为拿撒勒学舍(Nazareth college)的学生救济院,可容纳近 40 名学生。小教堂结构虽然简单,但是空间面积很大,据说可以容纳近 3000 人参加圣事。[③]

① Francis hrabě Lützow, *The Life and Times of Master John Hus*, p.69.
② Thomas A. Fudge, *Jan Hus: Religious Reform and Social Revolution in Bohemia*, p.9.
③ Matthew Spinka, *John Hus: A Biography*, pp.47 - 48,73; E. H. Gillett, *The Life and Times of John Huss; or, the Bohemian Reformation of the Fifteenth Century* (vol.1,2nd edition), p.73.另一说法则是,小教堂内能容纳 1000 人,见 Francis hrabě Lützow, *The Life and Times of Master John Hus*, p.76。

需要说明的是，小教堂并非教区教堂，它实际上坐落在圣菲利普和圣詹姆斯教区之内，因此小教堂的神甫并没有司法权，他只能主持弥撒和其他的圣事。[1]

图 5　伯利恒小教堂（1949—1954 年恢复重建）
（图片来源：Matthew Spinka, *John Hus: A Biography*，第 104 至 105 页间的插图。）

小教堂的两名创建者克里茨和米尔海姆都是"波西米亚宗教改革之父"克罗米兹的米利奇（Milič of Kroměříž）的追随者。因此，有学者指出，时任布拉格大主教正在迫害米利奇的追随者，而教会当局居然批准了伯利恒小教堂的成立，这实在是一件令人奇怪的事。[2] 某种意义而言，小教堂的建立承载着创建者对教会改革的希冀，这必将导致小教堂的一些特征颇具"改革"的意味，也为其后来成为波西米亚宗教改革派的中心埋下了伏笔。

这种"改革"的意味，首先间接体现在小教堂墙壁上悬挂的数幅两两成对的图画里。应该说，这些图画的出现在中世纪后期的教堂里并不常见，但其内容意味深长。其中一对图画的内容是：一张图里画的是在盛大的场面中教皇骑着高头大马，另一张图画的则是贫穷的耶稣背负十字架。再如，一张图里描述的是君士坦丁大帝和路德维希皇帝将罗马城等捐赠给教皇，图

---

[1]　David Schley Schaff, *John Huss: His Life, Teachings and Death, After Five Hundred Years*, p.27.

[2]　Francis hrabě Lützow, *The Life and Times of Master John Hus*, p.74.另有史料表明，伯利恒小教堂的建立得到了多方力量的支持，比如瓦茨拉夫国王批准了捐款，布拉格大主教亲自为建筑物奠基，后来教皇也批准其成立，布拉格市长和市政委员会还免除了税款等等，详见 E.H. Gillett, *The Life and Times of John Huss; or, the Bohemian Reformation of the Fifteenth Century* (vol.1, 2nd edition), p.76。

中君士坦丁大帝将金冠戴在教皇的头上并给他披上紫色的披风，然后两个皇帝执缰扶教皇上马，而另一张图则是耶稣头戴一顶荆棘编成的帽子，在彼拉多面前受尽各种折磨。在另一对图画中，一张描绘的是端坐在宝座上的教皇一脸盛气凌人，有人正在亲吻他的脚，另一张画的是跪着的耶稣正为他的使徒们洗脚。[1] 采用对比的方式，这些成对出现的图画试图揭示的信息是十分明显的：教皇的奢华、傲慢、对世俗权力的追求已经远远背离了耶稣基督的教导，换言之，教皇已经成为了敌基督者。这显然是对几个世纪以来、尤其是教会大分裂以来教皇和教会堕落行径的无声控诉。因此，从这个意义上讲，伯利恒小教堂委婉地表现出了创建者对当时天主教会现状的不满。

小教堂的"改革"意味，更为清楚地体现在建立小教堂文件的字里行间里。在这份标明日期为1391年5月24日的文件里，起草人米尔海姆指出，根据圣父们的教导，不应该对上帝之道有任何束缚，相反，应该采用最智慧、最实用的方式传播上帝之道。令人遗憾的是，在布拉格，居然没有一处地方可以让教众听到用民族语言进行的布道。因此，米尔海姆规定，伯利恒小教堂的教长必须是一名世俗教士，每逢礼拜天和宗教节日，他应使用捷克语举行上午和下午的两次布道。[2] 这份文件的内容显示，伯利恒小教堂至少在以下两个方面有别于布拉格的其他教堂。

第一，伯利恒小教堂强调布道必须使用波西米亚民族语言，而非当时罗马教会通行的拉丁语。考察波西米亚教会史，可以发现，到底是采用民族语言，还是采用天主教会的官方拉丁语，这种布道和圣事礼仪中的语言之争在波西米亚基督教的发展过程中长期存在。早在基督教传入波西米亚的早期，希腊教士西里尔和美多德首创使用斯拉夫语布道和举行宗教仪式，这种传教策略既取得了很大的成功，又引发了日耳曼人甚至大摩拉维亚国王的反感。不过，当时的教皇约翰八世（John VIII，872—882年在任）发布的敕令批准了斯拉夫仪式。[3] 但是，随着908年匈奴人的入侵，斯拉夫民族力量受到削弱，信奉天主教的日耳曼人在波西米亚的影响力日益上升。973年设立的布拉格主教区隶属于美因茨大主教区，这进一步导致宗教信仰中的斯拉夫礼仪被禁止，坚持斯拉夫礼仪的教士被驱逐。[4] 尽管如此，在波西米

① Matthew Spinka, *John Hus: A Biography*, p.48.有必要指出的是，胡斯是支持在教堂里悬挂图像的，只要图像不会形成圣像崇拜，因为当时很多普通民众不具备阅读能力，而且图像在大脑中形成的印象会比听觉产生的印象更深。见同书第49页。

② Francis hrabě Lützow, *The Life and Times of Master John Hus*, p.75.

③ Charles Edmund Maurice, *Bohemia: from the Earliest Times to the Fall of National Independence in 1620; with a Short Summary of Later Events*, pp.14-15.

④ Herbert B. Workman, *The Dawn of the Reformation* (Vol.II: *The Age of Hus*), p.97.

亚一些地方,斯拉夫礼仪并未完全绝迹。11世纪时,当教皇试图在各基督教国家进一步强化罗马教会的圣事礼仪以及禁止民族语言布道时,波西米亚对此政策(特别是布道语言的规定)有强烈的抵触,为此派出一个代表团到罗马申诉,要求教皇允许波西米亚用民族语言举行圣事活动。这一要求得到了准许。但是,不久这一许可被收回。时任教皇格列高利在写给波西米亚公爵的信中明确地说,"公爵阁下对我们所提的诸多请求之一是,根据古老的传统习惯,我们应该保留采用捷克语举行圣事活动的做法。你知道,对此要求,我们是绝不会同意的。"[①]

进入14世纪,"阿维农之囚"和西方教会大分裂极大地损害了罗马教皇和教廷的形象,欧洲各基督教国家普遍加强了王权,民族意识日益强化,这些因素引发了各基督教国家教会与罗马教廷的疏离。在此历史环境中,从14世纪下半叶开始,语言问题重新进入宗教改革先驱们的视野。具体而言,"波西米亚宗教改革之父"米利奇在14世纪60年代末至70年代就开始在布拉格的圣尼古拉斯教堂用捷克语布道,不过他也用德语和拉丁语布道。另一名宗教改革先驱耶诺的马修(Matthew of Janov)从80年代开始在布拉格的两所教堂里用捷克语布道。不争的事实是,拉丁语依然是教堂布道的主流语言,运用民族语言的布道者仍是寥寥无几,改革先驱们面临后继无人的窘境。无怪乎小教堂的创建者感叹,偌大布拉格竟无一处可以听到民族语言的布道,因而萌生出创建一所运用民族语言布道的小教堂的念头。从此以后,这些先驱们播下的种子,注定要在米利奇改革思想追随者们创建的伯利恒小教堂中开花结果。

第二,伯利恒小教堂的创建者特别强调布道的重要性,希望小教堂的布道师能将全部身心投入到神职所要求的布道中,这可能与当时很多神甫不能很好履行神职的基本职责(即布道)这一现状有关。不同于前任布道师因为太忙而无法将全部精力投入到布道工作中,胡斯全副身心的布道更好地满足了创建者的这个初衷。伯利恒小教堂的前两任布道师都来自于布拉格大学神学院。首任布道师约翰·普罗季瓦(John Protiva)曾是教会改革运动坚定的支持者,后来却成为了胡斯的对手。1396年,胡斯的老师、支持教会改革的柯林的斯蒂芬(Stephen of Kolin)接替普罗季瓦,并任职到1402年。胡斯能够成为第三任布道师,应该与斯蒂芬的举荐有一定的关系。当时布拉格大学里的波西米亚籍教师负责小教堂布道师的提名,因此斯蒂芬

---

① Elizabeth Jane Whately, *The Gospel in Bohemia, Sketches of Bohemian Religious History*, pp. 21 - 22.

对于继任者的提名具有决定性的影响。重要的是，斯蒂芬对于胡斯评价很高，不仅认为他是一名极具演说才能的布道师，更视他为改革运动的热情鼓吹者。[①] 需要指出的是，小教堂的创建者米尔海姆此后又增设了一名布道师，首次出任这一神职的是曾被胡斯称为"嗓子像喇叭一样的优秀布道师"约翰·斯蒂克纳(John Štěkna)，[②]他当时也是热情支持教会改革的修士，后来成为克拉科大学神学院教授却坚定地反对教会改革。由此可见，仅从布道师的担任者这一视角，也可以多少看出伯利恒小教堂支持教会改革的倾向。

二、布道师胡斯及其布道

出任伯利恒小教堂布道师之前，胡斯已经开始在布拉格脱颖而出。如

图6　胡斯在伯利恒小教堂内布道
（图片来源：William Nathaniel Schwarze, *John Hus, the Martyr of Bohemia: A Study of the Dawn of Protestantism*, 前言页前的插图。）

前所述，大约1400年胡斯被按立为神甫并一直在圣迈克尔教堂布道，这为胡斯提高布道技巧和积累布道经验提供了机会。1401年，胡斯成为了波西米亚索菲亚王后的告解神甫，[③]这一荣誉显然是对胡斯神甫才华的完全认可。同年10月15日，胡斯被选举为布拉格大学文学院院长，[④]这显示了胡斯在布拉格大学里的个人影响力。

　　自从伯利恒小教堂创建以来，小教堂教长和布道师的授职权属于创建者米尔海姆。作为瓦茨拉夫国王宠臣的米尔海姆在王宫里结识了胡斯，两人逐渐建立了友谊。可能是认为胡斯的品德和素质符合小教堂布道师的要求，米尔海姆最终在1402年选择胡斯出任小教堂的布道师。[⑤] 自此，布道成为了胡斯终生的事业。

①　Matthew Spinka, *John Hus' Concept of the Church*, pp. 37 - 38.
②　David Schley Schaff, *John Huss: His Life, Teachings and Death, After Five Hundred Years*, p. 34.
③　E. H. Gillett, *The Life and Times of John Huss; or, the Bohemian Reformation of the Fifteenth Century* (vol. 1, 2nd edition), p. 72.
④　František Šmahel & Ota Pavlíček (eds.), *A Companion to Jan Hus*, p. 18.
⑤　František Šmahel & Ota Pavlíček (eds.), *A Companion to Jan Hus*, p. 73.

胡斯始终牢记自己作为神甫的布道职责。1402—1412 年,胡斯十年如一日,坚持在礼拜天和宗教纪念日每天两次的布道,据学者 V. 弗莱什汉斯的估计,不算胡斯此前在圣迈克尔和其他教堂的布道,胡斯在伯利恒小教堂的布道总计大约 3000 次。[①] 1410 年布拉格大主教兹贝涅克绝罚胡斯,但胡斯坚持布道。1412—1413 年被迫流亡期间,胡斯甚至在柯施城堡(Kozí Hrádek)附近的一处谷仓里进行布道。[②] 1414 年胡斯启程去康斯坦茨参加公会议,在沿途也不忘布道。甚至在深陷康斯坦茨的监狱时,胡斯也不忘通过书信的方式给波西米亚的信众们"布道"。在狱中多封写给波西米亚民众和朋友的信中,这封写于 1415 年 6 月 10 日的信非常典型地反映了胡斯强烈的布道职责意识,以下引文为部分节选:

> 主所爱的、虔诚的王公贵族和夫人,无论富者还是贫者! 我恳求你们,也奉劝你们,爱我们的主,传播他的教导,乐意听从并遵守他的教导。我恳求你们坚定地信仰主的真理,那些在我的写作和布道中所引用的来自于圣经和圣徒教诲的真理。我也恳求你们,如果任何人在我的布道或私下谈话中听到了,或者在我的写作中读到了,任何背离主的真理的内容——我相信不会存在这些内容——那么请你们不要信仰它们。我还恳求你们,如果任何人注意到了我言行中的轻浮之处,那么请不要效仿,请向主祈祷愿主能宽恕我。我恳求你们热爱、赞扬、交往那些过着良善生活的神甫——尤其是那些热忱学习圣经者。我恳求你们警惕那些欺诈之人,尤其是那些邪恶的神甫,主曾经说他们是"外面披着羊皮,里面却是残暴的狼"(语出《新约·马太福音》第 7 章 15 节,引者注)。
>
> 我恳求王公贵族们仁慈地对待贫者,公正地统治他们。我也恳求市民们公道地进行贸易,工匠艺人们能诚信地靠自己的手艺谋生。我恳求仆人对男女主人忠诚。我恳求老师们能以身作则很好地引导学生,尤其是引导学生敬爱主,引导他们全身心地学习知识,旨在荣耀我们的主和为国家的福祉作出贡献,而非为了满足个人的贪欲或他人的赞美。我恳求学生在好的方面听从老师的教诲,效仿他们,为了主的荣耀和自身

---

① František Šmahel & Ota Pavlíček (eds.), *A Companion to Jan Hus*, p.51.
② Thomas A. Fudge, *Jan Hus: Religious Reform and Social Revolution in Bohemia*, p. 111.

以及他人的得救而勤奋学习。①

从此信可见,胡斯"布道"的对象十分广泛,可以说涵盖了社会的各个阶层,布道的目的也很明确,那就是向所有上帝的信众传播以圣经为主要内容的上帝的教导。当然,在布道中,如同此信显示的那样,胡斯对于那些品行不端的神甫,对那些未履行布道之责甚至背离上帝之道的"披着羊皮的狼"进行了坚决的谴责。

那么,在胡斯的心目中,何为真正的神甫? 在布道词中胡斯给出了答案——神甫由上帝派来,应该承担布道和牧养之责。胡斯认为,"那些神甫是否荣耀上帝和救赎大众,这是判断他们是否由上帝派来的依据。因此,一个神甫是否由教皇或主教委派,或者说他是否拥有任职的文件,这些都无关紧要。相反,当一个神甫勤勉地致力于救赎大众和颂扬上帝时,我们就应该承认他是由上帝派来。"②所以,"布道是耶稣基督的教会中最为有用的活动"。③ 为了防止神甫忽视牧养之责而沉溺于世俗之物,胡斯引用《新约·提摩太前书》第6章8节的话,"只要有衣有食,就当知足",也引用威克里夫的论点,来反复强调神甫们应该过自愿贫穷的生活。耶稣命令他的使徒们不得拥有金银财物,这一命令也同样适用于神甫们。既然财富是腐败的根源,耶稣的信徒们就不应该劳神费力获取捐助,而应追随耶稣的贫穷生活并和大家分享精神财富。④

历经长达十多年的神甫生涯,胡斯留下了大量的布道词并自编数部布道集。在目前已经出版的十多卷胡斯布道集中,⑤名为《约翰·胡斯教士:圣徒日的捷克语布道词》(*Mistr Jan Hus : Česká kázání sváteční*)的布道集

---

① 以上引文的翻译参考了此信的两个英文译本,分别见 Matthew Spinka (trans.), *The Letters of John Hus*, No.73, pp.165 - 166; Herbert B. Workman & R. Martin Pope (trans.), *The Letters of John Hus*, Letter LXIV, pp.231 - 232。另,此处引文中含有的《新约·马太福音》以及本书后面引用《圣经》条文的中译文参考的是中国基督教协会于1998年在南京出版的《圣经》(该版参考了联合圣经公会最新版《新标点和合本》,见"出版说明"),英文版圣经则参考了 *The Christian Life Bible with Old and New Testaments* (New King James Version), Nashville: Thomas Nelson Publishers, 1985。

② František Šimek (ed.), *Mistr Jan Hus, Česká kázání sváteční*, pp.86 - 87. 转引自 Matthew Spinka, *John Hus' Concept of the Church*, p.48。

③ V. Flajšhans (ed.), *Sermons de sanctis* (2 vols.), Praha, 1907 - 1918, p.245. 转引自 Matthew Spinka, *John Hus' Concept of the Church*, p.64。

④ V. Flajšhans (ed.), *Sermons de sanctis*, p.343. 转引自 Matthew Spinka, *John Hus' Concept of the Church*, p.64。

⑤ 布道集的详细介绍,参见 Matthew Spinka, *John Hus: A Biography*, pp.52 - 53; František Šmahel & Ota Pavlíček (eds.), *A Companion to Jan Hus*, pp.99 - 100, 113 - 114。

涵盖了 1401—1403 年胡斯在圣迈克尔教堂以及伯利恒小教堂里采用捷克语的布道词。1404—1405 年间的拉丁文布道则以《约翰·胡斯教士布道集》(*Magistri Johannis Hus*, *Sermones de tempore qui Collecta dicuntur*)为名出版。尽管胡斯布道时的语言是捷克语,不过可能为了保留布道中大量引用的圣经和基督教早期教父的拉丁文引文,因此胡斯准备了布道的拉丁文本。1408 年期间,胡斯就圣徒日举行了系列布道,这些拉丁文布道词后以《有关圣徒的布道》(*Sermones de sanctis*)之名出版。引人注目的是,胡斯生前数次亲自整理一段时间内的布道词并编辑成册,以供对此感兴趣的神甫、学生和追随者使用。比如 1400—1401 年和 1403 年的布道集《要点》(*Puncta*),1404—1405 年的布道集《布道合集》(*Collecta Ad te levavi*),1411—1412 年的布道集《概要》(*Adumbrata*),1413 年 10 月 27 日完成的捷克语布道集《主日布道集》(*Česká nedělní postila*,简称 *Postil*)[1],等等。这些布道词对于我们了解胡斯神学思想的发展以及演变具有重要的价值。

　　胡斯的布道极具感染力和说服力,吸引了大量布拉格民众涌入伯利恒小教堂。他们中既有工匠艺人之类的下层民众,也有受过良好教育的人士以及贵族,甚至包括索菲亚王后。布拉格大学的老师和学生也成群结队地来参加圣事活动。[2] 捷克著名历史学家弗兰蒂泽克·帕莱兹奇(František Palacký)曾对胡斯的布道有十分准确的归纳:

> 　　多年以来,此人在伯利恒小教堂的布道是他所处时代的重要事件之一。从语言上看,他的布道没有康拉德·瓦尔德豪泽(Conrad of Waldhausen,胡斯之前的波西米亚宗教改革先驱之一,下节有详细讨论,引者注)那么鄙俗。从观点上看,他的布道没有米利奇那么夸张。他对听众的影响不及上述先驱者,然而,他的成功却更为持久。他尤其擅长于借助听众的常识,激发他们的兴趣,教导他们,说服他们,但又不乏深刻。他敏锐和清晰的思维,深入分析问题的技巧,呈现问题的举重若轻,广泛的阅读(尤其是圣经),坚定和富于逻辑的价值体系,让他的同事和同时代者相形见绌。[3]

---

[1]　有必要说明的是,由于胡斯在《主日布道集》内收入他此前的一些论述作品(《概要》布道集里也有类似情况)以及自述性回忆等内容,因此有学者认为,很难将《主日布道集》归入布道集这种文类(genre)。某种程度而言,《主日布道集》可视为"胡斯基本思想观点的读者文摘"。参见 František Šmahel & Ota Pavlíček (eds.), *A Companion to Jan Hus*, pp.208-209.

[2]　Matthew Spinka, *John Hus: A Biography*, p.51.

[3]　转引自 Oscar Kuhns, *John Huss: The Witness*, pp.47-48。

除了上述因素，胡斯布道的成功还离不开他对于民族语言的运用。正是捷克语，打通了作为神甫的专业人士与普通民众之间的隔膜，胡斯宗教改革的思想才得以被民众所理解和接受，最终促成了民众支持和参与宗教改革运动。同时，胡斯的布道并不以取悦听众为目的，因此有别于其他的布道师，胡斯不主张在布道中过多使用神话、传说、轶事、趣闻等来迎合听众的口味，即便举例，胡斯更多选取自己和周围人士的经历。[①]

出任伯利恒小教堂的布道师，对于胡斯整个人生的走向具有决定性的影响。承担布道之责，意味着胡斯必须要研读圣经，加之担任布道师的时期正逢胡斯在布拉格大学神学院攻读神学博士学位，因此深入研读圣经、思考基督教教义的过程无疑对于胡斯最终形成圣经为最高权威的神学思想具有极大的推动作用。另一方面，耳闻目睹布拉格甚至波西米亚教会中众多神职人员的行为失范和堕落，胡斯一定感受到这一切与耶稣基督以及早期教父们的教导是如此格格不入，因此，布道师的责任感和个人的良心促使胡斯谴责这些背离教义的行为。可以设想的是，尽管胡斯的早期布道并没有受到异端的指控，但是受到谴责的神职人员可能会私下表达对于胡斯的不满，对于胡斯的憎恨也在暗中积聚。

然而，就像英格兰的威克里夫等猛烈批评教会的腐败一样，15世纪初的波西米亚也酝酿着呼吁教会改革的浪潮。因此，出现在伯利恒小教堂这个颇具"改革"意味的舞台上，布道师胡斯凭着他出众的布道才华、勤奋的工作和虔诚的信仰一度得到了包括波西米亚国王、布拉格大主教等人的支持，伯利恒小教堂由此成为了波西米亚宗教改革和民族运动的中心，胡斯也逐步成为宗教改革派的领导人。

事实上，从14世纪下半叶开始，要求教会改革的呼声已在波西米亚形成了一定的氛围，并在波西米亚历史上留下了他们的印迹。因此，考虑到这些波西米亚宗教改革先驱们对胡斯直接或者间接的影响，很有必要介绍他们的改革诉求以及实践，以便对胡斯如何成为宗教改革家作出更为准确和全面的解读。

第三节　胡斯的先驱们

在讨论波西米亚的宗教改革先驱之前，我们不妨放宽视野，把目光投向

---

① František Šmahel & Ota Pavlíček (eds.), *A Companion to Jan Hus*, p.176.

欧洲其他国家的思想者以及他们具有启发意义的思想资源。这其中尤其值得关注的是帕多瓦的马尔西留(Marsilius of Padua)和奥卡姆的威廉(William of Occam)。

马尔西留大约于 1275 至 1280 年之间出生于意大利北部城市帕多瓦,曾在巴黎大学求学、任教,1313 年出任巴黎大学校长。1324 年,马尔西留完成了《和平保卫者》(Defensor pacis)一书。由于该书表达的教会观十分激进,对罗马教会的专权和擅权进行了无情地谴责,支持与时任教皇作对的神圣罗马帝国皇帝路易四世(Louis IV,也被称为巴伐利亚的路德维希),因此1327 年教皇约翰二十二世宣布该书为异端书籍。1343 年教皇克莱门特六世甚至声称,在他读过的书中以《和平保卫者》内含的异端邪说最为严重。[1]

以亚里斯多德的著述为基础,马尔西留首先对国家的本质作出界定,即国家权力的基础是人民。具体而言,人民作为立法者要么通过选举的代表、要么通过全体集会来制定法律,因此人民享有国家的最高权力。只是出于执行法律的需要,因此人民需要统治者,而最理想的方式莫过于选举。出任统治者的国王并没有特权,其权力应该受到全方位的限制,而各级官员尽管由国王任命,但也是从人民那里获得授权。在该书的第二部分,也是此书的主体部分,马尔西留以圣经和奥古斯丁、安布罗斯等的论述为依据,主要讨论了教会与国家的关系,特别是教会是否应该服从于世俗君主的司法统治。马尔西留认为,基督和早期教会使徒们的言行证明,罗马教皇和教会不拥有强制性的司法统治权(coercive jurisdiction),恰恰相反,他们应该臣服于世俗君主的司法统治权之下。主教和神甫地位相等,圣彼得的地位并不比其他的使徒高,教皇的权威并不能凌驾于一切主教之上。教皇在世俗君主加冕礼上所扮演的角色并不能说明教皇高于世俗君主。"总之,教皇在信仰、道德或教规方面给教会制订法律的权力,以及随之而来的赦罪权,还有他对整个教会的统治权,以至教会对世俗权力的最高权威——可以说,中世纪关于教皇统治权的整个理论——都受到了严厉的驳斥"。[2] 教会也不应该拥有

---

① Marsilius of Padua, Annabel Brett (ed. & trans.), *The Defender of the Peace*, Cambridge: Cambridge University Press, 2005, introduction, pp. xi - xiii. 除非特别说明,下段对于马尔西留主要观点的归纳同样引自此英译本,参见 Discourse II, pp. 139 - 541。另外,有必要对于此书的作者和英译本做一简要介绍。早在马尔西留生活的时代,就有人(比如教皇约翰二十二世)认为,杨顿的约翰(John of Jandun)也参与了此书的写作,这一看法也为一些后世学者特别是教会史学者所接受。此书原文为拉丁文,已被翻译为英语、法语、意大利语、德语等多种语言,其中有影响力的现代英译本还包括哥伦比亚大学出版社1956 年出版的艾伦·格沃斯(Alan Gewirth)译本。

② [美]G. F. 穆尔著,郭舜平等译:《基督教简史》,第 176—177 页。

处置动产和不动产等财产和什一税等收入的权力，教会应该守贫。教会的最高权力属于全体基督徒所组成的教会自身，即公会议，因此公会议不仅决定教会的教义等问题，还有权决定是否绝罚世俗君主以及禁止某教区举行圣事。所以，公会议的权威高于教皇。神职人员的权力只能限制在属灵事务上，唯一能做的只是告诫、责备和教导信众，无权运用强制性手段惩罚异端。

诚如基督教会史学家威利斯顿·沃尔克所指出的那样，由于马尔西留的这些观点过于激进，他本人又是个理性的思想家，不善于将思想转化为行动，因此对他同时代的人影响不大。相较之下，奥卡姆也提出了类似于马尔西留的观点，比如教权与君权各有管辖范围，并无高下之分，教会只有纯宗教的功能，它的最高权威是《新约》等等，但是由于奥卡姆拥有马尔西留所欠缺的热情，因此造成的影响远远超过马尔西留。[①]

马尔西留和奥卡姆的上述思想资源，未必直接影响了波西米亚的改革先驱们，但是这至少说明，14世纪的欧洲思想界（包括教会人士自身）已在反思教皇制所宣称的权威的正义性，试图重新寻回自奥古斯丁时代以来对于圣经权威的重视。这些努力也不同程度地体现在波西米亚改革先驱们的历史足迹中。

一般认为，在14世纪的波西米亚，胡斯之前的宗教改革先驱有三位：康拉德·瓦尔德豪泽、克罗米兹的米利奇和耶诺的马修。此外，斯蒂特尼的托马斯（Thomas of Štítné）在民族语言运用的先驱作用也值得一提。

一、康拉德·瓦尔德豪泽

康拉德并非波西米亚人，他是一名来自于奥地利维也纳的奥古斯丁修士。1350年是教皇克莱门特六世宣布的大赦年，于是康拉德亲自赴罗马朝圣。尽管遭受了1347年的瘟疫，但是去罗马朝圣的人依然络绎不绝。仅仅通过去罗马的朝圣，或者虔诚地捐出去罗马朝圣所需要的花费就能赦免所有的罪过，这显然引起了康拉德的强烈质疑。因此，当他回到维也纳时，他成为了一个满怀忏悔的布道师。[②]

查理四世在访问维也纳宫廷期间首次了解到康拉德有关改善道德的布道。有感于波西米亚教会中教士和修士普遍的道德恶化状况，查理四世于

---

① [美]威利斯顿·沃尔克著，孙善玲、段琦、朱代强译：《基督教会史》，第336页。
② E. H. Gillett, *The Life and Times of John Huss; or, the Bohemian Reformation of the Fifteenth Century* (vol. 1, 2nd edition), pp. 15-16.

1363 年邀请康拉德来到布拉格。[①] 康拉德首先在布拉格老城区的圣高拉斯教堂(St. Gallus Church)布道,他不懂捷克语,只能使用德语布道,瞄准的布道对象是在布拉格城里的德意志裔富裕阶层人士,加之当时在布拉格受过教育的人熟悉德语,因此他的布道很快受到了热烈欢迎。因为教堂无法容纳人数众多的信众,他不得不在教堂前的大街上公开布道。由于一直得到查理四世的信任,1365 年年初,康拉德被任命为布拉格城里最重要的泰恩教堂(Týn Church)的教长,该教堂的地位在布拉格仅次于圣维特大教堂。[②] 此外,查理四世、布拉格大主教以及教皇乌尔班五世还允许康拉德在布拉格和萨尔茨堡(Salzburg,位于德意志境内)所有的教区布道。康拉德还应布拉格大学学生之邀,用拉丁文将他的布道编辑成册,即《为布拉格大学学生所编之布道集》(Postilla studentium sanctae Pragensis universitatis)。这部完成于 1367—1368 年间的布道集不仅被广为传抄,被翻译为捷克语,而且被胡斯在其布道集中大量引用。[③]

在布道中,康拉德谴责当时社会中存在的道德滑坡,批评听众奢华和挑逗的着装,认为不纯和淫欲是阻碍一个人获得拯救的危险之罪。[④] 当然,康拉德对修会、修士以及他们的生活也有严厉的批评。他揭露他们的懒惰、罪恶以及虚伪,指出他们的着装以及生活方式有悖于上帝的教导,称呼这些修士为"披着羊皮的狼",认为这些修士们就像过去的法利赛人。康拉德指出,这些修士傲慢地自视为他人的导师,手中握有神甫的特权,但却拒绝用民族语言传布圣经,从而将信众排斥在天国之外;他们助长了迷信,加剧了腐败,为了不可告人的目的,可以将信仰变成一种交易,可以让单纯的妇女步入歧途。[⑤] 此外,对托钵修会向入会者收取费用的行为,康拉德斥之为西门主义,并向布拉格大主教帕尔杜比采的欧内斯特举报,不过大主教以这些修士只需服从他们自己的修会章程为由拒绝干预。[⑥] 康拉德甚至反对父母亲强迫自己的孩子发誓过修道生活,因为在康拉德看来,这些修士早已经偏离了修

---

① Matthew Spinka, *John Hus' Concept of the Church*, p.14. 康拉德具体在哪一年受邀来到布拉格,文献表述不一,比如有的文献认为是在 1358 年,参见 Herbert B. Workman, *The Dawn of the Reformation* (Vol. II: *The Age of Hus*), p.102. 也有的文献认为是 1360 年,参见 David Schley Schaff, *John Huss: His Life, Teachings and Death, After Five Hundred Years*, p.28。

② Francis hrabě Lützow, *The Life and Times of Master John Hus*, p.26.

③ František Šmahel & Ota Pavlíček (eds.), *A Companion to Jan Hus*, pp.71–74.

④ František Šmahel & Ota Pavlíček (eds.), *A Companion to Jan Hus*, p.72.

⑤ David Schley Schaff, *John Huss: His Life, Teachings and Death, After Five Hundred Years*, p.29.

⑥ Francis hrabě Lützow, *The Life and Times of Master John Hus*, p.24.

会创建时早期修士们的生活方式,修道生活已经蜕变成闹剧的来源。①

康拉德布道产生的效果是显著的。比如,富商之子汉纳克(Hanek)曾是恶名远扬的花花公子,可以在教堂里为追求女人而不惜干扰他人礼拜,但后来常常虔诚地听从康拉德的布道甚至成为了康拉德的朋友。另一名布拉格的高利贷者,听了康拉德的布道后,将非法所得归还给原来的借贷者。那些听了布道的贵妇们则放弃奢华的服饰和珠宝等饰物,选择更为简单的着装。②

不过,康拉德对于修士们的批评遭到了托钵修士们的反感。1364 年,一些多明我会和方济各会的修士对他的 29 条信条提起指控,但是审判日那天却没有一个人敢于将那些指控的信条呈递上去。③ 1365 年康拉德在萨斯(Saaz)布道时,方济各会修士试图将康拉德的声音压下去并通过敲铃的方式来搅乱圣事,于是康拉德只好将听众带到教堂外面布道。④ 由于查理四世的保护,康拉德并无安全之虞,后在 1369 年去世。

二、克罗米兹的米利奇

接任康拉德出任泰恩教堂教长一职的是他的朋友、被誉为"波西米亚宗教改革之父"的米利奇。米利奇是摩拉维亚人,可能出生于 1320 年代。早在 1348 年,他就在克罗米兹担任神甫,此后来到布拉格,出任圣维特大教堂的教士、布拉格教会总执事、王室法庭公证人和宫廷秘书等职。由于出任总执事一职让他有机会看到了很多教会的腐败,因此从 1363 年开始他放弃了一切职务,转而开始全身心的布道,先在圣尼古拉斯教堂,后在老城区的圣吉尔斯(St. Giles)教堂。⑤ 通过布道来影响民众,是康拉德和米利奇两位宗教改革先驱的共同选择,毕竟布道是中世纪主要的"大众传播"方式。

由于受摩拉维亚方言的影响,米利奇早期的布道并不是很成功。但是,有别于那些神甫和修士们夸夸其谈的布道风格,米利奇的布道平淡而诚恳,

---

① E.H. Gillett, *The Life and Times of John Huss; or, the Bohemian Reformation of the Fifteenth Century* (vol.1, 2nd edition), p.17.

② Francis hrabě Lützow, *The Life and Times of Master John Hus*, p.23. 有关妇女抛弃首饰的描述,还可参见 David Schley Schaff, *John Huss: His Life, Teachings and Death, After Five Hundred Years*, p.29。

③ E.H. Gillett, *The Life and Times of John Huss; or, the Bohemian Reformation of the Fifteenth Century* (vol.1, 2nd edition), p.18.另一个说法是,多明我会修士提起了 18 条指控,另有奥古斯丁修会提出了 6 条指控,见 David Schley Schaff, *John Huss: His Life, Teachings and Death, After Five Hundred Years*, p.29。

④ David Schley Schaff, *John Huss: His Life, Teachings and Death, After Five Hundred Years*, p.28.

⑤ František Šmahel & Ota Pavlíček (eds.), *A Companion to Jan Hus*, pp.75 – 76.

很快赢得了大批信众。在礼拜天和宗教节日时,他布道两次,但有时候不得不一天布道三到四次,甚至有不同的教堂一天布道四到五次的记录。① 他的布道也得到了时任布拉格大主教的赏识,1364—1372年间,大主教三度邀请他在重要的宗教会议上担任布道师。② 他明确反对在公开布道中只能使用拉丁文的规定,采用捷克语、德语和拉丁语三种语言布道,因此他的布道能为更多的信众所理解。他的学生耶诺的马修曾对他评论道:"作为一名普通的神甫和王室宫廷秘书,他充满智慧,熟悉教义,因此一天五次的布道对于他而言也很轻松。他运用拉丁语、德语、捷克语的公开布道是如此有力,总是给人们带来或旧或新的真理"。③

在这些"或旧或新的真理"中,米利奇重点强调的是基督徒应该过的生活,这可能是他对于波西米亚宗教改革事业最主要的贡献。具体而言,米利奇强调圣经的权威,强调阅读圣经。他认为圣经是一切"自在真理"(uncreated truth)的来源,内含一个人得救所需要的一切。只有通过圣经的指引,接受上帝之道,人才得以进入教会。因此,米利奇提出,神学家应该放弃那些建立在逻辑和哲学基础之上的经院哲学式的缜密论证,重新回到植根于基督永恒真理之上的"简易福音书"。④ 其次,米利奇倡导使徒式的"自愿贫穷"(voluntary poverty)生活方式,特别是神职人员应该守贫。为此,米利奇以身作则,身体力行。他对饮食极端节制,从1367年开始就拒绝饮酒和食肉。他常常裹着被子睡在地上,生活中从没有休闲散步或任何娱乐,有的只是长时间虔诚的祈祷。⑤ 他的着装极其简朴。据说名为托马斯的贵族曾对米利奇的信徒说:"我看米利奇老师一无所有。如果他愿意留作自用的话,我非常乐意送给他一件狐狸皮的裘皮外套。"结果米利奇拒绝了这一礼物,依然一身素服穿行在布拉格的多所教堂之间,哪怕寒风肆虐的冬天依然如此。⑥ 他严格苦修的生活方式为他赢得了大批信徒,因为这和当时教会普遍松散、淫乱、贪婪的生活方式形成了鲜明的对比。⑦

---

① E. H. Gillett, *The Life and Times of John Huss; or, the Bohemian Reformation of the Fifteenth Century* (vol.1, 2nd edition), pp.20-21; David Schley Schaff, *John Huss: His Life, Teachings and Death, After Five Hundred Years*, p.30.

② František Šmahel & Ota Pavlicek (eds.), *A Companion to Jan Hus*, p.80.

③ E. H. Gillett, *The Life and Times of John Huss; or, the Bohemian Reformation of the Fifteenth Century* (vol.1, 2nd edition), pp.20-21.

④ Matthew Spinka, *John Hus' Concept of the Church*, p.15.

⑤ Paul De Vooght, *L'hérésie de Jean Huss* (2ᵉ édition, Tome I), p.13.

⑥ Francis hrabě Lützow, *The Life and Times of Master John Hus*, p.29.

⑦ Matthew Spinka (ed. & trans.), *John Hus at the Council of Constance*, p.23.

通过研习《圣经》马太福音中的"但以理预言"（Daniel's prophecy），米利奇相信敌基督已经降临人世。他认定的敌基督就是查理四世，因为查理让教会富有并享有荣耀，而正是这些东西毁了教会。因此，在一次查理四世参与的布道中，米利奇突然当面指认查理四世是敌基督，为此，他被布拉格大主教下令逮捕，但后来被查理四世释放。[①] 1367年，米利奇来到罗马，试图劝说驻跸阿维农的教皇乌尔班五世返回罗马实行教会改革。等了教皇近一个月时间，米利奇决定到阿维农面见教皇，但在出发前米利奇在圣彼得教堂的门上贴上告示，表明他将对民众发表布道，并宣称"敌基督已经降临，他已在教会之内"。在托钵修士的煽动下，他被宗教裁判所逮捕，铁链缠身，交给了方济各会关押。在狱中，米利奇给教皇写有长信，强烈谴责高级神职人员、修士修女等道德败坏，坚持认为应该在罗马召开公会议。教皇乌尔班五世来到罗马后，米利奇被释放。[②]

从罗马回到布拉格以后，特别是1369年接任泰恩教堂教长一职后，米利奇将更多的精力投入到布道和慈善事业中。考虑到要培训更多的人参与布道，米利奇建立了类似于神学院的机构，共有两到三百年轻人聚集在他的周围接受他的教导和训练。这些人被称作"米利奇派"。[③] 另外，米利奇试图帮助并转化那些堕落的妇女。米利奇在圣吉尔斯教堂附近建起了小教堂，每日用捷克语和德语举行两次布道，以此让这些妇女感到悔悟。此外，他还在教堂附近买下房子专门安置这些妇女，让摩拉维亚的玛格丽特（Margaret of Moravia）带领她们学习缝纫和其他家政技能。米利奇所做的这一切，不仅吸引更多的妇女申请加入，也得到了查理四世的支持。当时布拉格有一名为"威尼斯"的臭名昭著之地，查理命令将此地的建筑推倒重建以作为米利奇教化堕落妇女之用。米利奇在此建起了教堂、医院以及住宿用的房屋等，将其命名为"耶路撒冷"，从此该地区的风气和面貌为之大变。[④]

米利奇强调美德的重要并身体力行，他近乎圣徒般的生活方式以及对道德堕落者的批评、教化堕落妇女卓有成效的工作等导致了教区神甫以及托钵修士对他的嫉妒、仇视和迫害。1374年，位于阿维农的教皇格列高利

① Paul De Vooght, *L'hérésie de Jean Huss* (2e édition, Tome I), p.14.
② E.H. Gillett, *The Life and Times of John Huss; or, the Bohemian Reformation of the Fifteenth Century* (vol.1, 2nd edition), pp.23 – 24; Francis hrabĕ Lützow, *The Life and Times of Master John Hus*, pp.30 – 32.
③ E.H. Gillett, *The Life and Times of John Huss; or, the Bohemian Reformation of the Fifteenth Century* (vol.1, 2nd edition), pp.24 – 25.
④ Francis hrabĕ Lützow, *The Life and Times of Master John Hus*, pp.33 – 34.

十一世接到了针对米利奇的 12 项起诉,其中包括敌基督已经来临、教会人员无权拥有个人财产、应该经常举行圣餐礼等等。① 在颁布给包括布拉格大主教等人在内的敕令中,教皇命令调查异端并严惩,如有必要还可借助于世俗武力。在阿维农上诉期间,米利奇因病于 1374 年去世。②

米利奇身后留下的神学著述不多,仅有 1367 年在狱中写作的两篇有关敌基督和世界末日的文章以及两部拉丁文布道集,神学反思在米利奇的一生中并非他关注的重点。除了有关敌基督的观点以外,米利奇总体上坚持传统的教会观。米利奇之所以被尊为"波西米亚宗教改革之父",主要是因为他更注重改革教会的实践。他提出并为此身体力行的具体路径乃在于,通过强调圣经的权威、返回早期教会那种"自愿贫穷"式的生活,以及全身心地投入布道,来净化教会的环境和重塑教会的形象。他在教会改革中重于实干的精神在一定程度上为胡斯所继承。

三、耶诺的马修

不同于米利奇的注重实干,耶诺的马修是波西米亚宗教改革先驱中真正的神学家,其神学观点最为"激进"且存世的著述也最多。

大约在 1340 年代,马修出生于波西米亚南部的耶诺(Janov)。1373—1381 年在巴黎大学求学,获得了文学硕士学位,随后继续学习神学,但因为经济原因未能拿到学位。③ 1378 年被按立为神甫,作为罗马教皇乌尔班六世的坚定支持者,他在返回布拉格的途中造访罗马,教皇授予他布拉格教士的职位。回到布拉格后,他本应在圣维特大教堂做教士,但由于教皇把这同一个职位授予了五个其他的候选者,因此马修只能等待,事实上他从未得到这一职位。后来马修成为巨村(Velika Ves)教区的神甫,尽管从这个教区取得圣俸,但他长期住在布拉格,并在圣维特大教堂以及圣尼古拉斯教堂用捷克语布道。④ 不过,马修更擅长于神学反思,从 1388 年开始写作他最为重要的神学著作《旧约和新约的规则》(*Regulis Veteris et Novi Testamenti*),

---

① 在 12 条指控中,学者保罗·德·沃赫特认为最敏感的一条是指控米利奇通过转化堕落妇女试图建立宗教团体。米利奇甚至还被指控在他训练的神甫中施行新的教规,推行新的神甫着装。有关 12 条指控的详细讨论,参见 Paul De Vooght, *L'hérésie de Jean Huss* (2ᵉ édition, Tome I), pp. 19 – 23.

② David Schley Schaff, *John Huss: His Life, Teachings and Death, After Five Hundred Years*, p. 31.

③ František Šmahel & Ota Pavlíček (eds.), *A Companion to Jan Hus*, p. 82.

④ Matthew Spinka, *John Hus' Concept of the Church*, p. 16; Francis hrabě Lützow, *The Life and Times of Master John Hus*, pp. 49 – 50.

原本计划写成一卷,最终以六卷本留存后世。①

早在马修离开布拉格赴巴黎求学之前,他就作为学生短暂追随米利奇。马修公开承认米利奇对他的巨大影响,在《旧约和新约的规则》中不仅有他为米利奇撰写的生平简介,而且直接引用了米利奇有关敌基督的论述。②

当然,巴黎大学的求学经历是马修成长为神学家和宗教改革先驱的重要原因。在巴黎大学学习神学的过程中,他特别关注圣经和早期教父的论述。正是通过阅读圣经,通过"上帝之道的光",他认清了教会的腐败。对此,他曾经回忆道:

> 由于追逐名利的欲望像一堵围墙封闭着我,遮蔽了一切,因此我就如一个囚徒或者酒鬼那样得过且过。我唯一的追求就是能住在气派的房屋内,什么都不考虑,只是满足于眼中看到的、耳中听到的享受。直到有一天,耶稣将我从围墙内解脱出来,如同将一块燃烧的木头从火中救出一样。……如今,只有当我变得贫穷而悔悟、敬畏于主的教导,我才开始思索圣经的真理,思索这些真理——无论整体还是部分——是如何必要、持续而最终得以实现。我也开始思考狡诈的撒旦,他的黑暗裹挟了那些伟大的哲学家并蒙蔽了他们的双眼。正是最敬爱的耶稣开启了我的思维,我才能够理解适用于这个时代的圣经;正是耶稣提升了我的精神境界,我才能够意识到人们是如何沉溺于虚荣之中。③

当然,抵挡住世俗化的各种诱惑,尊奉圣经中的"上帝之道",并非易事。因此,可以想象到他内心曾经的挣扎。对于内心里"两条路径"的纠结,马修自己曾有详细的描述:"我是应该追求圣职和荣誉(某种程度上我这样干过),还是应该居无定所,忍受贫穷和上帝的告诫?我是应该像大多数人那样追寻一种轻松平静的生活,还是应该坚守上帝福音的真理?"④显然,马修的最终选择是听从"上帝的告诫"和"坚守上帝福音的真理"。与他的老师米利奇一样,马修推崇圣经的权威,这一认识可充分体现在《旧约和新约的规

---

① 六卷本在后世被公开出版,其中第1—4卷出版于1908—1913年,第5卷出版于1926年,第6卷出版于1993年,参见 František Šmahel & Ota Pavlíček (eds.), *A Companion to Jan Hus*, p.83。

② František Šmahel & Ota Pavlíček (eds.), *A Companion to Jan Hus*, p.86.

③ Francis hrabě Lützow, *The Life and Times of Master John Hus*, pp.53-54.

④ E.H. Gillett, *The Life and Times of John Huss; or, the Bohemian Reformation of the Fifteenth Century* (vol.1, 2nd edition), p.29.

则》一书的前言中:"在我的这些论著中,我主要依据的是圣经,而非那些富有学识的博士们的论述。这是因为,其一,每当我思考或写作时,圣经总会迅速而丰富地出现在我的脑海中;其二,通过圣经清晰而不证自明的神圣真理,一切观点都得以更为坚实地确认、更为稳定地确立、更为有用地思考;其三,从我幼年时代起,我就喜爱圣经,把它当作我的朋友和伴侣。"①马修总是随身携带着一本他自己亲手抄写的圣经,以作为他辩护的依据和寻求心灵的安慰,由此可见他对研读圣经的投入。然而,马修又与康拉德和米利奇具有明显的差异。一方面,马修的著名并非因为布道而是因为他的神学著作;另一方面,康拉德和米利奇在要求宗教改革的同时避免了攻击罗马天主教会的教义,并承认教皇是教会之首、是改革的领导者,但马修在这些方面是个例外。

具体而言,马修承认圣经的权威,承认所有的真理都来自上帝,上帝的最高启示是耶稣基督,所有的启示都能从圣经中找寻。在对圣经的解释方面,他接受早期教父而反对后期的圣经评注。② 但是,马修并不满足于此。在名为"动物的机体结构"的论文中,马修运用象征化的手法,描述了敌基督身体的各个组成部分,如头、头发、额头、眼睛等,指出:(一)任何人一旦被选为教皇,他就成了战斗的教会的头,也是尘世中耶稣的最高神甫。马修宣布这是一个谎言。(二)教皇就信仰所作的决定和福音书具有同等的权威性。马修宣布这是错误的,历史已经证明,很多时候教皇会在信仰问题上犯错误。(三)对教皇敕令的服从应先于福音书。马修宣布这是亵渎上帝的。③可见,马修将圣经的权威置于最高权威的位置,特别是明确提出教皇的权威也应在圣经的权威之下。

此外,在《旧约和新约的规则》一书中,他明确反对人为传统以及教皇敕令的权威性,而相信上帝之道才是最高权威;他宣称敌基督已经降临,而敌基督就是"通过欺骗的方式反对基督真理和基督徒生活的那个人,他现在是、将来也是最邪恶的基督徒,他徒具基督徒之名,却在教会中占据最高的地位和圣俸,僭取了统治教俗人士的权力。"④显然,通过对敌基督的描述,马修将攻击的矛头直指教皇。就造成教会腐败的原因而言,一方面,对圣经的

---

① Francis hrabě Lützow, *A History of Bohemian Literature*, p. 84.

② Matthew Spinka, *John Hus' Concept of the Church*, p. 18.

③ E. H. Gillett, *The Life and Times of John Huss; or, the Bohemian Reformation of the Fifteenth Century* (vol. 1, 2nd edition), p. 34.

④ E. H. Gillett, *The Life and Times of John Huss; or, the Bohemian Reformation of the Fifteenth Century* (vol. 1, 2nd edition), p. 31.

敬畏转变为对教令等的敬畏,这导致人的法令高于上帝的律令。在马修看来,使徒们著述不多,因此信众无需忍受大量教义和法令的负担,可是当时的教会对教会法的关注远甚于对福音书的重视,对教规的遵守远甚于对道德的追求,对迷信的喜爱远甚于慈善。① 因此马修批评那些后期形成的、不同于早期教父们观点的所谓的教义革新。另一方面的原因则是人寻求拯救是通过那些有形的、物质性的东西(比如大量的宗教仪式和圣物崇拜),而不是通过背负十字架的耶稣。② 对于圣物崇拜,马修批评道:"那些无知的人受到该死的引诱,他们赋予木制或石刻的雕塑某种神圣的力量并因而惊叹、敬畏、热爱它。他们忘了它其实只是一块没有感觉和生命的木头而已,并没有得到上帝之道的赐福和圣化。"③

马修还直接指出,建立在教皇和教阶制度之上的教会是造成腐败的根源。教皇高于主教,主教又高于教会其他高级神职人员,而他们与王侯、富人为伴却忽略了关心低级神职人员。于是,低级神职人员就效仿主教,无视信众,腐败因此扩展到普通百姓中去。④ 在名为"世俗教士和修士的可恶"的论文中,马修深刻地揭露了高级教士的冷漠、贪婪、买卖圣职,教士们玩忽职守,教士和修士之间无形的冲突,出卖圣物,赎罪券的交易,圣徒遗骨的崇拜,而上帝的子民则遭到谴责与嘲弄。⑤ 马修批评教士,形容他们"世俗、自傲、贪财、享乐、虚伪",是罪人、娼妓、蛇、灾难性的蝗虫,比妓女还糟糕。⑥ 马修写作语言之大胆、言辞之激烈由此可见一斑。

针对教会应该如何改革,马修认为首要的是结束教会大分裂。要达成这一目标,马修认为人的革新应减少到最低限度,所有的基督徒回到使徒时代教会的简单状态。换言之,一方面,用圣经的最高权威以及早期教父们对圣经的经典阐释来统一教会;另一方面,回归使徒时代不仅意味着教会自身应该守贫和放弃对物质财富以及世俗权力的追求,还意味着教会上至教皇下至教徒的整体改革。同时,如前所述,敌基督已经"在教会中占据最高的地位",具体而言,从克莱门特七世开始阿维农教廷已经被敌基督占据。因此,马修认为改革无法依赖于教皇和教廷,只能依赖于世俗君主和普通民

---

① Paul De Vooght, *L'hérésie de Jean Huss* (2e édition, Tome I), pp.27-28.

② E. H. Gillett, *The Life and Times of John Huss; or, the Bohemian Reformation of the Fifteenth Century* (vol.1, 2nd edition), p.32.

③ Francis hrabě Lützow, *The Life and Times of Master John Hus*, p.52.

④ Matthew Spinka, *John Hus' Concept of the Church*, p.20.

⑤ E. H. Gillett, *The Life and Times of John Huss; or, the Bohemian Reformation of the Fifteenth Century* (vol.1, 2nd edition), p.34.

⑥ Matthew Spinka, *John Hus' Concept of the Church*, p.21.

众。为此,马修将部分拉丁文《圣经》翻译成捷克语,以让普通信徒都能阅读。①

当然,马修的基督教神学思想中最为"激进"或"革命"之处是他对于圣餐的认识。② 在马修看来,"任何基督徒都是接受涂油者,都是神甫",因此一个牧羊的农夫能够和一名主持圣餐礼的神甫一样完全地侍奉上帝。正是基于对基督徒地位平等的认识,马修提出平信徒也有资格频繁地参加圣餐礼,③这一主张成为《旧约和新约的规则》一书反复陈述的两大主旨之一。比如,在第一卷的第二篇论文中,马修写道:"如今,就平信徒能否频繁地接受耶稣基督的圣血和圣体这一问题,存在着一些争议。在这些表达观点的布道师和博士们中间,有的支持,有的反对。他们的观点要么建立在理性的基础之上,要么建立在圣经的基础之上。"④由此可见,这一问题在马修生活的时代已经成为一个颇有争议的问题,而他对此问题的回答,态度鲜明,论证有力,因此影响深远。马修驳斥了那些反对者的观点,强烈谴责那些拒绝为频繁领取圣餐的平信徒主持圣礼的傲慢神甫们,甚至主张允许妇女频繁领取圣餐。再如,在第三卷的第三篇论文中,马修再次引入这一话题,从开篇到结尾通过大量的引文来支持平信徒可以频繁地参加圣餐礼的这一教义。在第四卷中,马修采用回答他的一个虔诚的神甫朋友问题的形式,再次坚定地表达了支持平信徒可以频繁地参加圣餐礼,并严厉指斥那些蔑视平信徒的神甫们以及那些阻挠这一做法的修士们。在第五卷中,马修讨论了一名希望频繁领取圣餐却因此遭到神甫非难的平信徒,再次表达了他对此问题的一贯立场。⑤

那么,波西米亚教会对此问题的态度是什么? 1388 年 10 月 19 日,布拉格宗教会议(synod)发布命令,任何平信徒每月参加的圣餐礼不得超过一次。因此,当 1389 年马修的《旧约和新约的规则》第一卷面世以后,他受到大主教区教会法庭的传唤并被命令在宗教会议上放弃他的观点。10 月 18

① Matthew Spinka, *John Hus' Concept of the Church*, p. 21; Matthew Spinka (ed. & trans.), *John Hus at the Council of Constance*, p.26.

② 此处有必要就圣餐这一术语在本书中的使用统一做一解释。圣餐(Holy Communion)实际上是基督教新教对纪念耶稣基督的救赎的"圣体"圣事的称谓,天主教称"圣体"圣事(Eucharist),东正教称"圣体血"(Eucharist),参见文庸、乐峰、王继武主编《基督教词典》(修订版),北京:商务印书馆,2008 年版,第 416、433—434 页。本书论及该圣事时对于上述三种不同术语(英文其实是两种)不做区分,统一使用圣餐这一更加广为人知的术语。

③ Herbert B. Workman, *The Dawn of the Reformation* (Vol. II: *The Age of Hus*), p.108.

④ Francis hrabě Lützow, *The Life and Times of Master John Hus*, p.57.

⑤ Francis hrabě Lützow, *The Life and Times of Master John Hus*, pp.57 - 60.

日,他被迫宣读放弃他的观点的声明,[1]并被暂停传教半年,但是实际上他并没有放弃自己的立场。这也导致了1393年马修受到异端起诉。为此,布拉格大主教区的副大主教波穆克的约翰(John of Pomuky)传唤马修并要求审查他的两本著作。据学者 F. M. 巴尔托什(F. M. Bartoš)的猜测,很可能一本是捷克语《圣经》,另一本是《旧约和新约的规则》。[2] 这次审查的结果如何不得而知,但不久马修第二次受到大主教区教会法庭的传唤,大主教让斯特因的约翰禁止他作为神甫主持每日平信徒参加的圣餐礼,后来他承诺遵守教会命令才得以恢复了圣职。[3] 马修于1393年11月30日在布拉格去世。

对于上述三位著名波西米亚宗教改革先驱,奥格·齐特(Aug. Zitte)对他们的作用有如下形象的描述:“康拉德紧握并高高举起了灯,语言更为犀利、行动更为有力的米利奇则将这天堂之光放到教会的烛台上,马修则将这光送给待在上帝居所的每一个人。如此,黑暗中的子民们重新回到了教会原来拥有的光明中,而且他们认识到,在朗朗白天中行走远甚于在黑暗中摸索,远甚于敬重那些虚伪的修士。”[4]这些描述也许有些夸大的成分,但是三位先驱营造了教会改革的氛围应是不争的事实。

四、斯蒂特尼的托马斯

就民族语言在波西米亚宗教改革中的作用而言,除前已述及米利奇和马修使用民族语言布道以及马修将圣经翻译为捷克语,我们不能不提到波西米亚文学史上的一位重要人物——斯蒂特尼的托马斯。他运用捷克语的写作实践以及对基督教教义的讨论,对胡斯运用捷克语布道和写作起到了示范意义。

斯蒂特尼于1330或1331年出生于波西米亚一个乡绅家庭,青年时代就在刚刚创建不久的布拉格大学里攻读神学和哲学,并开始用捷克语写作,但遭到了大学老师们的反感。大约在1360年左右离开布拉格返回家乡,1381年返回布拉格全身心致力于研究,后在1401年去世。

斯蒂特尼曾说:“在上帝面前,捷克语与拉丁语同样完美。”[5]作为一名平

---

① 声明的拉丁语全文,可参见 František Palacký (ed.), *Documenta Mag. Johannis Hus*, pp. 699 - 700。

② Matthew Spinka, *John Hus' Concept of the Church*, pp.16 - 17.

③ Francis hrabě Lützow, *The Life and Times of Master John Hus*, p.52.

④ 转引自 E.H. Gillett, *The Life and Times of John Huss; or, the Bohemian Reformation of the Fifteenth Century* (vol.1, 2nd edition), p.42,注释 1。

⑤ E.H. Gillett, *The Life and Times of John Huss; or, the Bohemian Reformation of the Fifteenth Century* (vol.1, 2nd edition), p.8.

信徒,他不仅将圣经的部分内容翻译为捷克语,而且致力于运用民族语言写作,其中最为著名的论著是《论基督教的一般问题》(*Of General Christian Matters*)和《宗教对话》(*Reči Besedni*)。

《论基督教的一般问题》共有正文六章和两个前言。第一个前言主要介绍了该书六章讨论的主题,而在第二个前言中,斯蒂特尼为自己用捷克语写作进行了辩护:"也许是希望体现出他们的博学,有些人对捷克语出版的书籍横加指责。这些人最好当心上帝的报复,最好记住阻隔那些书籍中包含的有用知识是有罪的。"同时,斯蒂特尼也强调了圣经阅读的重要性。[1] 在全书的六章中,第一、五、六章具有明显的神学性质,比如第一章主要讨论信仰的必要性,提出任何要想得到拯救者必须保持基督教的信仰,但是第二和三章讨论的内容具有世俗性质,这可以体现在第二章的标题"论处女、寡妇和已婚人士"和第三章的标题"论家庭的男女主人和家庭",主要讨论婚姻和家庭中的伦理道德。[2]

《宗教对话》一书被绝大多数波西米亚评论家视为斯蒂特尼的杰作。该书的写作旨在根据中世纪经院哲学体系来定义上帝的人性和其他属性,并试图利用信仰来调和宗教和科学,但采用了父亲和儿子对话的方式,因为斯蒂特尼年轻的时候常常听父亲或母亲谈论基督教的问题,通过他们获得了有关圣经的知识。因此,斯蒂特尼以这种通俗易懂、论说有力的方式成功地使用波西米亚民族语言探讨了以前只能用拉丁语论述的抽象问题。对于斯蒂特尼的文学成就之于波西米亚的意义,捷克历史学家弗兰蒂泽克·帕莱兹奇评论道,"一个诞生了像斯蒂特尼这样作家的国家从此不应被视为原始和未开化的国家"。[3] 从民族语言与基督教的结合这一角度来看,斯蒂特尼是胡斯真正的先驱。

显然,上述四位先驱只是波西米亚宗教改革序幕中最为突出者。通过以上讨论,至少可以形成三点结论。其一,这些改革先驱的布道和论述再次表明,14 世纪下半叶以来波西米亚天主教会已经日益堕落,特别是教士和修士阶层的道德滑坡已经到了令人堪忧的地步,这促使胡斯沿着先驱们的脚步继续批评教会。其二,教会内外,尤其是教会自身已经出现对教会危机的反省,并通过布道和著述的方式,既谴责教会的种种问题,又提出改革的主张,这引起了民众的共鸣与回应,营造了宗教改革的氛围,并不可避免地

---

① Francis hrabě Lützow, *A History of Bohemian Literature*, p.66.
② Francis hrabě Lützow, *A History of Bohemian Literature*, pp.66 - 73.
③ Francis hrabě Lützow, *A History of Bohemian Literature*, pp.74 - 75.

影响到后来的反思者。因此,那种认为波西米亚宗教改革只是从外国移植而来,认为胡斯的宗教改革思想只是英格兰宗教改革家威克里夫的翻版,是不准确的,是站不住脚的。当然,这并不排斥胡斯的宗教改革思想吸收了包括威克里夫在内的大量国外思想资源,这在下节将有详细的论述。其三,当时整个社会对于改革的呼声还能保持相对宽容的态度,比如国王查理四世主动邀请康拉德来到布拉格、对于米利奇指责他为敌基督也能宽容待之,再如布拉格大主教处理米利奇和马修面临的异端指控并非十分严苛,这种宽容的氛围将一直延续到胡斯宗教改革事业的早期。

第四节　胡斯"异端"思想的初现

正如前文所论,1402 年出任伯利恒小教堂的布道师是胡斯人生重要的转折点之一,这意味着胡斯从此置身于波西米亚宗教改革的中心舞台。同时,挑选胡斯出任"改革"意味颇浓的伯利恒小教堂的布道师,也表明此时的胡斯已被认为属于改革派的阵营,一些宗教改革的"异端"思想正在逐渐形成。甚至早在胡斯于 1400 年 6 月被按立为神甫之前,他的神学思想和观念可能已经发生了深刻的变化。[1]

一、圣经至上的内在影响

从一名懵懂无知、甚至略带纯真的大学学生,转变为一名虔诚信仰上帝的神甫,此期间转变的过程从胡斯后来的文章和布道中还是能大致搜寻到一些蛛丝马迹。除了前文已经提及的沉迷于下棋以外(参见本章第二节),胡斯还承认,自己曾经缺乏勇气宣扬上帝的真理:

> 那些圣经博士们,由于害怕而远离真理,缺乏勇气捍卫真理。唉,我自己也曾像他们那样,不敢公开而坦率地宣扬真理。为什么会这样呢? 这只是因为我们中的一些人胆怯,害怕失去世俗的好处和赞美,而另一些人则害怕失去圣俸;因为我们害怕为了真理而遭到人们的蔑视,以及害怕肉体上的痛苦。[2]

---

[1]　Matthew Spinka, *John Hus: A Biography*, p.43.

[2]　John Hus, On Simony, Matthew Spinka (ed.), *Advocates of Reform: From Wyclif to Erasmus*, p.263.

也曾经因为恐惧而不敢谴责罪与邪恶：

> 唉，我也曾经不敢指责明显的罪恶，无端地害怕起诉、绝罚、谴责和死亡。但是，仁慈的救世主许我圣职，给予我勇气不再胆怯，让我说出真理来反对任何有违耶稣基督之律法的人。①

胡斯还回忆起自己在老师们举办的宴会上大快朵颐，甚至回忆起自己对有钱人弓腰屈膝。②

尽管从幼年时代就受到母亲虔诚信仰的影响，胡斯很想成为神甫，但受限于周围的环境，胡斯的这一愿望也一度带有功利世俗的性质，如同他自己所说的那样："我承认，当我还是年轻学生的时候，我曾怀有一个不恰当的欲望，想尽快成为神甫以便生活优越、着装体面、受人尊敬。但是，当我理解了圣经后，我认识到这真是一个不恰当的欲望。"③毫不奇怪，胡斯对于成为神甫以后的种种期待正是当时波西米亚教会（也是当时欧洲天主教会）普遍存在的现状。当然，思想和观念发生深刻变化后的胡斯意识到，这些期待或"欲望"隐含着追求世俗的享受、强烈的物欲以及自傲，胡斯后来对它们进行了强烈谴责。胡斯思想转变的关键也在以上引文中有非常清楚的体现，那就是，胡斯自己承认，理解圣经、尊崇圣经是转变他内心真正的力量，也是他内心思想转化的内因。④

值得指出的是，胡斯并非仅仅局限于研读圣经，他还对包括奥古斯丁在内的早期教父和圣徒等的著述和事迹进行了深入阅读和了解。按照学者E. H. 吉列特的看法，这种经历可能有助于形成胡斯后来的"病态的宗教敏感"和"苦行狂热"。⑤ 仅以学生时代的胡斯的一则传说为例。有一次，胡斯在阅读圣徒劳伦斯的事迹，他问自己，为了基督能否像劳伦斯那样忍受那么多的苦痛。想到此，他马上将手放在燃烧的炭火上方，并一直坚持直到同伴将他的手推开。胡斯问道："你为什么害怕如此微小的事情？我只是想试验

---

① Matthew Spinka, *John Hus: A Biography*, p.44.

② Matthew Spinka, *John Hus: A Biography*, pp.44-45.

③ John Hus, On Simony, Matthew Spinka (ed.), *Advocates of Reform: From Wyclif to Erasmus*, p.239.

④ 胡斯并非一次承认圣经在转变他的思想和行为上的决定作用。比如，胡斯还说过："当我年轻且理智不太成熟的时候，我也属于愚蠢的那群人。但是当主给予我圣经的知识后，我将我愚蠢的大脑从那种愚蠢的状态中解脱出来。"见 Matthew Spinka, *John Hus' Concept of the Church*, p.10.

⑤ E. H. Gillett, *The Life and Times of John Huss; or, the Bohemian Reformation of the Fifteenth Century* (vol.1, 2nd edition), pp.54-55.

一下我是否有足够的勇气来忍受圣劳伦斯曾经容忍痛苦的微小部分。"[1]此外,胡斯在攻读神学学位期间还认真研读并讲授了彼得·隆巴德的《箴言四书》,并认真钻研了格兰西(Gratian)的《教会法汇要》(*Decretum Gratiani*)。特别是通过对后者的研究,胡斯发现当时教会的很多行为和做法与此书中的教令和规定是矛盾的。因此,胡斯大量引用《教会法汇要》中早期教父和圣徒的论述,对教会的腐败和堕落展开了有力的批评。

对比上节讨论波西米亚改革先驱们的主张,可以发现,在研读圣经、承认圣经权威等方面,胡斯与他们一脉相承。除了这些改革先驱们的论述对胡斯有可能造成影响之外,影响胡斯形成宗教改革思想的外因,还应该包括布拉格大学具有改革思想的老师们对胡斯的言传身教。

二、改革派老师的外在影响

尽管由于著述影响力的局限,那些布拉格大学老师们的改革思想湮没于历史而未为后人熟知,但胡斯曾经在一次布道中特别提到了其中的几位,比如杰诺夫的沃伊捷赫·兰科(Vojtěch Raněk of Ježov,也称 Adalbertus Rankonis de Ericinio 或 Adalbert Ranco)。[2] 有关兰科的生平资料不多,但他被公认为当时波西米亚最博学者,也是著名神学家。兰科 1348 年留学巴黎大学,1355 年出任巴黎大学校长,约在 1364 年之前回到布拉格。他经常参与布拉格大学里的辩论,公开宣称自己是波西米亚人并为自己民族的利益辩护,这招致了大学里居于主导地位的德意志人的仇视。作为布道者,他批评买卖圣职、贪婪等不道德行为的方式让人想起康拉德和米利奇。他死于 1388 年,死前留下遗言成立一个基金会资助那些愿意到牛津大学或巴黎大学攻读神学等专业的贫困学生。[3] 兰科去世时,胡斯还未进入布拉格大学,因此他对于胡斯的影响是间接的。

对胡斯有直接影响的老师,首推兹诺伊莫的斯坦尼斯拉夫(Stanislav of

---

[1] Francis hrabě Lützow, *The Life and Times of Master John Hus*, p.70.

[2] E. H. Gillett, *The Life and Times of John Huss; or, the Bohemian Reformation of the Fifteenth Century* (vol. 1, 2nd edition), p.38.

[3] Francis hrabě Lützow, *The Life and Times of Master John Hus*, pp.44 – 45. 有必要就中世纪的大学校长做一简要说明。一般而言,中世纪大学的校长有两种,在英语中分别以 rector 和 chancellor 表示。rector 负责大学的实际管理,任期相对较短,往往被翻译为"大学校长"。chancellor 负责代表教会监管大学的管理,任期相对较长,往往被翻译为"大学名誉校长"或"校监"。以巴黎大学为例,此处兰科担任的是前者,本书后面要提到的著名神学家约翰·热尔松(John Gerson)担任的就是后者,热尔松从 1395—1410 年一直担任巴黎大学名誉校长。

Znojmo)和柯林的斯蒂芬。作为曾经的改革派领导人之一,斯坦尼斯拉夫
在传播威克里夫神学思想的过程中扮演过重要的角色,下文将有详细的讨
论。斯坦尼斯拉夫是主持胡斯通过硕士学位考核的四位老师之一,胡斯对
他评价甚高,称无人能与其相提并论。胡斯对斯氏一直心存感激,哪怕后来
两人反目,胡斯依然承认自己从老师的课程和讲座获益良多。① 至于斯蒂
芬,前已述及,他大力举荐胡斯继任他在伯利恒小教堂担任的布道师一职。
他于1383年获得硕士学位,1390年成为布拉格大学查理学舍的舍长
(provost),两年后成为文学院院长。在此期间,1389年进入神学院学习,后
来成为神学教授。② 因此,斯蒂芬是胡斯在文学院和神学院学习时期的老
师。胡斯对于这位老师同样给予了很高的评价。担任布拉格大学校长期
间,胡斯发表纪念查理四世逝世的演讲,其中提到了斯蒂芬,评价他是波西
米亚最为重要的神学家之一,并称他是"国家最为热情的支持者"。③

当然,在影响胡斯形成宗教改革思想的外因中,最重要者应该是英格兰
宗教改革家约翰·威克里夫。

三、威克里夫的关键影响

对于14—15世纪的欧洲形势,E. H.吉列特的观察颇有识见:"在欧洲
历史的棋盘上,诸如波西米亚的瓦茨拉夫和法国的查理六世等等君主只是
卒子而已,真正的王者却属于那些思想家"。④ 被喻为"宗教改革的晨星"的
威克里夫位列"那些思想家"其中,因为他的宗教改革思想不仅在英格兰本
土掀起了惊涛骇浪,而且远播包括波西米亚在内的欧洲它国。

如前所述,14世纪末的波西米亚,教会的腐败和行为失范已经颇为严
峻,包括米利奇和马修在内的先驱们先后就教会改革提出了自己的主张,但
星星之火还未形成燎原之势。随着威克里夫的论著传入波西米亚,胡斯敏
锐地捕捉到威克里夫宗教改革思想中的可资借鉴之处,从而极大地丰富和
推动了他宗教改革思想的形成。

早在1380年,即威克里夫逝世四五年前,他的思想已在波西米亚为人
所知。这一论断的依据是,布拉格大学神学教授米库拉斯·拜塞伯斯
(Mikuláš Biceps)在对《箴言四书》一书的评注中已经提到过威克里夫的名

---

① Matthew Spinka, *John Hus: A Biography*, pp. 34 - 35.
② Matthew Spinka, *John Hus' Concept of the Church*, p. 37.
③ František Šmahel & Ota Pavlicek (eds.), *A Companion to Jan Hus*, pp. 13 - 14.
④ E. H. Gillett, *The Life and Times of John Huss; or, the Bohemian Reformation of the Fifteenth Century* (vol. 1, 2nd edition), pp. 4 - 5.

图7 约翰・威克里夫

(图片来源:Michael Frassetto, *The Great Medieval Heretics: Five Centuries of Religious Dissent*, New York: Bluebridge, 2008, 正文前插图6。)

字,并介绍了《论时间》(*De tempore*)等威氏哲学论文的一些观点。这一保存至今的评注有两个版本,有学者考证第一个版本的出现日期当在 1380 年至 1381 年之间,不过不能确定拜塞伯斯已经看到威氏论文,而第二个版本当在 1386 至 1388 年之间,而且可以确定拜塞伯斯此时已经得到《论时间》一文。① 如果说拜塞伯斯的评注只是间接呈现了威克里夫的哲学思想,那么波西米亚、瑞典、奥地利等地现存的诸多手抄本则保存了其思想的原貌。比如,布拉格大学图书馆馆藏一份日期标明为 1397 年的手稿,里面含有威克里夫的四篇主要哲学论文,即《论共相》(*De universalibus*)、《论时间》、《论诸神》(*De ydeis*)和《论物质与形式》(*De materia et forma*)。② 和哲学论著相比,威克里夫的神学著作传入波西米亚更晚。《论西门主义者》(*De symonia*)是威氏目前存世最早的神学论著手抄本,标明日期为 1401 年,现收藏于维也纳国家图书馆,而布拉格大学图书馆现藏的最早威氏神学论著手抄本内有《论圣餐》(*De eucharistia*)一文,抄写的时间为 1403 年。③

一般认为,威克里夫的论著传入波西米亚主要有赖于两个途径。其一,1382 年英格兰国王理查德二世迎娶波西米亚的安妮公主。身为虔诚基督徒的安妮公主抵达英格兰时随身携带有拉丁语圣经,还有捷克语和德语圣经,并在后来认同罗拉德派(Lollard,即威克里夫思想的追随者)的教义,这让包括安妮公主的随从在内的一些波西米亚人了解威克里夫的思想成为了可能。④ 1394 年安妮公主去世后,她的随从返回波西米亚时带回了一些威

① J. Patrick Hornbeck II & Michael Van Dussen (eds.), *Europe after Wyclif*, New York: Fordham University Press, 2017, pp.90-91.

② Anne Hudson, From Oxford to Prague: The Writings of John Wyclif and His English Followers in Bohemia, *The Slavonic and East European Review*, 75(4),1997, p.647.

③ Anne Hudson, From Oxford to Prague: The Writings of John Wyclif and His English Followers in Bohemia, p.648.

④ Gotthard Lechler, Peter Lorimer (trans.), *John Wycliffe and His English Precursors*, pp.460-461.

克里夫的著作。① 其二,布拉格大学的学生们访问牛津大学并带回威克里夫的论著。布拉格大学曾规定,从 1367 年开始手稿抄写员只能抄写布拉格、巴黎和牛津三地的书籍。② 牛津大学是威克里夫多年学习和教学之地,是其思想的"大本营",因此这一规定应该对威氏思想的文本传入布拉格大学具有推动作用。曾担任巴黎大学校长而后返回布拉格大学任教的杰诺夫的沃伊捷赫·兰科在 1388 年去世前留下遗言,设立奖学金资助那些愿意到牛津大学或巴黎大学求学的波西米亚学生。③ 这些留学生有可能从牛津大学直接带回威氏的著述文本,比如布拉格的杰罗姆(Jerome of Prague)。1398年,杰罗姆从布拉格大学获得学士学位,很可能受到兰科提供的奖学金的资助,随后来到牛津大学留学,后于 1401 年返回布拉格。杰罗姆自己承认,他从牛津带回了《对话录》(*Dialogus*)、《三人对话录》(*Trialogus*)两本威克里夫神学论著。④ 它们可能是威氏神学著作首次面世波西米亚。在一次公开辩论会上,杰罗姆曾对威氏著述有如此评价:"那些从未读过威克里夫论著的年轻人和学生们,将永远不会找到知识真正根基之所在。"⑤ 威克里夫在波西米亚受到异端指控之后,依然有留学生从英格兰带回威氏论著。1406—1407 年,两位波西米亚学生米库拉什·弗尔菲什(Mikuláš Faulfiš)和吉里斯·克涅赫尼克(Jiríz Kněhnic)在牛津求学,返回波西米亚时至少带回了《论上帝的统治权》(*De dominio divino*)、《论教会》(*De ecclesia*)和《论圣经之真理》(*De veritate sacre scripture*)等威克里夫论著。⑥ 前两部论著分别是从布雷布鲁克和科美尔顿两地获得,可能是因为牛津大学压制威克里夫思想的气氛日趋紧张,因此他们只能到更为偏远也更为安全的地方才能找到想要的威克里夫书籍。他们甚至还拜谒了威氏墓地并从墓碑上取了一小块石头留作纪念。此外,在罗拉德分子的帮助下,他们还带回了一封加盖有

① E. H. Gillett, *The Life and Times of John Huss; or, the Bohemian Reformation of the Fifteenth Century* (vol. 1, 2nd edition), pp. 41, 57.

② Anne Hudson, From Oxford to Prague: The Writings of John Wyclif and His English Followers in Bohemia, p. 645.

③ Vilém Herold, Vojtěch Raňkův of Ježov (Adalbertus Rankonis de Ericinio) and the Bohemian Reformation, Zdeněk V. David & David R. Holeton (eds.), *The Bohemian Reformation and Religious Practice* (vol. 7), Prague: Filosofický casopis, 2009, p. 77.

④ Thomas A. Fudge, *Jerome of Prague and the Foundations of the Hussite Movement*, Oxford: Oxford University Press, 2016, pp. 16 – 17.

⑤ Herbert B. Workman, *The Dawn of the Reformation* (vol. II: *The Age of Hus*), pp. 121 – 123.

⑥ Michael Van Dussen, Conveying Heresy: "A Certayne Student" and the Lollard-Hussite Fellowship, *Viator*, 38(2), 2007, p. 222.

牛津大学印章的官方证明信，证明威克里夫的一生和著述值得称赞，在其有生之年从未遭到异端怀疑或谴责，"就逻辑、哲学、道德神学及思辨神学的著述在牛津大学里无人能与之匹敌"。[①] 尽管此证明信的真实性令人生疑，但当它在布拉格大学被宣读的时候，它还是极大地强化了波西米亚境内威克里夫追随者的信心，增强了对其思想的兴趣。[②]

随着更多威克里夫论著的流入，其哲学和神学思想首先开始为布拉格的知识阶层所接受，尤其以布拉格大学里的一些波西米亚教师们如斯坦尼斯拉夫、斯蒂芬·巴莱奇（Stephen Páleč）等人为典型代表。斯坦尼斯拉夫公开宣称，从威克里夫的著作中可以"采集到世上最美的花朵"。在一次布拉格大学的公开集会上，巴莱奇将一本威克里夫的著作扔到桌子上，声称："如果谁愿意站出来质疑这本书里的任何一个字，我都会为它辩护！"[③]作为在英格兰本土受到官方谴责的"异端"，威克里夫宗教改革思想之所以首先在布拉格大学（尤其是神学院）和教会中受到了异乎寻常的关注，是因为威氏的思想正好迎合了一部分希冀教会改革人士的需要。面对日益腐败的教会，在波西米亚已经形成了改革派和反对派两派对立的势力。因此，围绕威克里夫的教义之争实质上反映了两派势力近乎针锋相对的神学观念以及不同的宗教实践的主张。在布拉格大学，分化的两派阵营的分歧起因在于哲学观点，即威克里夫宣扬的唯实论（realism）得到了波西米亚教师们的推崇，而居主导地位的德意志教师信奉的却是唯名论（nominalism）。

概言之，唯实论和唯名论争论的核心在于对于"共相"（universal，又称"一般实体"）的不同认识。唯实论认为，"共相"（比如人性、公正、善、本质等）作为所有"个体"（individual）的普遍本质是真实的存在，且独立于"个体"而存在；除了上帝是唯一真实存在的个体，任何其他的个体都是"共相"的暂时体现。唯名论则认为，"共相"只是一个概念，它不能离开具体"个体"而单独存在；只有那些感官可以感知的"个体"才是真实的存在。实际上，唯实论的源头可以追溯到苏格拉底，经过柏拉图、圣保罗和圣奥古斯丁等的阐发，在中世纪臻于成熟，突出代表人物包括曾担任坎特伯雷大主教的圣安瑟伦（Saint Anselm，1033—1109）和托马斯·阿奎那（Thomas Aquinas，1225—

① Michael Van Dussen, *From England to Bohemia: Heresy and Communication in the Later Middle Ages*, Cambridge: Cambridge University Press, 2012, p.89.
② Otakar Odlozilik, Wycliffe's Influence upon Central and Eastern Europe, *The Slavonic and East European Review*, 7(21), 1921, p.638.
③ E.H. Gillett, *The Life and Times of John Huss; or, the Bohemian Reformation of the Fifteenth Century* (vol.1, 2nd edition), p.85.

1274)。相较之下,唯名论可算"新学",代表人物包括邓斯·司各脱(Duns Scotus,约1266—1308)及其学生奥卡姆的威廉(William of Ockham,约1285—约1347),前者从1304—1308年将唯名论思想引入巴黎大学,而后者发展并系统归纳唯名论思想,此后唯名论思想占据巴黎大学。尽管唯名论影响日甚,英格兰和波西米亚却成为了唯实论的堡垒。①

　　在埃尔福特大学、海德堡大学等创立之前,德意志人往往来到巴黎大学求学,因此布拉格大学聘任的德意志教师大都信奉的是唯名论。不过,同样在巴黎大学求学的波西米亚人(比如宗教改革先驱耶诺的马修)接受的却是唯实论,这主要是因为波西米亚人在巴黎大学归属于英格兰民族团。② 因此,当威克里夫的唯实论哲学思想传入波西米亚时,不难理解布拉格大学的波西米亚教师们会接受威克里夫。

　　来自布拉格大学萨克森民族团的德意志教师约翰·霍伯纳(John Hübner)对威克里夫学说率先发难。1403年,霍伯纳采纳1382年英格兰召开的黑衣修士宗教会议(Blackfriars Synod)上谴责的威克里夫二十四信条,并从威氏著作中另外抽选了二十一条,组成了四十五信条(具体内容参见本书附录一),作为他写给罗马教廷举报信的基础,主要举报斯坦尼斯拉夫信奉唯实论思想。随后,他将四十五信条提交大主教区会议评估,大主教区会议要求布拉格大学提出意见。5月28日,布拉格大学为此进行了激烈的争论。尽管波西米亚教师极力反对,但由于德意志教师在投票中占绝对多数,因此会议判决:四十五信条在神学上不可接受,其中有些信条属于异端,禁止信仰和讲授这些信条。③ 从此,四十五信条成为判定威克里夫为"异端"的试金石,并在以后的十一年中数次招致起诉。

　　在四十五信条中,影响最大、争议最多的是前三条,在1382年的黑衣修士宗教会议上早已被谴责为异端。第一条认为,"神甫祝圣后,圣坛上的面饼和酒的本质(substance)并没有改变"。第二条认为,"在祝圣后同样的圣餐里,因为没有'主体'(subject,即上帝,引者注)的出现,因此'附带物质'(accidents,包括主体的形状、颜色等,引者注)并不存在"。第三条认为,"基

---

① 本段对于唯实论和唯名论哲学思想的讨论主要参考了 R. R. Betts, The Influence of Realist Philosophy on Jan Hus and His Predecessors in Bohemia, *The Slavonic and East European Review*, 29(73),1951, pp.402 - 406。

② R. R. Betts, The Influence of Realist Philosophy on Jan Hus and His Predecessors in Bohemia, pp.404 - 408.

③ Matthew Spinka, *John Hus: A Biography*, pp.62 - 64.

督不会以其肉身真实地转化在圣餐中"。[①] 此三条构成了威克里夫所信奉的"圣餐不变论"(remanence)。显然,该教义迥异于罗马教廷采用的、在1215年第四次拉特兰公会议所通过的"圣餐变体论"(transubstantiation),即神甫祝圣后的面饼和酒的本质已经变成了基督真实的物质身体和真正的血液。[②]

那么,胡斯对于威克里夫思想的接受过程是怎样的?

在胡斯任教布拉格大学文学院的头两年里,他主要讲授亚里斯多德,但是他很快开始接触威克里夫的哲学论著。[③] 一份收藏在瑞典斯德哥尔摩皇家图书馆、日期标明为1398年的胡斯亲笔手抄本中,胡斯抄录了《论共相》等5篇威氏的哲学论文。[④] 也许在读书期间胡斯就已经受到了那些推崇唯实论哲学思想的老师们之影响,加之他对于威克里夫哲学论著的熟悉和喜爱阅读,因此,胡斯接受威克里夫的哲学思想当在情理之中。

对于威克里夫的神学思想,胡斯似乎并非从一开始就接受。据说杰罗姆返回布拉格后给了胡斯一本威克里夫的论著,但胡斯认为是异端,并言辞激烈地建议杰罗姆,要么烧了它,要么将它扔进伏尔塔瓦河里。[⑤] 不过,随着深入阅读威克里夫更多神学论著,胡斯转变了对威氏神学思想的态度,因此当1404年1月霍伯纳在公开辩论会(Quodlibet)上代表布拉格大学的德意志教师公开谴责威克里夫是异端后(这也是威克里夫首次在布拉格遭受公开谴责),胡斯马上致信霍伯纳,认为不能因为威克里夫在他的著作中讨论了异端就认定威克里夫也是异端;认为霍伯纳曲解了威克里夫称呼神圣教会为"撒旦的教堂",威克里夫所说的教会指的是罗马教廷;认为霍伯纳从威

---

① 这三条信条的拉丁原文为:1. Primo: Substantia panis materialis et similiter substantia vini manent insacramento altaris. 2. Item. Accidentia panis non manent sine subjecto in eodem sacramento. 3. It. Christus non est in eodem sacramento identice et realiter, in propria praesentia corporali.参见 Metthew Spinka, *John Hus' Concept of the Church*, Appendix I, p.397。

② Norman P. Tanner (ed.), *Decrees of the Ecumenical Councils* (vol.1), London: Sheed & Ward; Washington, DC: Georgetown University Press, 1990, p.230.引用奥古斯丁、安布罗斯(Ambrose)和安瑟伦的论述作为论据,威克里夫认为"圣餐不变论"并非新的教义,他只是保存了古代教会的教义而已,而"圣餐变体论"才是偏离传统的新的发明,参见 Matthew Spinka, *John Hus' Concept of the Church*, p.33。另,有关"圣餐变体论"的形成过程,参见[美]G. F. 穆尔著,郭舜平等译:《基督教简史》,第151—153页。

③ Matthew Spinka (ed. & trans.), *John Hus at the Council of Constance*, p.174.

④ Anne Hudson, From Oxford to Prague: The Writings of John Wyclif and His English Followers in Bohemia, p.648.

⑤ E. H. Gillett, *The Life and Times of John Huss; or, the Bohemian Reformation of the Fifteenth Century* (vol.1, 2nd edition), p.69.

克里夫著作中摘录四十五信条的方式不当,因此这些信条未能准确反映威氏的原意。[①] 另外,胡斯还将威克里夫的数篇论文翻译成捷克语并送给一些贵族传阅,还翻译了威克里夫的《三人对话录》并送给摩拉维亚的侯爵(即瓦茨拉夫四世的叔叔)一本。《三人对话录》质疑了"圣餐变体论",因此被认为是威克里夫"异端"思想最为突出、在布拉格得到关注最多的论著。[②]

胡斯如何看待四十五信条? 这一问题实质上反映了胡斯对待威克里夫宗教改革思想的整体态度。概而言之,胡斯对于四十五信条进行了选择性的辩护,对威克里夫的思想有选择性的借鉴和扬弃式的接受,最为典型的例证是 1412 年 7 月底布拉格大学一些教师就威克里夫的 8 条信条举行的公开辩论会。在会上,胡斯对 6 条信条进行了阐述,其中第 16 和 18 条颇耐人寻味。[③] 首先,胡斯没有为第 17 条辩护。实际上,第 17 条是第 16 条的延续,甚至在 1382 年的二十四信条中是合二为一的。这两条的具体内容是:"世俗君王可以任意剥夺行为失范教会人士的世俗财产";"平民可以任意纠正行为失范的世俗君王"。由于胡斯反对教会不加限制地拥有财产,加之教会财产的膨胀以及教会的贪婪等问题是中世纪后期教会腐败的典型现象,因此胡斯引经据典对第 16 条进行了充分的辩护。不过,胡斯自己可能无法接受第 17 条,因此既没有辩护,也没有批判。对于第 18 条"什一税只是施舍于穷人的。由于高级教士所犯的罪过,教众可以任意收回什一税",胡斯采用了类似的处理方式:他仅仅为前半部分进行了辩护,没有提及后半部分。[④] 可以说,自始至终,胡斯为威克里夫无可指责的神学观点进行辩护,但对那些令他反感的威氏观点则保持缄默。

至于四十五信条的前三条所体现的"圣餐不变论",尽管胡斯的反对者将"圣餐不变论"信奉者的标签强加给胡斯,使胡斯陷于无力脱身的境地(后文将有详论),但是胡斯其实是明确坚持当时正统的"圣餐变体论"的。这在他 1406 年所写的《论基督的圣体》(*De corpore Christi*)一文中有明确的阐述,[⑤] 而且在 1411 年 9 月 1 日写给教皇约翰二十三世的信中,胡斯也明确否认他坚持"圣餐不变论"。[⑥] 因此,指控胡斯信奉"圣餐不变论"实为对他最大

---

① Matthew Spinka (trans.), *The Letters of John Hus*, No. 2, pp. 3 - 4.

② E. H. Gillett, *The Life and Times of John Huss; or, the Bohemian Reformation of the Fifteenth Century* (vol. 1, 2nd edition), pp. 63, 144.

③ Matthew Spinka, *John Hus' Concept of the Church*, pp. 124 - 127.

④ Matthew Spinka, *John Hus: A Biography*, pp. 58 - 59.

⑤ Matthias Flacius Illyricus (ed.), *Historia et Monumenta Joannis Hus et Hieronymi Pragensis, Confessorum Christi*, I, pp. 163 - 167.

⑥ Matthew Spinka (trans.), *The Letters of John Hus*, No. 18, p. 54.

的冤枉。

胡斯对于威克里夫思想有取有舍,那么,他取舍的标准是什么? 答案很简单,那就是以圣经(也即上帝的律法)为最高权威,或称"圣经至上论"(biblical primacy)。

事实上,威克里夫也宣扬"圣经至上论",而这也正是胡斯接受威克里夫思想的一个重要原因。诚如胡斯后来回忆所说:"我被他(威克里夫,引者注)的论著所吸引,因为在他的书里,他不遗余力地指引所有人回到上帝的律法,尤其是呼吁神甫们不要留恋尘世的浮华和权力,应该像使徒们那样,遵照上帝的律法来生活。"①在《驳巴莱奇》(Contra Paletz)一文中,胡斯更是明确地承认:"我信奉神学教授约翰·威克里夫所宣称的观点并非因为这些观点是威克里夫宣布的,而是因为圣经和无误的理性在宣布着它们。然而,如果威克里夫教授了任何错误,那么我绝不会盲从他或者任何犯错的其他人。"②在与巴莱奇的辩论中,胡斯也有类似的表达:"如果威克里夫或者任何一位天堂的天使教导的内容有悖于圣经的教导,我不会听从他。我之所以违背上层人士不合常理的命令,是因为圣经教导我要服从上帝,而非人。"③信奉"圣经至上论"以及人的律法不应该超越上帝的律法,成为后来胡斯与布拉格大主教、罗马教皇和公会议决裂的心理凭依。

四、早期"异端"思想简述

内得以圣经为最高权威信念的驱动,外受包括威克里夫在内的宗教改革先驱们以及布拉格大学教师之影响,胡斯逐渐形成了宗教改革者的立场。那么,胡斯早期的宗教改革思想甚至"异端"思想到底有哪些? 探讨这一问题,较好的视角有二,一是胡斯1401—1408年出任布道师所存世的布道词,二是胡斯1407—1409年间讲授彼得·隆巴德的《箴言四书》所形成的《约翰·胡斯论〈箴言四书〉》(M. John Hus, Super IV Sententiarum)④。

不同时期的布道词大体反映了胡斯神学认识的渐进变化。从1401—1403年的布道词来看,主要内容是介绍和解释正统的天主教教义,因此是

---

① E. H. Gillett, *The Life and Times of John Huss; or, the Bohemian Reformation of the Fifteenth Century* (vol. 1, 2nd edition), p. 78.

② Matthias Flacius Illyricus (ed.), *Historia et Monumenta Joannis Hus et Hieronymi Pragensis, Confessorum Christi*, I, p. 330.

③ E. H. Gillett, *The Life and Times of John Huss; or, the Bohemian Reformation of the Fifteenth Century* (vol. 1, 2nd edition), p. 86.

④ V. 弗莱什汉斯于1904—1906年整理出版了3卷本的《约翰·胡斯论〈箴言四书〉》,参见 Matthew Spinka, *John Hus' Concept of the Church*, p. 50, 注释18。

"无可争议的正统",同时在布道中胡斯主要敦促平信徒(也包括教士和大学教师在内)提高道德修养。[①] 持有类似的看法,学者约翰·塞德拉克(Jan Sedlák)如此评价胡斯这一时期的布道词:

> 这些布道词仅仅只是道德阐述。……从一开始,胡斯就对教会采取了改革的立场。胡斯曾说,没有什么比神甫的罪过更加伤害宗教生活了。他的性格绝不允许他对这些错误保持沉默,只会促使他对此提出公开的谴责……就教义方面而言,胡斯在这些布道词中给人的印象是一名完全正统的天主教神甫。他提出明白无误的天主教义,在阐释教义的过程中未有丝毫怀疑。[②]

上述引文表明,一方面,胡斯对于教义的讨论符合天主教的正统观念。不过,这里的正统观念是植根于圣经和早期教父的论述,因此这并不意味着胡斯对教义的解释与当时教皇领导下的天主教会的官方解释是完全一致的。另一方面,胡斯公开谴责教会所犯之罪,其布道较少深奥的神学反思,更多具体的伦理阐释。这一改革者的取向,不仅仅体现在早期布道中,可以说贯穿了胡斯布道生涯的始终,这也是胡斯成为教会眼中的"异端"的一个重要原因。

在 1404—1405 年间的布道词中,胡斯延续了批评教会失范行为的改革取向。胡斯谴责那些犯有通奸罪的神甫,谴责他们竟敢主持弥撒,谴责那些贪婪的神甫竟敢崇拜邪恶,谴责那些为了钱而炮制圣迹和流血的圣餐的神甫,谴责那些欺骗民众而兜售赎罪券的神甫。[③] 不过,他并未批评教皇和枢机主教。仅有一次胡斯提到了教皇和枢机主教。胡斯宣称,如果教皇的生活与上帝的诫命背道而驰,那么全体神甫可以剥夺他的教皇职位。[④] 显然,此时的胡斯还没有具体且有针对性地批评教皇以及教阶制度。从神学角度来看,这一时期的布道依然是无可指责的。

但是,在 1408 年的布道词中,胡斯的批评变得更为直接和大胆。他宣称,现在的教皇和许多神甫并不爱上帝,并没有承担牧养之责,他们使

---

① Matthew Spinka, *John Hus: A Biography*, pp.52 – 53.

② Matthew Spinka, *John Hus' Concept of the Church*, p.45.

③ Anežka Schmidtová (ed.), *Magistri Johannis Hus, Sermons de tempori qui Collecta dicuntur*, Praha: Academia scientiarum Bohemoslovanica, 1959, pp. 107, 130. 转引自 Matthew Spinka, *John Hus' Concept of the Church*, pp.59 – 60。

④ Anežka Schmidtová (ed.), *Magistri Johannis Hus, Sermons de tempori qui Collecta dicuntur*, p.92.转引自 Matthew Spinka, *John Hus' Concept of the Church*, p.59。

用最终裁定权（power of keys）①只是为了获取世俗的权力。更为糟糕的是，为了攫取高级教职，很多教皇和主教甚至导致了大量虔诚信徒的死亡。②

尽管胡斯在布道中没有明确地阐述他的教会观，但是从布道词中我们依然可以推导出他有关教会的看法。除了布道词，要了解胡斯早期的教会观，更为重要的材料是《约翰·胡斯论〈箴言四书〉》。该论著并非胡斯自己的讲座手稿，而是其学生所做的笔记。无论是当时胡斯的讲座，还是学生听讲座后辑成的笔记，都受到了学生的欢迎。这本论著的重要意义在于，胡斯在讲座中讨论《箴言四书》所体现的许多观点在后来胡斯与对手的论争中被屡屡提及，而且有些观点（尽管受到曲解）在康斯坦茨公会议上成为了起诉胡斯的罪证。③ 因此，以《约翰·胡斯论〈箴言四书〉》为主要材料并适当结合胡斯的布道词，可以大致梳理胡斯早期的神学思想。

首先，胡斯认为人应该坚定地信仰圣经中的教义。效仿奥古斯丁，胡斯区分了知识（scientia）和智慧（sapientia）：前者指人和自然的知识，只有通过思维才能得到；后者则是圣经所体现出来的上帝的智慧，这种智慧通过三位一体的恩典给予人类，因而人将会永久得到救赎。由于圣经是"隐含的智慧和上帝知识的宝藏，它能够修复人的心灵"，因此为了永久的生活，圣经需要被阅读、聆听和宣讲。同时，胡斯也初步表达了对使用民族语言翻译圣经的支持，并视之为帮助普通信众掌握有关拯救的知识。④

其次，胡斯将教会分为三种：胜利的教会（the Church triumphant）、战斗的教会（the Church militant）和休眠的教会（the Church dormient）。这一表述早已出现在 1404—1405 年间的布道中，在《约翰·胡斯论〈箴言四书〉》中有更详细的论述。⑤ 其中，胜利的教会由天堂里的天使和圣徒组成，战斗的教会由被预定者（the predestinate）和被预知者（the foreknown）组成，休眠的教会由那些生活在炼狱中的人组成。在末日审判的时候，那些战

---

① 最终裁定权指允许某人加入教会或决定将某人逐出教会的权力，亦指允许某人进入天国的权力。

② V. Flajšhans (ed.), *Sermons de sanctis*, pp.86,137.转引自 Matthew Spinka, *John Hus' Concept of the Church*, p.64。

③ Matthew Spinka, *John Hus' Concept of the Church*, p.67.

④ V. Flajšhans (ed.), *M. John Hus, Super IV Sententiarum*, Prague, 1904–1906, pp.14–20,34.转引自 Matthew Spinka, *John Hus' Concept of the Church*, pp.67–68。

⑤ Anežka Schmidtová (ed.), *Magistri Johannis Hus, Sermons de tempori qui Collecta dicuntur*, p.161; V. Flajšhans (ed.), *M. John Hus, Super IV Sententiarum*, p.36.转引自 Matthew Spinka, *John Hus' Concept of the Church*, pp.59,68。

斗的教会中的被预知者就像人体的溃疡、痰、粪便一样将会和基督的教会分离。①

　　胡斯将战斗的教会中的成员区分为被预定者和被预知者,这一思想凸显了拯救的必要性。胡斯认为,说"上帝希望所有的人都处于被拯救者之列"和"上帝希望所有人都将被拯救"是有区别的。前者为真,因为它是上帝先前的意愿;后者为假,因为它以所有的人将遵守上帝的戒律为前提,但显然这是不可能的。② 由此可见,上帝希望每一个人被拯救,但这并不意味着每一个人最终都能够被拯救。因此,胡斯通过"预定"和"预知"这组对立的概念,就将人类一分为二,这很容易让我们想起奥古斯丁在《上帝之城》(The City of God)一书中"上帝之城"和"地上之城"的区分。③ 预定含有三个阶段,分别有关被预定者拯救的永恒而神圣的目的、在现世生活中得到恩典的方式、在未来生活中获得荣耀。第一个阶段是上帝的目的,不依赖于人自身的努力,而后两者取决于人在现世生活中的行为。上帝的预知并不会破坏人的自由意志,换言之,上帝不会强迫人行为端庄或行为邪恶。有必要指出的是,胡斯对于预知与自由意志之间张力的解释也和奥古斯丁类似,或者也可能受到了奥古斯丁的启发。在奥古斯丁看来,上帝能预知到人由于自由意志而作恶,但预知并不意味着强迫,因此,人由于错用自由意志而作恶,这罪不能归咎于上帝,而在于人自身。同时,没有自由意志,人就不能正当的生活,人就失去了存在的必然性,人就失去了人之为人的根本,因此上帝不能取消意志的自由。④ 因此,胡斯并不关心上帝的预知,因为那是上帝的秘密,他关心的是人应该知道该如何正确地生活,这再次体现了胡斯在神学反思和伦理阐释之间更为重视后者的特点。

　　胡斯提出,一个人可以通过做善工为接受恩典作准备,但要注意的是,上帝并没有义务为此奖赏他从而给予他恩典。即使上帝给予了他恩典,那也只是上帝出于慷慨和良善的意愿。但是一个人接受了上帝的恩典以后,

---

① V. Flajšhans (ed.), *M. John Hus, Super IV Sententiarum*, p.36. 转引自 Matthew Spinka, *John Hus' Concept of the Church*, p.69.

② V. Flajšhans (ed.), *M. John Hus, Super IV Sententiarum*, p.178. 转引自 Matthew Spinka, *John Hus' Concept of the Church*, p.70。

③ 需要说明的是,在《上帝之城》中奥古斯丁有多种称呼两城的方式,如称上帝之城为圣城、属天之城(见奥古斯丁著、王晓朝译:《上帝之城》,北京:人民出版社,2006年,第476、631页)等;称地上之城为世俗之城、属地之城,甚至魔鬼之城(见同书第211、631、1026页)等。

④ 参见赵林:罪恶与自由意志——奥古斯丁"原罪"理论辨析,《世界哲学》,2006年第3期,第79—80页;张荣:论意志的根据——奥古斯丁《论自由决断》中的意志追问,《江苏行政学院学报》,2008年第6期,第18页。

他所做的善工将是应受奖赏的,上帝将按照公正的原则对其进行奖赏。[①] 同时,人被拯救的过程要求人应该听从上帝的诫命,做善事,参与圣事,直至他拥有通过爱形成的信仰。获得永生的人,是那些毕生行为高尚、获得恩典后坚持善工的人。如果他在死前有所退缩,那么他将不能得到拯救。某种程度而言,人的得救既通过善工也通过信仰。[②]

值得注意的是,胡斯就教会建立基础的解释似乎更像"异端"。在 1408 年有关圣彼得的布道中,胡斯断言教会并不是在圣彼得的基础上建立的,而是建立在耶稣基督的基础之上。他引用《新约·哥林多前书》第 3 章 11 节的话来佐证他的论述:"因为那已经立好的根基就是耶稣基督,此外没有人能立别的根基。"胡斯甚至以圣保罗说过的"我比他们所有人都付出得更多"来推论,在耶稣基督建立的基础之上,圣保罗甚至比圣彼得在构建教会上的努力更多。[③] 显然,胡斯这一解释的逻辑理路依然是"圣经至上论"和他对上帝的虔诚信仰,但却迥异于当时天主教会长期以来所宣称的观点,即圣彼得是教会的创建者,教皇是圣彼得的继承人,而这一观点是教皇领导下的教阶制度的正义性之基础。因此,胡斯这一基于圣经经文的解释将不可避免为他带来后面的麻烦。

其三,胡斯有关圣事的观点。沿用奥古斯丁对圣餐的定义,"圣餐是以有形的形式展示的无形的恩典",胡斯认为,在上帝帮助人与邪恶的力量以及自身不当的欲望作斗争时,圣事是其中的重要帮助之一。胡斯承认七种由耶稣规定的圣事,包括洗礼(baptism)、坚振礼(confirmation)、圣餐礼(eucharist)、忏悔礼(penance)、圣职授职礼(ordination)、婚礼(matrimony)等。[④]

就洗礼而言,胡斯认为它是不可或缺的第一个圣事。需要特别注意的是,胡斯提出,恶的神甫的施洗也是有效的,因为洗礼的恩典并非是这个神甫所授予,而是上帝通过他来授予。[⑤] 这一观点实际上与奥古斯丁和罗马教

---

① V. Flajšhans (ed.), *M. John Hus, Super IV Sententiarum*, p. 307. 转引自 Matthew Spinka, *John Hus' Concept of the Church*, pp. 71 - 72。

② Matthew Spinka, *John Hus' Concept of the Church*, p. 73.

③ Matthew Spinka, *John Hus' Concept of the Church*, p. 63.

④ V. Flajšhans (ed.), *M. John Hus, Super IV Sententiarum*, pp. 510 - 515. 转引自 Matthew Spinka, *John Hus' Concept of the Church*, pp. 73 - 74。七种圣礼中,此处没有提到的圣礼是终傅礼(extreme unction),即罗马天主教会给病弱教徒举行的敷擦圣油仪式,后来因这一圣事主要是给病危的人行施,故称"终傅"。有关七大圣礼的详细介绍和讨论,参见刘城:《中世纪西欧基督教文化环境中"人"的生存状态研究》,北京:北京师范大学出版社,2012 年版,第 113—137 页。

⑤ V. Flajšhans (ed.), *M. John Hus, Super IV Sententiarum*, p. 585. 转引自 Matthew Spinka, *John Hus' Concept of the Church*, p. 74。

会所持的看法是一致的。奥古斯丁认为,品行极其不端的神甫丝毫无损教会圣礼的有效性。① 尽管胡斯多次重申这一观点,但是他后来依然为此受到指控,说他否认一个犯有不可饶恕之罪的神甫施行的洗礼和祝圣是有效的。

如前所述,圣餐礼是波西米亚宗教改革派和反对派的争论焦点,特别是围绕威克里夫的"圣餐不变论"双方形成了尖锐的对峙。由于前文已对胡斯所持态度展开过讨论,此处只是从《约翰·胡斯论〈箴言四书〉》中引用一段原文再次证明胡斯坚持"圣餐变体论"。

> 因此,尽管生于圣母的耶稣的身体在十字架上遭罪,之后他升入天国并端坐于圣父的右侧,这同样的身体既出现在天国也出现在圣礼中,但是,耶稣的身体存在于天国的方式与其存在于圣礼或坟墓中的方式是不同的。同样也可以说,它存在于圣礼中的方式也有别于其出现在十字架上的方式。在十字架上,耶稣的身体被撑开、伤害和唾弃,然而在圣礼中,它不会遭到如此的对待……因此,耶稣是、也能够同时出现在不同的地方,因为他以个体的方式出现在天国里,但却以圣礼的方式出现在圣坛上。②

显然,在胡斯看来,基督是真实并完整地出现在圣礼中的。信徒们并不能看到基督的身体,神甫也不能触摸到其身体,出现在他们眼前的是已经变体的面饼。③

此外,胡斯也提出了"平信徒在只领受面饼而没有酒的情况下,他是否领受了圣餐"这一问题。后文将会介绍,后期的胡斯认为所有的参与圣餐者都可以同时领受面饼和酒,但在当时胡斯认为平信徒只需要领受面饼。另外,针对平信徒是否应该每日参加圣餐礼,胡斯引用奥古斯丁的话作为他自己的观点:"对于每日领受圣餐,我既不支持也不反对。"④

在所有的圣事中,胡斯强调最多的是忏悔礼。胡斯认为忏悔礼应由三部分组成:内心的彻底悔罪、对神甫的口头忏悔、对所犯之罪的赎罪。对于

---

① Steven Ozment, *The Age of Reform 1250−1550*, New York and London: Yale University Press, 1980, p.28.
② V. Flajšhans (ed.), *M. John Hus, Super IV Sententiarum*, pp. 565−566. 转引自 Matthew Spinka, *John Hus' Concept of the Church*, p.75。
③ V. Flajšhans (ed.), *M. John Hus, Super IV Sententiarum*, pp. 569,579. 转引自 Matthew Spinka, *John Hus' Concept of the Church*, p.75。
④ V. Flajšhans (ed.), *M. John Hus, Super IV Sententiarum*, pp. 557,581. 转引自 Matthew Spinka, *John Hus' Concept of the Church*, p.76。

罪过,胡斯区分了可饶恕的罪过和不可饶恕的罪过,两者的区别在于是否会剥夺人的恩典。尽管可饶恕的罪过不会剥夺人的恩典,但是如果忽视此类罪过则有可能酿成严重后果。需要注意的是,如果一个人彻底悔罪并忏悔以后,神甫可以对他宣布赦免罪过。但是,赦免罪过的并不是神甫,只能是上帝,神甫只是宣读了上帝的宽恕。赎罪则分为物质上和精神上两种,前者包括探望病人、帮助缺衣少食之人、拯救囚犯、安葬死者等等,后者主要涉及神职人员,包括教导未受教育者、劝诫违法者、安慰伤心者、宣布罪的豁免、为所有的人祈祷等等。[①]

对于圣职授职礼,胡斯特别讨论了教皇的权力。胡斯认为,就信仰和最终裁定权而言,教皇有犯错的可能,主教和神甫同样也有犯错的可能。因此,正确行使最终裁定权的根据依然只能是耶稣基督的律法。胡斯援引圣杰罗姆的话,认为所有的神甫都是平等的,换言之,所有的神甫都拥有教会的最终裁定权,区别只是在于低级神职人员并不能完全行使这一权力而已。[②] 胡斯特别指出,除了针对那些不可饶恕的罪过,不得随意行使绝罚权(excommunication,即开除教籍),尤其是高级神职人员不能将其视之为他们的特权而作为惩罚或武器来用。胡斯甚至提出,绝罚并不意味着可以剥夺一个人的财产和个人自由。除非一个人首先绝罚了他自己,否则不可能对他实施公正的绝罚。如果一个人受到了不公正的绝罚,那么他应该谦卑地忍受这种折磨,并为此而愉悦,因为以基督的名义他的受苦被认为是值得的。[③] 按照胡斯绝罚的标准,"一个人首先绝罚了他自己"意味着一个人违背上帝的律法并不知悔罪,他犯有此等不可饶恕的罪过。从这个意义上说,教会大分裂时期罗马教皇和阿维农教皇互相绝罚对方,这种司空见惯的现象显然是在滥用绝罚的权力,因此胡斯对于绝罚的解释直接戳到了当时天主教会的痛处。此外,胡斯看待不公正绝罚的态度,一方面体现了胡斯的信仰虔诚,另一方面也预示了胡斯在先后遭受布拉格大主教、教皇等不公正绝罚后将采取的应对策略。

---

① V. Flajšhans (ed.), *M. John Hus, Super IV Sententiarum*, pp.599,624-625,367,596. 转引自 Matthew Spinka, *John Hus' Concept of the Church*, pp.76-77。

② V. Flajšhans (ed.), *M. John Hus, Super IV Sententiarum*, p.607. 转引自 Matthew Spinka, *John Hus' Concept of the Church*, pp.77-78。在 1408 年的布道词中,胡斯也表示,并非彼得独自享受最终裁定权,而应该是使徒们共同拥有这一权力。在必要的时候,所有的神甫都享有使徒们曾拥有的这一权力。参见 V. Flajšhans (ed.), *Sermons de sanctis*, p.85. 转引自 Matthew Spinka, *John Hus' Concept of the Church*, p.63。

③ V. Flajšhans (ed.), *M. John Hus, Super IV Sententiarum*, p.610. 转引自 Matthew Spinka, *John Hus' Concept of the Church*, p.78。

　　总体来看,在胡斯早期的神学思想中,初现端倪的"异端"观点主要包括信奉"圣经至上论"、认为教会建立的基础是耶稣基督、相信忏悔礼中赦免罪过的不是神甫而是上帝、提出教皇可能犯错因而存在滥用最终裁定权的可能。虽然胡斯并未刻意讨论中世纪神学家通常关注的一些神学抽象问题,但是不可避免的是,胡斯遵循圣经和早期教父著述而形成的神学表述与当时天主教会的官方解释产生了分歧。同时,威克里夫宗教改革思想在波西米亚传播过程中引起的震荡不可能让胡斯置身事外。可以说,从 1403 年约翰·霍伯纳攻击威克里夫的四十五信条那一刻开始,胡斯已经处在"山雨欲来风满楼"的境地。作为教会眼中的"异端",他将面临多种力量合谋形成的挑战。

第三章　教权与王权:"异端"面临的挑战

诚如迈克尔·弗朗塞特(Michael Franssetto)在讨论中世纪近五百年间的主要异端分子后所下的结论所言,在整个中世纪,受圣经、圣徒的生活、博学神学家的论著、宗教改革运动以及上帝的启示,那些虔诚的基督徒力图过他们所理解的真正基督徒的生活。他们有的谴责神职人员的堕落和世俗,有的则为追随使徒式的生活而反对教会的权威。"中世纪的这些异端分子给我们展示了他们对于基督徒生活的独特理解,他们的出现既是对所处时代之变化的回应,也对未来的发展施加了影响。"① 以圣经和早期教父们的著述为判断的前提和依据,胡斯不仅对教会偏离使徒时代的种种世俗化的变化和堕落提出了严厉的批评,而且在教权王权等压力之下毫不退缩地坚持自己认定的真理。讨论胡斯面临的挑战,需要考虑宗教、政治、民族等多种因素。

第一节　胡斯与大主教的恩怨

1402 年,哈森伯克的兹贝涅克·扎伊茨(Zbyněk Zajíc of Hasenburk)出任布拉格大主教。此前,布拉格大主教区已经有过四任大主教。首任布拉格大主教是帕尔杜比采的欧内斯特,在其长达 20 年的任职期间试图推行教会革新,尤其以他在 1355 年颁布的法令最为重要,因为这一法令要求教区神甫在礼拜日等必须运用民族语言布道。② 同样著名的还有第三任大主教让斯特因的约翰,他从 1378 年开始担任这一圣职,后来和国王瓦茨拉夫四世产生激烈的矛盾,在 1396 年被迫辞职。继任者什克沃雷茨的欧布拉姆

---

① Michael Frassetto, *The Great Medieval Heretics: Five Centuries of Religious Dissent*, New York: Bluebridge, 2008, p.199.

② Herbert B. Workman, *The Dawn of the Reformation* (Vol. II: *The Age of Hus*), p.101.

(Olbram of Škvorec)是让斯特因的侄子,但在 1402 年 5 月去世。在愿意为大主教圣职付出 3300 格罗申并为两个前任大主教偿还 1480 格罗申债务的情况下,尼古拉斯·帕奇尼克(Nicholas Puchník)被教皇卜尼法斯九世任命为新的大主教,不过还没来得及收到教皇授予的大主教白羊毛披肩带,尼古拉斯就于 9 月 19 日去世。和尼古拉斯一样,时年 25 岁的兹贝涅克不仅愿意偿付大主教圣职所标价的 2800 格罗申,而且愿意偿还他的前任所拖欠的所有款项。中世纪后期教会的买卖圣职现象由此可见一斑。1402 年 11 月,兹贝涅克被教皇正式任命为布拉格大主教。①

作为哈森伯克男爵六个儿子中年龄最小者,兹贝涅克所受教育不多,遑论神学教育。但是,兹贝涅克的军事才华得到了国王的赏识,在 1401 年被任命负责波西米亚多个地区的防务。当来自迈森(Meissen)的士兵入侵波西米亚时,众多波西米亚贵族却在匈牙利国王西吉蒙德的领导下反叛瓦茨拉夫并将其监禁在维也纳,在这种情况下,兹贝涅克不仅依然忠于瓦茨拉夫,而且率领士兵反抗外来侵略。因此,当瓦茨拉夫 1403 年 11 月 11 日从维也纳逃脱监禁回到波西米亚后,他对兹贝涅克这位新任大主教充满了好感。②

一、"蜜月期"

事实上,胡斯与兹贝涅克的早期交往也充满了甜蜜。随着胡斯在 1400 年被按立为神甫、1401 年出任布拉格大学文学院院长、1402 年获任布拉格伯利恒小教堂的布道师,胡斯在波西米亚的声誉日隆。不难理解,当疏于神学训练的兹贝涅克于 1403 年 8 月正式履职布拉格大主教时,他视胡斯为关系亲密的重要顾问。

从以下事例可以一窥两人关系的蜜月期。比如,胡斯在 1408 年写给兹贝涅克的一封信中提到,早在履职之初兹贝涅克就规定,任何时候胡斯注意到了教会纪律松弛的现象,他都应该当面或书面报告给兹贝涅克。③ 再如,当瓦茨拉夫四世从维也纳逃脱并回到布拉格后,他曾让兹贝涅克负责审判一名参与叛乱的贵族沃斯特查德克的约翰·祖尔(John Zúl of Ostredek)。当祖尔被执行绞刑时,胡斯受邀担任祖尔临刑前的忏悔神甫。④ 再如,1405 年,兹贝涅克任命包括胡斯和斯坦尼斯拉夫在内的三人委员会,调查在威尔斯纳克(Wilsnack)发现的所谓圣血和由此引发的朝圣。威尔斯纳克是勃兰

---

① Matthew Spinka, *John Hus: A Biography*, p.61.
② Matthew Spinka, *John Hus: A Biography*, pp.61 - 62.
③ Matthew Spinka (trans.), *The Letters of John Hus*, No.7, p.22.
④ Matthew Spinka, *John Hus: A Biography*, pp.66 - 67.

登堡的一个小镇,早在1383年就被认为存在基督圣血并能带来神迹,因此吸引了来自波西米亚、匈牙利和欧洲其他地方的朝圣者。胡斯等人提交的报告显示,这只是当地教会神甫为弥补教会的亏空而设计的骗局。据此,兹贝涅克宣布,禁止波西米亚人前往该处朝圣。① 针对所有的基督圣血是否应该被圣化的激烈争论,胡斯专门写了论文《论所有圣化的基督圣血》(De omni sanguine Christ glorificato)为大主教的调查辩护。胡斯认为,基督复活时所有的血已被圣化,因此并无任何血遗留人世,那些在圣餐中存在的圣血也并非物质性的存在,而只是圣餐意义上的存在。因此,不管何人据称亲眼见到了圣血之存在,基督的信徒们不应该尊崇基督之血或头发。②

更重要的是,兹贝涅克邀请胡斯在大主教区宗教会议③两度布道。在1405年10月19日召开的宗教会议上,胡斯就《新约·马太福音》第22章37节的内容"你要尽心、尽性、尽意,爱主你的神"进行布道。胡斯强调,神职人员应该追求效仿耶稣基督的美德,而不是占有世俗的财物。如果神职人员能够承担他们应有的职责,他们就是教会最优秀的组成部分,否则他们将是教会最为糟糕的组成部分,是敌基督。对于那些犯有通奸行为的神职人员,胡斯认为应绝罚他们。对于包括教皇在内的教俗贵族,胡斯奉劝他们不要横征暴敛。胡斯也谴责修士的贪婪以及高级教士们奢华的生活以及西门主义者的行为。类似的布道在1407年10月的宗教会议上再次响起,略微不同的只是胡斯布道的主题来自《新约·以弗所书》第6章14节,即"所以要站稳了,用真理当作带子束腰,用公义当作护心镜遮胸"。④ 上述两例说明,胡斯的布道强调重建教会的伦理规范。

在很多人看来,胡斯充满激情的布道必将给他带来麻烦,但是出席宗教会议的兹贝涅克不以为然,而且发布法令宣布通奸的神甫为异端。⑤ 兹贝涅克甚至还推行了一系列教会的改革措施,比如禁止圣礼收费、谴责西门主义、批评教士们诸如下棋或公共场合喧哗作乐等失当行为、严厉斥责教士通奸或养妾等严重失范行为、反对前往迷信之地的朝圣,等等。⑥ 显然,此时的

---

① David Schley Schaff, *John Huss: His Life, Teachings and Death, After Five Hundred Years*, pp.64 – 65.

② Matthew Spinka, *John Hus: A Biography*, p.68.

③ 自从升为大主教区以来,布拉格大主教区一年举行两次宗教会议,一次是在6月15日(即圣维特日),另一次在10月18日(即圣路加日),参见 Pavel Soukup, *Jan Hus: The Life and Death of a Preacher*, p.53。

④ Matthew Spinka, *John Hus' Concept of the Church*, pp.60 – 62.

⑤ Matthew Spinka, *John Hus' Concept of the Church*, p.62.

⑥ Matthew Spinka, *John Hus: A Biography*, p.67.

兹贝涅克是支持教会改革派的。

二、走向决裂

由于威克里夫思想在波西米亚的传播和接受,胡斯和兹贝涅克不可避免地卷入由此引发的争端,两人的关系开始走向决裂。

如前所述,布拉格大学里的德意志教师约翰·霍伯纳于1403年首开攻击威克里夫学说的先河。他起诉威克里夫的四十五信条,导致布拉格大学投票判定四十五信条在神学上不可接受,其中有些信条属于异端,禁止信仰和讲授这些信条。四十五信条中引起最大争议的是前三条,即威克里夫信奉的"圣餐不变论"。

在波西米亚,攻击"圣餐不变论"首先针对的是兹诺伊莫的斯坦尼斯拉夫。作为胡斯的老师,也是当时改革派的领导人之一,斯坦尼斯拉夫约在1403年写就的《论基督圣体》(*De corpore Christi*)一文首先公开宣扬"圣餐不变论",得到了包括巴莱奇以及很多布拉格大学波西米亚老师们的支持。[①]由于"圣餐不变论"被宣布为异端,因此它成了反对派攻击改革派的撒手锏。大约在1405或1406年,首次出任伯利恒小教堂增设的布道师、克拉科大学教授约翰·斯蒂克纳在布拉格大主教法庭上起诉斯坦尼斯拉夫,认为其论文宣扬的"圣餐不变论"为异端,结果布拉格大主教任命的四人委员会认定起诉成立,要求斯坦尼斯拉夫出庭接受质证。不得已,斯坦尼斯拉夫宣称自己的这篇论文仅作为学术讨论之用,且是一篇未竟之作,并承诺修改时会在结论部分加上自己的观点。[②]尽管斯坦尼斯拉夫后来将其论文修改成了一篇正统的"圣餐变体论"论文,但1407年12月,受反对改革的高级教士派的指派,萨克森的神学学士鲁道夫·梅斯特曼(Ludolf Meisterman)赴罗马教廷指控斯坦尼斯拉夫坚持的"圣餐不变论"为异端,此举标志着改革派和高级教士派之间的矛盾进一步激化。在梅斯特曼启程赴罗马之前,他还从海德堡大学得到了推荐信,因为该大学试图以此巴结讨好大学所在地的统治者巴拉丁伯爵鲁佩特,对斯坦尼斯拉夫的异端起诉显然可以打击鲁佩特的竞争对手瓦茨拉夫国王。1408年4月20日,教皇格列高利十二世的判决谴责了威克里夫的教义以及斯坦尼斯拉夫的论文,并要求斯氏上缴论文并在两个月之内接受质证。[③]这为斯坦尼斯拉夫和巴莱奇最终远离改革派、投入

---

① Matthew Spinka, *John Hus: A Biography*, pp.64 – 65.

② Matthew Spinka, *John Hus: A Biography*, p.70.

③ Matthew Spinka, *John Hus: A Biography*, p.81.

反对阵营埋下了伏笔。

　　面对布拉格大学德意志教师对威克里夫学说的异端指控,兹贝涅克开始改变观点,并逐步远离改革派。当约翰·斯蒂克纳到布拉格大主教法庭上起诉"圣餐不变论"为异端时,兹贝涅克的立场松动初现端倪。在他任命的四人委员会判定异端起诉成立后,1406 年 6 月兹贝涅克发布法令,严格禁止信仰和传授威克里夫的错误教义,特别是"圣餐不变论",而且所有的布道坛上必须宣讲罗马教会官方认定的"圣餐变体论"。他甚至禁止提到"面饼"和"酒"等词。①

　　某种程度而言,马修·克宁(Matthew Knin)一案可视为兹贝涅克疏远改革派和胡斯的分水岭。1408 年 5 月,布拉格大学文学院年轻教师马修·克宁因称呼威克里夫为"福音博学之士"和信仰"圣餐不变论"受到起诉。在5 月 14 日审理克宁一案时,大学里的很多德意志教师来到教会法庭,兹贝涅克也亲自出席。负责审理此案的副大主教约翰·克贝尔(John Kbel)在没有任何证据的情况下,命令克宁放弃"圣餐不变论"教义。当克宁请求按照正常的法律程序来审判时,兹贝涅克支持了克贝尔的做法,对克宁说:"教士,不用多说,不用再争论了! 你要么发誓放弃你的教义,要么就待在这儿!"克宁最终妥协,兹贝涅克也接受了他的恳求,命令他在包括大学校长在内的一些大学教师面前,而非公开场合,声明放弃"圣餐不变论"。大学里的波西米亚教师们将此视为他们的失败,难免心存怨恨。5 月 24 日,60 名教师、多名学士和学生举行聚会,宣布任何人不得为威克里夫四十五信条中的异端和错误意义辩护,禁止学士拥有或宣讲威氏的《对话录》《三人对话录》和《论基督圣体》三本书。表面上看,这些措施是重压之下的退让,但实际上它们是变相的抗议,因为如果威克里夫四十五信条不被接受为异端,这就谈不上为其中含有的异端思想辩护,而禁止学士拥有或宣讲威克里夫的著作实际上是许可教师们这样的行为。所以,兹贝涅克对此并不满意。在 6 月举行的宗教会议上,他进一步命令上缴所有威克里夫的书籍,重申禁止"圣餐不变论"、禁止使用"面饼"一词,而且还宣布任何违反禁令者将被作为异端报告给大主教区法庭。兹贝涅克的这些做法引发了大学里波西米亚教师们的抗议。在确定 1409 年召开的辩论会参会人员时,他们故意选择了刚刚从大主教区监狱中释放出来的克宁,②这显然进一步刺激兹贝涅克与改革派疏远。

---

① František Palacký (ed.), *Documenta Mag. Johannis Hus*, p.335.
② Matthew Spinka, *John Hus: A Biography*, pp.83 - 84.

尽管胡斯从未信奉"圣餐不变论",但他也不同意兹贝涅克对"圣餐变体论"的解释,因此他并未遵守兹贝涅克 1406 年的法令,而且写了《论基督的圣体》(De corpore Christi)一文纠正兹贝涅克的错误。在这篇论文中,胡斯引用了耶稣、保罗以及其他早期教父的论述来证明他们使用过"面饼"一词(比如,在《新约·约翰福音》第 6 章中耶稣使用该词多达 11 次),该词的含义并非物质性的面饼,而是变体后的面饼。具体而言,祝圣后的面饼和酒已经转化为非物质性的基督的身体和血液,因此圣餐中它们不会被牙齿嚼成碎片,被撕开的只是我们眼睛所能见到的变体后的面饼,而不是隐形的、无法触摸的基督的身体。圣餐的"主体"不能被视力所见,只能由信仰感知,而"附带物质"则是以其自然的状态所呈现。[①] 在学者保罗·德·沃赫特看来,胡斯在该文中表述的观点恰好指出了天主教义有关圣餐的两个要点,即基督"主体"的真实显现以及面饼和酒的"附带物质"。[②]

兹贝涅克对胡斯的明显疏离体现在不再邀请胡斯担任 1408 年 6 月宗教会议的布道师。与此同时,另一起针对胡斯的学生的异端起诉促使两人之间进一步疏远。

受到起诉的学生名为维利莫维奇的尼古拉斯(Nicholas of Welemowicz,或俗称为 Abraham),本是圣灵教堂的神甫,结果被副大主教约翰·克贝尔传唤,罪名是据说他公开宣称"俗人应像神甫一样被允许布道"。[③] 胡斯出席了法庭的审判,并为尼古拉斯辩护。也许胡斯的辩护产生了一定的效果,尼古拉斯最终没有被判犯有异端罪,但是被驱逐出布拉格大主教区。随后不久(可能在 1408 年 7 月 6 日以后),胡斯致信兹贝涅克:

> 我时常提醒自己,在主教大人履职之初,您曾规定,如果任何时候我注意到了教会纪律松弛的现象,我都应该立即当面或书面向您报告。正是根据这样的规定,现在我不得不说,乱伦的和犯有罪行的人正逃脱严厉的惩罚。他们为所欲为,犹如未被驯服的公牛,犹如自由狂奔的野马。然而,那些谦卑的神甫拔除罪恶之刺,在您的教区内忠诚地履行着

---

① Matthias Flacius Illyricus (ed.), *Historia et Monumenta Joannis Hus et Hieronymi Pragensis, Confessorum Christi*, I, pp. 163 – 167.

② Paul De Vooght, *L'hérésie de Jean Huss* (2ᵉ édition, Tome I), p. 71.

③ E. H. Gillett, *The Life and Times of John Huss; or, the Bohemian Reformation of the Fifteenth Century* (vol. 1, 2nd edition), p. 132. 克贝尔指控尼古拉斯的依据可能是 1406 年布拉格宗教会议通过的一项决议,即任何布道必须得到大主教或者副大主教的同意,参见 Thomas A. Fudge, *The Magnificent Ride: The First Reformation in Hussite Bohemia*, p. 66。

他们的职责,远离贪婪,为了上帝而献身于福音的传播,现在却被作为异端投入监狱,被迫流亡。①

胡斯此信清楚无误地显示出他对于教会混淆是非的愤慨。自兹贝涅克于1403年出任大主教以来,可以想象,得到大主教信任和支持的胡斯一定不遗余力地向兹贝涅克指出教会的种种行为失范,但随着两人对待威克里夫学说的不同态度而产生分歧,上文所引的信件可能是胡斯与大主教最后一次坦诚的交流,也意味着两人的信任关系正渐行渐远。

三、库特纳山法令事件

1409年的比萨公会议所引出的效忠哪位教皇的难题,特别是库特纳山法令事件的爆发,最终导致了胡斯和兹贝涅克的彻底决裂,而胡斯坚决反对兹贝涅克执行教皇敕令终将自己推上了风口浪尖。

肇始于1378年的西方教会大分裂历经30年,到1408年依然没有结束的迹象。尽管时任罗马教皇格列高利十二世和阿维农教皇本笃十三世都表面同意会晤协商来结束教会大分裂,但事实证明两人无丝毫诚意,都不愿意放弃手中的权力,都拒绝了退位的方案。5月25日,法国首先宣布保持中立,即不承认两个教皇。6月,两个教廷中的绝大多数枢机主教集中开会,决定1409年3月25日在意大利比萨召开公会议,重新选举为所有国家承认的新教皇。

瓦茨拉夫四世意识到自己应该把握这一机会,在结束教会大分裂方面发挥作用。当然,一个重要的前提是波西米亚没有异端。因此,瓦茨拉夫要求兹贝涅克宣布在波西米亚不存在任何异端。在副大主教约翰·克贝尔的怂恿下,兹贝涅克不仅拒绝了瓦茨拉夫的这一要求,而且在众多教会神职人员的陪同下躲避到位于罗乌德尼采(Roudnice)的要塞内。瓦茨拉夫的盛怒可想而知。不过,兹贝涅克很快妥协,回到了布拉格。1408年7月17日,在匆忙召集的宗教会议上,兹贝涅克发布了瓦茨拉夫国王想要的声明,即他本人“通过负责属灵事务的神甫和教士们,已对布拉格的城市和教区进行了严格认真的检查,没有也未能发现任何异端或者错误”。②

法国国王查理六世也有意让瓦茨拉夫在结束教会大分裂方面发挥积极的作用。为此,查理六世派特别代表团于11月抵达布拉格,拟向瓦茨拉夫、

① Matthew Spinka (trans.), *The Letters of John Hus*, No.7, p.22.
② Matthew Spinka, *John Hus: A Biography*, pp.86-87.

兹贝涅克和布拉格大学通报法国的立场和计划。时值瓦茨拉夫在德意志王国访问，所以代表团在布拉格停留的时间长达3个月之久。在此期间，布拉格大学波西米亚教师们在一次宴会上和代表团发生的争论颇值得注意和讨论。争论的双方分别以斯特日布罗的亚库贝克（Jakoubek of Stříbro）和努维翁的雅各布（Jacob of Nouvion）为代表，争议的主题是“教士自愿守贫”。作为波西米亚教师的代表，亚库贝克认为，只有重返早期教会的做法，教会的改革才是可行的，因此教士必须守贫。亚库贝克的观点实际上沿袭了波西米亚宗教改革先驱耶诺的马修的观点，也得到了包括胡斯在内的改革派的支持。来自巴黎大学的神学家努维翁则认为，贫穷并非强制性要求，只是基督的建议而已。当波西米亚教师们引用圣经作为证据来支持“教士自愿守贫”时，努维翁转而提出教士们不一定要全部遵从基督的建议。于是双方的争论更趋激烈，争论的主题也发展为教会是否拥有权力对基督的教诲和要求弃之不顾。[1] 显然，双方争论的实质和根本分歧在于：基督的教诲和实践是基督徒生活的最高准则，还是教会的决定可以比基督的要求更具约束力。

如果说亚库贝克和努维翁的争论只是一起偶发事件的话，那么1409年举行的公开辩论会不仅充分暴露了布拉格大学里以波西米亚教师为代表的改革派与德意志教师的尖锐对立，而且预示了双方对于瓦茨拉夫国王决定不再效忠罗马教皇后产生的不同反应。

每年1月3日举行并持续数天的辩论会是布拉格大学重要的学术活动之一。辩论会的举行有严格的规定，比如半年前就确定会议的主持人以便开展周密的组织工作，所有参会者提前得到辩论的问题，所有的教师必须参加否则将会受到处罚等。辩论会的程序大致分为三个环节。首先，主持人做开场演讲并介绍他对主要论题的看法，随后参会者就此展开辩论，最后由主持人再次就他的主要观点展开答辩。接下来，所有参会者将获得机会陈述自己对主要论题的看法，提出自己的具体问题，主持人负责汇总参会者的具体观点并最终编成手册。当所有参会者发言完毕以后，主持人再次发表演讲并宣布辩论会结束。[2]

波西米亚教师与德意志教师的对峙早在确定1409年辩论会的主持人时就已经显现。依照惯例，如果任何人自告奋勇担任辩论会的主持人，大家都将接受他。不过，当马修·克宁自愿担任此职并最终当选后，德意志教师们显然不愿接受一个受过异端起诉的波西米亚教师，因此威胁抵制这次辩

---

① Matthew Spinka, *John Hus: A Biography*, pp. 90–91.

② Thomas A. Fudge, *Jan Hus: Religious Reform and Social Revolution in Bohemia*, p. 98.

论会。基于政治利益的考虑,瓦茨拉夫国王不希望波西米亚内部的争执给别人以口实,从而影响他谋求重新出任神圣罗马帝国皇帝,因此在其强势干预下,绝大部分德意志教师迫不得已放弃了抵制。

公开辩论会于 1 月 3 日如期举行。参会人数众多,盛况空前,不仅有大学的教师,还邀请了来自法国和布拉班特(Brabant,今分属荷兰和比利时)的代表团以及布拉格老城区的市政委员们。辩论的主题是"不变的至善(即上帝)是否是宇宙中个体的造物主"。[①]

不过,此次辩论会上最引人注目的是改革派代表布拉格的杰罗姆。前文业已提及,在威克里夫著作传入波西米亚的过程中,杰罗姆曾经发挥了重要的作用。他也是威克里夫唯实论的坚定支持者。杰罗姆具体生于何年不详,可能比胡斯年轻一到两岁。他的名字显示,他应该生于布拉格。继1398 年在布拉格大学获得文学学士以后,杰罗姆赴牛津大学留学两年,此后足迹遍及欧洲多个国家;1404—1406 年在巴黎;1406 年来到科隆、海德堡和布拉格;1410 年在匈牙利的布达和奥地利的维也纳大学;1413 年在波兰和立陶宛。杰罗姆先后获得巴黎大学、科隆大学、海德堡大学和布拉格大学的文学硕士。作为平信徒,杰罗姆却在多所大学因宣扬威克里夫的唯实论和饱受争议的神学观点被迫离开或受到起诉。[②]

杰罗姆在辩论会上发表了充满民族主义情绪的长篇演说。[③] 他抨击那些拒绝参加辩论会的德意志教师,将辩论会比喻为"博学的骑士们展示力量的锦标赛",因此这些人应该为他们没有勇气参加这一盛会感到羞愧。与此同时,他高度赞扬辩论会的主持人克宁,赞美他的勇敢和诚实,认为上帝之所以把克宁交到那些麻木不仁的、残暴的人手中(即克宁受到起诉),其实是以受苦受难的方式来检验克宁是否能始终保持对上帝的爱。显然,杰罗姆为克宁受审鸣不平。

杰罗姆甚至高唱爱国主义的赞歌。他在演讲中呼吁,"爱国应该高于一切,我们应该用语言和行动为我们的国家而战斗"。这一呼吁针对的是对波

---

① Thomas A. Fudge, *Jan Hus: Religious Reform and Social Revolution in Bohemia*, p.98.

② Thomas A. Fudge, *Jerome of Prague and the Foundations of the Hussite Movement*, pp. 75 - 140.此书是目前出版的以杰罗姆为专题研究对象的唯一一部英文专著。以英语撰写的专题论文方面,最有影响力的当属 R. R. 贝茨(R. R. Betts)撰写的"布拉格的杰罗姆"一文,参见 R. R. Betts, *Essays in Czech History*, London: The Athlone Press, 1969, pp. 195 - 235。

③ 本段及以下两段有关杰罗姆的辩论会发言,除了个别明确的标注,均引自 Thomas A. Fudge, *Jerome of Prague and the Foundations of the Hussite Movement*, Appendix 2, pp. 303 - 312。

西米亚存在异端的种种指责。他提醒大家,到目前为止,波西米亚从未有任何人因为异端罪被处火刑烧死,如果任何人宣称某个纯洁的波西米亚人曾经或现在是异端分子,那他一定在撒谎。因此,他敦促每一个热爱瓦茨拉夫国王和王国的人,齐心协力维护王国没有异端的名声。

更重要的是,杰罗姆满怀激情地为唯实论和威克里夫辩护。某种程度而言,这也可以视为杰罗姆民族主义情绪的宣泄——波西米亚教师接受的威克里夫思想,却成为德意志教师指控的异端,围绕威克里夫思想的争论掺杂了民族矛盾的因素。就唯实论哲学而言,杰罗姆宣称,上帝根据理想的模式创造出圆的地球,上帝存在于这个物质世界的万物之中,整个世界由神意的完美控制着,因此,任何否认这个基本的唯实论论点者,都是邪恶的异端。① 针对教会不准阅读威克里夫书籍的禁令,杰罗姆现身说法,鼓励学生们阅读威氏的著作:

> 我向大家承认,如同我阅读学习其他老师们的论著一样,我也阅读学习威克里夫的著作,且从中获益甚多。……既然威克里夫的著作中含有大量阐述透彻的神圣真理,我们何不阅读他的那些著作呢?……因此,我急切地敦促大家经常阅读并认真学习他的论述,特别是有关哲学方面的论述。……如果你在其中遇到任何有违信仰之处,请不要相信或坚持它,你应该顺从于信仰。

演讲的结尾出现了戏剧性的一幕。杰罗姆否认威克里夫在英格兰受到谴责,出示了牛津大学 1406 年 4 月 5 日的官方信函,证明威克里夫是无懈可击、符合天主教教义的博士,并宣称"我希望上帝准予我的灵魂与威克里夫在一起"。② 可以想象,杰罗姆对威克里夫的激情辩护再次强烈刺激了德意志教师的神经,也显示了布拉格大学里两个民族之间长期存在的裂痕。

1409 年 1 月,法国国王查理六世派出的特别代表团终于见到了瓦茨拉夫四世。他们希望国王能公开声明不再效忠于罗马教皇格列高利十二世,同时,他们承诺将支持瓦茨拉夫重新出任神圣罗马帝国皇帝。1400 年被废黜皇帝之位,巴拉丁伯爵鲁佩特取而代之,这让瓦茨拉夫蒙羞。此后英诺森七世(即格列高利十二世的前任教皇)和格列高利都承认选举鲁佩特为神圣

---

① Matthew Spinka, *John Hus: A Biography*, pp. 92 - 93.

② Thomas A. Fudge, *Jerome of Prague and the Foundations of the Hussite Movement*, p. 95.

罗马帝国皇帝是有效的，鲁佩特也一直效忠于格列高利，因此，从 1408 年年中开始瓦茨拉夫已经宣布波西米亚准备采取"中立"立场，即在新的教皇选举出来之前，格列高利十二世和本笃十三世必须退位。① 显然，法国代表团的承诺对于瓦茨拉夫是极具诱惑的，因此他准备接受法国代表团的提议。

让瓦茨拉夫没有想到的是，兹贝涅克和布拉格大学的德意志教师公开反对国王不再效忠罗马教皇的这一决定。学者 F. M. 巴尔托什认为，兹贝涅克之所以反对国王的决定，可能是因为战士出身的兹贝涅克具有强烈的忠诚意识，因而继续效忠于波西米亚长期以来效忠的罗马教皇是符合传统道德标准的。对于德意志教师来说，他们大部分人来自于巴拉丁伯爵鲁佩特所统治的地区，而布拉格大学校长博尔滕哈根的亨宁（Henning of Baltenhagen）也在 1408 年 11 月 26 日和 12 月 5 日两度召集布拉格大学教师开会，决定继续忠于格列高利教皇。②

盛怒之下的瓦茨拉夫传召布拉格大学派代表团到位于库特纳山的王廷开会。③ 按照每个民族团派出两名代表的原则，代表团由八名代表组成，其中波西米亚民族团的代表是两名保守的神学教授约翰·伊利亚舒夫（John Eliášuv）和布罗德的安德鲁（Andrew of Brod），胡斯不在此列。瓦茨拉夫要求代表团发表忠于他的声明，不出意料的是，波西米亚民族团表示了同意，但其他民族团予以拒绝。有鉴于此，1409 年 1 月 18 日，瓦茨拉夫发布了著名的库特纳山法令。根据这一法令，波西米亚民族团的投票权由以前的一票改变为三票，波西米亚人取得了对布拉格大学的控制权。④

在库特纳山法令事件中，胡斯发挥了决定性的作用。根据学者托马斯·A. 法吉的研究，这一法令是由胡斯、杰罗姆和叶塞尼采的约翰（John of Jesenice）等改革派秘密提出，由国王的王室顾问、库特纳山王室矿山管理人洛布科维采的米库拉什·伯哈缇（Mikuláš Bohatý of Lobkovice）公开推动。据说，库特纳山法令宣布之日，留在布拉格的胡斯正生重病，但当洛布科维采送给胡斯一份库特纳山法令后，胡斯万分高兴。胡斯还向随后来访的约翰·伊利亚舒夫和布罗德的安德鲁出示这份法令并表示，如果他不在人世的话，恳求他们捍卫国家和大学的权利和自由。此外，2 月 6 日，大学校长

① Matthew Spinka, *John Hus: A Biography*, p.89.
② Matthew Spinka, *John Hus: A Biography*, pp.94 - 95.
③ 库特纳山位于布拉格的东南方向，是中世纪中欧地区首屈一指的矿业中心，该地的银矿业是波西米亚重要的出口工业，参见 Thomas A. Fudge, *The Magnificent Ride: The First Reformation in Hussite Bohemia*, pp.20 - 21。
④ Thomas A. Fudge, *Jan Hus: Religious Reform and Social Revolution in Bohemia*, p.99.

亨宁正式向瓦茨拉夫呈递了抗议信,要求国王撤销库特纳山法令,同时也提出了妥协方案,即布拉格大学一分为二以让波西米亚和其他三个民族团各自独立管理。在召集包括胡斯和杰罗姆在内的波西米亚教师开会时,瓦茨拉夫意志出现松动,正是胡斯力劝国王坚持了这一法令。[①]

事实上,早在库特纳山法令事件发生之前,胡斯已经逐步成为了改革派的领导者。一方面,改革派的一些代表性人物纷纷去世,比如胡斯的老师、前布拉格大学校长利托米什尔的尼古拉斯死于 1403 年,胡斯的捐助人柯林的斯蒂芬和斯图皮诺的彼得(Peter of Stupno)死于 1407 年。另一方面,1408 年 10 月,曾经的改革派领导人斯坦尼斯拉夫以及巴莱奇接受教皇格列高利十二世的传唤到教廷受审,但在博洛尼亚被枢机主教巴尔达萨雷·科萨(Baldassarre Cossa,即后来的教皇约翰二十三世)逮捕和关押。[②]

表面上看,布拉格大学里波西米亚和德意志两个民族之间的对峙是因 1403 年德意志教师约翰·霍伯纳攻击威克里夫的四十五信条而起,但实质上这也是两个民族长期积怨和斗争的反映。因为库特纳山法令,波西米亚教师取得了这场民族斗争的最终胜利,而在其中扮演了关键角色的胡斯也由此被贴上了民族主义者的标签。对此,学者托马斯·A. 法吉评论道,"库特纳山法令为 1409 年以后胡斯及其追随者改革实践的政治方面定下了基调"。[③] 换言之,库特纳山法令展示了胡斯领导的改革运动所具有的社会意义,这种社会意义甚至会导向社会革命。

认为胡斯具有强烈的民族意识,史学家广为引用的证明材料是胡斯 1401 年的一次布道。这年,巴伐利亚和迈森的军队入侵波西米亚,迈森的军队甚至一度逼近布拉格并大肆烧杀劫掠。胡斯在布道中谴责了波西米亚贵族们的不予抵抗,并明确反对德意志人在布拉格和波西米亚的教俗事务中居于主导地位:

　　就这件事而言,波西米亚人比狗和蛇还糟糕! 一条狗都会保护它

① Thomas A. Fudge, *Jan Hus: Religious Reform and Social Revolution in Bohemia*, pp. 99 - 100; Albert Henry Wratislaw, *John Hus: The Commencement of Resistance to Papal Authority on the Part of the Inferior Clergy*, pp.115 - 118. 对于胡斯在力劝瓦茨拉夫坚持库特纳山法令所发挥的决定作用,瓦茨拉夫的外交代表约翰·纳兹(John Náz)博士在康斯坦茨公会议审判胡斯时有如下证词:"三个民族团的教师们觐见波西米亚国王时,我正陪侍在国王身旁。德意志民族团的教师们随后也觐见了国王,请求保留长期以来国王授予他们的权利。国王同意了他们的请求。后来,胡斯、杰罗姆以及其他人则劝说国王不宜同意。"参见 Matthew Spinka (ed. & trans.), *John Hus at the Council of Constance*, p.177。

② Matthew Spinka, *John Hus: A Biography*, pp.79,87.

③ Thomas A. Fudge, *Jan Hus: Religious Reform and Social Revolution in Bohemia*, pp. 102 - 103.

睡觉的草垫,如果另一条狗想要赶跑它,它会奋起反抗。蛇也大抵如此。但是,我们却放任德意志人压迫我们,让他们占据所有的公职,而我们居然毫无抱怨。……波西米亚人比狗和蛇还糟糕,因为他们不保护自己的国家,尽管这是正义的事业。我还要说,无论根据上帝之法还是自然的本能,波西米亚人应该成为波西米亚王国内公职的首选,就如同法国人和德意志人在他们自己的国家里一样。因此,波西米亚人应该管理自己的国家,德意志人也应如此。如果一个对德意志一无所知的波西米亚人成为了德意志的神甫,那究竟有何作用呢?这就像一只不会叫的狗,对于牧羊人而言只能是毫无用处了。因此,德意志人对于我们波西米亚人而言也是毫无用处的。[①]

胡斯并非仅仅停留在口头表达层面,他还付诸于实际行动。就在库特纳山法令事件爆发前不久,1408 年,胡斯、布拉格的杰罗姆和其他一些贵族一起给瓦茨拉夫四世建议,应该改变布拉格旧城区市政委员会的人员构成,如果不加以调整,它将导致捷克语言的消亡,不利于民族团结。当时的市政委员会由德意志人主导,有 16 名德意志市政委员和 2 名波西米亚市政委员。最终的结果是由波西米亚人主导,改组的市政委员会由 16 名波西米亚市政委员和 2 名德意志市政委员组成。[②]

布拉格大学是"德意志人压迫"的另一个例子。如前所述,波西米亚民族团在布拉格大学总计四票的投票权中仅仅拥有一票,这一制度设计是查理四世所创,其初衷只为增加布拉格大学对其他欧洲学生的吸引力。"很难说大学里的同乡会(即民族团,引者注)在多大程度上能帮助学生形成共同的身份和'民族主义'感悟,但是很明显,同胞之间的亲近感以及民族主义的高涨具有政治上的影响力。"[③]当布拉格大学里两个民族之间的矛盾斗争愈演愈烈,胡斯具有的"波西米亚人应该管理自己的国家"的民族意识最终发挥了"政治上的影响力",即促成瓦茨拉夫颁布库特纳山法令实现了波西米亚人对大学的控制。

---

① 拉丁原文参见 František Palacký(ed.), *Documenta Mag. Johannis Hus*, p.177。这则材料被多部论著引用,比如 Matthew Spinka, *John Hus: A Biography*, p.76; Herbert B. Workman, *The Dawn of the Reformation*(Vol. II: *The Age of Hus*), p.121; Francis hrabě Lützow, *The Life and Times of Master John Hus*, p.73; Thomas A. Fudge, *Jan Hus: Religious Reform and Social Revolution in Bohemia*, pp.95 - 96。

② František Šmahel & Ota Pavlíček(eds.), *A Companion to Jan Hus*, p.220.

③ [瑞士]瓦尔特·吕埃格主编、[比]里德—西蒙斯分册主编,张斌贤等译:《欧洲大学史》(第一卷:中世纪大学),第 311 页。

　　胡斯的民族意识还体现在推广民族语言的积极态度和发展民族语言文字的具体贡献上。胡斯后期（1412年）写作的《论摩西十诫》一文颇能反映出他对于捷克语之于波西米亚重要性的认识。从胡斯为此文编订的索引来看，涉及到捷克语及其运用的内容就包括"应该在波西米亚教授捷克语""应该在波西米亚的学校里教孩子们学习捷克语""德语已经让捷克语变得糟糕了"。在这篇文章中，胡斯呼吁王权应该介入，"确保捷克语不能消亡"。胡斯看重语言的纯正性，认为"波西米亚人娶了德意志妇女为妻，所生的孩子应该立刻学习捷克语，以防语言的混乱，语言的混乱将开启嫉妒、怒气、矛盾和冲突"，他甚至还略显极端地提出，"那些混杂使用捷克语和德语的布拉格居民和波西米亚人应该受到鞭刑"。[1]

　　胡斯对于发展民族语言文字也有诸多具体贡献。首先，胡斯支持运用捷克语布道并身体力行，特别是在出任伯利恒小教堂布道师期间，他运用捷克语进行了大量的布道并有布道词留存后世（详见第二章第二节）。其次，1406年胡斯修订并改进了捷克语的《新约》以及《旧约·传道书》《旧约·诗篇》《旧约·箴言》等内容。1413年末和1414年初，他对捷克语《圣经》第二版全文进行了修订。[2] 而且，胡斯还鼓励信众阅读翻译成民族语言的《圣经》，这充分体现在他1411年10月写给比尔森市（Plzeň）民众的一封信里。在信中，胡斯质疑当地的神甫禁止信众阅读捷克语或德语圣经的做法，认为任何人都可以阅读任何语言写成的圣经，就像马可福音用拉丁语写成、约翰福音用希腊语写成、马太福音用希伯来语写成而路加福音则用古叙利亚语写成一样。[3] 最后，胡斯还致力于改进和规范波西米亚书面文字。为了让捷克语成为更为实用的文学语言，为了指导大学老师的教学和抄写员的誊写，胡斯用拉丁语写作了《波西米亚正字法》（*Orthographia bohemica*）一书。在该书开篇所列的字母表中，胡斯采用拉丁语中没有的勾（如字母 ě、č）和点（如字母 ȧ）等变音符号来表示长元音或几个辅音的融合，这样每一个音节都可以由一个字母来表示。尽管注音者当时并未采纳胡斯的革新，但是胡斯的正字法及其规则后来得到广泛的运用并沿用至今，甚至还对其他采用拉丁字母的斯拉夫语言（比如波兰语等）产生了影响。[4]

---

[1]　František Šmahel & Ota Pavlíček (eds.), *A Companion to Jan Hus*, pp.186 - 191.

[2]　Matthew Spinka, *John Hus: A Biography*, pp.78 - 79.

[3]　Matthew Spinka (trans.), *The Letters of John Hus*, No.20, p.62.

[4]　Matthew Spinka, *John Hus: A Biography*, pp.75 - 76. 不过，托马斯·A. 法吉指出，不能完全确定《波西米亚正字法》就是胡斯所著，见 Thomas A. Fudge, *Jan Hus: Religious Reform and Social Revolution in Bohemia*, p.14.

　　需要注意的是,胡斯是一名爱国者,但他并非狭隘的民族主义者。比如,1409年,当着大主教兹贝涅克的面,布拉格的一些教区神甫指责胡斯在布道中挑起德意志人和波西米亚人不和,胡斯回应道,"上帝知道,善的德意志人和恶的波西米亚人之间,哪怕后者是我的兄弟,我都更爱前者。"①在《论摩西十诫》一文中,胡斯写道:"如果我认识一位道德高尚的外国人,不管他来自何方,只要他爱上帝,比我的兄弟更好地信善,我愿意爱他甚过爱我的兄弟。因此,在品行良好的英格兰神甫和品行不端的波西米亚神甫之间,我更爱前者;善的德意志人和恶的波西米亚人之间,我也更爱前者。"在《主日布道集》中,胡斯也有类似的表达。② 可见,民族身份并非胡斯最为看重者,而一个人的德行,更具体地说,一个人是否遵守上帝的律法,才是关键。

　　当然,还有其他因素促成瓦茨拉夫坚持颁发了库特纳山法令。一个因素是来自外部施加的压力。比如,瓦茨拉夫的对手、巴拉丁伯爵鲁佩特呼吁德意志教师们回到海德堡大学,迈森侯爵承诺为布拉格大学的萨克森教师和学生创办莱比锡大学,甚至教皇格列高利也命令德意志人离开布拉格大学。因此,德意志教师们发誓,如果库特纳山法令不撤销的话,他们将集体离开布拉格大学。③ 此外,改革派的代表人物叶塞尼采的约翰撰写的《为法令辩护》(*Defensio mandate*)一文也颇为重要。该文以瓦茨拉夫国王的名义,对布拉格大学校长2月6日递交的抗议信作出了回复。在此文中,叶塞尼采提出波西米亚国王有权对大学做出任何调整,谴责任何违背国王法令的人,波西米亚人应该有权享有国王授予的特权。具体而言,波西米亚民族团应该成为大学的统治者,这与教会法和民法中有关一个王国的居民应该比其外国居民拥有更高地位的规定是一致的。叶塞尼采还以查理四世创办布拉格大学是为了造福波西米亚人,来反驳德意志民族团拥有三票表决权是历史传统的说法,因此库特纳山法令正好体现了查理四世的初衷。④ 此文以布拉格大学的统治权争议为例,实质上论证了民族国家内王权的地位,因此被托马斯·A.法吉视为"胡斯派政治理论的典型代表"。⑤

　　除了递交抗议信以外,大学里的德意志教师也竭尽全力阻止库特纳山法令的实施,导致大学里文学学士学位考试、选举大学校长和系主任等工作

① František Palacký (ed.), *Documenta Mag. Johannis Hus*, p.168.
② Matthew Spinka, *John Hus: A Biography*, p.78.
③ Matthew Spinka, *John Hus: A Biography*, p.97.
④ František Palacký (ed.), *Documenta Mag. Johannis Hus*, pp.355-363; Francis hrabě Lützow, *The Life and Times of Master John Hus*, pp.107-109.
⑤ Thomas A. Fudge, *Jan Hus: Religious Reform and Social Revolution in Bohemia*, p.101.

无法开展。在这种情况下,瓦茨拉夫于 5 月 9 日召集大学所有教师开会,直接任命改革派的拉伯涅的兹德涅克(Zdeněk of Labouň)和季什诺夫的西蒙(Simon of Tišnov)分别出任大学夏季学期新校长和哲学系主任。由于原任校长亨宁拒绝交出印章、大学的学生名录等,最后只好采用强迫手段加以解决。大约 2000 余名德意志教师和学生由此离开了布拉格,其中绝大部分去了新成立的莱比锡大学。6 月 28 日,瓦茨拉夫颁布法令,宣布驱逐德意志人并免去他们的大学教授职位,空余的教职由波西米亚人担任。①

在法令颁布过程中扮演了关键角色的胡斯于 10 月 17 日被选为 1409—1410 年冬季学期的大学校长,这是库特纳山法令颁布以来运用新机制选举出的首任校长,胡斯的影响力和领导作用由此可见一斑,但是他将为此付出代价。其一,胡斯等人成为德意志人肆意诋毁的对象。库特纳山法令事件发生后,很快出现了所谓的"威克里夫派的弥撒"——"威克里夫是魔鬼之子……兹诺伊莫的斯坦尼斯拉夫生了约翰·胡斯,胡斯生了赫拉德茨的马克(Mark of Hradec),马克生了拉伯涅的兹德涅克,兹德涅克生了季什诺夫的西蒙,……克宁生了敌基督者杰罗姆,杰罗姆生了叶塞尼采的约翰……"——暗指威克里夫、胡斯、杰罗姆和叶塞尼采的约翰等人是可怕的异端,是布拉格大学的毁灭者。② 其二,如前所述,胡斯由此被贴上民族主义者的标签。1409 年胡斯遭到约翰·普罗季瓦多达 12 条罪状的起诉,其中就有胡斯挑起了波西米亚人和德意志人之间的对峙这一条。③ 在 1411 年 9 月 1 日致教皇约翰二十三世的信中,胡斯表示自己被对手们错误起诉,比如他们指责胡斯造成德意志教师被驱赶出布拉格大学。④ 其三,康斯坦茨公会议上胡斯为此遭到指控。在胡斯被捕后不久,两名当年被逐出布拉格大学的德意志代表就担任证人指控胡斯。在 1415 年 6 月 7 日为胡斯举行的第二次听证会上,胡斯被控造成布拉格大学教师之间关系的紧张以及破坏布拉格大学。⑤

在校长就职典礼上,胡斯极为谦逊,希望大学里每个成员都能帮助他完

---

① Albert Henry Wratislaw, *John Hus: The Commencement of Resistance to Papal Authority on the Part of the Inferior Clergy*, pp.119‒121.需要说明的是,离开布拉格大学的德意志教师和学生的人数说法不一,比如有的认为是 1500 人,参见 Matthew Spinka, *John Hus: A Biography*, p.99。

② Thomas A. Fudge, *Jan Hus: Religious Reform and Social Revolution in Bohemia*, p. 100.

③ Matthew Spinka, *John Hus: A Biography*, pp.100‒102.

④ Matthew Spinka (trans.), *The Letters of John Hus*, No.18, pp.54‒55.

⑤ Matthew Spinka (ed. & trans.), *John Hus at the Council of Constance*, pp.117‒118, 176.

成校长的使命,恳求大家为大学的自由而努力并忠诚于"德高望重的瓦茨拉夫国王"。担任校长期间,胡斯于1409年12月3日为查理四世的逝世纪念日(11月29日)举行弥撒并布道;完成并出版了他评述隆巴德《箴言四书》的讲座讲义;出版了新的大学公报,库特纳山法令是第一则条目;举荐了多名学生获得硕士学位;1410年1月19日就《新约·马太福音》第20章4节的内容"你们也进我的葡萄园去"在大学里布道,阐述他的三点教会观,其中第三点认为教皇和枢机主教们组成了教会,可见此时胡斯的教会观并未偏离官方正统的观点。① 特别值得一提的是,兹贝涅克禁止大学举行1410年1月的年度辩论会,胡斯却毫不退缩,决定如期举行,想以此证明德意志师生的离开并未击垮这所大学。当众人推选的斯蒂芬·巴莱奇和季什诺夫的西蒙拒绝担任辩论会主持人后,胡斯毅然自愿承担这一任务,亲自挑选威克里夫唯实论的一个论点作为辩论会的主要论题,确定54名年轻教师作为发言人。在辩论会的总结发言中,胡斯充满激情地盛赞布拉格的美丽和光荣,并鼓励大家"不要害怕对手们发出的杂音,他们只是采用不公正的诽谤讥讽来压制布拉格大学"。②

四、胡斯遭受绝罚

当库特纳山法令在布拉格掀起阵阵波澜之时,1409年3月25日比萨公会议如期举行。瓦茨拉夫国王派出了庞大的代表团,不过其首要任务是让公会议承认他为神圣罗马帝国皇帝。6月15日,公会议选举米兰大主教为新的教皇即亚历山大五世,但是公会议要求退位的罗马教皇格列高利十二世和阿维农教皇本笃十三世却拒绝退位,由此造成的三个教皇并存的局面显然加剧了教会大分裂。

很快,除了兹贝涅克和利托米什尔的约翰(John of Litomyšl)主教以外,整个波西米亚都宣布效忠于亚历山大五世。由于布拉格大学五名学生拒绝遵守兹贝涅克1408年6月要求上缴威克里夫书籍的命令,布拉格大学派赫拉德茨的马克作为学生的辩护人到比萨向亚历山大五世申诉,教皇的审计员威斯特豪因茨的亨利·克伦哈特(Henry Krumhart of Westerholz)为此展开调查,同时启动了调查兹贝涅克拒绝效忠亚历山大的法律程序。考虑到可能引发的严重后果,兹贝涅克不得不派两名教会法学家去比萨觐

① Matthew Spinka, *John Hus: A Biography*, pp.103–105; Pavel Soukup, *Jan Hus: The Life and Death of a Preacher*, pp.65–66.
② Matthew Spinka, *John Hus: A Biography*, pp.120–122.

见教皇,并于 1409 年 9 月 2 日宣布效忠于亚历山大。① 据说,当时布拉格城里一片庆祝之声,市政大厅里敲响了钟,教堂里唱起了赞美诗,许多建筑物前燃放了焰火,人们在市长的带领下走上街头游行。②

事实上,亨利·克伦哈特还要求兹贝涅克于 12 月 8 日亲自到教廷接受问询。但是,或许是兹贝涅克的外交使团送给教皇和教廷慷慨的礼物导致教皇的偏听偏信,亦或许是教皇出于反对教会改革的目的而希望得到兹贝涅克的支持,最终亚历山大对兹贝涅克的态度发生了根本转变。12 月 20日,亚历山大颁布"三面夹攻"的敕令以根除布拉格教区里的异端:一是命令兹贝涅克组织六人委员会审查威克里夫的异端书籍;二是授权兹贝涅克焚毁任何含有异端思想的书籍;三是除了大教堂、教区教堂和修道院教堂以外,禁止其他一切布道。③ 显然,敕令的前两条是针对威克里夫和改革派,而第三条主要是针对胡斯。不过,该敕令直到 1410 年 3 月 9 日才抵达布拉格。

根据教皇的敕令,兹贝涅克任命了由反对威克里夫的人士组成的六人委员会。担心委员会有可能做出烧毁威克里夫书籍的决定,布拉格大学校长约翰·辛德尔(John Šindel)组织很多大学教师表达抗议,但是,在 6 月 16日召开的宗教会议上,六人委员会最终确认威克里夫的 15 本书为异端,谴责其中的一些非神学著作,兹贝涅克则宣布了包括禁止信奉和讲授威克里夫异端思想、要求上缴所有威克里夫书籍在内的一系列决定。④

胡斯开始公开反对兹贝涅克处理威克里夫书籍的决定。首先,胡斯于6 月 21 日写作了《论异端书籍的阅读》(De libris hereticorum legendis)这篇短论文,在其开篇明确提出:"异端书籍是用来阅读的,而非焚毁的"。胡斯提出,为了解其中所写的内容,信众应该阅读异端性的书籍,而简单地一毁了之是说不过去的。要想和真正的异端作斗争或者驳斥异端,就应该了解他们思想的实质。就信仰展开辩论,目的并不在于引起分歧,而在于更正谬误和揭示基督信仰的真理。⑤

---

① Matthew Spinka, *John Hus: A Biography*, p.106.

② David Schley Schaff, *John Huss: His Life, Teachings and Death, After Five Hundred Years*, p.86.

③ Thomas A. Fudge, *Jan Hus: Religious Reform and Social Revolution in Bohemia*, p. 101.

④ Matthew Spinka, *John Hus: A Biography*, p.109.

⑤ Matthias Flacius Illyricus (ed.), *Historia et Monumenta Joannis Hus et Hieronymi Pragensis, Confessorum Christi*, I, pp.102 - 104; Thomas A. Fudge, *Jan Hus: Religious Reform and Social Revolution in Bohemia*, p.101.部分内容还可参考[英]吉尔·R.埃文斯著,李瑞萍译:《异端简史》,北京:北京大学出版社,2008 年版,前言第 6—7 页。

其次,在 6 月 22 日的布道中,胡斯谴责不准在小教堂布道的禁令,并表示将继续布道:

> 为了避免因为我的沉默,或者因为生存而抛弃真理,或者因为对人的害怕而让自己内疚,我公开承认,我愿誓死捍卫上帝赋予我的真理,尤其是来自圣经的真理。我知道,真理永在,永远有力,永不消褪,真理面前不存在对人的崇敬。[1]

此外,胡斯认为,亚历山大五世得到的是有关波西米亚宗教状况的错误信息,因此查禁威克里夫论著的判决是不公正的。胡斯表示将向教皇和教廷上诉。需要说明的是,教皇亚历山大已经于 5 月 3 日去世,5 月 17 日博洛尼亚大主教被选举为新的教皇,即约翰二十三世。

胡斯写给教皇约翰二十三世的上诉信标明的日期为 6 月 25 日。在此信中,胡斯主要表达的立场有:反对兹贝涅克要求上缴威克里夫著作的命令并指出威氏有关哲学和逻辑学等论著不可能含有异端,因此如果兹贝涅克提议烧毁这些书籍的话,那么包括亚里斯多德和隆巴德等在内的很多人的论述也应该被烧毁;认为教皇敕令到达布拉格后,兹贝涅克并未利用充分的时间来审查威氏这些涉及重要论题的著述就仓促宣判;认为兹贝涅克运用欺骗和奉承的方式获取了亚历山大的敕令,敕令中对波西米亚存在异端的指控是错误的,这也违背了大主教本人在 1408 年 7 月 17 日发表的波西米亚没有异端的声明,而且随着亚历山大的去世,根据习惯法,教皇的敕令失去了效力;认为伯利恒小教堂的建立得到了教廷、国王以及大主教的许可,初衷在于运用民族语言传播上帝之道,它并非"私人"之地,因此禁止在伯利恒小教堂布道是不公正的,等等。[2] 同一天,胡斯在伯利恒小教堂举行的圣事中宣读了上诉信。当胡斯说亚历山大命令兹贝涅克根除威克里夫在波西米亚种下的错误,很多波西米亚人所信仰的威克里夫信条违背了真理,听众大声呼喊:"他们撒谎! 他们撒谎!"胡斯继续说道:"我将对大主教的法令提起上诉。你们会支持我吗?"听众用捷克语齐呼:"我们会支持你!"胡斯鼓励

---

① E. H. Gillett, *The Life and Times of John Huss; or, the Bohemian Reformation of the Fifteenth Century* (vol. 1, 2nd edition), p. 152.

② Frantisek Palacky (ed.), *Documenta Mag. Johannis Hus*, pp. 387 – 396; E. H. Gillett, *The Life and Times of John Huss; or, the Bohemian Reformation of the Fifteenth Century* (vol. 1, 2nd edition), pp. 153 – 156; Matthew Spinka, *John Hus: A Biography*, pp. 110 – 111.

信众们绝不动摇，不要害怕绝罚的威胁。[①]

胡斯的上诉信彻底激怒了兹贝涅克。7 月 16 日，在一些神甫的见证下，兹贝涅克命令在大主教的庭院内闭门烧毁了大约 200 卷威克里夫的书籍。两天后，以胡斯质疑正统信仰为理由，兹贝涅克首次对胡斯施以绝罚。绝罚的对象还包括"向罗马提起毫无意义上诉的"七名老师和学生以及他们的支持者。这些人被称为正统信仰的反叛者和不忠者。[②]

烧书事件引发了大学师生和民众的抗议甚至暴力冲突。7 月底，布拉格大学文学院的五名成员（后变为六名）举行了持续近两周的公开辩论会，抗议兹贝涅克烧毁威克里夫的书籍。在会上，胡斯就威克里夫的论文《论三位一体》(De trinitate)首先发言，要求兹贝涅克任命的委员会指出威氏著作哪些内容属于异端，明确表示自己反对烧毁威氏书籍，并再次抗议禁止布道。其他发言者包括斯特日布罗的亚库贝克和季什诺夫的西蒙等人，前者为威克里夫的《对话录》辩护，认为哪怕付出生命的代价也要捍卫真理，而后者嘲讽兹贝涅克在波西米亚教师们早已不再效忠格列高利的情况下还执迷不悟地忠实于"错误的"教皇，并指责兹贝涅克通过欺骗的手段获得了亚历山大的敕令。布拉格大学的学生们甚至编了打油诗"兹贝涅克主教焚烧了书籍，却不知道书里写着什么"来嘲讽兹贝涅克。[③] 与此同时，布拉格市内的局势逐渐演变为暴力冲突。7 月 22 日，一群人冲进了圣维特大教堂，强迫神甫们终止弥撒，而六名手持利剑的人闯入圣斯蒂芬教堂，试图杀死出言反对胡斯的神甫。布拉格市内的官员则宣称，对小教堂布道的禁令和烧书已经在虔诚的天主教徒中引发了冲突和仇恨，甚至杀戮。[④]

正是在这个时期，胡斯开始被公开称为异端。

约在 8 月，胡斯二度上诉教皇约翰二十三世。教皇任命枢机主教科隆纳的奥托(Odo of Colonna，后在康斯坦茨公会议上被选为教皇，即马丁五

---

① David Schley Schaff, *John Huss: His Life, Teachings and Death, After Five Hundred Years*, p. 89.

② David Schley Schaff, *John Huss: His Life, Teachings and Death, After Five Hundred Years*, pp. 91 - 92. 需要说明的是，并非所有威克里夫的书都被烧毁，有一些人依然拒绝上缴，因此他们的书得以保存。彼时欧洲印刷术还未问世，但反对腐败教会和迫切了解威克里夫思想的热情，导致在很短的时间内大量威克里夫的违禁书就被秘密重新转抄，参见 E. H. Gillett, *The Life and Times of John Huss; or, the Bohemian Reformation of the Fifteenth Century* (vol. 1, 2nd edition), p. 158。

③ Herbert B. Workman, *The Dawn of the Reformation* (Vol. II: *The Age of Hus*), pp. 142 - 145; Matthew Spinka, *John Hus: A Biography*, pp. 112 - 113.

④ Thomas A. Fudge, *Jan Hus: Religious Reform and Social Revolution in Bohemia*, p. 102.

世)负责四人委员会对胡斯上诉的审理。委员会首先征求了当时著名的法学研究中心、博洛尼亚大学神学院的意见。神学院院长尤提诺的托马斯(Thomas of Utino)又向分别来自博洛尼亚大学、巴黎大学和牛津大学的三位神学家征求意见,因为碰巧后两位神学家此时正在博洛尼亚访问。神学家们给出的压倒性意见其实支持了胡斯在《论异端书籍的阅读》论文中的立场,即无论如何不应该烧毁威克里夫的书籍,因为那些有关逻辑学、哲学、伦理学和神学的书籍里充满了大量有用的论述。尽管如此,科隆纳在 8 月 25日宣布的最终判决完全支持了兹贝涅克所采取的一切做法,特别是确认了对胡斯施以绝罚,而且还传唤胡斯到教廷。传票在 9 月 20 日到达了布拉格,四天后,兹贝涅克宣布对胡斯施以加重的绝罚(aggravated excommunication)。①

面对传唤,胡斯并未亲自到教廷为自己申诉,而是派了三名代诉人远赴罗马。胡斯在 1413 年的一次布道中谈及他没有亲赴罗马的原因,其中主要包括:有可能遭受教廷的监禁,布拉格与罗马之间路途遥远,上帝的律法并未强迫他亲自到教廷接受传唤,教皇法庭不会遵循上帝的律法,远赴罗马意味着他将不能给信众布道,避免无谓地浪费钱财甚至丧失生命,等等。② 三名代诉人分别是坚定的改革派、著名律师叶塞尼采的约翰,布拉格大学教师赫拉德茨的马克,以及胡斯以前的学生斯托伊琴的尼古拉斯。胡斯的朋友为此筹集了资金,用以支付三名代诉人在教廷的生活费用以及教皇法庭律师等费用。大约 10 月初,他们启程去了意大利。叶塞尼采的主要目的在于让教廷宣告传唤胡斯是无效的,但种种努力均告失败。后来叶塞尼采和教廷的代诉人科斯的迈克(Michael de Causis)发生冲突并遭到后者的异端起诉,这导致了叶塞尼采在 1412 年 3 月之前一直被关押在意大利的监狱中,但此后他逃到了博洛尼亚,从事正规的法律学习并获得了学位。另一名代诉人赫拉德茨就科隆纳在胡斯案中不合常规的审判程序向教皇提起了上诉。不过,兹贝涅克的代表们对科隆纳甚至约翰二十三世等大肆贿赂,因此1411 年 2 月科隆纳以胡斯藐视法庭为由对他施与绝罚。③ 可见,当时的教

---

① Matthew Spinka, *John Hus: A Biography*, pp. 115 – 116; David Schley Schaff, *John Huss: His Life, Teachings and Death, After Five Hundred Years*, p.97.

② E.H. Gillett, *The Life and Times of John Huss; or, the Bohemian Reformation of the Fifteenth Century* (vol. 1, 2nd edition), pp.169 – 170; Matthew Spinka, *John Hus and the Czech Reform* (reprinted), pp.38 – 40,注释 62。另外,胡斯在 1411 年 9 月 1 日写给教皇约翰二十三世的信中也提到了没有亲赴罗马的部分原因,参见 Matthew Spinka (trans.), *The Letters of John Hus*, No.18, p.55。

③ Matthew Spinka, *John Hus: A Biography*, pp.118 – 120; Thomas A. Fudge, *Jan Hus: Religious Reform and Social Revolution in Bohemia*, p.130.

廷对胡斯判定的罪名还没有到异端罪这样严重的程度。

然而,此时的胡斯却不得不面临来自自己同胞的异端罪名起诉了。事实上,早在烧书事件发生之前,胡斯已经遭到反对改革派的两次起诉,只是罪名并非异端,两次起诉都不了了之。

第一次起诉发生在 1408 年 8 月或 9 月。起诉的主要内容有三条:其一,胡斯宣称神职人员对终傅礼、洗礼和葬礼等收费是西门主义者的行为;其二,胡斯提到 1407 年去世、曾在教皇法庭长期任职并拥有多份圣职的弗谢鲁比的彼得(Peter of Všeruby)时,说他不希望自己去世时拥有如此多的圣职,而且还说希望他的灵魂与威克里夫在一起;其三,胡斯过于严苛地批评行为不检点的教士,这违背了宗教会议禁止批评教会的规定。在写给兹贝涅克的长信中,胡斯引用圣经经文和教会法对这三条起诉展开了有力的驳斥。① 针对第一条起诉,胡斯充分论证了无论是像西门试图以金钱换取恩赐圣灵的权柄(参见《新约·使徒行传》第 8 章 18—20 节),还是像基哈西向大麻风病痊愈后的乃缦追索报酬(参见《旧约·列王纪下》第 5 章 21—27 节),那些在圣事之前或之后收取费用的神甫都是西门主义者。针对第二条起诉,胡斯认为是原告曲解了他的意思。胡斯表示,他并不否认弗谢鲁比的彼得是好的基督徒,他只是想引导神职人员远离获取多份圣职的贪婪欲望,"为抑制贪婪,我说我绝不愿意身兼多份圣职而死去,这么说有何不妥呢?"对于威克里夫,胡斯认为违背基督的律法来审判一个人是愚蠢和鲁莽的,对于圣经或上帝的启示并未谴责的人,我们也不应谴责,因此胡斯并不认为自己有关威克里夫的言论存在问题。针对第三条起诉,胡斯以基督、使徒等人对神职人员所犯之罪的批评为例,否认批评教士就是批评教会。

1409 年胡斯遭遇了第二次起诉,主要由伯利恒小教堂的首任布道师约翰·普罗季瓦发起。这也从一个侧面说明,此时的波西米亚地方教会内部已在发生分裂。在多达 12 条的罪状中,其中有两条涉及威克里夫:胡斯曾经称呼威克里夫为"正统的福音博学之士",并希望他的灵魂与威克里夫在一起(此罪状已在第一次起诉中出现,见上文);胡斯曾经说过"威克里夫将会影响到一些人"。其他的罪名包括:胡斯曾经说犯有不赦之罪或未得神恩的神甫不能祝圣圣体;胡斯在布道中煽动民众反对大主教和神职人员;胡斯宣称任何对圣礼收费的神甫都是异端;胡斯曾宣称任何人在上帝没有绝罚他时,教会不可能绝罚他;胡斯挑起了波西米亚人和德意志人之间的对峙,等等。②

---

① Matthew Spinka (trans.), *The Letters of John Hus*, No.8, pp.24–35.
② Matthew Spinka, *John Hus: A Biography*, pp.100–102.

从以上介绍可知,尽管个别罪名涉及威克里夫,但是针对胡斯的两次起诉并未将胡斯与威克里夫紧紧联系在一起。可是,针对胡斯的新一轮起诉中,胡斯的对手们采用的策略有所不同。1410年年底前,兹贝涅克从一些对胡斯持有敌意的布拉格神甫那里搜集到了证词。除了指责胡斯将德意志人从布拉格大学驱赶出去,以及起诉胡斯曾经说一个有罪的神甫祝圣过的圣餐是无效的,这些人以异端罪名起诉胡斯信仰"圣餐不变论",这是胡斯首次明确地遭到异端罪名的起诉。同时,兹贝涅克在罗马的代表们寻求到了罗马教廷代诉人科斯的迈克的支持。1411年3月,科斯根据在布拉格得到的证词起诉胡斯,建议宣布胡斯为异端,要么迫使他放弃异端信仰,要么将他转交世俗权力予以惩罚。①

除了两所教堂之外(胡斯的朋友普拉哈季采的克里斯琴担任神甫的圣迈克尔教堂是其中之一),科隆纳对胡斯的绝罚令于1411年3月15日在布拉格所有的教堂宣读。在给英格兰人理查德·威奇(Richard Wyche)的回信中,胡斯以巨兽(Behemoth,《圣经》中文和合本译为"河马")为隐喻,形象地描述了这一时期他的艰难处境:"现在巨兽的尾巴已经开始活动,主耶稣'伤他的头'还有待时日。我轻轻触摸他的头,他张开大嘴要将我和教友们一起吞下。现在,他发怒了。有时候,他满嘴谎言,谴责我为异端;有时候,他又摇尾乞怜。很快,他就四处煽风点火,在邻国的教区内激起人们对异端谴责的怒火。但在国内,他不敢骑在我头上撒欢。"②不过,胡斯对绝罚令不予理会,仍坚持布道。在一封给朋友的信中,胡斯写道:"我现在正经受考验。我被称为异端,被当做罪人和不忠诚者受到绝罚,但是,为了福音,我视它们为乐趣。……我愿意在布道中听从上帝的教导,而不是那些反对上帝之道的教皇、大主教或其他统治者。"③在此期间,布拉格市内的局势日趋紧张。胡斯的支持者和追随者也开始参与暴力性的抗议。一些神甫的住所被抢劫和焚烧。一些品行恶劣的神甫及其情人则被迫戴枷裸体示众,甚至被投入河中。④

① Matthew Spinka, *John Hus: A Biography*, pp.122-123.
② Matthew Spinka (trans.), *The Letters of John Hus*, No.15, p.47; Herbert B. Workman & Robert M. Pope (trans.), *The Letters of John Hus*, No.Ⅵ, p.37.理查德·威奇致胡斯信的日期为1410年9月8日,主要内容在于表达对于胡斯精神上的支持,这说明胡斯之事迹已在英格兰为人所耳闻。威奇致胡斯信的内容,详见 Matthew Spinka (trans.), *The Letters of John Hus*, Appendix 1, pp.213-215。
③ Matthew Spinka (trans.), *The Letters of John Hus*, No.17, pp.50-53.
④ Thomas A. Fudge, *Jan Hus: Religious Reform and Social Revolution in Bohemia*, p.102.

　　此时的瓦茨拉夫国王对教廷和大主教已是极度不满。首先,早在1410年9月12—16日期间,瓦茨拉夫国王、索菲亚王后、贵族、布拉格的议员们、布拉格大学都曾致信教皇和枢机主教团,希望撤销烧毁威克里夫书籍的判决并表达了对禁止在伯利恒小教堂布道的遗憾,但这些努力对科隆纳的判决没有产生任何影响。其次,面临来自王国内外愈演愈烈针对胡斯的异端起诉,瓦茨拉夫极其反感由此给波西米亚王国所带来的异端名声。因此,1411年4月28日,瓦茨拉夫发布命令,鉴于圣维特大教堂以及布拉格其他教堂的神甫们散布有关王国的谣言,决定停止给他们发放圣俸,并派官员以及布拉格三个城区的议员们执行此项命令。5月2日,兹贝涅克宣布绝罚执行国王命令者。5月6日,瓦茨拉夫骑马亲自来到赫拉德查尼城堡,召见大教堂的副执事和教士等人,并扣押了大教堂内的贵重财产。6月5日,瓦茨拉夫还发布严厉的法令,禁止教会法庭审理任何民事案件。6月20日,兹贝涅克则对布拉格和方圆两英里的范围宣布禁止举行圣事。①

　　因为胡斯,国王和大主教一时剑拔弩张,但双方都不愿意这种对峙的局面长期僵持下去。7月3日,在一些贵族和公证员的现场监督之下,兹贝涅克和布拉格大学签署了协议,双方同意瓦茨拉夫国王任命委员会来仲裁胡斯与兹贝涅克之间的争端。此后,瓦茨拉夫任命安提阿名誉主教瓦茨拉夫·克拉利克(Wenceslas Králík)、奥洛穆茨主教弗希塔的康拉德(Conrad of Vechta)等人组成六人仲裁委员会。7月6日,委员会给出了明显有利于胡斯的仲裁意见,主要内容有:呼吁兹贝涅克服从瓦茨拉夫国王的统治,取消对胡斯的绝罚以及禁止布拉格举行圣事的禁令,宣布波西米亚没有异端,请求教皇取消传唤胡斯亲自到教廷受审以及终止针对胡斯的审判程序,等等。与此同时,国王要恢复神职人员的圣俸、归还扣押的教会财产等。②

　　胡斯接受了委员会的调解,这体现在9月1日他分别写给教皇约翰二十三世和枢机主教团的信中。在写给教皇的信中,胡斯否认了所有对他的指控,提出正是基于错误的信息(比如波西米亚充斥着异端分子)教廷才启动了针对他的法律程序,质疑"伯利恒小教堂是个私人之地"的说法,希望教皇能够免除他亲自出庭受审以及相关的绝罚,并承认"我现在已经和兹贝涅

---

① Matthew Spinka, *John Hus: A Biography*, pp.124 - 125; Albert Henry Wratislaw, *John Hus: The Commencement of Resistance to Papal Authority on the Part of the Inferior Clergy*, pp.150 - 151.

② David Schley Schaff, *John Huss: His Life, Teachings and Death, After Five Hundred Years*, p.102; František Palacký (ed.), *Documenta Mag. Johannis Hus*, pp.437 - 440.

克大主教完全达成一致。"①在写给枢机主教团的信中,胡斯恳请主教们能帮助免除他亲自出庭受审以及解除绝罚,并表示愿意在布拉格大学、高级教士和公众面前公开解释他的信仰。②

尽管兹贝涅克在拟定写给教皇的信中宣布"经过仔细调查,我发现在波西米亚没有异端。我和胡斯以及布拉格大学之间的争端业已解决",这部分满足了 7 月 6 日仲裁委员会提出的要求,但是此信最终并未送达给教皇。③兹贝涅克一直谋求与瓦茨拉夫国王见面以修改仲裁意见中的条文,但没有成功。就在 9 月初仲裁委员会准备邀请双方会面寻求和解之时,兹贝涅克离开布拉格来到了利托米什尔(Litomyšl)主教区,在其主教约翰·泽莱兹尼(John Železný)、绰号"铁腕"约翰的鼓动之下,准备到匈牙利国王、新当选的神圣罗马帝国皇帝西吉蒙德处寻求帮助和避难。然而,来不及见到西吉蒙德,兹贝涅克于 9 月 28 日突然去世。④

第二节　赎罪券风波与王权干预

1411 年 10 月,空缺的布拉格大主教职位很快有了新的人选。据说不少于 24 名候选者参与了对这一职位的"竞价",出价最高的乌尼乔夫的阿尔比克博士(Albík of Uničov)最终得偿所愿。这种对圣职赤裸裸的标价买卖再次反映出 15 世纪天主教会已经与胡斯等人理想中的教会偏离得太远。据说阿尔比克送给了约翰二十三世贵重的礼物,因此 1413 年 1 月教皇批准了对于阿尔比克的任命。耐人寻味的是,阿尔比克博士原本是瓦茨拉夫国王的私人医生,也是布拉格大学医学院的教授,他根本就没有接受过正规的神学教育,而且是在当选大主教以后才被按立为神甫。阿尔比克能够出任大主教这一圣职,与瓦茨拉夫国王的大力支持密不可分,毕竟在众多竞争者之中就有国王的反对者利托米什尔主教"铁腕"约翰。⑤

兹贝涅克的去世和阿尔比克继任新的大主教并未平息波西米亚境内围

---

① Matthew Spinka (trans.), *The Letters of John Hus*, No.18, pp.54 - 56.

② Matthew Spinka (trans.), *The Letters of John Hus*, No.19, pp.57 - 58.值得注意的是,在此信中胡斯认为,造成他被起诉的主要原因是他(也包括布拉格大学的老师们)与兹贝涅克对待格列高利教皇的不同态度。胡斯似乎暗示兹贝涅克借机报复。结合烧书事件的整个过程来看,胡斯的这种认识并不准确。

③ Herbert B. Workman, *The Dawn of the Reformation* (Vol.II: *The Age of Hus*), p.154.

④ Matthew Spinka, *John Hus: A Biography*, pp.128 - 129.

⑤ Francis hrabě Lützow, *The Life and Times of Master John Hus*, pp.147 - 148.

绕胡斯而起的异端争议,1412 年发生的赎罪券风波更是将胡斯置于四面树敌的极为艰难的处境。

一、风波的由来

赎罪券(Indulgence)是天主教徒补赎自己的罪过、免除"暂罚"而采用的善功形式之一。天主教认为,教会有权决定在罪人完成一定的补赎活动后,可从功库中支取一些善功来为他赎罪。[①] 一般认为,赎罪券肇始于 11 世纪中叶,早期主要授予那些参与朝圣、十字军等极其困难甚至危险的"虔诚事工"的人,典型例子包括 1063 年教皇亚历山大二世(Alexander II, 1061—1073 年在任)为赴西班牙与信奉穆斯林的摩尔人作战的武士们授予的赎罪券。在很长一段时间内,是否有资格取得赎罪券取决于"虔诚事工"的性质,如同托马斯·阿奎那所说"他们获得的赎罪券是有效的,因为他们的所作所为是为了上帝的荣耀和教会的共同利益"。[②] 不过,如何界定"上帝的荣耀和教会的共同利益"是个见仁见智的问题,因此赎罪券的适用范围不免扩大到捐资修建教堂,甚至修建医院等社会福利事业。与此同时,要求教徒购买赎罪券也成为教会聚敛财富的手段之一。赎罪券的颁发往往由教皇、主教以文件的形式公之于众,少数情况下也有教皇授权的代表来行使这种权力。除了上述的个体方式,也有几名主教联合颁发赎罪券的集体方式,当然前者更为常见。

13 世纪之前,赎罪券只在波西米亚零星出现。有学者统计了 1420 年之前布拉格主教区和奥洛穆茨(Olomouc,位于摩拉维亚境内)主教区出现的总计 662 例赎罪券。1200 年之前只有 3 例,分别由教皇、布拉格主教和其他主教颁发。但是,13 世纪 40—60 年代,赎罪券开始出现明显的增加趋势,13 世纪 90 年代甚至达到了 60 例。进入 14 世纪,赎罪券在上半叶出现了明显的减少,不过从 14 世纪 70 年代开始再度增长,由于 1393 年在布拉格被宣布为恩典之年(Year of Grace),因此整个 14 世纪 90 年代的赎罪券达到了惊人的 113 例(其中教皇颁发的有 80 例)。[③]

具体来看教皇约翰二十三世于 1411 年颁发的赎罪券。起因是那不勒斯国王拉迪斯拉斯(Ladislas)依然效忠于比萨公会议罢黜的格列高利十二世,因此约翰二十三世发布了两封教皇敕令,鼓动包括波西米亚在内的多个

---

① 文庸、乐峰、王继武主编:《基督教词典》(修订版),第 461 页。

② R. N. Swanson (ed.), *Promissory Notes on the Treasury of Merits: Indulgences in Later Medieval Europe*, Leiden and Boston: Brill, 2006, pp. 12, 16 - 17.

③ R. N. Swanson (ed.), *Promissory Notes on the Treasury of Merits: Indulgences in Later Medieval Europe*, pp. 142 - 143.

图8 约翰二十三世

(图片来源:Francis hrabĕ Lützow, *The Life and Times of Master John Hus*,第96—97页之间的插图。)

国家的教徒们购买赎罪券以发动针对拉迪斯拉斯的十字军。显然,这一做法仍是西方教会大分裂诸多恶果的延续,其目的与信徒的赎罪毫无关系。

我们有必要较为详细地了解约翰二十三世。如前所述,1410年5月,时任博洛尼亚大主教的巴尔达萨雷·科萨被选举为新的教皇,号称约翰二十三世。巴尔达萨雷出生于那不勒斯一个并不富有的贵族家庭,他对刀剑与战场的喜欢远甚于修道院的祷告生活。在那不勒斯国王拉迪斯拉斯和安茹的路易斯(Louis of Anjou)争夺王位的战争中,据说巴尔达萨雷装备了一艘战船,率领一群海盗,过着昼伏夜出的生活。战争结束后,他决定将追求世俗权力和享受的野心转向教会。回到博洛尼亚之后,他进入博洛尼亚大学学习,以此作为进入教会的敲门砖。靠着钻营获得卜尼法斯九世的青睐,他很快被任命为博洛尼亚大主教区的总执事。后来,巴尔达萨雷来到罗马,因力促售卖赎罪券以及圣职买卖而使教会和他本人获利甚丰,在1402年成为枢机主教。不过,由于巴尔达萨雷阻止罗马教皇格列高利十二世的侄儿获得一份圣职,因此巴尔达萨雷与格列高利成了敌人。在比萨公会议上,巴尔达萨雷在罢黜格列高利和本笃、选举亚历山大五世的过程中发挥了重要的作用。据说,巴尔达萨雷促成年迈的亚历山大出任教皇是有预谋的,有人甚至怀疑是他毒死了亚历山大。[1]

那不勒斯国王拉迪斯拉斯先后被罗马教皇卜尼法斯九世、英诺森七世和格列高利十二世承认为那不勒斯合法的统治者,因此他一直效忠于罗马教皇,而安茹的路易斯则得到了阿维农教皇的支持。很自然的是,一直坚持效忠于格列高利十二世的拉迪斯拉斯遭到了比萨公会议后当选教皇亚历山大五世和约翰二十三世的反对。早在1409年11月1日的敕令中,亚历山大五世严厉谴责并绝罚了拉迪斯拉斯。更有甚者,拉迪斯拉斯还一度占据罗马,导致约翰二十三世只能暂居博洛尼亚。因此,在1411年9月9日和

① E.H. Gillett, *The Life and Times of John Huss; or, the Bohemian Reformation of the Fifteenth Century* (vol.1,2nd edition), pp.188-192.

12 月 2 日的两封敕令中,约翰二十三世宣称拉迪斯拉斯为受绝罚者、作伪证者、教会分裂支持者,强烈要求发动针对拉迪斯拉斯的十字军。任何为此捐钱或献身者,将得到只有十字军战士才能得到的赎罪券。[1]

1412 年 5 月 22 日,帕绍(Passau,位于巴伐利亚境内)执事瓦茨拉夫·迪安姆(Wenceslas Tiem)作为教皇售卖赎罪券的代表抵达布拉格。很快,三个牢固的巨大保险柜分别被安放在圣维特大教堂、泰恩教堂和圣詹姆斯教堂里,用作保管售卖赎罪券得来的大量钱财。此外,中间商也在乡村教区大肆兜售。对此过程,胡斯曾有如下的描述:"教皇的代表尽可能多地将全部教区、乡镇和城市分包给那些具有纳妾等不当行为的教士或者酒馆的常客,这些人于是利用赎罪券随意向民众揽财。"[2]

事实上,赎罪券对于胡斯而言并非新生事物。早在 1393 年,在布拉格市内的高堡,约翰·斯蒂克纳有关赎罪券的布道极具感染力,听完布道的胡斯将自己兜里仅剩的 4 个格罗申全给了告解神父。[3] 可见,那时的胡斯对赎罪券的买卖并不反感。

不过,以圣经为圭臬,胡斯发现了教会售卖赎罪券的不合理之处。1405年,胡斯首度受邀担任宗教会议的布道师,在其布道中指出,教会售卖赎罪券是民众变得贫穷的原因。[4] 1412 年赎罪券风波爆发前夕,胡斯是最早一批明确反对售卖赎罪券的人之一:5 月 22 日和 29 日,在伯利恒小教堂的布道中他两度表达了对赎罪券的反感;[5]6 月 7 日,在布拉格大学卡洛琳学舍举行的公开辩论会上,他对教皇发动十字军和售卖赎罪券展开了激烈的批评。

---

[1] David Schley Schaff, *John Huss: His Life, Teachings and Death, After Five Hundred Years*, pp.111 - 112.亚历山大五世敕令中具体的谴责内容可参见 E. H. Gillett, *The Life and Times of John Huss; or, the Bohemian Reformation of the Fifteenth Century* (vol.1, 2nd edition), pp.185 - 186。另外,约翰二十三世的敕令在法国、英格兰等一些国家以及维也纳大学并不受欢迎,详见 Matthew Spinka, *John Hus: A Biography*, p.133。

[2] Matthew Spinka, *John Hus: A Biography*, pp.133 - 134; Herbert B. Workman, *The Dawn of the Reformation* (Vol.II: The Age of Hus), p.159.

[3] Matthew Spinka, *John Hus: A Biography*, p.32; Paul De Vooght, *L'hérésie de Jean Huss* (2e édition, Tome I), p.47; Francis hrabě Lützow, *The Life and Times of Master John Hus*, p.71.需要注意的是,也有学者指出,尽管赎罪券在欧洲其他国家早已出现,但是 1393 年是赎罪券首次在波西米亚公开售卖,人们对此的回忆并不总是愉快的,这似乎说明波西米亚人从一开始就对赎罪券并非完全接受,参见 Francis hrabě Lützow, *The Life and Times of Master John Hus*, pp.149 - 150。

[4] František Šmahel & Ota Pavlíček (eds.), *A Companion to Jan Hus*, p.26.

[5] Pavel Soukup, Zdeněk V. David (trans.), Mařík Rvačka's Defense of Crusading Indulgences from 1412, Zdeněk V. David & David R. Holeton (eds.), *The Bohemian Reformation and Religious Practice* (vol.8), Prague: Filosofický časopis, 2011, p.86.

在介绍批评的具体内容之前,我们不应忽视胡斯在 3 月 3 日写作的《三个不确定》(*De tribus dubiis*)①一文。胡斯在此文中主要讨论了三个问题。对于第一个问题,即我们是否应该信仰教皇,胡斯的回答是否定的。他认为,我们可以相信教皇所说的话,相信某个人就是教皇,但是除了上帝之外再无他人可以让我们信仰。对于第二个问题,即向神甫的忏悔是否是得救的先决条件,胡斯的回答也是否定的。以《新约·路加福音》第 18 章 13 节中的税吏为例,他在殿外捶胸而言:"神啊,开恩可怜我这个罪人!"尽管税吏没有向神甫口头忏悔,但上帝宣布他是有义的。对于第三个问题,即淹死在红海中法老的军队(见《旧约·出埃及记》第 14 章)和所多玛城内被火所毁的居民(见《旧约·创世纪》第 19 章 24—25 节)是否会得救,胡斯给予了肯定的回答。引用基督之言"你们不要论断人,免得你们被论断"(见《新约·马太福音》第 7 章 1 节),胡斯认为,人的整个一生乃至临终之时皆有忏悔的机会,因此不应该断定一个人会永受谴责。② 归纳起来,胡斯对第一个问题的讨论实际涉及教皇的权威性和敕令的正义性问题,通过"相信"与"信仰"的区别,胡斯认定质疑教皇权威的可能性是存在的。第二个问题与赎罪券密切相关,因为如果向神甫忏悔是人得救的先决条件,那么这就实质上承认了神甫拥有赦罪的权力,因此通过购买赎罪券来寻求神甫甚至教皇的赦罪就是正义的。

胡斯《三个不确定》一文的观点遭到了摩拉维亚境内多拉尼(Dolany)一所加尔都西会修道院副院长斯蒂芬的攻击。为此,胡斯专门致信多拉尼的修道士们,为自己的观点辩护。针对有人污蔑他信仰了违背圣经的信条,胡斯请求他们不要轻信那些诽谤,"即使天使来到人世教导有违圣经的内容",他也不会相信。胡斯也希望斯蒂芬不要怀疑他的观点,并提醒后者,"你们不要论断人,免得你们被论断"。③

面对赎罪券买卖在整个波西米亚愈演愈烈,胡斯不再沉默。6 月初,胡斯在数所教堂和修道院的大门上贴上告示,宣布将于 6 月 7 日在布拉格大学就如下问题举行公开辩论:就上帝的荣耀、灵魂的得救和王国的福祉而言,如果基督的信徒支持教皇发起针对那不勒斯国王的十字军敕令,这是否

---

① 也有文献认为,此文是胡斯针对教皇敕令的相关疑点在伯利恒小教堂起草的法律文书,后由一名公证人制作成法律文件,"因为人们更习惯于相信这样的文件"。详见 Johann Loserth, M. J. Evans (trans), *Wiclif and Hus*, pp. 138 - 139; Herbert B. Workman, *The Dawn of the Reformation* (Vol. II: *The Age of Hus*), pp. 160 - 161。

② Matthew Spinka, *John Hus: A Biography*, pp. 146 - 147; David Schley Schaff, *John Huss: His Life, Teachings and Death, After Five Hundred Years*, pp. 114 - 115。

③ Matthew Spinka (trans.), *The Letters of John Hus*, No. 23, pp. 72 - 73。

遵循了上帝的律法。①

胡斯要求举行公开辩论会的提议遭到了以斯蒂芬·巴莱奇为代表的布拉格大学神学院的反对。身为神学院院长的巴莱奇派了两名教师面见布拉格大主教阿尔比克，要求撤销任何针对教皇敕令的辩论。胡斯为此被传唤到大主教宅邸，并见到了两名教皇的代表。当胡斯被问是否愿意遵守教皇命令时，胡斯利用"apostolic commands"所具有的双关含义（即既可指教皇命令，也可指使徒命令）给出了肯定的回答，教皇代表因此转向大主教，说"您看，大主教大人，他愿意遵守教皇的命令。"于是，胡斯说道：

> 大人们，你们误解我了。我说我愿全身心地遵守 apostolic commands，我是指基督的使徒们的教导。只要教皇的命令与使徒们的命令和教导一致，是在基督律法的统领之下，我就乐意顺从它。但是，如果我从中发现任何抵牾之处，我将拒绝遵守，哪怕你们将烧死我的火放在我面前。②

不过，在布拉格大学校长的亲自主持下，公开辩论会在卡洛琳学舍于6月7日如期举行。参加辩论会的人很多，甚至吸引了众多普通民众。胡斯的主要论题可概括为三个方面：赦罪、战争捐款、赎罪券的售卖方式。③ 就赦罪而言，胡斯认为，赦罪只是上帝独享的权力；无人拥有自己的权力或权威宣布赦免某个罪人所犯之罪，因此神甫只能在罪人悔罪、忏悔并决定永不犯罪的前提下，以圣礼的形式宣布上帝赦免罪人的所犯之罪；神甫绝不能授予赎罪券一定的有效期，也不能用赦罪来谋利；除非一个人得到了上帝的恩典，他没有能力得到赎罪券。就战争捐款而言，胡斯认为，教皇不应为了世俗统治权或目标而发动战争，因为胡斯将"请看，这里有两把刀"（《新约·路加福音》第 22 章 38 节）解释为教会拥有精神之剑而俗界则拥有世俗之剑，具体而言，教皇和神职人员的精神之剑只能是上帝之道和祈祷等；即使教皇拥有精神的权威，他也并非总是公正地拥有它，因此不可能遵守教皇的每一

---

① E. H. Gillett, *The Life and Times of John Huss; or, the Bohemian Reformation of the Fifteenth Century* (vol. 1, 2nd edition), p. 208.

② Thomas A. Fudge, *The Trial of Jan Hus: Medieval Heresy and Criminal Procedure*, New York: Oxford University Press, 2013, pp. 174 – 175.

③ 本段和下段所讨论的内容主要引自 Matthew Spinka, *John Hus: A Biography*, pp. 137 – 139; David Schley Schaff, *John Huss: His Life, Teachings and Death, After Five Hundred Years*, pp. 116 – 122; E. H. Gillett, *The Life and Times of John Huss; or, the Bohemian Reformation of the Fifteenth Century* (vol. 1, 2nd edition), pp. 208 – 211。

项法令；教皇约翰的敕令鼓动发起十字军，这可能导致生灵涂炭，显然有违上帝之爱；售卖赎罪券的敕令目的在于获取世俗的好处，因此该敕令就是聚敛钱财的工具。

当然，胡斯阐述的重点是赎罪券的售卖方式。首先，胡斯严厉批判随同教皇敕令下发的赦罪词（formula of absolution）。胡斯认为，该赦罪词否认上帝是白白地赦免罪人的罪过，购买赎罪券者必须支持或参加战争，这显然是附加了条件。更为渎神的是，赦罪居然是以教皇或者出售赎罪券者的名义。赦罪的前提条件之一是罪人必须悔罪，但教皇对此一无所知，因此没有权力赦罪。其次，以赦罪来做交换是违背圣经的，而教皇派代表来兜售赎罪券就是在以赦罪作交换，因此这是西门主义者的行为。罪的赦免无关金钱和价格，而教皇的敕令只字不提祈祷、斋戒等善功，满篇皆是金钱。同样荒谬的是，教皇的敕令中也只字不提所赦之罪的性质和程度，似乎唯一决定赦罪与否的只是人能否付得起购买赎罪券的价钱。众所周知，上帝不会赦免那些不知悔罪者，但是赎罪券的出现有可能打破这一神的公义，比如一个顽固不化的罪人因为购买了赎罪券而被教皇赦罪，而另一个一直过着公义的生活、只是犯有少许可饶恕罪过的人却因为没有购买赎罪券而最终坠入炼狱。可见，通过赎罪券这种荒谬的方式，教皇将自己置于基督之上。针对有人以教皇不会犯错来为赎罪券买卖辩护，胡斯指出，这一说法本身就是渎神的，因为只有上帝才会永不犯错。教皇不仅会犯错，而且有些教皇还可能是异端。因此，只有当教皇的法令符合基督的律法时，我们才应该遵从，当教皇的法令偏离基督的律法时，我们则应该忠实地与基督站在一起反对教皇的法令，必要时要忍受诅咒甚至面临死亡。

布拉格的杰罗姆随即发表了长篇讲话支持胡斯，并在发言结束时说："那些支持我们观点的人，请跟随我们吧。我和胡斯将去市议会，我们要当面大胆地告诉议员们，教皇敕令和赎罪券是罪恶的。"这一极富感染力的发言给现场的听众留下了深刻印象，那些骑士和市民打断了杰罗姆的演讲，高声呼喊："这个人说出了真理。让我们站在他这一边。"[1]群情激奋为布拉格后来的动荡局面埋下了伏笔。

此外，胡斯于6月11日致信波兰国王，请求他在波兰禁止赎罪券买卖

---

[1]　E. H. Gillett, *The Life and Times of John Huss; or, the Bohemian Reformation of the Fifteenth Century* (vol. 1, 2nd edition), p. 212. 布拉格大学随后举行第二次会议，大学校长敦促胡斯和杰罗姆关注发生暴乱的可能性。据说两人承诺不再反对赎罪券，但是史家对此并无定论。不管胡斯和杰罗姆有无这样的承诺，布拉格随后发生的示威并由此引发的三名年轻人被斩首却是布拉格暴力活动萌发的先兆，参见同书第213页。

这种西门主义者的异端行为。胡斯同时承认,这种异端行为已经广为毒害教俗人士,禁绝它绝非易事。①

　　胡斯对赎罪券和教皇敕令的公开批评激化了他与波西米亚地方神学界的矛盾,导致了他与布拉格大学神学院斯坦尼斯拉夫和巴莱奇等公开决裂。

　　前已述及,斯坦尼斯拉夫曾是胡斯的老师,也曾是波西米亚宗教改革运动的领导人,而巴莱奇曾是胡斯的同学、朋友,也曾坚定地为威克里夫辩护。但是,这两人在 1408 年 10 月受教廷传唤到罗马受审,途中被逮捕并关押在博洛尼亚近一年,经过多方努力才得以返回波西米亚。② 可能是牢狱之灾的磨难所致,斯坦尼斯拉夫和巴莱奇此后逐渐脱离了改革派阵营。比如,如前所述,1410 年 1 月布拉格大学举行一年一度的辩论会,巴莱奇被推举为主持人,但在布拉格大主教兹贝涅克禁止举行辩论会的压力下,巴莱奇拒绝担任主持人。③ 再如,胡斯 1410 年 6 月 25 日给教皇约翰二十三世写了上诉信,众多签名支持胡斯的教师中却没有斯坦尼斯拉夫和巴莱奇。④

　　为驳斥斯特日布罗的亚库贝克有关敌基督来临的言论,斯坦尼斯拉夫写作了《论敌基督》(De Antichristo)一文,这被视为他首次明确表示与胡斯和改革派的关系破裂。在 1412 年 1 月举行的布拉格大学年度辩论会上,亚库贝克引用波西米亚宗教改革先驱米利奇和耶诺的马修对敌基督降临的论述,断定教会大分裂导致了敌基督的来临,并暗示敌基督就是现任教皇约翰二十三世。斯坦尼斯拉夫的《论敌基督》对此进行了反驳,提出圣经的依据不适用于教皇,教皇并非基督的敌人,所预言的有关敌基督来临的征兆并未出现。⑤ 更重要的是,斯氏写于 1412 年的《论罗马教会》(Tractatus de Romana ecclesia)⑥清晰地表明他是一个教皇至上主义者,因此我们就不难理解他在教皇敕令和赎罪券上的立场了。在该文中,斯坦尼斯拉夫从多个方面为教皇和罗马教会辩护。首先,罗马教会从教义功能上代表着正义信仰之光,也是一个判定教义和教会事务的司法机关。其次,教皇是教会之头,枢机主教们是教会的躯体,他们拥有裁决教义等争端的至高无上的普遍

① Matthew Spinka (trans.), *The Letters of John Hus*, No.24, p.74.
② 胡斯在谋求释放两人的过程中也付出过努力。正是在胡斯的建议下,布拉格大学校长博尔滕哈根的亨宁于 1408 年 12 月 8 日致信比萨的枢机主教们,请求释放他们两人,见 Francis hrabě Lützow, *The Life and Times of Master John Hus*, p.100。
③ Matthew Spinka, *John Hus: A Biography*, pp.120 - 121.
④ David Schley Schaff, *John Huss: His Life, Teachings and Death, After Five Hundred Years*, p.89.
⑤ Matthew Spinka, *John Hus: A Biography*, pp.149 - 150.
⑥ 原文收录在 Jan Sedlik (ed.), *Hlídka*, Brno, 1911, pp.85 - 95. 本段以下内容参引自 Matthew Spinka, *John Hus' Concept of the Church*, pp.172 - 177。

权力。教皇和枢机主教团可能囿于个人的能力而犯错，但是罗马教会永不会犯错。另外，斯坦尼斯拉夫区分了两种教会，即人人熟知的由教皇和枢机主教团构成的教会，以及基督担任其奥体灵魂所统治的教会，而基督通过前者对他的教会施加统治。

胡斯与巴莱奇决裂的原委在他的《驳巴莱奇》(Contra Paletz)一文有清楚的陈述：

> 售卖赎罪券和对基督徒发动十字军让我和那位博士(即巴莱奇，引者注)分道扬镳。如果他愿意承认真理，那么他将记得，正是他亲手将赦罪词交给我，并宣布赦罪词里有明显的错误。至今我还保存着那份赦罪词作为证据。但是，他和另一位同事讨论之后，他最终倒向了另一个阵营。我最后对他所说的话是："巴莱奇是我友，真理亦是我友。若为真理故，朋友皆可抛"。从此，我们再无任何交流。①

"倒向另一个阵营"的巴莱奇此后成为定罪胡斯为异端的关键人物。不过，巴莱奇的《反驳胡斯》(Antihus)一文却认为两人决裂的原因并非赎罪券，而是胡斯不服从教皇以及上层教会、胡斯否认教会的最终裁定权以及胡斯对于教会和神职人员的诽谤。②

那么，胡斯与巴莱奇在赎罪券风波中的立场差异究竟体现在哪些方面？仅以上文提到的两人对赦罪词的不同理解就可见一斑。虽然巴莱奇并不否认赦罪词里有错误，但是他认为赦罪词中的错误是由那些赎罪券的兜售者所犯，而且赦罪词并未包含在教皇敕令中，因此教皇敕令依然是无可指责的。③ 由此可见，胡斯与巴莱奇的根本分歧体现在是否承认教皇拥有绝对权威。在巴莱奇试图阻止胡斯于1412年6月7日举行公开辩论会但失败后，他随即连出重拳攻击胡斯，双方的分歧逐渐趋于明晰。

首先，以布拉格大学神学院的名义，巴莱奇强烈谴责胡斯，意图敦促瓦茨拉夫国王对胡斯采取行动。巴莱奇谴责的主要内容可以概括为三点。第一，在1412年1月的布拉格大学年度辩论会上，胡斯宣称敌基督已经来临，教皇就是敌基督。巴莱奇的这一谴责显然是故意栽赃，因为这番言论并非胡斯所发，而是亚库贝克在辩论会上的发言。第二，巴莱奇指控胡斯违反国

---

① Herbert B. Workman, *The Dawn of the Reformation* (Vol. II: *The Age of Hus*), pp. 164–165; Matthew Spinka, *John Hus: A Biography*, p.135.

② Matthew Spinka, *John Hus' Concept of the Church*, p.246.

③ Matthew Spinka, *John Hus' Concept of the Church*, p.246.

王禁止批评教皇敕令和赎罪券的命令。第三，指控胡斯在公开场合（包括学校）诽谤神学院的成员，因此神学院禁止任何学士参加以后类似的集会。①

其次，为准备 7 月 10 日瓦茨拉夫国王召集对立双方在热布拉克城堡（Žebrák Castle）的会议，巴莱奇再次以神学院的名义，写作了名为《论荣耀》（Tractatus gloriosus）的论文。由于该文主要讨论教皇发动十字军敕令和赎罪券买卖，因此对于我们了解巴莱奇的立场十分重要。对于此文，胡斯迟至1413 年 6 月才在《驳八名博士》（Contra octo doctores）一文中予以逐条反驳。②

巴莱奇的论文主要内容有二，一是谴责并指控胡斯，二是为教皇辩护。具体而言，巴莱奇指责胡斯拒绝向神学院院长（即巴莱奇本人）呈交他对教皇有关赎罪券敕令的声明，谴责胡斯拒绝遵守教皇不得在小教堂布道的禁令甚至蔑视教廷，指控胡斯拒绝遵守教皇命令就等同于拒绝遵守使徒命令一样，起诉胡斯的"圣经至上论"并认为胡斯违反传统，起诉胡斯以韦尔多异端的方式随意解释圣经，等等。③ 胡斯对此进行了有力地反驳。胡斯认为自己并非蔑视教皇，而只是反对不准在伯利恒小教堂布道的命令，因为这显然是剥夺了民众听取上帝之道的权利。胡斯认为教皇命令不能等同于使徒命令，拒绝接受教皇发动十字军的敕令是福音书，指出该敕令在法国、英格兰和那不勒斯都曾遭到反对，否认自己曾愤怒地谴责敕令而只是警醒民众不要相信没有悔罪之心却依然能够获得赦罪。胡斯坚持圣经的最高权威，认为既然从圣经上无法找到发动十字军和赎罪券买卖的合法性，我们为什么要相信它们是使徒的命令？ 既然诸博士否认怀疑和审视教皇命令的必要性，那么现在我们可以听从教皇屠杀那不勒斯基督徒的命令，而当教皇命令杀死布拉格的犹太人时，我们是否也应听从？ 事实上，巴莱奇对胡斯"圣经至上论"违反传统的指责也根本站不住脚，因为胡斯的著述大量引用了包括奥古斯丁在内的早期教父们的教义。

再来看巴莱奇在《论荣耀》中为教皇所作的辩护。巴莱奇认为，既然基

① Matthew Spinka, *John Hus: A Biography*, p.151.
② 巴莱奇的论文收录在 Johann Loserth（ed.），Beiträge zur Geschichte der Husitischen Bewegung, IV, *Archiv für Oesterreichische Geschichte*（Vol.75），Wien, 1889, pp.333 - 339。胡斯的论文收录在 Matthias Flacius Illyricus（ed.），*Historia et Monumenta Joannis Hus et Hieronymi Pragensis, Confessorum Christi*，Norimberg, 1715, I, pp.366 - 407。本段及下段有关两篇论文的讨论参引自 Matthew Spinka, *John Hus' Concept of the Church*，pp.157 - 171。
③ 韦尔多（Waldensian）异端在 12 世纪下半叶兴起于法国里昂，主张对于圣经进行字面意义的解读，主张自由传教，后遭到教皇绝罚，参见 Malcolm Lambert, *Medieval Heresy: Popular Movements from the Gregorian Reform to the Reformation*（3rd edition），Oxford: Blackwell, 2002, pp.70 - 82。

督能赦免罪过，那么教皇作为基督的神甫也能赦罪。引用《新约·哥林多后书》第2章10节保罗对哥林多人所言："你们赦免谁，我也赦免谁"，以及《新约·约翰福音》第20章22—23节耶稣对门徒所言："你们受圣灵。你们赦免谁的罪，谁的罪就赦免了；你们留下谁的罪，谁的罪就留下了"，巴莱奇以此论证，既然保罗和其他门徒能够赦罪，那么教皇和主教也应拥有此权力。另外，为了保护教会、教廷、罗马城及周边教皇领地，教皇有权向信众获得金钱的支持。教皇还有权对无可救药者实施肉体惩罚甚至执行死刑。因此，号召信众起来反抗那些反对教皇和侵略教皇领地的人是正义的，为此事业寻求信众的金钱支持也是正义的，所以无人可以抗议教皇的敕令。

与此针锋相对的是，在《驳八名博士》一文中，胡斯再次阐明了他在教皇敕令和赎罪券问题上的鲜明立场。首先，胡斯认为赦罪可分为三个层次：真正的赦罪只属于上帝，次要的赦罪已经由兼具神性和人性的基督完成，第三个层次是属于神甫的。因此，教皇和任何人都没有权力赦免所有的罪行，比如教皇就无权赦免该诅咒之人和不知悔改者的罪行。同时，教皇并非运用自己的权力来赦免人的罪过，换言之，教皇的赦罪只具有圣礼的性质。基于赦罪三个层次的界定，显然基督的赦罪与教皇和神甫的赦罪具有本质的不同，胡斯进而明确指出："教皇、主教和其他神职人员并不是通过洗礼、布道或祈祷的方式来赦免罪人之罪，而是在他们的官邸内为了金钱来捆绑或释放人。"此外，胡斯还指出，教皇的最终裁定权既是权力，也是一种辨别力。试想教皇不知《摩西十诫》或信仰为何物，他怎么可能辨明悔罪者的违法行为从而决定是否赦罪。至于教皇发动十字军是否正义，胡斯认为，"正义的战争"必须满足正当的理由、合法的授权（即必要性和达成和平的手段）以及正确的意图。以此来衡量，教皇发动十字军是违背了爱而犯罪，这属于不正当的理由，他也没有神的授权，最后一点，他命令整个教会谴责那不勒斯国王并要求根除他的敌人，这属于不正当的意图。概言之，教皇发动十字军战争是不正义的。

二、风波中的王权干预

瓦茨拉夫国王对于赎罪券所持的立场很大程度影响着赎罪券风波的最终走向。对于赎罪券及其售卖，瓦茨拉夫国王以前支持过，而且从中获利。1393年，在瓦茨拉夫国王的推动下，教皇卜尼法斯九世宣布该年为波西米亚的恩典之年，同时颁发赎罪券，给那些无法前往罗马朝圣的人得到补赎的机会。在这一过程中，售卖赎罪券的部分收入落入了瓦茨拉夫国王之手，这导致了国王与反对售卖赎罪券的时任布拉格大主教产生了激烈的冲突。[1]

因此,不难理解,当约翰二十三世发布有关赎罪券的敕令后,瓦茨拉夫不但对售卖赎罪券继续持有支持的态度,而且给波兰国王写信劝说后者也采取支持的态度,尽管这一敕令引起了不少国家教俗官员的反对,比如奥地利阿尔布雷希特公爵(Duke Albrecht)就不允许售卖赎罪券。[2] 但是,在教皇售卖赎罪券的代表抵达布拉格后的近两个月时间内,瓦茨拉夫国王的支持立场并未公之于众,也没有任何官方公告宣布国王同意在布拉格售卖赎罪券。不过,鉴于布拉格民众采取的公开抵制行动,以及由此造成的紧张局势,瓦茨拉夫最终公开了他对于赎罪券及其售卖的支持。

与国王的支持态度形成对照的是,民众对于赎罪券和教皇敕令反应激烈。如前所述,由于胡斯和布拉格的杰罗姆在 6 月 7 日举行的辩论会上批评赎罪券买卖和教皇敕令,他们雄辩的发言极大地感染了听众,加之生性冲动的杰罗姆公开谴责赎罪券并直言赎罪券毫无价值、不值得相信,因此售卖赎罪券的收入开始锐减,同时公众对赎罪券买卖的反感骤升,反对教会的行动开始出现。6 月 20 日,放置在圣维特大教堂圣坛后面的保险箱里出现了含有抗议内容的小册子,它称呼赎罪券兜售者和辩护者为魔鬼和拜金主义者,并宣称说出真理的胡斯远比教会里那些骗人的高级神职人员值得信赖。[3] 布拉格民众开始举行示威游行,人们喊道:"与其听从那些骗人的通奸者和买卖圣职者,还不如服从诚实的胡斯教士。"[4]甚至瓦茨拉夫国王的宠臣、王室侍卫总管瓦尔德锡登的沃克萨(Voksa of Valdštejn)也持支持民众的态度。大约在 6 月 24 日,沃克萨组织了一次化装游行,一名学生(也有说两名学生)打扮成妓女,袒露的胸前挂着仿制的教皇敕令,一边模仿赎罪券兜售者蛊惑人心的演讲,一边给围观者发放赎罪券。到达新城区广场后,游行的民众将那些仿制的教皇敕令付之一炬。[5]

---

[1]　R. N. Swanson (ed.), *Promissory Notes on the Treasury of Merits: Indulgences in Later Medieval Europe*, p. 121.

[2]　R. N. Swanson (ed.), *Promissory Notes on the Treasury of Merits: Indulgences in Later Medieval Europe*, p. 126.

[3]　Albert Henry Wratislaw, *John Hus: The Commencement of Resistance to Papal Authority on the Part of the Inferior Clergy*, p. 169.

[4]　Johann Loserth, M. J. Evans (trans), *Wiclif and Hus*, p. 142.

[5]　Herbert B. Workman, *The Dawn of the Reformation* (Vol. II: *The Age of Hus*), p. 168; E. H. Gillett, *The Life and Times of John Huss; or, the Bohemian Reformation of the Fifteenth Century* (vol. 1, 2nd edition), pp. 213 – 214; Matthew Spinka, *John Hus: A Biography*, p. 152. 不过,也有文献认为,活动的组织者是布拉格的杰罗姆,沃克(转下页)

面对公开对抗教皇敕令的行为,瓦茨拉夫国王发布严厉的命令:任何人均不得反对赎罪券或者唱贬低它的歌曲。① 不过民众的抗议却不断升级,最终名为马丁、约翰和斯塔舍克(Stašek)的三名年轻人在 7 月 11 日为此献出了生命。据说,马丁在教堂里大呼教皇就是敌基督,因为教皇发动了针对基督徒的十字军;约翰将一名赎罪券售卖者扔出了修女院;来自波兰的制鞋匠斯塔舍克则在教堂里直斥神甫对赎罪券的辩护是在撒谎。② 因此,三名年轻人被逮捕并关押在老城区市政大厅。7 月 11 日,市政委员们通知市民们到广场上观看三名年轻人如何受到惩处。得到消息的胡斯在许多师生的陪同下急忙赶到市政大厅,请求市政委员们不要处死三名年轻人,并说自己实为赎罪券的主要抗议者,如果他们受到惩处的话,那么他就更应受到惩处。市政委员们对胡斯的请求虚与委蛇,表面答应将会仁慈地处理这三名年轻人,等胡斯和聚集的民众刚一散去,就下令刽子手砍下了三人的脑袋。听到这一惊人的消息后,大量民众重新聚集起来,冲进藏匿三名年轻人尸体的地下室,然后抬着装有他们尸体的棺材举行了声势浩大的游行,一路唱着"他们是圣徒"来到伯利恒小教堂,最终将他们安葬在那里,胡斯为葬礼主持了弥撒。人们认为,这三名年轻人是为宗教改革事业献身的圣徒。③

接下来的几天里,愤怒的民众包围了市政大厅并要求惩罚市政委员们,结果很多民众被逮捕和关押,这进一步刺激了民众的情绪,导致布拉格市内发生骚乱。需要指出的是,胡斯反对以暴制暴的方式。三名年轻人被处死后,胡斯提醒悲伤的民众要谨慎使用针对敌人的暴力手段,应由上帝来处理那些邪恶之人毫无悔意的残酷行为。④ 为避免引起信众的愤慨,最初胡斯没有在布道中谈论这一事件,但是,两周后胡斯赞扬了三名年轻人维护真理的勇气,鼓励信众效仿他们。⑤ 显然,胡斯并非鼓动民众奋起反抗,而是激励大家要勇于坚持真理,勇于驳斥赎罪券这类的谬误。迫于民众对赎罪券的反

(接上页)萨所起的作用是派人保护活动参与者,参见 Pavel Soukup, *Jan Hus: The Life and Death of a Preacher*, pp.86 - 87。

① Matthew Spinka, *John Hus: A Biography*, p.152.

② David Schley Schaff, *John Huss: His Life, Teachings and Death, After Five Hundred Years*, p.124; E. H. Gillett, *The Life and Times of John Huss; or, the Bohemian Reformation of the Fifteenth Century* (vol.1, 2nd edition), pp.214 - 215.

③ E. H. Gillett, *The Life and Times of John Huss; or, the Bohemian Reformation of the Fifteenth Century* (vol. 1, 2nd edition), pp. 215 - 218; Matthew Spinka, *John Hus: A Biography*, pp.154 - 155.

④ E.H. Gillett, *The Life and Times of John Huss; or, the Bohemian Reformation of the Fifteenth Century* (vol.1, 2nd edition), p.218.

⑤ Matthew Spinka, *John Hus: A Biography*, p.155.

感和抗议,也为了调和改革派与反对派之间因教皇敕令和赎罪券买卖而产生的矛盾,瓦茨拉夫国王在 7 月 10 日和 16 日两度召集会议。在 7 月 10 日的热布拉克城堡会议上,斯坦尼斯拉夫、巴莱奇与胡斯为代表的改革派正式决裂。更重要的是,在国王两度召集的会议上,巴莱奇等人重新翻出了威克里夫四十五信条争端的旧账,再次启动并助推了胡斯被控异端的进程。

首先来看 7 月 10 日在热布拉克城堡召开的会议。早在开会之前,巴莱奇要求查看胡斯和斯特日布罗的亚库贝克在 1412 年 1 月辩论会上有关赎罪券的书面发言材料。亚库贝克提交了由公证人公证过的书面发言材料,但是胡斯以发言已经在公开场合发表为由拒绝了巴莱奇的这一要求,这就给了巴莱奇攻击胡斯不服从学术领导的口实。对此,胡斯明确表示,他愿意写下书面发言材料,甚至面对火刑都愿意为他的观点辩护,不过,神学院的博士们必须明确承诺,一旦他们未能从材料中发现任何错误或异端,他们将接受"败诉同罚",即受到胡斯被判决有罪后同样的处罚。博士们对胡斯的这一要求感到非常惊讶,经过商议,同意选派一名代表接受胡斯的挑战。但胡斯表示,既然每一个博士都指控他,他们就必须共同承担责任。[①]

负责这次会议的王室委员会没有胡斯在宫廷里的朋友,相反倒有他的两名反对者,即约翰·伊利亚舒夫和布罗德的安德鲁。早在斯坦尼斯拉夫和巴莱奇还是改革派领导者的时候,这两人就强烈谴责威克里夫。正是在这样的环境下,斯坦尼斯拉夫和巴莱奇正式和改革派彻底决裂。明显的标志是,他们和所有神学院的代表一起,不仅再次谴责威克里夫的四十五信条(认定其中 7 条为异端),而且还谴责了另外的 7 条信条。王室委员会最终接受了神学院的决议,并宣布瓦茨拉夫国王也同意这些决议。[②]

新增加的 7 条信条虽是谴责威克里夫,但实质指向了正在布拉格发生的赎罪券风波。在此有必要介绍它们的具体内容。第一条,对圣餐和教会最终裁定权的理解有别于罗马教会者应被视为异端。第二条,以圣经等的解释为依据而宣称敌基督已经降临,这是一个明显的错误。第三条,以圣经并未包含这样的内容为理由而宣称不应该遵守神圣博士们的决议和值得赞扬的教会传统,这是错误的。第四条,认为基督的信众们无需崇拜圣徒遗迹、遗骨和圣衣,这是错误的。第五条,宣称神甫在忏悔礼中并未赦罪,而只是对忏悔者宣布赦罪,这是错误的。第六条,宣称教皇不能号召基督的信众

---

① 这一细节出自 *Contra octo doctores*,Matthias Flacius Illyricus(ed.),*Historia et Monumenta Joannis Hus et Hieronymi Pragensis, Confessorum Christi*,Norimberg,1715,I,p.366。转引自 Matthew Spinka,*John Hus: A Biography*,pp.152 – 153。

② Matthew Spinka,*John Hus: A Biography*,p.153.

为保卫教廷、罗马教会的地位和罗马城而提供世俗的帮助,宣称教皇不能为诚心悔罪者赦罪,这些都是错误的。第七条,必须确认的是,我们的国王和地方行政官发布的禁止任何人反对赎罪券和教皇敕令的命令是正当的、合理的和神圣的。①

再来看 7 月 16 日在旧城区市政大厅召开的会议。这次会议由安提阿名誉主教瓦茨拉夫·克拉利克和奥洛穆茨主教弗希塔的康拉德共同主持,两人曾经在 1410 年受瓦茨拉夫国王之邀担任六人委员会成员仲裁胡斯与兹贝涅克的矛盾。会议的参加者来自布拉格大学和教会,大学校长赫拉德茨的马克亲自带队,神学院除一名成员外全部参加,但是胡斯没有出席。②

在会上,宗教裁判官涅泽罗的尼古拉斯(Nicholas of Nezero)主教宣布,鉴于大量有关异端的谣言给波西米亚带来的恶劣名声以及热布拉克会议后颁布的命令,任何胆敢为威克里夫辩护或者攻击赎罪券者将被驱逐出国境,禁止大学举行任何有关威克里夫的辩论,并要求所有与会者必须同意以上决定。③ 在如何看待威克里夫这个"老调重弹"的议题上,布拉格大学内部再次出现了明显的分裂,只不过这次的分裂并非横亘于德意志教师与波西米亚教师之间:神学院成员一致同意尼古拉斯主教的要求,包括大学文学院院长在内的绝大部分大学教师不敢反对尼古拉斯的要求,而反对的声音主要来自大学校长赫拉德茨的马克。

首先,马克大胆直言,四十五信条中有一些信条可以不按照神学院指定的方式来理解,因而是可以被接受的,他只是反对那些不能被接受的信条。其次,在会议结束前,马克请求所有大学的成员在查理学舍单独开会,再次讨论了四十五信条,并宣布有一些信条是可以接受的。不过,神学院成员以担心遭到粗暴对待为由没有参加这次会议。④

至此赎罪券风波似乎偃旗息鼓,威克里夫话题取而代之,重新回到人们的视野。这一转换,耐人寻味,值得分析。

在整个赎罪券风波中,以巴莱奇和斯坦尼斯拉夫等为代表的反对派祭起教皇至上论的大旗,与胡斯等改革派坚守的圣经至上论周旋,从双方论战的过程和效果来看,尽管巴莱奇等取得了王权的支持,但很难说取得了决定

---

① 拉丁原文参见 Matthew Spinka, *John Hus' Concept of the Church*, Appendix I, p.400;法语译文参见 Paul De Vooght, *L'hérésie de Jean Huss* (2ᵉ édition, Tome I), pp.221-222;英语译文参见 Matthew Spinka, *John Hus: A Biography*, pp.153-154。

② Matthew Spinka, *John Hus: A Biography*, p.155.

③ Matthew Spinka, *John Hus: A Biography*, p.156.

④ Matthew Spinka, *John Hus' Concept of the Church*, p.122.

性的胜利。相反,在胡斯等人启示之下的民众,大有认清赎罪券和教皇敕令本质的趋势,进而发展成具有一定影响力的社会运动。因此,在既往的斗争策略效果不彰的情况下,巴莱奇等人自然会寻求新的攻击策略。无疑,胡斯与威克里夫之间"剪不断理还乱"的关系成为了攻击胡斯绝佳的选择。这一策略已在过去发挥效力,在赎罪券问题上将同样有效,因为只要论证胡斯在此问题上追随威克里夫,那么,既然威克里夫的学说被认定是异端和错误,胡斯自然难从异端的指控中全身而退。事实上,威克里夫同样反对教皇对赎罪券的解释并谴责赎罪券买卖,比如在《论教皇的权力》(*De potestate papae*)一文中,威克里夫根本否认功德库(treasury of merits)的存在,赦罪完全取决于悔罪者诚心的悔罪,赦罪只能由上帝施与。[1] 同样的观点在威氏的《论教会》(*De ecclesia*)一书中有更为详细的阐述。针对教皇克莱门特六世在 1343 年颁布的《天主独生子》(*Unigenitus Dei Filius*)诏书中宣称的"基督和圣徒所积累的功德由教皇自行支配并以赎罪券的形式分施众人",威克里夫认为此说误解了赦罪的本质,认为根本不存在所谓的功德库,更谈不上由教皇来支配,正是所谓的教皇支配之下的功德库,导致了用金钱来买卖赦罪从而让贪婪的神甫们中饱私囊。如果一个人对罪人赦罪,此人首先必须拥有赦罪的权力,即"仁慈的施与、体现关怀或者宽恕"的权力,而此权力只为上帝所独有。总体上看,威克里夫并非攻击忏悔礼,而是批评对赦罪的滥用。[2] 至于找到胡斯在赎罪券问题上与威克里夫的瓜葛并非难事,以奥地利历史学家约翰·洛瑟斯为代表的后世学者甚至认为,胡斯 6 月 7 日在公开辩论会上的发言"从赎罪券的定义开始一切都是抄自于威克里夫",最有分量的观点则借鉴于威克里夫的《论教会》。[3] 且不论洛瑟斯的立论是否公允,不争的事实是,胡斯在赎罪券问题上持有与威克里夫完全相同的立场授予了巴莱奇等人攻击的把柄。

此外,以瓦茨拉夫国王为代表的王权在整个赎罪券风波过程中所持的立场和扮演的角色需要仔细讨论。

赎罪券风波之前,瓦茨拉夫总体上对于胡斯以及改革派是支持的。不过,这种支持的态度取决于瓦茨拉夫对政治利益的考量。限于史料的阙如,我们无法得知瓦茨拉夫在威克里夫 1403 年被控异端时所持的立场,但是,

---

[1] Johann Loserth (ed.), *Tractatus de potestate papae*, London: The Wyclif Society, 1913, p. 208. 转引自 Matthew Spinka, *John Hus' Concept of the Church*, p. 34。

[2] Ian Christopher Levy (ed.), *A Companion to John Wyclif, Late Medieval Theologian*, Leiden: Brill, 2006, pp. 337 - 340.

[3] Johann Loserth, M. J. Evans (trans), *Wiclif and Hus*, p. 141.

随着斯坦尼斯拉夫、胡斯等改革派人士被贴上"威克里夫派"的标签并相继被控异端，瓦茨拉夫开始担心异端恶名的存在对于波西米亚是不利的，特别是这可能会被瓦茨拉夫的政治对手（比如神圣罗马帝国皇位的竞争者巴拉丁伯爵鲁佩特）所利用。某种程度而言，围绕威克里夫的异端争论也演变为政治斗争的筹码。因此，在 1410 年布拉格大主教兹贝涅克绝罚胡斯并处心积虑认定胡斯为异端的过程中，瓦茨拉夫选择了支持胡斯。在 1410 年 7 月烧书事件发生之前，瓦茨拉夫呼吁不要烧毁威克里夫的书籍。① 烧书事件发生之后，瓦茨拉夫甚至要求兹贝涅克赔偿威克里夫书籍拥有者的损失，在兹贝涅克拒绝后，瓦茨拉夫宣布没收参与绝罚胡斯的神职人员的圣俸。当来自博洛尼亚的两名博士抵达布拉格宣布约翰二十三世当选教皇时，瓦茨拉夫希望他们能代为说情从而撤销前任教皇的敕令。② 9 月 12 日，瓦茨拉夫致信教皇约翰二十三世，对前任教皇禁止小教堂布道表示震惊，对他的王国遭到的诽谤颇为愤懑，请求约翰撤销前任教皇有关焚烧威克里夫书籍的判决。12—16 日期间，索菲亚王后、波西米亚贵族、布拉格的议员们、布拉格大学都曾致信教皇和枢机主教团，表达了类似的请求。③ 当科隆纳传唤胡斯到教廷的传票于 9 月 20 日到达布拉格后，瓦茨拉夫和索菲亚在 9 月底和 10 月初期间再次致信教皇和枢机主教们，称呼胡斯为亲爱而忠诚的神甫，以"沿途充满危险"为由请求撤销传唤胡斯，宣布胡斯愿意在布拉格大学或任何法庭解释他的教义，希望科隆纳能够亲自来布拉格了解情况并给予胡斯听证会。④ 此外，前已述及（本章第一节），由于对兹贝涅克以异端罪名起诉胡斯十分反感，瓦茨拉夫于 1411 年 4 月 28 日发布了包括停止发放神甫圣俸等系列命令，授意王室委员会发布判决，要求兹贝涅克宣布在波西米亚没有异端。⑤

如果说政治的考量让瓦茨拉夫在前期选择支持胡斯以及改革派，那么同样也是政治的考量促使瓦茨拉夫在赎罪券问题上选择与教皇和反对派站

① E. H. Gillett, *The Life and Times of John Huss; or, the Bohemian Reformation of the Fifteenth Century* (vol. 1, 2nd edition), p. 150.
② David Schley Schaff, *John Huss: His Life, Teachings and Death, After Five Hundred Years*, p. 96.
③ Albert Henry Wratislaw, *John Hus: The Commencement of Resistance to Papal Authority on the Part of the Inferior Clergy*, p. 143; Herbert B. Workman, *The Dawn of the Reformation* (Vol. II: *The Age of Hus*), pp. 149 - 150; Matthew Spinka, *John Hus: A Biography*, p. 115.
④ David Schley Schaff, *John Huss: His Life, Teachings and Death, After Five Hundred Years*, p. 99.
⑤ Matthew Spinka, *John Hus: A Biography*, pp. 124 - 126.

在了一起。在胡斯生活的年代,绝大多数人会认为胡斯谴责教皇发动十字军的敕令和赎罪券买卖是离经叛道的,毕竟罗马教会在中世纪已经确立"万流归宗"的地位,即便遭受了"阿维农之囚"和"西方教会大分裂"的影响,但教皇的权威依然不容小觑。1411 年 7 月 21 日西吉蒙德被选为新的神圣罗马帝国皇帝,但是瓦茨拉夫没有放弃夺回这一宝座的努力。为得到罗马教廷的支持,瓦茨拉夫显然不愿意开罪教皇约翰二十三世。

当教皇售卖赎罪券的代表瓦茨拉夫·迪安姆抵达布拉格后,瓦茨拉夫毫不犹豫地欢迎他的到来,甚至帮助迪安姆取得波兰国王同意在其国内售卖赎罪券。[1] 当胡斯在公开辩论会上明确谴责赎罪券买卖后,瓦茨拉夫对民众群情激奋的抗议示威活动大为震怒,他不能容忍这些对教皇敕令公开的示威,因此发布了禁止任何人反对赎罪券的严厉命令。[2] 不过,三名年轻人无视国王的命令,他们的抗争换来的是被斩首的惨剧。尽管胡斯相信这并非瓦茨拉夫下令,但巴莱奇认为处以死刑是根据国王禁止任何人反对赎罪券的命令。随着此后民众抗议活动的升级,眼见局势滑向失控的边缘,惊慌失措的市政委员们只好求助于瓦茨拉夫。面对他们的请求,据说瓦茨拉夫如此说道:"哪怕有上千这样的人,他们的命运将会和那三个年轻人一样!如果王国里法官和卫兵不够的话,我可以从其他地区调遣。"[3] 由此可见,瓦茨拉夫在赎罪券问题上的态度和立场十分坚决,不能接受民众反抗他的意志。虽然瓦茨拉夫后来对胡斯与布拉格大学神学院之间的对峙两度调解,但是当神学院再次谴责威克利夫的四十五信条并新增加了 7 条后,瓦茨拉夫同意接受神学院的观点,并发布公告禁止讲授这些信条。这表明瓦茨拉夫开始承认在波西米亚存在异端(至少是威克利夫的异端),这也就不难理解他下令 1413 年 2 月 6 日召开特别宗教会议来"根除异端",以及后来诱劝胡斯参加康斯坦茨公会议以图消除波西米亚存有异端的恶名。

需要指出的是,有史家认为瓦茨拉夫后期对赎罪券的立场有所改变,一方面是他可能意识到自己重新出任神圣罗马帝国皇帝的可能性甚微,另一方面,看到赎罪券买卖导致大量的钱财流向罗马教廷,瓦茨拉夫对此越来越

---

[1] Matthew Spinka, *John Hus: A Biography*, p.134.

[2] Matthew Spinka, *John Hus: A Biography*, p.152.

[3] 这一描述引自瓦茨拉夫的外交代表约翰·纳兹博士在康斯坦茨公会议审判胡斯时的发言。纳兹承认,当时他正好待在瓦茨拉夫国王左右。此时瓦茨拉夫还没有被罢黜神圣罗马帝国皇帝,因此国王才说"我可以从其他地区调遣"法官和卫兵来参与处置布拉格民众的抗议活动。参见 Matthew Spinka (ed. & trans.), *John Hus at the Council of Constance*, p.219.

不满意，据说他还派人赴罗马表达对赎罪券买卖的抱怨。[①]

从以上分析可见，由于在赎罪券买卖上所持截然不同的立场，更由于瓦茨拉夫基于政治利益的考量，甚至由于胡斯本人的性格所致，[②]赎罪券风波的王权干预表明，胡斯失去了瓦茨拉夫国王的支持，这会置胡斯于更为不利的处境。

第三节　胡斯与教会彻底决裂

赎罪券风波在布拉格掀起的惊涛骇浪让胡斯最终与斯坦尼斯拉夫、巴莱奇和布拉格大学神学院等反目成仇，也失去了国王的支持。重提威克里夫四十五信条为异端，成为接下来起诉胡斯富有成效的策略。

一、论辩再起

胡斯坚定执著的个性决定了他对于威克里夫学说被控异端不会坐视不管。就在 1412 年 7 月底，包括胡斯在内的部分布拉格大学教师无视官方的禁令，举行公开辩论会为威克里夫的 8 条信条辩护。除了斯特日布罗的亚库贝克为有关使徒式贫困的第 32 条辩护、弗里德里希·伊平（Friedrich Epinge）为涉及高级教士宣布的绝罚的第 11 条辩护，胡斯在卡洛琳学舍先后发表了 3 次演讲，对 6 条信条进行了阐述。[③] 第一次演讲主要涉及四十五信条中的第 13 和 14 条，即"由于遭受绝罚而停止传布和听从上帝之道者，他们真正受到了绝罚，在末日审判时他们将被视为耶稣基督的背叛者"和"未获教廷或者主教的授权，执事和神甫传布上帝之道是合法的。"胡斯认为，布道福音的要求是神圣的，是必须的，而非可以选择的，同样的，倾听基督的律法也是必须的。任何坚信正统信仰的主教不应服从教皇有违圣经的命令，任何神甫也不应听从教皇有违圣经的命令而放弃布道。任何神甫一旦被授神职，他在每次布道时不必寻求官方的许可，布道是他的职责所在。

---

① E. H. Gillett, *The Life and Times of John Huss; or, the Bohemian Reformation of the Fifteenth Century* (vol. 1, 2nd edition), p. 224.

② 学者马修·斯宾卡就认为，胡斯并非一个类似"外交家"的人物。比如针对巴莱奇指控胡斯违反国王禁止批评教皇敕令和赎罪券的命令，胡斯的回答是，如果国王希望实施他命令的话，那么国王应该建立一座学术监狱。这样未经仔细斟酌的回答可能伤害了胡斯与国王之间的关系。详见 Matthew Spinka, *John Hus: A Biography*, p. 151.

③ 本段内胡斯对威克里夫 6 条信条的具体辩护内容引自 Matthew Spinka, *John Hus' Concept of the Church*, pp. 123 – 129.

第二次演讲涉及的是第 16 和 18 条，主要涉及世俗君王剥夺教士的世俗财产、什一税等问题，本书第二章第四节已有详细讨论，在此不再赘述。第三次演讲涉及的是第 15 和 4 条，即"犯有致命罪过的世俗君主、主教或高级教士将失去他们的身份"和"犯有致命罪过的主教或高级教士无法授神职、祝圣或施洗礼"。胡斯对此采取的辩护策略是，对这两条有可能产生社会颠覆作用的信条加以调整，通过增加"值得敬重的"等修饰语，试图用一种可以接受的方式来理解威克里夫的信条。具体而言，犯有致命罪过的世俗君主、主教或高级教士将不再是值得敬重的和正义的君主、主教或高级教士，因此他们以不值得人敬重的方式授神职、祝圣或施洗礼，不过，胡斯也指出，这并不意味着上帝通过这些不受敬重和肮脏的神甫所施行的圣礼（比如洗礼、赦罪以及传布上帝之道）是不受敬重和肮脏的。

　　胡斯对威克里夫的辩护注定会遭到对手们的攻击。8 月 28 日，斯坦尼斯拉夫在泰恩教堂的布道中就猛烈抨击了威克里夫的 5 条信条，其中 3 条被胡斯所辩护。斯坦尼斯拉夫提出，鼓吹犯有致命罪过的世俗君主、主教或高级教士将失去他们的身份，这是异端和失去理智的说法。按照这一说法，任何异教徒将无权实施统治或拥有财产，因为他们都犯有致命罪过。如果将这一说法严格适用于基督徒的话，则将导致混乱，无人将能确认他是否拥有统治权或财产权。斯坦尼斯拉夫也坚决反对世俗君主有权剥夺教会的财产，认为教会的财产已经圣化，它们高于未经圣化的世俗财产，是不受世俗司法权管辖的。世俗君主剥夺教会的财产是渎神的行为，这无异于抢劫上帝。9 月 4 日，巴莱奇在布道中将所有的反对者一律称呼为"威克里夫派"，宣称胡斯及其支持者最大的错误在于承认犯有致命罪过的世俗君主、主教或高级教士将失去他们的身份，谴责胡斯对威克里夫信条的辩护，认为威克里夫的四十五信条已经被布拉格大学、波西米亚王国和大学神学院所禁止和谴责，因此"任何信条都不是正统的，要么是异端，要么是错误，要么是令人愤慨的……"[①]

　　需要指出的是，威克里夫引发的争议并不仅仅限于胡斯与斯坦尼斯拉夫、巴莱奇等同胞之间，胡斯还与来自英格兰的威克里夫反对者展开过论辩。约在 1411 年 9 月，英王亨利四世的外交使团结束了在匈牙利的外交活动后，抵达布拉格。在哈通·冯·克卢克斯（Hartung van Clux）爵士率领的外交使团中，有一名成员是剑桥大学法学高级硕士，名为约翰·斯托克斯（John Stokes）。布拉格大学校长此后邀请代表团出席宴会。可能考虑到当

---

① Matthew Spinka, *John Hus' Concept of the Church*, pp. 132 – 135.

时大学内存在围绕威克里夫的争议,哈通拒绝了邀请。当被问及拒绝的理由时,斯托克斯宣布,"任何阅读或者研究过威克里夫著作者,无论其意图多么良好,肯定会坠入异端。"①这似乎暗指当时布拉格大学里存在着大批支持威克里夫教义的老师。

斯托克斯上述略带警告性质的言论被视为对布拉格大学的侮辱,因此胡斯在大教堂的门上张贴挑战书,邀请斯托克斯于 9 月 13 日参加公开讨论会。斯托克斯对此予以拒绝,表示他愿意在巴黎,或罗马教廷,或双方认可的任何中立大学,接受胡斯的挑战,同时宣称:

> 在英格兰,威克里夫被视为异端,他的论著一旦发现即被焚烧……因此,如果我认识任何阅读或研究威克里夫论著的人,或有意接受并坚持威氏观点的人,看在上帝和兄弟般友爱的份上,我将立刻建议他改弦更张,因为我知道这些研究会带来恶果。②

斯托克斯的上述言论表明,威克里夫的"异端"形象在英格兰已经成型,因此追随威克里夫的教义无疑需要勇气并承担风险。当然,胡斯毫不畏惧他为威克里夫辩护可能产生的后果。在对斯托克斯的公开回应中,胡斯宣称威克里夫不是异端,他被威克里夫吸引是因为威克里夫在良善的神甫、牛津大学和普通民众中享有赞誉,是因为威克里夫不遗余力地希望所有人遵守基督的律法并像使徒们那样过上基督的生活。③ 胡斯与斯托克斯的论辩也从另一个侧面说明,巴莱奇等人借力于再次指控威克里夫为异端来打击胡斯将是有效的策略。

二、胡斯再遭绝罚

与斯坦尼斯拉夫和巴莱奇等人攻击胡斯遥相呼应的是,罗马教廷对胡斯的审判也一直在进行之中。胡斯由此面临的严峻形势尤其体现在三个方面。

其一,胡斯的代诉人、著名律师叶塞尼采的约翰最终被绝罚。如前所述,为应对罗马教廷的传唤,胡斯派了包括叶塞尼采在内的三名代诉人到罗马。叶塞尼采被教廷代诉人科斯的迈克起诉为威克里夫派,加之他坚持不

---

① Herbert B. Workman, *The Dawn of the Reformation* (Vol. II: *The Age of Hus*), pp. 155 – 156.

② Herbert B. Workman, *The Dawn of the Reformation* (Vol. II: *The Age of Hus*), p. 157.

③ Herbert B. Workman, *The Dawn of the Reformation* (Vol. II: *The Age of Hus*), p. 158.

懈地对胡斯案辩护而违反了主审枢机主教的命令,因此于 1412 年 3 月被监禁。叶塞尼采后来成功逃脱,但这给了科斯以机会重新起诉。7 月 29 日,因未出庭受审,叶塞尼采受到了绝罚。这一处罚意味着,如此重要的一位律师、胡斯的得力助手被永远排除在胡斯案的审理过程中,这对于胡斯以后的受审,特别是在康斯坦茨公会议上的应对策略将产生极其不利的影响。

　　其二,教廷主审枢机主教的变更置胡斯于不利的处境。由于胡斯的上诉,作为教会最高权力机关的罗马教廷介入胡斯案的审判,期间负责的主教几易其人,胡斯的命运跌宕起伏。如前所述,胡斯案首先由科隆纳枢机主教负责,胡斯因为藐视法庭于 1411 年 2 月被处以绝罚。同年 6 月,约翰二十三世任命四人委员会审查胡斯案的审判程序,佛罗伦萨大主教、著名教会法学家和人文主义者弗朗西斯科·扎巴莱拉(Francisco Zabarella)在委员会中发挥着主导作用,这有利于胡斯。[1] 但是,1412 年 2 月,教皇把胡斯案由扎巴莱拉转入枢机主教布朗卡迪斯(Brancatiis)手中,胡斯案再次回到不利处境。布朗卡迪斯宣布,根据教皇的命令禁止任何法律程序的推进,这不仅意味着以前针对胡斯的判决依然有效,而且意味着时任胡斯的代诉人叶塞尼采的种种努力——试图让教廷豁免胡斯亲自出庭接受传唤以及撤销科隆纳对胡斯的绝罚——付诸东流。布朗卡迪斯搁置胡斯案的策略扭转了胡斯案因扎巴莱拉公正审判而出现的良好进展势头。7 月,胡斯案再度转移到枢机主教彼得·迪格利·斯蒂芬尼斯奇(Peter degli Stephaneschi)手中,这位新任法官的判决最终导致了胡斯与教会的彻底决裂。[2]

　　其三,教廷代诉人科斯的迈克成为胡斯最危险的敌人。科斯本名尼米兹奇布罗德的迈克(Michael of Německý Brod),曾在布拉格新城区的圣阿德尔伯特(St. Adalbert)教堂担任神甫,因为他略懂采矿的知识,因此瓦茨拉夫国王委派他负责吉尔诺金矿,但是他却卷款逃离了波西米亚。这样一个声名狼藉之人,来到罗马后却在教廷担任有关信仰案件的代诉人(procurator de causis fidei),这是他被俗称为科斯的迈克(Michael de Causis)的原因。学者法吉的研究显示,科斯的迈克是唯一一位贯穿胡斯被控异端整个过程的对手,在胡斯案的多个关键节点起到了关键性作用,是胡斯最危险的对手。[3] 在胡斯被控异端的整个过程中,科斯起着推波助澜的作

---

① Matthew Spinka, *John Hus: A Biography*, p.124.
② Matthew Spinka, *John Hus: A Biography*, pp.131,161.
③ Thomas A. Fudge, *The Memory and Motivation of Jan Hus, Medieval Priest and Martyr*, Turnhout: Brepols, 2013, pp.109–133.此书第五章是学界为数不多专题讨论科斯的迈克的研究成果。

用:在兹贝涅克首次起诉胡斯为异端后,正是科斯在 1411 年 3 月建议教廷宣布胡斯为异端;叶塞尼采在罗马为胡斯案的辩护遭到了科斯的打击,甚至叶塞尼采本人都遭到了科斯的起诉;在胡斯案被转移到斯蒂芬尼斯奇手中后,正是科斯联合他人再次起诉胡斯;在康斯坦茨公会议上,科斯与巴莱奇等人将对胡斯发动致命攻击。

如果说胡斯在 1410 年 6 月和 8 月两度上诉教皇,这表明胡斯对于教皇和罗马教会的公正还抱有希望,那么在 1412 年 7 月斯蒂芬尼斯奇成为胡斯案的新任法官以后,胡斯将彻底失去希望。

科斯的迈克选择再次出手。就在斯蒂芬尼斯奇接手胡斯案不久,科斯联合莫里斯·尔瓦斯卡(Maurice Rvacka)再次起诉胡斯,控告他顽固地为威克里夫辩护和谴责赎罪券买卖。尔瓦斯卡是布拉格的宗教裁判官,审理过 1408 年胡斯的学生尼古拉斯被控一案和 1409 年约翰·普罗季瓦起诉胡斯一案,还暗中监视胡斯布道并记录下所谓胡斯的把柄,比如胡斯曾经宣称基督授权世俗国王和君主纠正教会的言行,胡斯谴责那些纳妾的神甫犯有不可饶恕的罪过却并不谴责那些不遵守教会上级命令的神甫,胡斯曲解上帝之道。[1]

斯蒂芬尼斯奇很快做出了回应。7 月 29 日,他确认了科隆纳对胡斯的绝罚。9 月 4 日,对胡斯的大绝罚(major excommunication)接踵而至,这已是胡斯第四次受到绝罚。[2] 不过此次绝罚的理由依然不是异端罪,而是胡斯未到教廷接受传唤。根据这一处罚,如果胡斯在 20 天内未到教廷接受斯蒂芬尼斯奇的传唤,或者 12 天之后依然对传唤置之不理,将禁止布拉格或任何胡斯居住的地方举办圣事。自禁令实施之日起,禁止任何天主教徒与胡斯进行"诸如饮食、打招呼、聊天、买卖、通信、住宿等任何方式的交流,且在胡斯居住的任何地方停止教会礼拜和圣事活动,并在胡斯离开该地之后暂停三天上述活动。如果胡斯去世,他不得安葬。如果他被安葬,尸体必被掘出。"10 月 18 日,教皇特使、枢机主教约翰在布拉格召开的宗教会议上宣读了斯蒂芬尼斯奇的判决。整个仪式十分隆重,同时引发了民众的高声抗议。[3]

---

① 这些指控转引自胡斯写于 1411 年 10 月的论文《驳隐藏的对手》(Contra occultum adversarium),该文中"隐藏的对手"即尔瓦斯卡,详见 Matthew Spinka, John Hus: A Biography, pp.141 - 142。

② Thomas A. Fudge, The Trial of Jan Hus: Medieval Heresy and Criminal Procedure, pp.163 - 164。

③ 斯蒂芬尼斯奇绝罚令的内容详见 František Palacký (ed.), Documenta Mag. Johannis Hus, pp.461 - 464,转引自 Matthew Spinka, John Hus: A Biography, pp.161 - 162; Paul Roubiczek & Joseph Kalmer, Warrior of God: The Life and Death of John Hus, p.139。

三、向上帝和基督上诉

此时,胡斯知道向罗马教廷上诉已经无望,于是公开宣布:既然向教皇上诉无用,现在他要向上帝和基督上诉。在标明日期为 1412 年 10 月 18 日的上诉信中,①胡斯首先大量引用《圣经》原文和三个向基督上诉的前例,以此证明他向上帝和基督申诉的正当性。接着展开了具体申诉,认为正是在布拉格大教堂教士们的同意和支持下,科斯的迈克煽动并导致了对他错误的绝罚,而斯蒂芬尼斯奇一直拒绝给予他的代诉人以听证会的机会,既不愿意接受他无法亲赴罗马的任何合理的理由,也不愿意以父亲般的仁慈接受盖有布拉格大学印章的证明信以及公证人出示的证明文书。随后,胡斯为自己被判绝罚展开了详尽的辩护。由于科隆纳和斯蒂芬尼斯奇分别绝罚和大绝罚胡斯的理由皆为藐视法庭(即胡斯未亲自接受教廷传唤),因此胡斯明确指出自己并非藐视法庭,他不能亲自来罗马教廷接受传唤有着充分的理由:

> 一方面,已经存在着来自各方对我的攻击;另一方面,从斯坦尼斯拉夫和巴莱奇曾经遭受的抢劫和监禁等危险中我已经得到警示。他们二人希望接受传唤,结果在博洛尼亚钱财遭劫,深受屈辱,在不举行听证会的情况下被当作犯人关押。另外,为迎接那些反对我的人之挑战,我在罗马的代诉人愿意忍受火的考验。尽管如此,我合法的代诉人(指叶塞尼采的约翰,引者注)未犯任何罪过却被教廷监禁。而且,蒙国王之福,我与布拉格大主教兹贝涅克达成和解。促成大主教和我及其他教师和解的君主、贵族以及王室委员会曾宣布,大主教大人将会致信教皇,表明他知道在波西米亚、布拉格以及摩拉维亚没有异端,也无任何人被定罪异端,他和我以及其他教师已经和解,他还会请求教皇撤销教廷对我的传唤以及对我的绝罚。
>
> 包括旧约和新约在内的所有古老律法以及准则都要求,法官应该拜访罪行发生之地并在该地调查被告或者被诽谤者的被控之罪;查访的对象应该是了解被告之人、诚实之人和诚挚热爱耶稣基督的律法之人,而不是仇恨、敌视被告或者被诽谤之人,也不是违法犯罪之人;被传唤或被控告者应该能方便、安全、公开地到达审判地点,法官和证人不

---

① 以下胡斯上诉信的内容引自 Matthew Spinka (ed. & trans.), *John Hus at the Council of Constance*, pp.237-240。

能是其敌人。显然,上述条件都不具备,因此我无法出席传唤。①

基于上述理由,在上诉信的结尾,胡斯请求,在上帝面前他能被免除藐视法庭的指控以及对他随意的绝罚。

胡斯向上帝和基督上诉,这一做法虽非史无前例,但无疑是"非常之举"。它是胡斯案的转折点,将对康斯坦茨公会议审判胡斯产生重要影响,因此应该对此进行深入的分析。

首先,胡斯列举的三个前例是否有说服力。按照胡斯的说法,5世纪初的君士坦丁堡主教约翰·克里索斯托(John Chrysostom)、13世纪初的布拉格主教安德列亚斯·冯·古登斯坦(Andreas von Guttenstein)和13世纪中叶的英格兰林肯主教罗伯特·格罗塞特(Robert Grosseteste)都曾向基督上诉。这是否符合历史事实呢? 克里索斯托的上诉发生在404年,起因是他不满宗教会议罢免他的职务,因而向教皇英诺森一世申诉。这一申诉显然是承认罗马教会的权威,根本谈不上向基督上诉。所谓的古登斯坦上诉,直到15世纪初才出现相关叙述。据称在1207年,因为受到不公正的对待,古登斯坦主教先向教皇上诉,结果教皇置之不理,于是他向上帝申诉。事实上,直至1214年古登斯坦才被任命为布拉格教区的主教。因此,所谓的古登斯坦上诉只是一种传说,可信度存疑,且不是针对司法判决,因此其性质与胡斯的上诉具有本质区别。至于格罗塞特,针对教皇英诺森四世任命亲属担任林肯教区的教士,他于1253年致信教皇,表示愿意服从教皇,但如果教皇不忠于上帝,他将不会服从教皇。这一信件只是表达了格罗塞特对于教皇命令的反对意见,并非涉及司法判决的上诉,遑论向基督上诉。② 综上所述,胡斯所引的这三个例子不能认定为向基督上诉的先例,它们无法证明胡斯向基督上诉之行为的正当性。

胡斯的"非常之举"实际上将自己置身于危险的境地。他的这一做法为教会法所不容,因为中世纪的司法程序不可能允许嫌疑人抛开可见的教会的司法审判而转向无形的上帝裁判。尽管胡斯的本意在于转向上帝和基督寻求公正,但是向上帝和基督上诉也清楚地表明了他对教会司法权威的失望和否定。这恰恰是罗马教会最不能容忍的。

胡斯为何这样做? 在学者托马斯·A.法吉看来,胡斯向基督上诉并非

---

① Matthew Spinka (ed. & trans.), *John Hus at the Council of Constance*, pp. 239 – 240.

② Thomas A. Fudge, *The Trial of Jan Hus: Medieval Heresy and Criminal Procedure*, pp. 202 – 207.

深思熟虑的既定策略,而是他对于压力不断增长的艰难处境以及长期遭受不公正而满腹怨愤的一种自然反应。胡斯向基督上诉与他对法的理解方式有关,具体而言,与其说胡斯重视法律条文,不如说他重视的是法的道德约束本质。上帝的律法是永恒的,而人的法律(无论是世俗法律还是教会的法律)都是暂时的,胡斯坚信基督之律法(lex Christi)更为权威,因此他更多依靠的是神学或道德权威,这也是他选择基督作为法律意义上的上诉机构的原因。显然,胡斯在理论层面上是了解法律的,但是他却不太理解如何在具体社会和教会的环境中运用法律。在后来的康斯坦茨受审期间,胡斯依然坚持向基督上诉,这被法吉评论为"愚蠢",因为胡斯拒绝就教会的权威作出哪怕最小的让步,这似乎表明,要么胡斯彻底否定教会,要么他无法理解妥协的好处。同时,向基督上诉和坚持上帝的律法所面临的一个问题是,这将最终导致个人的判断或良知占据上风,这显然是教会不能接受的。总体来看,胡斯向基督上诉实质上是上帝律法与民法(civil law)之间的根本冲突,胡斯对理想中上帝律法的坚持阻碍了他评估现实并将为他的理想付出代价。①

自斯蒂芬尼斯奇宣布大绝罚令以来,反对胡斯及其改革派的势力开始活跃。首先,伯利恒小教堂遭遇被推翻的危险。由于胡斯无视大绝罚令,依然坚持在伯利恒小教堂布道,因此教皇在1412年8月左右发布推翻小教堂的命令,这一命令大概在9月底到达布拉格。10月1日(或者10月2日),当胡斯在小教堂布道时,附近的圣菲利普和圣詹姆斯教堂的德意志教众在伯纳德·霍泰克(Bernard Chotek)的率领下,全副武装试图攻击小教堂。手无寸铁的波西米亚教众以他们的身体保护着胡斯,保护着小教堂,因此德意志人并未得逞。② 此后,老城区的市政委员们开会商议推倒小教堂,其中的德意志委员们是支持的,但是波西米亚委员们则反对。胡斯对此辛辣讽刺道:"看看这些德意志人的胆大妄为吧!未经国王允许,他们不能推倒邻居的烤炉或者马厩,现在居然敢摧毁上帝的教堂!"此外,市区内的一些教堂里发生了殴打批评教会腐败者等暴力行为。③

宣布大绝罚令20天以后,禁止布拉格和周边地区举办圣事活动的命令

---

① Thomas A. Fudge, *Jan Hus: Religious Reform and Social Revolution in Bohemia*, pp.129-132.
② Paul Roubiczek & Joseph Kalmer, *Warrior of God: The Life and Death of John Hus*, p.142; Albert Henry Wratislaw, *John Hus: The Commencement of Resistance to Papal Authority on the Part of the Inferior Clergy*, p.187.
③ Matthew Spinka, *John Hus: A Biography*, pp.162-163.

如期而至,教廷试图用责罚教众的方式迫使胡斯就范。是避免基督所说"若是雇工,不是牧人,羊也不是他自己的,他看见狼来,就撇下羊逃走"(《新约·约翰福音》第 10 章 12 节),换言之,不做弃"羊"而逃的"雇工"而继续留在小教堂传布上帝之道? 还是遵循基督所说"有人在这城里逼迫你们,就逃到那城里去"(《新约·马太福音》第 10 章 23 节)以免除教众不能举行圣事之苦? 胡斯陷入两难抉择。[①]

　　诚如胡斯在一次布道中所言,"教皇的禁令在民众中引发了巨大的骚动,因为那意味着我们将既不能行洗礼也不能行葬礼。担心这可能引发动荡和混乱,我决定离开。我不知道我所做的决定是否正确。我愿意反抗教皇的禁令,但在没有教皇许可圣礼的情况下如何行葬礼和给婴儿洗礼,民众还未体现出足够的勇气来面对这一切。"[②]正是考虑到民众的感受,加之瓦茨拉夫国王害怕混乱局势的加剧以及不敢公然违抗教会的决定,因而命令胡斯离开布拉格,而且波西米亚南部的贵族们承诺给他提供避难之所,胡斯最终决定离开布拉格。1412 年 10 月 15 日,胡斯开始了流亡生活。

---

①　Matthew Spinka (trans.), *The Letters of John Hus*, No.25, p.75.

②　Johann Loserth, M. J. Evans (trans), *Wiclif and Hus*, p.148.

第四章　流亡与《论教会》:"异端"思想的成熟

从 1412 年 10 月 15 日离开布拉格,到 1414 年 10 月 11 日启程赴康斯坦茨参加公会议,胡斯的流亡生活接近两年。如果形容胡斯流亡之前和之后的生活为"惊涛骇浪",那么两年的流亡生涯则是"风平浪静"。不过,这并不意味着流亡生活乏善可陈。相反,由于这一时期隐居生活难得的宁静,胡斯完成了他最为重要的神学著作《论教会》以及多篇捷克语论文。当然,这些著述(特别是《论教会》)的问世对于胡斯而言可谓"福祸相依",因为这既标志他神学或"异端"思想的成熟,又成为他在康斯坦茨公会议上被控异端的罪证。

第一节　流亡期间的胡斯

在流亡生活的早期,离开布拉格后的胡斯可能生活在布拉格附近,囿于史料记载不详,我们无法知道他确切的居住地点。不过,胡斯并未遵守教皇禁令,不时偷偷返回布拉格。1412 年圣诞节后不久,胡斯返回伯利恒小教堂。由于特别宗教会议即将在 1413 年 2 月举行,因此胡斯遵守瓦茨拉夫国王的命令,离开了布拉格。[①] 宗教会议结束不久,胡斯再次隐居在伯利恒小教堂直到复活节(4 月 23 日)。国王任命王室委员会调停胡斯与反对派之间的矛盾,但是,6 月胡斯拒绝了王室委员会的进一步调停,从此彻底离开了布拉格,隐居波西米亚以南、位于塞济莫沃乌斯季(Sezimovo Ústí)附近的柯施城堡。[②] 1414 年春,胡斯被迫离开柯施,搬到塞济莫沃乌斯季附近一处

---

① Albert Henry Wratislaw, *John Hus: The Commencement of Resistance to Papal Authority on the Part of the Inferior Clergy*, p.196.

② Matthew Spinka, *John Hus: A Biography*, pp.171,178; Albert Henry Wratislaw, *John Hus: The Commencement of Resistance to Papal Authority on the Part of the Inferior Clergy*, pp.205 - 206.

新的居所。7月中旬，为安全计，受瓦茨拉夫国王的宫廷管家拉让尼的亨利·勒夫勋爵（Lord Henry Lefl of Lažany，胡斯的坚定支持者）的邀请，胡斯移居勋爵位于波西米亚以西的克拉柯维兹（Krakovec）城堡，为即将召开的康斯坦茨公会议作准备。[①]

总体看来，在接近两年的流亡生涯中胡斯不忘布道、坚持著述。

一、不忘布道

在胡斯不时返回布拉格并隐居伯利恒小教堂期间，尽管对手们以及布拉格大主教对此心知肚明，但是无人严格执行斯蒂芬尼斯奇的绝罚令和禁止布拉格举办圣事活动的命令。不过，每当胡斯试图在伯利恒小教堂举行布

图 9　胡斯在克拉柯维兹城堡附近布道

（图片来源：Joseph Paul Bartak, *John Hus at Constance*, p. 28.）

道活动时，反对他的教士们就会予以阻止。对此，胡斯曾在《主日布道集》中回忆道："每当我开始布道，他们就立刻阻止了圣事活动，因为他们难以倾听上帝之道。"[②]事实上，处于流亡期间的胡斯一直没有放弃布道的职责。在胡斯看来，教堂里的布道师比教会里的高级教士更为重要，因此，当他一离开布拉格，他就重新开始布道，因为他认为"依照国王的愿望，我放弃了信众，这是我的过错，我不能一错再错。"[③]特别是生活在柯施城堡期间，胡斯不仅

---

① Matthew Spinka, *John Hus: A Biography*, pp. 190 – 191.

② J. B. Jeschke (ed.), *Mistr Jan Hus, Postilla*, Prague: Komenského ev. fakulta bohoslovecká, 1952, p. 231. 转引自 Matthew Spinka, *John Hus: A Biography*, p. 165。

③ Herbert B. Workman, *The Dawn of the Reformation* (Vol. II: *The Age of Hus*), p. 185.

在城市、集镇的教堂里布道,而且在乡间的密林、田间等地布道,甚至"柯施城堡附近的一棵椴树下"也是他钟爱的布道坛。胡斯甚至为自己骑马、乘车的外出布道方式深感羞愧,因为耶稣的布道都靠步行。① 胡斯在柯施城堡及其附近区域的布道是成功的:一方面,大量的民众追随他的布道;另一方面,他的布道影响深远——胡斯战争期间,此地成为胡斯派军事领导人约翰·杰西卡(John Žižka)和塔波尔派军队招募士兵的主要区域。

那么,流亡期间的胡斯为何数次返回伯利恒小教堂,但又数次离开布拉格? 胡斯的动机如何? 这些问题的答案可从胡斯在《主日布道集》中转述圣奥古斯丁对昂纳瑞图斯主教(Bishop Honoratus)所提问题的回答中得到。遭受生命危险的昂纳瑞图斯主教致信圣奥古斯丁,问如何既能听从基督"有人在这城里逼迫你们,就逃到那城里去"的教导,又不会做基督所说的弃羊而逃的雇工。对于危险处境所涉及到的神甫和世俗之人,圣奥古斯丁针对不同的情况给出了不同的答案。比如,如果所有神甫的生命都遭受了威胁,那么他们不应该全部逃离,如果全部逃离的话,则信众将失去精神上的帮助,将无法得到上帝之道,因此神甫们就变成了雇工。如果只有一名神甫遭受生命的危险,那么就有两种情况:其一,如果信众依然可以得到精神上的帮助,那么出于对未来的考虑,该神甫可效法使徒保罗和圣亚大纳西(St. Athanasius)那样选择逃离;其二,如果信众因为神甫的逃离而无法得到上帝之道和洗礼,那么该神甫绝不应逃离,否则他就是爱自己胜过信众得救的雇工。② 基于上帝之爱和圣奥古斯丁的以上论述,胡斯解释道:"当我看到信众已经充分地获得上帝之道和精神上的帮助时,我选择了离开,然后我又回来并布道,而当国王希望就和解进行磋商之时,在得到信众的同意后我再次离开。当磋商无助于布道的自由,我于是再度布道,而他们(即胡斯的对手们,引者注)则根据禁令禁止举行任何圣事活动。由于神甫不施行洗礼和葬礼,因此这给信众造成了巨大的伤害。正是害怕信众受到这些伤害,我再次离开。"③从以上胡斯的自述文字可以看出,离开或返回布拉格的决定是胡斯综合考虑多方面因素的结果,更多体现了胡斯置个人生死于度外、首要考虑信众能否得到上帝之道的宗教虔诚和热情。

除了向信众面对面地传布上帝的福音以外,流亡期间的胡斯还通过十

---

① Albert Henry Wratislaw, *John Hus: The Commencement of Resistance to Papal Authority on the Part of the Inferior Clergy*, p. 206; Herbert B. Workman, *The Dawn of the Reformation* (Vol. II: *The Age of Hus*), p.185.

② Francis hrabě Lützow, *The Life and Times of Master John Hus*, pp.162 - 163.

③ Francis hrabě Lützow, *The Life and Times of Master John Hus*, p.163.

多封书信对布拉格的信众展开"书面"布道。① 在这些信中,胡斯没有因为自己受到不公正的绝罚而表现出丝毫的沮丧,相反,他给予信众极大的鼓励。如同面对面布道一样,胡斯在信中大量引用圣经原文,比如《旧约·箴言》第3章25—26节"忽然来的惊恐,不要害怕,恶人的攻击,也不要恐惧,因为耶和华是你所倚靠的,他必保守你的脚不陷入网罗",以此告诉大家不要悲观和害怕,因为"你们中的一些正受到上帝的考验,敌基督的仆人正通过传唤来恐吓你"。② 再如,引用《新约·提摩太后书》第3章12—13节"凡立志在耶稣基督里敬虔度日的,也都要受逼迫。凡是作恶的和迷惑人的,必越久越恶,他欺哄人,也被人欺哄",胡斯勉励大家,所有良善之人都应该为了基督而受苦,③因此不要因为教廷的绝罚而泄气。④ 胡斯鼓励大家要"坚持并牢牢信仰基督的福音","思想上不要犹豫动摇,不要在意那些走上歧途、已经成为上帝和我们最为凶险的敌人","应该坚持并维护信仰、希望、爱、谦卑、温和、公正、谦虚、节制、庄重、耐心以及其他美德,成为有道德之人"。⑤ 胡斯还以"坚固你们的心,因为主来的日子近了"以及"行在上帝之路上"展开主题布道。⑥

在这些信中,胡斯还展示了他的乐观坚强以及对他的对手的蔑视。胡斯认为,只要大家热爱上帝的真理,"敌基督犹如戴上项圈的狗是伤害不了大家的",而且"多年来他一直攻击我,而我依然毫发无损,相反,这却增加了我的快乐"。⑦ 胡斯甚至借用自己名字的双关含义(Hus 一词在捷克语中是"鹅"的意思)来表达自己乐观的精神状态:"他们向鹅张开了传唤和绝罚之网,收获满满。但是,鹅是一种懒惰、无法高飞的家禽,因此他们的网开始裂开,那些高高飞向上帝的其他鸟类将会通过它们的论述和生命撕开这些网。"⑧胡斯还表达了对其对手们的蔑视:"他们越是希望掩盖他们的邪恶,他们越会暴露邪恶;他们越是希望为所欲为,他们越会有更多的工作要做;他们越是想确立圣经之外的教义为权威并以此网罗信众,他们越会撕开这些

---

① 以马修·斯宾卡翻译的《约翰·胡斯书信集》的版本为例,第26—29、32、37—41封信都是写给布拉格的民众。

② Matthew Spinka (trans.), *The Letters of John Hus*, No.27, pp.79-80.

③ Matthew Spinka (trans.), *The Letters of John Hus*, No.27, p.81.

④ Matthew Spinka (trans.), *The Letters of John Hus*, No.29, p.86.

⑤ Matthew Spinka (trans.), *The Letters of John Hus*, No.37, p.106.

⑥ Matthew Spinka (trans.), *The Letters of John Hus*, No.38, p.109; No.41, p.115.前一主题出自《新约·雅各书》第5章8节,后一主题出自《旧约·耶利米书》第6章16节。

⑦ Matthew Spinka (trans.), *The Letters of John Hus*, No.26, pp.77-78.

⑧ Matthew Spinka (trans.), *The Letters of John Hus*, No.27, p.82.

网;他们在寻求世俗和平的时候已经失去了精神上的和平;他们想伤害他人,最终将更多伤害自己。"①

在信中,胡斯也向信众们解释他被迫流亡的原因,表明自己只是听从基督的教导,不愿让良善之人承受痛苦和折磨,因为"那些人听不得批评贪婪、放荡和自傲的神圣布道,如果一看见我出现在布拉格,他们就有理由停止弥撒在内的一切圣事活动"。胡斯也对那些无视上帝之道或放弃布道之责的神甫以及禁止布道之人深表遗憾。② 与此同时,胡斯表示自己不会放弃布道的职责,会"为那些遭受暴行、需要上帝之道者而活着,以便揭露敌基督的恶意,让敬虔者得以逃脱。因此,我去往别处布道,担任神甫,如此,我完成了上帝的意愿,防止了敌基督引发的死亡和疾病"。③ 此外,胡斯还表示,尽管自己还未被抛入监狱,但是,如果为了上帝的真理而必须深陷危境甚至死亡,他会毫不退缩,尽其所能为信众的得救而努力。④

上述写给布拉格信众的信中也不乏胡斯批评对手和教会的内容。尽管胡斯没有提到反对派和教皇的具体名字,但信中"因为害怕而抛弃上帝的真理、害怕邪恶之人甚于害怕上帝"者和"那些走上歧途、已经成为上帝和我们最为凶险的敌人"⑤显然是指斯坦尼斯拉夫、巴莱奇等人,敌基督是指教皇约翰二十三世。胡斯称呼当时教会中的有些神职人员为"敌基督的信使",认为他们"更为贪婪、常常行通奸之事、更为残忍狡猾",他们"敌视、诽谤、迫害、诅咒、监禁甚至谋害基督的仆人"。⑥ 虽然他们自我标榜了解上帝,但是他们贪婪、买卖圣职、自傲、抛弃且鄙视上帝之道、视圣经之外的教义高于上帝之道,他们排斥谦卑、守贫、忠贞等美德,这些恶行表明他们否认上帝。⑦

值得注意的是,在胡斯流亡书信中,有一封信言辞激烈,极为罕见地抨击了收信人维也纳大学神学教授约翰·塞沃特(John Sywort),表明了胡斯在信仰问题上毫不妥协、勇于直言的个性。此信写于1413年7月1日,目的在于抗议塞沃特诽谤布拉格的杰罗姆。就在胡斯离开布拉格的同时,杰罗姆也离开了布拉格并相继访问波兰(包括克拉科)、立陶宛、俄罗斯等国。访问期间,杰罗姆"在教士和民众中间引发了前所未有的骚动",但是,由于相关史料的缺失,杰罗姆的这段访问经历成为他"一生中最为神秘

① Matthew Spinka (trans.), *The Letters of John Hus*, No.27, pp.82-83.
② Matthew Spinka (trans.), *The Letters of John Hus*, No.32, p.93.
③ Matthew Spinka (trans.), *The Letters of John Hus*, No.27, p.84.
④ Matthew Spinka (trans.), *The Letters of John Hus*, No.28, p.85.
⑤ Matthew Spinka (trans.), *The Letters of John Hus*, No.27, p.79; No.37, p.106.
⑥ Matthew Spinka (trans.), *The Letters of John Hus*, No.27, pp.80-81.
⑦ Matthew Spinka (trans.), *The Letters of John Hus*, No.27, p.81.

的篇章之一"。① 可能是耳闻了杰罗姆的一些访问经历,塞沃特在信中称呼杰罗姆为"最大的异端传播者",胡斯在信中对此予以了坚决驳斥:

> 看看你,教授,你不应被称为神学教授,而应被称为具有恶行、声名狼藉的教授! 既然你对杰罗姆的信仰一无所知,你为什么要宣称他是"最大的异端传播者"? 你甚至撒下弥天大谎,说杰罗姆会见克拉科国王和他的兄弟(即立陶宛国王,引者注)意在颠覆他们的统治。"你是人心的察验者",因此在如此远的距离,你都能察觉到一个人的所思所想? 你如此虚假地诽谤你的邻居,你还是基督律法的教授吗? 肯定是敌基督教了你来宣布如此疯狂之言论! 基督的律法说:"你们不要论断人,免得你们被论断。"基督的律法还说:"若是你的兄弟得罪你,就劝戒他。"你为何首先不通过爱使你兄弟归正,却公开诽谤伤人?②

从上引激情昂扬的文字中,我们必须留意胡斯的一个重要观点,即如何处理犯有错误者或有可能犯错者,是动辄采用绝罚等方式,还是以爱的方式使人归正,显然胡斯支持后者。胡斯的这一思想将有助于我们分析和理解他后来在康斯坦茨公会议上的受审。

二、坚持著述

如前所述,流亡期间也是胡斯著述的高产期。学者 V. 弗莱什汉斯将胡斯所有的论著划分为四个时期,其中 1412—1414 年流亡时期被称为使徒时期(apostolic period),胡斯绝大多数最为重要的论著都出自这个时期。③ 总体来看,这一时期既有拉丁语论著,也有捷克语论著;既有探讨神学教义的论著,也有普及教义和论辩性的论文等等。

我们首先来探讨胡斯的数篇典型论辩性论文,它们的写作源于 1413 年2 月 6 日在布拉格召开的宗教会议。

一定程度而言,这次宗教会议的召开与胡斯向波西米亚最高法院的申诉有关。从 1412 年 12 月 14 日开始,最高法院连续三天召开会议。就在会

---

① Thomas A. Fudge, *Jerome of Prague and the Foundations of the Hussite Movement*, pp. 108 – 109.

② Matthew Spinka (trans.), *The Letters of John Hus*, No. 36, pp. 104 – 105.

③ 另外三个时期分别是:1402—1409 年的学术时期(academic period)、1409—1411 年的论辩时期(polemical period)和从 1414 年 10 月启程参加康斯坦茨公会议直至胡斯殉道的辩护时期(apologetic period),参见 Francis hrabě Lützow, *The Life and Times of Master John Hus*, pp. 317 – 318。

议召开之前,胡斯给参会的贵族们写了一封公开信。^① 在信中,胡斯表示并不惧怕对他的绝罚,让他悲痛的是他不能传布上帝之道。胡斯认为:

> 尊敬的大人们,大家想想,即使我完全有罪,他们是否应该阻止民众赞美上帝,他们是否应该通过绝罚和禁止圣事活动来伤民众的心。他们凭着自己的意愿随意禁止圣事,这在圣经中并无依据。他们压制并盘剥贵族、骑士、乡绅以及穷苦民众,甚至将人驱逐出境。这些行为有违上帝的律法、有关精神权利的法规和教会法。

胡斯希望参会的贵族们能阻止上述不正当行为。胡斯还明确表示,只要任何人站出来指控自己,他愿意在所有教士、高级教士甚至贵族面前对该指控作出回答,而且国王以前也同意了他的这一请求,但一直未有任何人对他提出指控。此外,胡斯宣布自己绝不会遵守教皇和大主教禁止布道的命令。

鉴于胡斯在宫廷内的朋友提出建议,瓦茨拉夫国王于 1413 年 1 月 3 日发布诏令,宣布将于 2 月 2 日在捷克布罗德(Český Brod)召开特别宗教会议以"根除异端"。会议最终于 2 月 6 日在位于布拉格小城区的大主教宅邸内举行。布拉格执行大主教弗希塔的康拉德随后发布了召开会议的通告。此后,瓦茨拉夫要求布拉格大学提出解决胡斯与反对派之间争端的具体方案,这实质上改变了宗教会议原来的意图,换言之,宗教会议被赋予了调解者的角色。^②

瓦茨拉夫为什么要调解两派的争端?尽管在赎罪券风波中,由于胡斯与瓦茨拉夫所持立场的差异导致胡斯失去了瓦茨拉夫的支持,瓦茨拉夫甚至承认波西米亚存在威克里夫的"异端",但是必须看到,瓦茨拉夫从未承认胡斯为异端。更为重要的是,瓦茨拉夫必须考虑波西米亚的声誉。由于布拉格地方教会与罗马教廷联手起诉胡斯,加之威克里夫"异端"思想在波西米亚的传播,波西米亚在整个欧洲遭到了公开谴责,被斥为异端之地,这种名声在中世纪对于波西米亚具有巨大的威胁,教皇发动十字军讨伐波西米亚并非没有可能。由此可见,瓦茨拉夫的调停,甚至最终将斯坦尼斯拉夫等反对派逐出波西米亚,都是主要基于政治因素的考量。

反对派和改革派都为此次宗教会议作好了充分的准备。反对派的主要发言人是斯坦尼斯拉夫和巴莱奇,不过他们参会的意图并非国王所期待的

---

① Matthew Spinka (trans.), *The Letters of John Hus*, No.31, pp.90 – 91.

② Matthew Spinka, *John Hus: A Biography*, pp.167 – 168.

寻求和解,而是想赢得对胡斯等人的决定性胜利。作为谈判的基础,他们首先公布了《反对胡斯的博士们的信仰声明》(*Confessio doctorum contra Hus*),这份文件再次谴责了威克里夫的四十五信条,认定胡斯信奉这些信条,因此教廷对其绝罚是公正的,在布拉格禁止圣事活动也是公正的。① 改革派显然无法接受这份文件,因此斯坦尼斯拉夫和巴莱奇对此修改调整,后以神学院博士们的名义提交了名为《布拉格大学神学院博士们的陈述书》(*Consilium doctorum facultatis theologiae studii Pragensis*,以下简称《陈述书》)的新文件。

《陈述书》将对立双方的分歧归纳为三点,因而此文件俗称"三条真理"。第一,波西米亚教会信奉有关圣礼、赎罪券等教义,承认教皇是教会之首、枢机主教是教会之躯等,但是波西米亚的某些神职人员(即指胡斯和改革派)认为谴责四十五信条是不公正的,拒绝承认威克里夫的信条是错误的。第二,教皇作为圣彼得的继承人有权裁决教会事务,但是波西米亚的某些神职人员无视教皇和枢机主教们,视圣经为唯一的信仰指南,而且根据他们自己的理解来解读圣经的条文。第三,任何信众必须信仰罗马教会认可的教义,下层教士必须服从教廷、罗马教会和高级教士,但是波西米亚的某些神职人员试图鼓动信众反对高级教士,蔑视教皇、主教以及教会重要人士。此外,《陈述书》还强调威克里夫的四十五信条都非正统,任何信仰这些信条者都将作为异端被逐出国境。②

由于绝罚,胡斯无法参加宗教会议,但是在会议召开之前提交了《和解条件》(*Conditiones concordiae*)的文件。其内容归纳为九个提议,其中最为重要的是有关异端的问题。胡斯宣布,他欢迎任何人指出他的错误或者提出异端指控,一旦罪名成立,他愿受惩罚,但如果对方的指控不成立,那么对方则"败诉同罚"。任何起诉胡斯者需到大主教宅邸陈述。如果没有人起诉胡斯,应该传唤那些向教皇打报告的人,既然他们说波西米亚和摩拉维亚已被异端传染,他们必须对此予以证明。如果他们无法证明,他们理应受到惩罚,而大主教应据此宣布没有人可以被称为异端,针对圣事活动的禁令也应该解除。国王可以通过向神职人员征税的方式筹集资金,派出使团向教廷通报在波西米亚并无异端存在。除此以外,其他提议还包括:1411 年六人仲裁委员会就胡斯与兹贝涅克之间争端给出的仲裁意见应该成为本次谈判的基础;波西米亚国王有权评判教廷的判决;既然布拉格前任大主教兹贝涅

---

① Matthew Spinka, *John Hus: A Biography*, p.168.

② Matthew Spinka, *John Hus' Concept of the Church*, pp.142 – 144.

克并未以任何罪状起诉胡斯,因此胡斯应该被邀参加本次宗教会议,等等。①

胡斯在《和解条件》中的九个提议遭到了坚定反对改革派的利托米什尔主教、绰号"铁腕"约翰的逐条驳斥。瓦茨拉夫本来命令康拉德和"铁腕"约翰一起组织宗教会议,但是,由于宗教会议有意促进对立两派的和解,因此"铁腕"约翰拒绝参与会议的议程。同时,"铁腕"约翰于1413年2月10日致信康拉德,认为应该剥夺胡斯在伯利恒小教堂布道的任何机会,应该谴责胡斯的论著为错误并禁止其流通,甚至建议布拉格大学选举一名副教长专司监督纪律之责,胡斯追随者的任何布道也应一并禁止。②

由于双方的立场不可调和,此次宗教会议在2月19日无果而终。4月,瓦茨拉夫任命四人委员会再度启动对双方矛盾的调解工作。四名委员分别是前任布拉格大主教乌尼乔夫的阿尔比克博士、万圣学舍舍长拉伯涅的兹德涅克、高堡教区教长杜巴的雅各布(Jacob of Dubá)和时任布拉格大学校长普拉哈季采的克里斯琴。③ 由于兹德涅克一直属于改革派的代表,而克里斯琴是胡斯视同恩人的捐助人,胡斯在布拉格大学求学期间也与他有密切接触,另外在胡斯流亡初期克里斯琴曾写信鼓励胡斯,相信"暂时的苦恼和朋友的疏离不会压垮他,也不会让他郁闷伤心,相反会让他坚强奋起,让他愉悦",④因此四人委员会对于胡斯及其改革派是有利的。

复活节到来之前,四人委员会召集双方的代表开会。神学院的主要代表是斯坦尼斯拉夫、巴莱奇和约翰·伊利亚舒夫,代表胡斯的改革派则包括胡斯的法律顾问叶塞尼采的约翰(他可能在1412年9月以后从博洛尼亚返回布拉格)、斯特日布罗的亚库贝克、季什诺夫的西蒙等。依照当时的程序惯例,四人委员会要求双方首先承诺尊重委员会的最终决议,不尊重决议者将面临大笔罚金的处罚和被驱逐出境。神学院代表们起初不愿对此承诺,但后来勉强接受。随后,神学院代表向四人委员会提交了《和解条件》(Conditiones concordiae),该文件总计12段,内容与他们之前提交的《陈述书》没有太大区别,但是语气缓和了一些。⑤

围绕《陈述书》和《和解条件》两个文件,对立双方再掀论战。在得知了《陈述书》所提的条件后,胡斯写了一封措辞尖锐的回复并写有《驳博士们的

---

① Matthew Spinka, *John Hus: A Biography*, pp.169 - 170.

② Matthew Spinka, *John Hus: A Biography*, p.171.

③ Matthew Spinka, *John Hus: A Biography*, p.172.

④ Matthew Spinka (trans.), *The Letters of John Hus*, No.30, p.88.

⑤ Matthew Spinka, *John Hus' Concept of the Church*, p.146.《和解条件》的拉丁原文参见 František Palacký (ed.), *Documenta Mag. Johannis Hus*, pp.486 - 488.

错误陈述书》(*Contra falsa consilia doctorum*)。在回复中，胡斯指出，神学院也有不遵守教皇以及瓦茨拉夫国王命令的先例，并提醒大家不要忘了斯坦尼斯拉夫和巴莱奇也曾为四十五信条中的一些信条公开辩护。[①]《驳博士们的错误陈述书》则成为叶塞尼采的约翰针对《和解条件》所写答辩的第二部分，该答辩名为《布拉格教师们的答辩：驳神学院的和解条件》(*Replicatio magistrorum Pragensium contra conditiones concordiae a facultate theological latas*，以下简称《答辩》)，以布拉格大学教师的名义提交。斯坦尼斯拉夫则专门写了《善良的和值得尊敬的……》(*Alma et venerabilis …*)一文来反驳《答辩》，而胡斯所写的《驳斯坦尼斯拉夫》对斯氏又进行针锋相对的反驳。[②]

叶塞尼采在《答辩》中反驳了神学博士们所信奉的"教皇是教会之首，枢机主教是教会之躯"的教义，认为罗马教会不能代表整个基督教会，因为还有众多民族教会的存在，宣称基督才是教会之首，所有忠实的基督徒才是教会之躯。斯坦尼斯拉夫则认为，各民族教会只是具体的教会分支，只有罗马教会才拥有普世统治的权力，即通过教皇权力逐层下达到枢机主教以及所有具体的教会。教皇是基督的法定神甫，这种神甫之权的获得是出于基督的恩典，而非教皇的优秀品质。基督教会的某个局部可能犯错，但是罗马教会不会犯错，这就犹如河水永在流动但总体不变的伏尔塔瓦河。[③]

叶塞尼采拒绝谴责四十五信条，因为根据早期教父的论述和教会法，博士、主教和大主教皆无权解决有关信仰的争议，而教皇和枢机主教的裁决必须符合圣经。斯坦尼斯拉夫则引用《新约·约翰福音》第16章12节"我还有好些事要告诉你们，但你们现在担当不了"来说明圣经未明确的内容由基督授权教皇来解释，任何对教会诏令的质疑就是不忠的行为，而且在教皇谴责错误教义之前主教有权在其教区先行谴责并惩罚错误。斯坦尼斯拉夫还批评改革派中的一些人侮辱教皇和罗马教会并煽动平信徒反对神职人员，因此改革派自称"福音教士"(evangelical clergy)是极其愚蠢的。此外，斯坦尼斯拉夫抨击改革派坚持以圣经为最高权威的主张，认为基督徒应该承认罗马享有最高权威。[④]

叶塞尼采和斯坦尼斯拉夫在是否绝对服从教皇上存在分歧。前者认

---

① Matthew Spinka, *John Hus' Concept of the Church*, p.145.
② Matthew Spinka, *John Hus' Concept of the Church*, pp.177-208.
③ Matthew Spinka, *John Hus' Concept of the Church*, pp.179-181.
④ Matthew Spinka, *John Hus' Concept of the Church*, pp.181-184.

为，很多教皇曾是异端，甚至还有女人（如阿格尼丝，Agnes）女扮男装出任教皇的现象，也有教皇经常撤销敕令并犯错的先例，因此不可能在任何事情上都绝对服从教皇，正确的做法是将基督的教导置于教皇和高级教士命令之上。后者虽然承认应该区别对待是否遵守上级教会发布的命令，这似乎表明下级教会和信众享有判断的自由，但是，自相矛盾的是，斯坦尼斯拉夫又说信众不能依靠自己的判断或自己的理解来解释上级教会的命令，也不应该判断这些命令是否与上帝的律法是一致的。[①]

对于两派争端的原因，叶塞尼采认为教会中存在的买卖圣职、奢侈和贪婪三大罪恶是主要原因，因此只要根除教会中的三大罪恶，教会的和平和团结将在波西米亚重现。但是，斯坦尼斯拉夫则将双方的争端归因于改革派坚持的不是罗马教会的信仰，而是四十五信条，特别是双方在圣礼、最终裁定权等方面的认识差异。此外，叶塞尼采还驳斥了神学博士们有关审判胡斯的观点，即他们认为审判胡斯是正义的，布拉格神学界无权判断绝罚胡斯是否公正，因为罗马教会的命令不应受到任何质疑。叶塞尼采认为，根据教会法的要求，如果主教没有仔细听取和审查被告的诉讼案件，那么无辜的被告不应受到判罚，因此教会针对胡斯的审判是无效的。斯坦尼斯拉夫则重弹老调，认为布拉格神学界对教会命令的质疑无异于不忠。[②]

《答辩》的第二部分系胡斯所写，主要阐述的内容有如下三点。其一，要求神学博士们解释何为"传播疾病的教士"。胡斯认为该词指的是买卖圣职者、纳妾者以及售卖赎罪券和圣徒遗迹等贪婪之人，他们败坏了波西米亚的名誉。也许斯坦尼斯拉夫位于这些人之列，因为他曾攻击圣礼。其二，抨击斯坦尼斯拉夫"教皇是教会之首，枢机主教是教会之躯"的教义。试想，如果教皇的生活方式与基督相左，他如何能被视为圣彼得的继承者？其三，引用奥古斯丁的论断，即接受天主教会认可圣经之外的经义者将是可憎的，胡斯认为教会的定义应该以圣经为依据。博士们对于教会的定义超出了圣经，还以异端和死亡来威胁任何拒绝接受此定义者，这是可憎的。斯坦尼斯拉夫首先为自己作了辩护，虽然他在1403年写作的《论基督圣体》一文中宣扬"圣餐不变论"，但是他后来公开放弃了此教义。尽管斯坦尼斯拉夫没有谴责胡斯信奉威克里夫的信条，但是指责胡斯熟谙威克里夫的学说。针对胡斯对他教会定义的抨击，斯坦尼斯拉夫认为胡斯没有把作为具体个人的教皇和担任教职的教皇区分开来，因为教职并不取决于担任该职务者的道德

---

① Matthew Spinka, *John Hus' Concept of the Church*, pp. 184 - 186.
② Matthew Spinka, *John Hus' Concept of the Church*, pp. 186 - 189.

品质。针对胡斯以圣经为权威的观点，斯坦尼斯拉夫强调必须无条件服从教皇权威。值得注意的是，《善良的和值得尊敬的……》的结尾写道："针对异端分子胡斯及其同党的异端和错误论述，神学院教授们谨以此文给予明确而正统的答复。"①显然，斯坦尼斯拉夫深谙异端指控的严重后果，但他已无暇顾及，必欲置胡斯于绝境而后快。

面对斯坦尼斯拉夫对于《答辩》的批评，胡斯显然不会置若罔闻。在《驳斯坦尼斯拉夫》一文中，胡斯对斯氏的观点进行了详细的驳斥。②其一，不同意谴责威克里夫四十五信条，否认改革派是中了威氏教义之毒害。胡斯提醒，斯坦尼斯拉夫曾经坚决否认这些信条为异端，并为其正统性而辩护，而且还赞扬威克里夫是"杰出的神学家和哲学家"，结果现在他却大加责骂。其二，再次抨击斯坦尼斯拉夫"教皇是教会之首，枢机主教是教会之躯"的观点。毋庸置疑，这是双方最大的根本性分歧。由于前文已有部分论述，加之本章下节在讨论胡斯的《论教会》中将不可避免涉及此根本分歧，因而此处不宜赘述。其三，攻击当前的教皇制度，认为很多重大错误和教会大分裂皆因教皇制度而起，否认基督将最终裁定权授予彼得及其继承者（即教皇），提出罗马教会只是构成基督教会众多具体教会中的一个，众多主教应平等地享有基督神甫的权力，甚至提出教会不一定需要教皇。不仅如此，胡斯还认为枢机主教团只是教皇随意设立的机构，并无圣经的依据。其四，为改革派受到的指责（诸如不忠、传播错误和诽谤教会等）辩护，反过来指责斯坦尼斯拉夫试图掩盖教会神职人员的错误行为以及无法容忍对教皇和他本人教义的任何批评。

与此同时，胡斯与巴莱奇之间也展开了论辩。可能认为斯坦尼斯拉夫对教会的定义过于狭窄，巴莱奇写作了《论教会之正名》(*De aequivocatione nominis ecclesia*)，在这篇短文中界定了教会的六种定义。胡斯在《论教会》一书中对此做出了回应。随后，巴莱奇也以《论教会》为题写作了同名论文来反驳胡斯的观点。在此之前，和斯坦尼斯拉夫一样，巴莱奇也写有论文《对某些人的答复》(*Replicatio contra Quidamistas*，这里的"某些人"即指《陈述书》中所说的"波西米亚的某些神职人员"）来反驳以布拉格大学教师的名义公之于众的《答辩》。针对此文，胡斯随后写了《驳巴莱奇》，而巴莱奇则以《驳斥胡斯》应对。1413年6月胡斯写作的《驳八名博士》（第三章第二

① Matthew Spinka, *John Hus' Concept of the Church*, pp.189-193.
② Matthew Spinka, *John Hus' Concept of the Church*, pp.193-207.

节已有讨论)一般视为双方论战的结束。① 鉴于本章下节将对比胡斯和巴莱奇在同名论著《论教会》中的教会观,加之胡斯和巴莱奇的观点交锋与上述胡斯与斯坦尼斯拉夫的论辩有诸多相似和重合之处,因此我们不妨从《驳巴莱奇》和《驳斥胡斯》两文最为激烈的言辞中管窥胡斯与巴莱奇的势不两立,这也将有助于我们理解为何巴莱奇成为康斯坦茨公会议上胡斯最为强大的敌人之一。

以如何称呼教皇为例。巴莱奇坚称教皇因其教职而应被称为"最神圣的",胡斯则坚决反对,认为这一称号只属于上帝,即使教皇配得上的话,充其量也只能被称为"神圣的"。如果教皇因为他的教职可以被称为"最神圣的",那么世俗国王是否也能被给予同样的称呼? 那些法官、律师甚至行刑官的公务行为也是为了基督教会的利益,那么他们是否也能被称为是"神圣的"? 愤怒的巴莱奇指责胡斯将教皇与行刑官等进行类比,这简直就是对教皇的极大侮辱。他还斥责胡斯不应该称呼因谴责赎罪券而被斩首的三名年轻人为圣徒。巴莱奇甚至不惜捏造事实,谎称胡斯本人在 1411 年致教皇约翰二十三世的信中称呼教皇为"最神圣的父"。②

事实上,胡斯在《驳巴莱奇》中多次称呼巴莱奇为"撒谎者"(Fictor)和"散布谎言者"。针对巴莱奇对威克里夫派的种种污蔑和攻击,比如正直之人是反对威克里夫派的,比如声名狼藉的通奸者和买卖圣职者是威克里夫派的保卫者,胡斯反驳道,巴莱奇应该睁开他被蒙蔽的双眼,辨明那些自傲、通奸、贪婪和买卖圣职的教士到底是属于他自己的派别还是胡斯的派别。"我们的支持者都是贫穷甚至赤贫的教士。然而,撒谎者和他的同党们却宣称整个波西米亚王国的神职人员和整个基督教会都是他们的支持者,并为此而得意扬扬。"可见,胡斯并不认同"撒谎者"(即巴莱奇)的自吹自擂。胡斯断言,如果巴莱奇愿意承认的话,那些犯有恶行的教士肯定是来自巴莱奇的阵营,不会来自威克里夫派。③

胡斯反驳巴莱奇对威克里夫的谴责,也有不少激烈的言辞。比如巴莱奇谴责威克里夫的四十五信条是"异端的、错误的、令人愤慨的",胡斯就数次诘问:

---

① Matthew Spinka, *John Hus' Concept of the Church*, p. 209.
② Matthew Spinka, *John Hus' Concept of the Church*, pp. 233 – 235. 在 1411 年 9 月 1 日胡斯致教皇约翰二十三世的信中,胡斯称呼教皇为"基督的最高牧师"(Supreme Vicar of Christ)和"陛下"(Your Holiness),而非巴莱奇所说的"最神圣的父"(the most holy father),见 Matthew Spinka (trans.), *The Letters of John Hus*, No. 18, p. 56。
③ Matthew Spinka, *John Hus' Concept of the Church*, p. 244.

啊,博士! 你的证据在哪里? 你是一个散布谎言者,捏造了众多你无法证实的罪状……请出示圣经上的依据,拿出真正的理由来。我们曾就圣经条文举行公开辩论,我们曾以书面和口头的方式公开表明你们对于那些信条的谴责是没有充分根据的,是不公正的……你难道不记得你的同事斯坦尼斯拉夫的观点了吗? 在大学的集会前他曾说那些信条不应该受到谴责。你难道不记得你曾经如何称赞那些信条,而且说你无法反对它们? 然而,现在你却和斯坦尼斯拉夫一道转向另一阵营而反对一切。在一次布拉格大学教师的会议上,你曾将一本威克里夫的著作扔到桌子上并声称:"如果谁愿意站出来质疑这本书里的任何一个字,我都会为它辩护!"你现在绝不会再这样做! ……你曾经是唯实论者,但你现在已变成了唯名论者![①]

对于巴莱奇的立场转变,胡斯出语嘲讽巴莱奇"放弃了唯实论,转而信仰唯名论,他像一只龙虾向后爬去。"[②]

巴莱奇则指责胡斯拒绝信仰整个基督教会所坚持的"三条真理"(参见前述《陈述书》),指责胡斯不承认教皇和罗马教会的权威,长期顽固地为威克里夫"传播疾病的"教义辩护。在所有胡斯的敌人中,巴莱奇的攻击力度可能无人能出其右:

你怎么敢宣称自己是一个忠实的基督徒,没有偏离真理? ……前述三条真理是整个基督教会的根基,千百年来,无论是知识渊博的,还是没有文化的基督徒皆信奉它们……你却一直试图宣告它们是无效的,直到现在依然誓不罢休。你怎么敢宣称自己是一个忠实的基督徒,绝没有偏离真理? ……要是你思维顿开,睁开你被蒙蔽的双眼,那么你肯定会发现,你支持的威克里夫是基督教会和信仰最为危险的攻击者。[③]

不仅如此,巴莱奇甚至宣称,"从基督诞生到现在,没有哪个异端分子对教会之危害能胜过胡斯"![④] 至此,胡斯是"异端"已经牢牢植根于巴莱奇的认知之中。

---

① Matthew Spinka, *John Hus' Concept of the Church*, pp. 236 - 237.
② Matthew Spinka, *John Hus' Concept of the Church*, p. 242.
③ Matthew Spinka, *John Hus' Concept of the Church*, p. 239.
④ Matthew Spinka, *John Hus' Concept of the Church*, p. 246.

　　除了双方的论辩性文字,胡斯在此期间与四人委员会委员、普拉哈季采的克里斯琴的几封通信也不失为一个难得的视角,可以丰富我们对于改革派和反对派之间对立立场的认识。

　　克里斯琴于 1413 年 4 月 25 日卸任布拉格大学校长。在此之前,胡斯给克里斯琴写了两封信,充分表明了他与对手们的观点对立。在胡斯看来,他和巴莱奇等对手之间产生冲突的原因至少有四:一是如何看待四十五信条,二是赎罪券买卖,三是对方指责胡斯及其追随者有关圣礼的教义是错误的,因此是传播疾病的教士,四是胡斯不认可对方在《陈述书》中所提的"三条真理"。① 其中胡斯着墨最多者依然是他对"教皇是教会之首,枢机主教是教会之躯"教义的质疑和驳斥。针对斯坦尼斯拉夫等人提出的"在这个世界上再也找不到像教皇和枢机主教团这样的人来出任基督和彼得的继承者"的论断,胡斯反问:"他们宣称教皇和枢机主教团是上帝授予教会的唯一继承者,还有什么方式能比这种论断让敌基督夸耀自己居于上帝之上呢?"② 显然,胡斯这里直指教皇就是敌基督,斯坦尼斯拉夫和巴莱奇等就是敌基督的门徒。结合过去发生在自己身上和波西米亚的实例——比如教皇认定搜刮钱财的赎罪券是正统的,那么它就是信仰;再如教皇认定胡斯该受绝罚,因此胡斯就应该被谴责;再如教皇决定任何持有威克里夫论著者必须上缴这些书籍,这就必须执行;再如教皇在敕令中禁止在任何小教堂布道,这就必须遵守——胡斯下结论认为,这些充分表明敌基督是根据他自己的意愿在行事!③ 因此,胡斯再次明确表明自己的立场:他承认在罗马教会中教皇是基督的神甫,如果他在道德方面能效仿基督,那么他是耶稣基督领导之下的整个战斗的教会的领导者,但是,如果他的生活方式违背基督,那么他就是"残暴的狼",是主要的敌基督。至于教皇的敕令,胡斯认为,只要罗马教会、教皇和枢机主教们按照基督的律法发布命令,他都会尊重并接受,但是他不会接受教皇和枢机主教们以个人意愿作出的任何决定或命令。胡斯还明确表示,他认同 13 世纪意大利著名教会法学家奥斯蒂恩西斯(Hostiensis,即Henry of Segusio,约 1200—1271)的观点,即"教皇和整个罗马教廷不仅在真理的判断上也在道德方面经常犯错"。④

　　那么,四人委员会调停的最终结果如何? 四人委员会委员杜巴的雅各布提出了双方和解的方案,要求双方必须宣布在正统信仰方面服从神圣罗

---

① Matthew Spinka (trans.), *The Letters of John Hus*, No. 33, pp. 94 - 95.
② Matthew Spinka (trans.), *The Letters of John Hus*, No. 33, p. 95.
③ Matthew Spinka (trans.), *The Letters of John Hus*, No. 34, p. 97.
④ Matthew Spinka (trans.), *The Letters of John Hus*, No. 34, pp. 99 - 101.

马教会。出人意料的是,对立双方都表示接受,因为神学博士们将语义含混的"神圣罗马教会"理解为他们一直主张的教皇为首、枢机主教团为躯的教会,而叶塞尼采等改革派则将其理解为任何良善和忠诚的基督徒应该服从的教会。表面上看,双方在保留各自语义理解的基础上形成了和解。但是,当委员会要求四名神学博士给罗马教廷写信,表明两派之间已经和好如初,博士们拒绝了这一要求。由于在开会前双方已经承诺尊重委员会的最终决议,因此委员会决定对这些神学博士处以罚款并驱逐出境,瓦茨拉夫国王随后剥夺了他们的薪俸以及在布拉格大学的教职。于是,斯坦尼斯拉夫、兹诺伊莫的彼得(Peter of Znojmo)和约翰·伊利亚舒夫被迫流亡到摩拉维亚,巴莱奇则受到了"铁腕"约翰主教的保护。①

6月,四人委员会再次调解。从胡斯写于当月的一封信来看,取代四名流亡神学博士的神学院新任代表很可能要求将《陈述书》作为双方谈判的基础。在信的开头,胡斯就明确宣布,他绝不接受神学院提出的《陈述书》,"哪怕面临烧死他的火"。② 尽管此信的收信人存有争议——有的认为是克里斯琴,有的认为是雷施泰因的约翰·卡迪纳尔(John Cardinal of Rejnštejn,胡斯在此信中称他为"反抗敌基督的盾牌")——但是这封俗称为"最后答复"(Responsio finalis)的信不容小觑:一方面,胡斯充分体现了为真理而不惜献身的决然态度以及绝不妥协的精神;另一方面,胡斯实际上也切断了他所有的退路,失去了寻求瓦茨拉夫干预和帮助的可能性。

在信中,胡斯再次回顾了两名"变节者"(即斯坦尼斯拉夫和巴莱奇)的转变。他们过去谨守上帝的律法,后来却因为害怕而献媚于教皇甚至撒谎。巴莱奇称呼胡斯等人为威克里夫派,认为胡斯等人偏离了整个基督教会的信仰。斯坦尼斯拉夫则称呼胡斯等人为异教徒、背信弃义者、精神错乱者和该受诅咒的教士。对此,胡斯回应道:

> 要不是他们激起了敌基督的愤怒,我会对这些诽谤置若罔闻。然而,凭着上帝的恩典,我希望——如有必要的话——能反抗他们直到我被大火吞噬的那一天。如果我不能完全解除真理所受到的束缚,那么至少我不能成为真理的敌人。哪怕是死,我也不会认同阴谋诡计。让这个世界按照上帝准许的样子去运行吧。与其邪恶地活着,不如良善地死去。人不能因为避免死亡而犯罪。在恩典中终结此生就是远离痛

① Matthew Spinka, *John Hus: A Biography*, pp.174-175.
② Matthew Spinka (trans.), *The Letters of John Hus*, No.35, p.102.

苦。"加增知识的,就加增劳作。"说真理的,将被砸破头。害怕死亡的,将失去生之快乐。真理胜过一切。①

正因为"真理胜过一切",因此胡斯很难理解斯坦尼斯拉夫和巴莱奇的"变节",认为他们违背了良知。

以上对胡斯流亡期间多篇论辩性论文和书信的讨论表明,对立双方借助于文字展开了激烈的思想和观点交锋,表面"风平浪静"的流亡生涯却是"暗流涌动"。除了关注胡斯上述论辩性论文、书信以及下节将重点讨论的《论教会》这本胡斯最重要的拉丁语神学著作,我们也有必要大致了解胡斯在流亡期间以捷克语写作的一些论著。

马修·斯宾卡等学者对胡斯的捷克语论著进行了梳理和介绍。② 一般认为,胡斯在流亡期间的主要捷克语著作有 5 篇(部)。其中,1413 年 10 月 27 日在柯施城堡完稿的《主日布道集》被视为胡斯布道生涯的登峰之作。该书基于 1410—1411 年伯利恒小教堂的拉丁语布道集,另外增添了作者自述性回忆等内容。完稿于 1413 年 2 月 2 日的《论西门主义》是胡斯批评教会腐败和堕落的代表之作。此文的写作动机源于 1412 年末至 1413 年初布拉格大主教的变更。大主教乌尼乔夫的阿尔比克无法让国王和教皇都对他满意,因而心生退意,但他又不愿放弃教职带来的荣耀,于是和继任者达成了交易,即继任者弗希塔的康拉德将他担任的奥洛穆茨主教一职转让给高堡的教长,而阿尔比克则接任高堡的教长一职并且获封凯撒利亚名誉大主教(Archbishop of Caesarea)。③ 另外三篇捷克语论文大约完成于 1412 年 11 月 10 日,分别是《论信仰》(Výklad víry)、《论摩西十

---

① Matthew Spinka (trans.), *The Letters of John Hus*, No. 35, p. 102.

② 以下有关胡斯捷克语论著内容的介绍,详见 Matthew Spinka, *John Hus' Concept of the Church*, pp. 290-328; Matthew Spinka, *John Hus: A Biography*, pp. 192-218。学者弗朗西斯·赫拉别·吕措也对胡斯论著及其出版情况有整体介绍,参见 Francis hrabě Lützow, *The Life and Times of Master John Hus*, pp. 310-320。值得指出的是,在胡斯流亡之前,他已经写有部分捷克语论文,如写于 1409—1410 年的《九条黄金论纲》(*Devět kusův zlatých*)主要讨论美德和教义,写于 1412 年的《三股绳》(*Provázek třípramený*)讨论了信、望、爱,同年完成的《罪恶之人的镜子》(*Zrcadlo člověka hříšného*)讨论自我认识。

③ Albert Henry Wratislaw, *John Hus: The Commencement of Resistance to Papal Authority on the Part of the Inferior Clergy*, pp. 193-194; Francis hrabě Lützow, *The Life and Times of Master John Hus*, pp. 169-170。另外,1413 年 7 月 17 日,弗希塔的康拉德正式出任布拉格大主教,参见 Thomas A. Fudge, *The Trial of Jan Hus: Medieval Heresy and Criminal Procedure*, p. 175.

诚》(*Výklad desatera*)和《论主祷文》(*Výklad modlitby Páně*)，①主要内容是讨论教义，目的在于告诉普通民众信仰什么，如何去做，以及如何祈祷。

此外，隐居柯施城堡期间，胡斯为居住在伯利恒小教堂附近的女性教众写作了《女儿：如何得知拯救的正确之途》(*Dcerka：O poznání cěsty pravé k spasení*)，此文具有礼拜生活指南性质，激励教众认识自己，认识当前生活的痛苦，勇于与肉体、尘世和邪恶等作斗争，勇于忏悔并信仰上帝之爱。具有类似指南性质的论文还有完成于 1414 年 6 月 26 日的《基督教义的核心》(*Jádro učení kíestanského*)，这是一本问答式口授教义手册。1413 年 6 月 21 日完稿的《论六个错误》(*O šesti bludích*)是在同名拉丁语论文的基础上拓展而成，这篇拉丁语论文是胡斯 1413 年三四月间隐居伯利恒小教堂时所作，后将其刻在小教堂的墙上，由此可见胡斯对于此文之重视。② 在隐居克拉柯维兹城堡期间，胡斯以捷克语写有《驳斥厨师》(*Knížky proti kuchmistrovi*)的小册子，主要是反驳一个担任过神甫的厨师对他的指控。

接近两年的流亡生活让胡斯暂时远离了与反对派之间的正面对峙，但是胡斯在此期间写作的大量拉丁语和捷克语著述标志着胡斯神学思想或者说"异端"思想的成熟。无疑，《论教会》一书是讨论胡斯"异端"思想的重中之重。

第二节　《论教会》述评

可能于 1412 年末或 1413 年初，处于流亡期间的胡斯开始写作《论教会》，1413 年 5 月完稿。6 月 8 日，《论教会》在伯利恒小教堂被公开宣读。③

---

① 这三篇论文出版后，迄今至少已有三个版本。前两个版本是胡斯的著作选集，三篇论文被收入其中。最近的版本是 1975 年吉里·旦赫尔卡(Jirí Daňhelka)编辑的《论信仰、摩西十诫和主祷文》(*Výklady na vieru，Přikázanie a Otčenáš*)，是三篇论文首次单独成书。

② Matthew Spinka, *John Hus: A Biography*, p.172.1949 年在恢复重建伯利恒小教堂时，博胡米尔·雷巴(Bohumil Ryba)教授发现刻有《论六个错误》的伯利恒小教堂残存的墙壁，一起刻在墙上的还有亚库贝克的两篇论文《我们的救世主》(*Salvator noster*)和《论婴幼儿的圣餐》(*Concerning the Communion of Infants*)，详见 Hieromonk Patapios, *Sub Utraque Specie*: The Arguments of John Hus and Jacoubek of Stribro in Defence of Giving Communion to the Laity Under Both Kinds, *Journal of Theological Studies*, 53, 2002, p. 504。另外，巴莱奇曾在《驳斥胡斯》一文中指责胡斯利用在墙上刻文的方式向民众传播错误，主张销毁这些所刻文字，见 Matthew Spinka (trans.), *The Letters of John Hus*, No. 62, p.150。

③ Matthew Spinka, *John Hus' Concept of the Church*, p.252. 不过，也有学者认为宣读《论教会》的时间是 7 月 8 日，参见 Johann Loserth, M. J. Evans (trans), *Wiclif and Hus*, p. 157。

一方面,此书是"最彻底、最系统地体现胡斯有关教会成熟思想的主要著作"(马修·斯宾卡语);①另一方面,此书又成为对手们攻击胡斯的绝佳目标,甚至成为康斯坦茨公会议定罪胡斯为异端的主要依据。

《论教会》一书用拉丁语写成。② 全书共 23 章,前 10 章采用冷静的学术语言阐述了胡斯的教会观,后 13 章驳斥了布拉格大学神学院博士们向 1413 年 2 月 6 日波西米亚宗教会议提交的《陈述书》,这两个部分的话题存在部分重合。

概而论之,《论教会》主要从三大主题呈现了胡斯的教会观:教会的本质及组成人员、教会之首及其建立、教会的权力和权威。

一、论教会的本质及组成人员

首先来看胡斯如何界定教会的本质及组成人员。在《论教会》的首章,胡斯呈现了"教会"一词的三层含义。其一,教会是上帝之家;其二,教会意味着属于上帝之家的神甫们;其三,根据希腊语 ecclesia 的意思,教会是基督统治之下所有人的集合。显然,胡斯重视的是教会的第三层含义。由于并非所有人都处于基督统治之下,因此教会就可以分成绵羊的教会(或公义之人的教会)和山羊的教会(或堕落之人的教会)。前一种教会也就是大公教会,胡斯沿用奥古斯丁将其定义为被预定者的集合体(totality of predestinate)。③ 在第 2 章里,胡斯进一步将大公教会区分为战斗的教会、休眠的教会和胜利的教会。这三者都由被预定者组成,不过战斗的教会里还有被预知者(即被上帝预先知道会堕落的基督徒)。胡斯的这些表述早在他担任神甫布道中已有体现(详见本书第二章第四节)。需要注意的是,胡斯强调被预定者和被预知者的对立,似乎与奥古斯丁对于这一组概念使用的用意有所不同。奥古斯丁区分预定和预知,目的在于澄清一种可能怪罪于上帝的误解:"如果预定即预知,那么上帝肯定会预知到有人干坏事,那么岂非上帝也预定人干坏事了?"④说得更具体一些,上帝只是预定一部分人得救,没有必要预定其余所有人的沉沦,他只是预先知道他们将滥用自由意志

---

① Matthew Spinka, *John Hus: A Biography*, p.184.

② 该书的拉丁文版本,参看 Matthias Flacius Illyricus (ed.), *Historia et Monumenta Joannis Hus atque Hieronymi Pragensis, Confessorum Christi* (2 vols, new edition of the work of 1558), Norimberg: J. Montanus et U. Neuber, 1715, vol. I, pp.243 - 317. 本章讨论依据的是其英译本,参见 John Hus, David Schley Schaff (trans.), *De Ecclesia* (*The Church*), New York: Charles Scribner's Sons, 1915。

③ John Hus, David Schley Schaff (trans.), *De Ecclesia* (*The Church*), pp.1 - 3.

④ 周伟驰:《奥古斯丁的基督教思想》,第 227 页。

而作恶，同时在他们作恶后施与公正的判罪。因此，被预知者不得永生，不能怪罪于上帝。反观胡斯，虽然他也同意奥古斯丁为上帝开脱，但是他借助于这一组对立概念更多的是为了证明并非所有的基督徒都属于教会，这正是《论教会》第3章讨论的标题，也是第5章"好与坏皆在教会之内"反复讨论的。胡斯引用《新约·马太福音》中耶稣使用的喜筵、撒网、稗子等比喻，并以人体内的口水、痰、粪便等物不属于人的躯体为例，说明那些被预知者虽然身处教会但并不属于教会，因此应该区分"属于教会"(of the church)和"在教会内"(in the church)。①

那么，如何判定一个人是"属于教会"或者是教会的成员？就这一问题而言，胡斯又接受和发展了奥古斯丁的预定论和恩典论思想。胡斯认为，"显贵的职位、人的选举或者任何外在的标志都不能让一个人成为教会的成员"②，只有预定(predestination)才能让人成为神圣大公教会的一员。预定是神圣意志通过恩典实施的拣选，是当下蒙上帝的恩典和未来得荣耀所作的准备。预定可分为两种，一个人注定在当下成为公义之人，但并未得到永生，或者一个人注定在未来得到永生。根据这两种预定，胡斯区分了在当下得到的恩典和在未来得到永生的恩典。前者（比如犹大）因为缺乏坚持和毅力，最终将无法获得拯救；后者（比如保罗），最终成为教会的成员。③因此，某个人因当前的公义生活而受恩典并不能成为他将是教会的成员的依据；根据当前的公义，很多人被普遍认为是属于教会的，而根据未来得荣耀的预定，他们却并不是教会的成员。④因此，预定是上帝的旨意，非尘世之人所能揣度，除非上帝的启示，我们无法感知预定的根据，换言之，只有上帝知道谁是教会的成员，这就如同奥古斯丁所说的那样："主知道打谷场上哪些是麦子，哪些是糠。主知道好的种子，主知道稗子。但是，其他任何人则绝不知道谁是鸽子，谁是乌鸦。"⑤据此，胡斯对于那些妄称教会之首和教会之躯的人（比如斯坦尼斯拉夫和巴莱奇）进行了辛辣的嘲讽：

让那些敌基督的门徒们脸红吧！他们的生活与基督背道而驰，却宣称自己是上帝神圣教会里最重要和最自豪的成员。他们贪婪、傲慢，爱在公共场合炫耀自己，却被称为神圣教会之首和教会之躯。实际上，

① John Hus, David Schley Schaff (trans.), *De Ecclesia (The Church)*, p.21.
② John Hus, David Schley Schaff (trans.), *De Ecclesia (The Church)*, p.46.
③ John Hus, David Schley Schaff (trans.), *De Ecclesia (The Church)*, pp.22-23.
④ John Hus, David Schley Schaff (trans.), *De Ecclesia (The Church)*, pp.46,51.
⑤ John Hus, David Schley Schaff (trans.), *De Ecclesia (The Church)*, pp.49-51.

根据基督的福音,他们只配被称为最微不足道的人。①

虽然胡斯在判定一个人的教会成员资格上持有的是不可知论和预定论立场,不过他似乎不是彻底的预定论者,他并非完全否认善行在其中发挥的作用。比如,神甫应该通过德性的事工来引导和影响信众。当信众无法判定神甫的事工是否符合道德,信众没有必要相信该神甫是教会的成员。如果信众从神甫的事工中确信神甫是有罪的,那么信众就可以断定此时的神甫不是公义之人,是耶稣基督的敌人。② 由此可见,对于教皇、教廷以及罗马教会的各级教会神职人员,我们不仅要听其言,更要观其行,不可单为他们的言语所蒙蔽。在胡斯看来,善行,也包括善功,不仅有助于我们判定教会成员的资格,也体现在一个人可以通过做善功来为接受恩典作准备、人被拯救的过程要求人应该做善事等方面(参看本书第二章第四节)。

胡斯区分无形的教会和可见的教会,区分被预定者和被预见者,区分"属于教会"和"身处教会",表面上是神学思辨,实质上是针对崇拜教皇和罗马教会的现实。如果教皇连教会的成员都是存疑的,那么教皇至上论者所宣称的教皇是教会之首、教皇是教会的最高权威就失去了立足之地。显然,胡斯是要将教皇至上论者对于人的崇拜重新指引到对于上帝的崇拜。顺理成章的是,胡斯明确地提出,基督是教会之首,基督的律法是教会的最高权威。

二、论教会之首及其建立

谁是教会之首,谁是教会之躯,这一问题是胡斯与斯坦尼斯拉夫、巴莱奇等布拉格大学神学院博士们的根本分歧,因此《论教会》花了大量篇幅对此问题展开论述。在具体介绍之前,我们不妨通过有关章节的标题管窥胡斯的主要观点和立场。在第 4 章"基督是教会唯一的首领"、第 6 章"基督是被拣选者之首"、第 7 章"罗马教皇和枢机主教团并非普世教会"中,胡斯从正面详细阐述了他的观点。针对《陈述书》中对手们的观点,胡斯的反驳主要体现在第 12 章"拯救所依赖的基督是真正的罗马教皇"、第 13 章"教皇并非教会之首,而是基督的神甫"、第 14 章"枢机主教团何时是使徒们的继承者"和第 15 章"教会的统治可以不需要教皇和枢机主教团"。

先来看胡斯的正面阐述。援引《圣经》的多处经文,比如"就是照他在基

---

① John Hus, David Schley Schaff (trans.), *De Ecclesia (The Church)*, p.43.

② John Hus, David Schley Schaff (trans.), *De Ecclesia (The Church)*, p.50.

督身上所运行的大能大力,使他从死里复活,叫他在天上坐在自己的右边,远超过一切执政的、掌权的、有能的、主治的和一切有名的,不但是今世的,连来世的也都超过了。又将万有服在他的脚下,使他为教会作万有之首。教会是他的身体,是那充满万有者所充满的"(《新约·以弗所书》第1章20—23节),①胡斯认为:

> 基督因其神性是每一个具体教会以及普世教会外在的首领。基督因其人性是普世教会内在的首领。神性和人性合二为一,都是基督,他是普世教会(即他的新娘)唯一的首领,普世教会就是被预定者的集合体。②

按照胡斯对于外在首领和内在首领的解释,胡斯无非是想说,因为基督的神性之本质高于基督徒之人性的本质,因此基督是教会的首领,同时,就基督的人性而言,他也是教会内部的物质性和精神性事务的最高裁决者,是指导教会成员的属灵生活和行为举止的最高贵个体。

引用托马斯·阿奎那在《神学大全》中的论述,比如"基督是所有人的首领,既是那些通过恩典将和基督联合在一起的虔信者之首,也是那些基督潜在成员的不信者之首",胡斯更进一步提出,基督是被预定者之首,是被拣选者之首。③

胡斯接下来提出的问题是:罗马教会是那个神圣的普世教会吗?显然,这个问题的回答标志着胡斯和对手们开始正面交锋。通过分析《新约·马太福音》第16章16—19节,即"西门彼得回答说:'你是基督,是永生神的儿子。'耶稣对他说:'西门巴约拿,你是有福的!因为这不是属血肉的指示你的,乃是我在天上的父指示的。我还告诉你:你是彼得,我要把我的教会建造在这磐石上,阴间的权柄不能胜过他。我要把天国的钥匙给你,凡你在地上所捆绑的,在天上也要捆绑;凡你在地上所释放的,在天上也要释放",胡斯认为这段经文阐释了基督的教会、它的信仰、它的根基以及它的权力,这也正是胡斯在《论教会》第7—10章依次讨论的内容。

第7章讨论的主题是基督的教会。首先,胡斯对《新约·马太福音》第16章16—19节中教会的含义作了三种区分,然后指出,当耶稣对彼得说

---

① 胡斯的引用并未完全遵照圣经原文,参见 John Hus, David Schley Schaff (trans.), *De Ecclesia (The Church)*, p.27。

② John Hus, David Schley Schaff (trans.), *De Ecclesia (The Church)*, p.28.

③ John Hus, David Schley Schaff (trans.), *De Ecclesia (The Church)*, p.54.

"我要把我的教会建造在这磐石上"时,此处的"教会"指的是被预定者的集合,是建立在基督的基础之上,通过信仰和恩典联合在一起。而且,教会并非建立在彼得的基础之上,而是建立在彼得承认基督是永生神的儿子这一基础之上。那么,罗马教会是如何与普世教会产生联系的呢? 胡斯首先引述《教会法汇要》(Decretum)称呼罗马教会是"没有瑕疵"的、"处于上帝无所不在的恩典永不会偏离使徒传统的大道,也不会遭到腐蚀或屈服于异端",因此,不可能不犯错的罗马教皇和枢机主教团并不属于罗马教会。通过回顾教会史,胡斯指出,罗马教会原本是指罗马主教统治之下的信仰基督者,与耶路撒冷、安提阿、亚历山大里亚和君士坦丁堡等教会并无区别,而且从历史上看,耶路撒冷和安提阿教会曾是排名数一数二的教会。罗马教会最终脱颖而出,是因为基督预知罗马帝国内的百姓将会取代那些不信的犹太人,是因为罗马出现的圣徒远远多于其他城市。基督教会的建立与某地的位置或此地是否古迹无涉,只是有赖于业已形成的信仰。不过,尽管胡斯承认罗马教会位列其他所有教会之上,但是教皇和枢机主教团也只是罗马教会的一部分,如果他们能够紧紧追随基督,放弃众教会之首的虚荣与野心,那么教皇和枢机主教团就是罗马教会的主要部分,否则他们就变为令人生厌之物。因此,胡斯再次重申,基督(而非教皇)是神圣普世大公教会之首,被预定者(而非枢机主教团)是教会之躯。

第8章讨论信仰是教会建立的基础。胡斯首先界定了信仰的两种情形,一是没有形成的(比如恶魔),二是在爱中形成的。只有在爱中形成信仰,并持之以恒,人才能得救。如果一个人在信仰中犹犹豫豫或者无法持之以恒,如果一个人不能信仰所有应该信仰的,如果一个人的行为背叛了他的信仰,那么这些都意味着这个人缺乏信仰。与此相对的是,信仰意味着一个人相信得救所需的一切必要内容并坚定地信守上帝所说的真理,为此他甚至应该无惧死亡的危险。可见,就信仰的内容而言,圣经的权威是至高无上的,"每一个基督徒都应该相信圣灵以明显或含蓄的方式体现在圣经中的所有真理。因此,一个人并不一定要相信圣徒们所说的,因为圣徒们有时候也会偏离圣经;一个人也不应该总是相信教皇敕令,除非敕令来自于圣经或者以圣经为基础。因此,我们只是有可能信任教皇敕令,因为教皇和教廷会因为对真理的无知而犯错。"胡斯对信仰内涵的界定,特别是他对教皇敕令

① John Hus, David Schley Schaff (trans.), *De Ecclesia (The Church)*, pp. 58 - 60.
② John Hus, David Schley Schaff (trans.), *De Ecclesia (The Church)*, pp. 61 - 66.
③ John Hus, David Schley Schaff (trans.), *De Ecclesia (The Church)*, pp. 68 - 71.
④ John Hus, David Schley Schaff (trans.), *De Ecclesia (The Church)*, p. 71.

的态度,与那些坚定支持教皇制度的对手们呈现了尖锐的对立。

第9章明确指出教会建立在基督的基础之上。针对那种认为教皇是教会赖以存在的基石的观点,胡斯明确予以驳斥,提出基督是教会首要的基础,并引用使徒保罗在《新约·哥林多前书》第3章11节的论述为证:"因为那已经立好的根基就是耶稣基督,此外没有人能立别的根基。"此外,胡斯还详细引用了奥古斯丁分析《新约·马太福音》第16章18节中耶稣对彼得所说的经文"我还告诉你:你是彼得,我要把我的教会建造在这磐石上",指出耶稣并不是说他要把教会建立在彼得的基础之上——这正是宣扬教皇制度者的观点——而是说他要把教会建立在彼得承认的磐石上,这一磐石即基督。从寓意的角度来看,如果将基督比喻为磐石,则彼得代表着建立在磐石之上的教会。① 正是在基督的基础之上,使徒们通过布道强化了信众对基督的信仰从而建立起教会,因此使徒们同样是教会的基础,但是不能与作为教会基础的基督同日而语,"基督是基础的基础"。② 至于彼得被基督选定为众使徒之首(奥古斯丁也承认这一点),首先,胡斯一直强调这并不意味着彼得是教会之首,"任何人(除了基督以外)宣称自己是神圣大公教会的首领,这是最无知和最愚蠢之举"。③ 那么,彼得何以成为众使徒之首呢? 这主要是因为彼得在信仰、谦逊和爱三个美德方面卓尔不群,以及彼得在守贫和坚忍等方面远胜他人。可见,因为美德,因为具备了道德方面的条件,彼得被选定为众使徒之首,在教会中承担着最重要的角色。因此,"如果一个被称为彼得的神甫的人能效法上述彼得所具有的美德,那么我们就相信他是真正的神甫,他是他所统治教会的真正教皇;如果他所行之路与此相反,那么他就是背离彼得和耶稣基督的敌基督的代表"。④ 胡斯对于教皇伦理道德的要求还将在《论教会》第14章中有进一步详细的论述。

在第12—15章,胡斯直接反驳了《陈述书》提出的"教皇是教会之首,枢机主教是教会之躯"的论调。首先,针对教皇卜尼法斯圣谕《至一至圣》所说的"世界上每一个人得救的必要条件是顺服罗马教皇",胡斯对"罗马教皇"提出了不同的解读,认为基督就是罗马教皇。拥有人性的基督不会顺服任

---

① John Hus, David Schley Schaff (trans.), *De Ecclesia (The Church)*, pp. 75-76. 与奥古斯丁对这段经文的解释形成对立的是早期教父安布罗斯的解释。安布罗斯认为,磐石指的是彼得,因为彼得是建立信仰所打下的首要基础。在奥古斯丁和安布罗斯两人对同一段经文的解释中,胡斯明确选择支持前者,因为奥古斯丁的解释有来自圣经的依据,圣经中没有任何地方提到彼得是磐石,详见同书第78—79页。

② John Hus, David Schley Schaff (trans.), *De Ecclesia (The Church)*, pp. 79-80.

③ John Hus, David Schley Schaff (trans.), *De Ecclesia (The Church)*, pp. 83-84.

④ John Hus, David Schley Schaff (trans.), *De Ecclesia (The Church)*, pp. 84-87.

何教皇，基督的母亲、彼得等圣徒也是如此。历史上的使徒们从未称呼他们自己为最神圣的教皇或普世教会之首或普世教皇，这一传统在圣格列高利身上依然得到延续，格列高利就拒绝接受加在他头上的普世教皇的头衔，他不想通过头衔来抬高自己，而努力通过良善的生活来提升自己。形成截然对立的是，现在的教皇欠缺的是良善的生活，看重的只是名分，因此一旦有人忽略了他们的头衔，他们就会暴跳如雷。正是为抑制这种自傲，397年召开的第三次迦太基大公会议决议，罗马教皇不能被称为普世主教。①

胡斯进而将对手们的论调总结为六点错误：一是教皇是神圣罗马教会之首；二是枢机主教团是神圣罗马教会之躯；三是教皇是彼得真正的继承者；四是枢机主教团是基督其他使徒们真正的继承者；五是为了教会世界的统治，必须要有彼得真正的继承者和基督其他使徒们真正的继承者；六是上述继承者在这个世界上只能是教皇和枢机主教团。无论是从生理感觉、理性、神的启示来看，还是圣经的记载来看，以上六点都是不能成立的。② 在胡斯看来，教皇代表着占据基督之位的精神主教，不过，如果任何被选举为教皇之人（比如历史上曾经发生过的未接受过教育的平信徒、女性、异端分子或敌基督）都可以被称为教皇的话，这一名称显然遭到了滥用。③ 教会之首这一名称，就预定而言代表着高贵，就整个教会的管理而言代表着职位，因此在没有神启的情况下，没有人能够宣称自己或他人是某个神圣教会之首。如果他过着良善的生活，他可以希望自己是神圣大公教会的成员。换言之，我们没有必要争辩某个人是否是某一教会之首，基于对一个人行为良善与否的判断，我们可以承认他是某一教会的负责人。与其称教皇为教会之首，还不如称其为教会的仆人或神甫。至于八名博士在《陈述书》中提出教皇是战斗教会实体性的首领，这个首领必须与教会在一起，因此基督无法成为教会实体性的首领，胡斯对此反驳道，基督通过恩典以及圣餐成为了教会实体性的首领，况且罗马教皇离信众两千里之遥，他又怎么能够影响信众的感觉和行动呢？④

那么，教皇如何才能占据基督之位，或者说教皇如何成为基督的神甫、彼得的继承者？胡斯认为，教皇必须在生活和行为方式上效仿基督和彼得。

如果教皇是谦卑之人，不以世俗荣誉和尘世所得为重；如果教皇是

---

① John Hus, David Schley Schaff (trans.), *De Ecclesia* (*The Church*), pp.119-124.
② John Hus, David Schley Schaff (trans.), *De Ecclesia* (*The Church*), pp.130-131.
③ John Hus, David Schley Schaff (trans.), *De Ecclesia* (*The Church*), p.126.
④ John Hus, David Schley Schaff (trans.), *De Ecclesia* (*The Church*), pp.133-136.

牧羊人,通过传布上帝之道而得其名,如同《新约·约翰福音》第21章17节中耶稣对彼得所说"牧养我的羊群";如果教皇用上帝之道和他自身的美德来牧养羊群,如同《新约·彼得前书》第5章3节所说,以他全副的身心来做羊群的榜样;如果教皇在服务教会的过程中顺从基督、富有耐心、独身禁欲、不辞劳苦,视尘世之物为粪土,那么,毫无疑问,他就是耶稣基督真正的神甫。①

上述引文清晰地表明了胡斯对于教皇内涵的认识。对于胡斯来说,教皇并非仅仅是枢机主教团选举出来的教会领导者,他并非一个简单的名号,更重要的是,他还应该承担伦理道德榜样的义务。这是胡斯与其对手对教皇制度体现的本质性认知差异之一。

胡斯还将他对伦理道德的要求拓展到教会的其他人员。引用奥古斯丁的论述,胡斯强调指出,教会的某些负责人并非真正的牧羊人,而是唯利是图者,因为他们没有爱基督,没有为了自身而追寻上帝,却追求尘世享乐和名利。就像早期教父安布罗斯所谴责的,那些宣称自己是基督徒却并未从事基督的事工的人是在撒谎,同样在撒谎的是那些宣称自己为主教、神甫或神职人员而他们的行为却与其身份不相吻合的人,因此,胡斯认为,"使一个人成为主教的,并非这一名号,而是他的生活"。② 就枢机主教团而言,如果枢机主教生活奢华,侵吞施舍给穷人的钱物,根本不承担传布上帝之道的职责,显然他们也不是基督其他使徒们真正的继承者。③

从教会发展的历史来看,既有乔装打扮的女性出任教皇的丑闻,也有教皇对立引发的教会分裂。从胡斯所处时代的教会现实来看,包括教皇、枢机主教在内的教会整体伦理道德状况令人堪忧。"再没有比那些行为不检却享有神圣之名和圣职的人对教会产生的危害更大的了"。④ 因此,胡斯利用第15章对教皇制度提出了最为尖锐的批评,认为教会的统治可以不需要教皇和枢机主教团。首先,如果教皇和枢机主教们讲究排场、衣着奢华、追名逐利,这显然冒犯了那些信仰基督者,那么为了教会世界的统治,教皇和枢机主教团还有存在的必要吗?其次,在基督教早期教会时期,300余年时间

---

① John Hus, David Schley Schaff (trans.), *De Ecclesia (The Church)*, p.140.对于教皇理应成为谦卑之人,胡斯在第14章中还较为详细地批评了教皇接受众人顶礼膜拜的礼仪(比如亲吻教皇的脚)以及教皇自称"最神圣的父",详见同书第144—145页。

② John Hus, David Schley Schaff (trans.), *De Ecclesia (The Church)*, pp.141-143.

③ John Hus, David Schley Schaff (trans.), *De Ecclesia (The Church)*, p.143.

④ John Hus, David Schley Schaff (trans.), *De Ecclesia (The Church)*, p.148.

内并无教皇和枢机主教团,但是在神甫和主教们的治理下教会依照基督的律法依然兴旺,可见基督和他的律法足以治理教会,此外还有奥古斯丁、杰罗姆、格列高利和安布罗斯等教父对基督律法的解释阐发以引导信众。因此,既然现在的教皇和枢机主教们并非以生活的圣洁和教义的理解而显耀于众人面前,那么上述四位教父为何不能是使徒们更为可靠、真正的继承人呢? 其三,教皇制度由君士坦丁大帝所创(即依据所谓的《君士坦丁的赠礼》,该文件在 15 世纪被证实为伪造),君士坦丁是人而不是上帝,万能的上帝肯定有能力选择教皇之外的其他人成为使徒们真正的继承人,否则上帝的万能将受到君士坦丁能力的限制,这显然是荒谬的。① 针对有人提出的教皇的首主教身份是直接来自于上帝的任命,胡斯认为,教皇在众人之上的这一身份意味着教皇要在美德以及教导信众等方面超越众人,而不是在世俗名利上超越众人,因此罗马教皇服务教众的方式绝非统治教众。换言之,可以认为教皇直接从上帝那里获得了超越众人的地位,但是他必须以谦卑的行为举止配得上这一地位。②

事实上,胡斯的内心深处一直认定早期教会是基督教会的理想状态,这也是米利奇等波西米亚改革先驱的共识。认识到这一点,就不难理解胡斯何以提出教会的统治可以不需要教皇和枢机主教团这样"惊世骇俗"的言论。在第 15 章的后半部分,胡斯多次引用《教会法汇要》,表明耶稣基督直接任命并指导每一位神甫,任何主教享有平等的权力,"上帝能够剥夺教皇和枢机主教们对教会的统治,并将教会带回原初的状态"。③ 此外,胡斯还引用早期教父杰罗姆写给神甫埃瓦格里乌斯(Evagrius)的信,指出在早期教会时期主教和神甫并无区别,"不管一个主教是在罗马,还是在君士坦丁堡,或在亚历山大里亚,他应该和神甫拥有相同的品质",由于"爱着同一个基督并谨守着同样真理的规则",因此罗马教会与高卢、英格兰、非洲、波斯、东方和印度教会等并无二致。④ 显然,胡斯理想中的教会与教皇统治下的教会大相径庭。

如前所述,有关谁为教会之首的认识是胡斯与斯坦尼斯拉夫、巴莱奇等人的重大分歧之一。那么,什么原因导致了两派在此问题上的观点对峙? 要回答这一问题,有必要介绍巴莱奇对教会的定义。在写于 1412 年的《论

---

① John Hus, David Schley Schaff (trans.), *De Ecclesia (The Church)*, pp. 149 - 150.
② John Hus, David Schley Schaff (trans.), *De Ecclesia (The Church)*, pp. 152 - 154.
③ John Hus, David Schley Schaff (trans.), *De Ecclesia (The Church)*, pp. 155 - 156.
④ John Hus, David Schley Schaff (trans.), *De Ecclesia (The Church)*, p. 157. 这一各地教会平等的思想在《论教会》第 7 章已有表述,参看上文有关第 7 章的讨论。

教会之正名》这篇短文中,巴莱奇呈现了教会的六种定义。其一,教会指的是教堂建筑,即上帝受到敬奉的地方。其二,教会是邪恶之人(比如异端分子和支持教会分裂者)的集合体。其三,教会代表公会议,它的召开旨在讨论信仰问题和其他教会事务,无论是圣经还是传统公会议的决定都必须得到遵守。其四,教会指的是领导教会的高级教士,比如教皇、枢机主教团、大主教和主教。在所有的大主教教区、主教教区以及它们领导的下属教区中,罗马教会是它们的首领,教皇则是罗马教会之首,罗马教会就教会事务所作出的任何规定必须得到服从。其五,教会指的是所有被预定者的集合体。由于无人能知自己是否属于被预定者,因此此种意义的教会并不具备识别与界定教会事务的能力,它需要教皇和枢机主教团。其六,教会指的是所有受洗并接受《使徒信经》者的集合体。在巴莱奇看来,教会主要是指拥有普世教会统治权的教皇和枢机主教团所构成的罗马教会。①

巴莱奇对教会定义的理解充分体现在他为反驳胡斯《论教会》一书而写成的同名论文《论教会》(De ecclesia)中。巴莱奇的这篇论文共有 45 章,大约完成于 1413 年。在第 9—14 章,巴莱奇详细论证了罗马教皇至上论,即教皇乃教会之首,教廷的权威是普遍的,为界定教俗事务教廷必须拥有全面完全的统治。服从于罗马教皇是人得救的必要条件,远离罗马教会是愚蠢和不理智的。从教皇这一最高权力出发,主教和神职人员依次享有不同的权力。教皇在信仰问题上永远不会犯错,因此任何质疑教皇权威者都是异端,任何人都不能评判教皇的判决,这也同样适用于教皇的敕令。②

如果我们重温胡斯对教会的定义,即教会是被预定者的集合体,不难发现,有关谁为教会之首的争论实际上源于胡斯与巴莱奇对教会内涵的不同界定。换言之,虽然两人争论的议题都使用了"教会"这一概念,但是两人心中预设的"教会"内涵并不相同,这就意味着他们两人并未形成真正意义上的交锋。学者保罗·德·沃赫特敏锐地观察到,胡斯认为教会由被预定者所构成,虽然这一界定借用了奥古斯丁的表述,但是其意义已经偏离原有的概念。奥古斯丁讨论的起点是现存的尘世教会,被预定者存在于尘世教会之中,不过他并不讨论教会组织机构。胡斯讨论的起点则是被预定者组成的无形教会,并以此来评判尘世教会,这导致了胡斯最终反对尘世教会的组织机构。③ 类似于奥古斯丁,巴莱奇讨论的起点显然也是现存的尘世教会,

---

① 转引自 Matthew Spinka, *John Hus' Concept of the Church*, pp.209 - 212。

② Matthew Spinka, *John Hus' Concept of the Church*, pp.216 - 217,219.

③ Paul De Vooght, *L'hérésie de Jean Huss* (2ᵉ édition, Tome I), pp.613 - 614.

不过他并不强调被预定者,他所强调的是教皇与枢机主教团对教会实际统治的正当性。

如果说教会的定义(也即教会的成员)和教会的领袖这两个问题显示胡斯更多关注的是无形的教会,那么接下来胡斯将把注意力转向有形的教会。要想一个有形的教会能顺利地运作,规范该组织运作的根本大法是必不可少的,犹如一个国家需要宪法。这就涉及教会的最高权威问题。胡斯认为,上帝的律法为教会的最高权威,服从教皇和罗马教会统治的关键是看他们是否遵循了上帝的律法。

三、论教会的权力和权威

最后,我们来看看胡斯对教会权力与权威的讨论。根据《新约·马太福音》第16章19节耶稣对彼得所说,"我要把天国的钥匙给你,凡你在地上所捆绑的,在天上也要捆绑;凡你在地上所释放的,在天上也要释放",胡斯认为基督将"天国的钥匙"授予了彼得以及基督的其他神甫,"天国的钥匙"作为一种精神性的权力包括识别真理、判别正确与错误、判别美德与罪恶等。这种精神性的权力高于世俗权力。[①] 令人遗憾的是,以这段圣经经文以及其他经文(比如《新约·约翰福音》第20章23节:"你们赦免谁的罪,谁的罪就赦免了;你们留下谁的罪,谁的罪就留下了。")为依据,很多神甫吹嘘基督赋予教会的权力。在胡斯看来,这些神甫有选择性地引用圣经经文来为他们滥用权力辩护,为他们追名逐利和生活奢华等行为正名,可是他们却对那些要求效法基督守贫、谦卑、坚忍、禁欲、勤劳、耐心的圣经经文弃之不顾、视而不见。在现实生活中,这些神甫买卖圣职甚至对圣礼收取费用,他们的行为表明他们并未信奉上帝。[②]

与此同时,基督徒对神甫宣称拥有这种精神性的权力感到恐惧。胡斯特别指出,这种恐惧没有必要,因为对一个悔罪的罪人到底是捆绑还是释放(即是否最终赦罪)首先取决于上帝,而不是神甫,"教会的神甫并不能免除或保留一个人的罪过,除非上帝已经做了这些"。[③] 由于任何神甫(包括教皇在内)都有可能犯错并误用赦罪的权力,因此只有上帝拥有捆绑和释放的权力:

① John Hus, David Schley Schaff (trans.), *De Ecclesia (The Church)*, pp.91-96.
② John Hus, David Schley Schaff (trans.), *De Ecclesia (The Church)*, pp.111-112,115.
③ John Hus, David Schley Schaff (trans.), *De Ecclesia (The Church)*, pp.96,100-101.

只有上帝清楚谁的罪该得赦免,也只有上帝不会为错误的动机所干扰而作出不公正的判决。但是,任何神甫皆有可能在谁的罪该得赦免上犯糊涂,也可能在判断到底是捆绑还是释放的过程中为错误的动机所干扰。因此,如果某个神甫因为动怒或贪婪而拒绝赦免一个诚心悔罪之人,那么该神甫并不能以他自己的行为继续将那个悔罪之人置于罪的状态中。另外一种普遍的情况是,如果一个人虚情假意地向神甫口头忏悔,该神甫却没有识破那个人的虚伪,那么神甫的赦罪词并未真正赦免那个人的罪过。①

那么,如何理解包括彼得在内的神甫所得到的"天国的钥匙"? 在何种情况下神甫的赦罪有可能是有效的? 胡斯认为,神甫获得的捆绑和释放的权力具有圣礼的意义,如果神甫根据基督的律法在圣礼中来实施捆绑或释放的权力,那我们就应该相信神甫的捆绑或释放是有效的。②

上述呈现胡斯看待教会权力的内容主要集中在《论教会》第 10—11 章。就教会的权威而言,胡斯利用《论教会》第 16—23 章总共 8 章的篇幅详细驳斥了巴莱奇等对手提出的教皇为教会最高权威的论点。

首先,在第 16 章,胡斯提出上帝的律法才是教会判断的标准。针对八名博士在《陈述书》中指控"波西米亚的某些神职人员"只以圣经为唯一的裁判并自行解释圣经,以及引《旧约·申命记》第 17 章 8—12 节的内容来证明教皇为教会权威,胡斯认为这些观点主要来自巴莱奇并直接斥之为谎言! 其一,胡斯并不否认圣经为唯一裁判,而且明确提出,除非巴莱奇和他的支持者有关信仰的观点建立在圣经或理性的基础之上,否则胡斯不会同意他们。但是,胡斯在《论教会》里除了大量引用圣经条文以外,还多处引用了奥古斯丁等教父甚至《教会法汇要》的内容和观点,③因此巴莱奇指控胡斯只以圣经为判断的根据并不准确。不过,胡斯之所以引用奥古斯丁等人,还是因为他们的观点与圣经一致。从此意义而言,巴莱奇的指控并非谎言。其二,胡斯坚决否认自己随意地错误地解释圣经,认为该指控主要是因为他和同伴不接受巴莱奇以及斯坦尼斯拉夫等人的观点。同时,胡斯要求对手们指出哪些对圣经条文的解释是错误的。④ 其三,胡斯认为巴莱奇等人最大的谎言是他们对于《旧约·申命记》第 17 章 8—12 节的歪曲理解。巴莱奇等人

① John Hus, David Schley Schaff (trans.), *De Ecclesia (The Church)*, p.103.
② John Hus, David Schley Schaff (trans.), *De Ecclesia (The Church)*, p.108.
③ John Hus, David Schley Schaff (trans.), *De Ecclesia (The Church)*, pp.161-163.
④ John Hus, David Schley Schaff (trans.), *De Ecclesia (The Church)*, pp.163-164.

认为,对于所有的信徒们而言,“神选择的地方”就是罗马教会,神将罗马教会置于整个教会之首的位置,最高神甫就是教皇。胡斯认为,这些神学博士的首要目的就是论证教皇应该成为决定一切的裁判,谁不服从他,谁就应该被处死。但是,既然基督选定的使徒们都会误入歧途,“难道教皇和枢机主教们更有能力避免迷失?”因此,忠于教皇和枢机主教们的关键依然是他们的教导是否符合上帝的律法。① 随后,胡斯引用了马丁·旁隆奈斯(Martinus Polonus)等人所著《编年史》中教会分裂、教皇并列的 15 个例子,以及肇始于 1378 年的教会大分裂,②充分体现了教皇制度存在的问题,有力回击了巴莱奇等人尊教皇为教会权威的论调。

在接下来的第 17 章里胡斯明确地表达了他对教皇权威的反对。针对八名博士在《陈述书》中提出“在任何方面都应该服从罗马教廷,下级应该服从高级教士”并指控胡斯等人煽动信众不服从罗马教廷,胡斯再次斥之为谎言。胡斯指出,“福音教士们”(即胡斯及其追随者)力图按照基督的律法而生活并指引信众也这样生活。同时,胡斯还希望,战斗的教会的不同成员,即神职人员、贵族和平民,能够诚实共处。③ 胡斯将“服从”一词界定为“理性动物的意愿行为,即他自愿顺从于他的上级,而且这样的服从必与良善相连,就像不服从必与邪恶相连”。因此,就教会内的服从而言,当生活于恩典中的一个人实现了发布命令者的合法意愿,那么这种服从就是好的;而当生活于罪的状态之中的一个人执行了生活奢华的上级的命令或者执行了反对上帝的命令,那么这种服从就是坏的。④ 由此可见,服从并非盲目的服从,它要求被服从者能区分上级提出的命令是否是正义和良善的,是否违背了上帝的律法,同时它也要求发布命令者所命令的事情必须符合上帝的律法。按此逻辑推论,教皇的敕令并不总是与上帝的律法一致,因此八名博士认为

① John Hus, David Schley Schaff (trans.), *De Ecclesia* (*The Church*), pp.164 - 170.
② John Hus, David Schley Schaff (trans.), *De Ecclesia* (*The Church*), pp.178 - 182. 马丁·旁隆奈斯的出生年月不详,辛于 1278 年。他出生于西里西亚的特罗保(Troppau),因此又被称为特罗保的马丁(Martin of Troppau),其时西里西亚隶属于摩拉维亚,也因此隶属于波西米亚王国。他是一名多明我会修士,曾在罗马教廷任职。他的著述甚丰,最为著名的是《教皇和皇帝的编年史》(*Chronicon pontificum et imperatorum*),其内容简明而全面,版面安排独特,是神学家和教会法学家的可靠参考书,是中世纪广受欢迎的“畅销书”——有学者考证,此书留存后世的手抄本至少有 419 本,为中世纪手抄本之最——难怪胡斯参考引用此书。有关此书的更多细节及其影响,可参见 Wolfgang-Valentin Ikas, Martinus Polonus' Chronicle of the Popes and Emperors: A Medieval Best-Seller and Its Neglected Influence on Medieval English Chroniclers, *The English Historical Review*, 116(466), 2001, pp.327 - 341。
③ John Hus, David Schley Schaff (trans.), *De Ecclesia* (*The Church*), pp.183 - 184.
④ John Hus, David Schley Schaff (trans.), *De Ecclesia* (*The Church*), pp.188 - 189.

在任何方面都应该服从罗马教廷显然是站不住脚的。

第 18 章论述的主题为"宗座"（apostolic see），胡斯以自身的经历论证了教皇可能犯错、并非所有教皇敕令都必须服从。[①] 首先，胡斯分析了 apostolic（使徒的）一词的来源以及含义。该词来源于 apostle（使徒），而"使徒"即上帝派来的人，因此教皇、主教或者神甫必须以他们公义的行为和富有成效地传布上帝之道来向信众表明他们是上帝派来的，他们追随着使徒们的生活。以教皇为例，只要他能够教导使徒们的教义并在教会的事工方面效法使徒，那么他就能被称为"使徒的"（apostolic）；如果他将使徒们的教导弃之不顾，所宣扬或实践者皆与使徒们相反，那么他就应该被称为"伪使徒的"（pseudo-apostolic）或"变节者"（apostate）。[②] 胡斯认为，"宗座"拥有根据基督律法教导和判断的权力，但是，令人遗憾的是，在罗马教廷中可以发现错误的教义、不节制的生活、虚伪、追求尘世的享受和荣誉等等。胡斯还特别指出三种糟糕的情形。一种是有些人大谈特谈良善，但自己却从不实践，更糟糕的是他们既不教导也不实践，最糟糕的是他们阻止对良善的教导。[③] 有鉴于此，胡斯明确提出，虔诚的基督信徒应该考虑教皇发出的命令是否是基于基督律法的，如果是，他应该虔敬而谦卑地遵守，如果不是，他应该大胆拒绝遵守以避免成为犯罪的同谋者。胡斯提供的例子包括他自己在 1409 年反抗教皇亚历山大五世禁止布道的敕令、1412 年反抗教皇约翰二十三世有关赎罪券和发动十字军的敕令。[④] 胡斯还进一步指出，教皇的犯错影响范围更广、更为严重、更难以阻止，教皇和教会高级神职人员抛弃基督的生活方式而沉溺于尘世的生活方式，教皇纵容买卖圣职，以及由于教皇任命的神甫不称职而实质上剥夺了信众灵魂得到拯救的机会。因此，"反抗犯错的教皇就是服从主基督"。从这个意义来说，那八名博士要么想从教皇那里寻求回报要么惧怕教皇的权力，因而他们宣扬教皇拥有神秘的权力，宣扬教皇是完美而永不犯错的，教皇可以合法地做任何他想做的事，这显然表明这

---

① 第 18 章的标题为"宗座，或彼得的座位"（The Apostolic See, or Cathedra Petri）。胡斯承认"宗座"一词具有多种含义，比如教皇所坐的木制或石制座位，或罗马教廷，或彼得的座位，或教皇的权力等等，详见 John Hus, David Schley Schaff (trans.), *De Ecclesia (The Church)*, p.195。从该章讨论的内容来看，"宗座"一词主要指罗马教皇。

② John Hus, David Schley Schaff (trans.), *De Ecclesia (The Church)*, pp.196 – 197.

③ John Hus, David Schley Schaff (trans.), *De Ecclesia (The Church)*, pp.198 – 201.

④ John Hus, David Schley Schaff (trans.), *De Ecclesia (The Church)*, pp.205 – 207. 在写于 1413 年的《论西门主义》一文中胡斯也曾以自己反抗亚历山大五世禁止布道的敕令为例表达了类似的观点，参见 John Hus, On Simony, Matthew Spinka (ed.), *Advocates of Reform: From Wyclif to Erasmus*, p.218。

些博士们就是敌基督的伪使徒。① 在本章的结尾，胡斯如此总结自己对“宗座”的看法：

> 然而，我认为，罗马城并不是宗座，没有罗马城，耶稣基督的教会并非不能建立起来。如果罗马城像所多玛城那样遭到毁灭，基督教会将依然不倒。认为教皇在哪里，那里就是罗马，这种认识是错误的。正确的认识是，只要教皇没有背离耶稣基督的律法，那么不论教皇在哪里，教皇都拥有彼得的权威。②

在接下来的三章中，胡斯对第 17 章论述的主题“服从”进行了深化和拓展。简言之，胡斯主要回答了教会中下级应该如何服从上级。首先，上级发布的命令必须符合上帝的律法，不得违背上帝命令或神的建议（divine counsels，胡斯引自圣伯纳德的术语）。因为“上帝只会命令我们行值得称赞和合理之事以有利于我们得救”，因此任何来自上级的命令必须是正义的，“信众应该乐意并高兴地服从正义而严厉的上级，只要上级命令我们做耶稣基督所命令之事”。③ 就行为是否正义而言，胡斯提出了证明它的八个要素：谁应该服从；当一个人被命令时，他需要做什么；他应该在哪里遵从命令，即命令恰当与否跟执行命令的地方有关系；他应该在多大程度上遵从命令，因为一个人不可能无限制地服从上级的命令；他应该实施多少合法的行为；他应该思考为什么服从；服从命令的方式应该是基于爱的；他何时应该服从命令。④ 颇有趣味的是，胡斯提出了上级的命令应该对命令的服从者有益的观点。胡斯观察到，哪怕是上帝的建议，它们对不同的人也有不同的作用，因此不能认为基督所有的建议有益于所有的人。⑤ 事实上，通过批评八名博士故意省略“文士和法利赛人坐在摩西的位上”等语句而对《新约·马太福音》第 23 章 2—3 节断章取义，胡斯指出，耶稣基督显然并未要求信众遵从“坐在摩西的位上”的人发布的所有命令。⑥ 显然，是否遵从上级的命令应该结合具体的情况来分析。以命令所涉及到的人为例，假如某个高级教士命令信众对教会行施舍，如果这将让信众的孩子们忍饥挨饿，那

---

① John Hus, David Schley Schaff (trans.), *De Ecclesia (The Church)*, pp. 208 - 211.
② John Hus, David Schley Schaff (trans.), *De Ecclesia (The Church)*, pp. 215 - 216.
③ John Hus, David Schley Schaff (trans.), *De Ecclesia (The Church)*, p. 221.
④ John Hus, David Schley Schaff (trans.), *De Ecclesia (The Church)*, pp. 254 - 256.
⑤ John Hus, David Schley Schaff (trans.), *De Ecclesia (The Church)*, p. 232.
⑥ John Hus, David Schley Schaff (trans.), *De Ecclesia (The Church)*, pp. 241 - 243.

么这个命令显然不合适，因为身为父母的信众抚养孩子比对教会行施舍更为重要。①

与此同时，胡斯大胆提出，由于任何上级都不可避免地会犯错，因此下级对于上级的命令不能盲从，下级必须检查上级的命令甚至评判上级的工作。就教会低级教士而言，他应该检审自身以及与他获得拯救相关的任何事情。对于平信徒而言，他应该检查上级的工作以免摆脱教会里那些"披着羊皮的狼"，确认上级能否承担应该承担的一切职责，不要理会助理神甫所说的"我们的生活和事工与你们有何相干"的说辞。富人也应该检查上级是如何管理信众捐献给教会的施舍。总而言之，那些从内心热爱基督律法的人应该关注上级的工作，留意上级是否有追求尘世生活的倾向，以审慎的态度对待上级的命令，要查阅圣经以确认上级的要求与基督的建议相一致。此外，虔诚的信众应该将上级与使徒们的生活进行比较，如果上级只是忙于敛财、对使徒式贫困嗤之以鼻并公然做有违教规之事，则可以确定他们偏离了耶稣基督的教会。显然，不能服从这样的上级的命令。② 如果下级认识到上级的命令是错误的，他就应该反对上级，因为偏离了崇拜上帝、偏离了灵魂的得救就可能伤害教会。这种反对不仅对上帝是一种真正的服从，对上级也是一种真正的服从，因为任何上级都没有权力来发布除了正确以外的任何命令。一旦下级服从了上级恶的命令，那么他将难逃罪罚。③ 针对有人提出教皇占据着耶稣基督的位置，因此不能允许他人指出教皇的错误，胡斯指出，这种论调的必要前提是基督的每个神甫都像基督一样完美无缺，而这显然是不可能的。因此，下级应该指出上级的错误，遵循谨慎和爱的原则，信众可以纠正犯错的上级，并将他领回真理的轨道。④ 胡斯甚至还提出，当上级发布的命令或禁令是错的，而且信众知道上级已经犯了错误，那么根据爱的律法，上级应该如实向信众承认自己的错误，因为在发布错的命令或禁令的过程中，他已经对上帝和教会的兄弟犯了罪。⑤

在全书最后两章里，胡斯主要讨论了教会的惩罚措施：绝罚、暂停圣

① John Hus, David Schley Schaff (trans.), *De Ecclesia (The Church)*, pp. 250 - 251.
② John Hus, David Schley Schaff (trans.), *De Ecclesia (The Church)*, pp. 225 - 226.
③ John Hus, David Schley Schaff (trans.), *De Ecclesia (The Church)*, p. 224. 事实上，胡斯在其他论文中也表达了类似的观点。比如，在写于 1412 年的《论摩西十诫》一文中，胡斯就第八诫的主题"禁做伪证"讨论指出，拒绝反对基督的敌人的那些人对于基督来说是不可接受的，认为下级教士和平信徒无权评判或者惩罚犯有错误的上级是错误的。类似观点在《主日布道集》中也有表述。参见 Matthew Spinka, *John Hus: A Biography*, p. 211.
④ John Hus, David Schley Schaff (trans.), *De Ecclesia (The Church)*, pp. 259, 261.
⑤ John Hus, David Schley Schaff (trans.), *De Ecclesia (The Church)*, p. 258.

职(suspension)①和禁止圣事(interdict)。需要说明的是,对于如何矫正犯错之人以及神甫们应该如何做,胡斯在前面章节中(比如第 21 章)已有论述:首先,指出某人兄弟的错误时,此人首先应该确认自己是无可指责的;其二,按照基督的要求,裁判官在指出信众错误的同时,必须访问违法之事所发生的地点;其三,指出他人错误的方式应该是谨慎、细致和专注的;第四,应该注意证人的数量;第五,应该上报教会。② 以上五点充分体现了胡斯对于教会实施惩罚措施所持的谨慎态度。

就绝罚而言,它分为小绝罚和大绝罚两种,前者是指某人由于犯有不可饶恕之罪而遭受禁止参加圣餐的惩罚,后者是指教会高级教士公开宣布某人为罪人而禁止他与其他基督徒接触并不得参与圣餐的惩罚。胡斯认为,只有某人犯有不可饶恕的罪过,他才能遭受绝罚,除非某人因为自己的违法行为绝罚了自己,否则没有裁判能够绝罚。③ 针对教会的现实,胡斯希望信众们清楚地看到,很多高级教士、教士和平信徒已经被绝罚,因为他们偏离了主的命令;很多人绝罚了他们自身,因为他们把绝罚施加于他人,尤其是那些整天叫嚷着"那些偏离主的命令而该受诅咒之人"的神甫们。④ 至于暂停圣职,除非某人已经被上帝暂停圣职,否则教皇和主教都不可能公正地对此人暂停圣职。如果某人犯有六宗重罪(不服从上帝;摈弃上帝之道;偷盗;通奸;包括撒谎、渎神、作伪证等在内与嘴有关的作恶;冒犯基督的罪过)中任何之一种,上帝将会对他暂停圣职。对于高级教士和神职人员而言,胡斯特别看重他们应当承担的布道之责,认为如果他们对圣经和教会职责弃之不顾的话,那么他们实际上已经被上帝暂停圣职。在一个敌基督来临的时代,神甫们如果不能热诚地传布基督的律法,那么他们理应受到更为严重的暂停圣职的处罚。神甫对于信众的重要性远胜于普通家庭中父亲对于儿子的重要性。⑤ 同时,胡斯明确表示,自己对神职人员中出现的贪婪以及生活

---

① "暂停圣职"在法律上指暂时中止一个人的某种权利,是天主教会对神职人员的纪律处罚之一。受惩罚者被暂时中止教会职务,暂时中止在教会施行圣事礼仪、行使职权和领取俸禄的权利,直到获得宽免为止。引自文庸、乐峰、王继武主编:《基督教词典》(修订版),第 601页。虽然胡斯在此讨论"暂停圣职"主要针对神职人员,但是也包括平信徒。对于后者而言,suspension 译为"暂停圣事"似乎更为合适。

② John Hus, David Schley Schaff (trans.), *De Ecclesia (The Church)*, pp.249 - 250.另外,在第 16 章中,通过对《新约·马太福音》第 18 章 15—17 节的解读,胡斯区分了旧约与新约对待误入歧途之人的不同态度,对处置异端采用死刑提出抗议,还对八名博士处置异端的原则提出公开批评,详见同书第 170—171 页。

③ John Hus, David Schley Schaff (trans.), *De Ecclesia (The Church)*, pp.268 - 270.

④ John Hus, David Schley Schaff (trans.), *De Ecclesia (The Church)*, pp.272 - 273.

⑤ John Hus, David Schley Schaff (trans.), *De Ecclesia (The Church)*, pp.275 - 278.

奢侈等问题绝不会保持沉默,因为"不反驳错误就是纵容错误,不为真理辩护就是压制真理。"①就禁止圣事而言,胡斯以基督为例,说明对待犯错之人应有宽容之心,并明确质疑禁止圣事的根据和合理性。由于禁止圣事,那些并无过失的正义之人却被剥夺了参加圣礼的权利,婴儿则被剥夺了洗礼的权利。同样,只是因为某一个人的原因,禁止圣事在正义之人中间减少了上帝的福音传道。更为糟糕的是,当禁止圣事施加于一座城市或一个教区的时候,罪并没有减少,反而增多了。显然,为虔诚的教众举行圣餐礼、忏悔礼等肯定是仁慈之举,那么有何理由禁止那些并无过失之人参与这些圣事活动呢?"他们为什么要通过绝罚和禁止圣事来折磨一个并无罪过的教区?他们为什么要剥夺那些良善和虔诚神甫们开展的福音传道?他们为什么要剥夺那些虔诚教众参加圣礼的权利?"正如格兰西所言:"如果一个人因为另一个人的罪而遭受绝罚,该绝罚是不合法的。"胡斯指出,不合法的绝罚伤害的并不是遭受绝罚之人,而是那个施与绝罚之人。②

综观胡斯在《论教会》一书中略显庞杂但是立场鲜明的论述,不难发现,胡斯教会观中最为核心的思想主要集中在教会的成员、教会的首领和教会的最高权威三个方面。从教会的成员入手,胡斯界定了他理想中的大公教会是被预定者的集合体,并以此关照现实中的罗马教会。既然命定与否全凭上帝的意志,因此罗马教皇不一定是教会的成员,遑论教会之首,教皇也不能被视为教会的最高权威。胡斯认为教会之首只能是基督,基督或上帝的律法(主要体现为圣经)才是教会的最高权威。罗马教会作为现实中的教会有其存在的必要性,服从教皇和罗马教会的统治也是可能的,其前提是教皇和教会神职人员的言行和教会的统治遵循上帝的律法。胡斯的这些思想与罗马教会的官方教义形成了尖锐的对立,注定要遭到对手们的攻击。

四、原创还是抄袭

讨论胡斯的《论教会》,不容回避的一个问题是,胡斯在此书中体现的思想到底是他自己的思想,还是借鉴于威克里夫的同名论著?事实上,就胡斯宗教改革思想的来源而言,胡斯与威克里夫的关系再次成为焦点,当然这里的焦点不是胡斯的对手们所关注的胡斯对于"异端"威克里夫的顽固辩护,而是这一学术问题引起了多位学者的争论。这尤其体现在如何看待《论教会》一书的思想来源。

---

① John Hus, David Schley Schaff (trans.), *De Ecclesia (The Church)*, p.283.
② John Hus, David Schley Schaff (trans.), *De Ecclesia (The Church)*, pp.285-290.

早期对此问题最具影响力的研究者当属奥地利历史学家约翰·洛瑟斯。如前所述,1884 年洛瑟斯用德语出版了《胡斯与威克里夫:论胡斯思想的起源》一书,其英译本同年在英国以《威克里夫与胡斯》为题出版。在书中,洛瑟斯首次对胡斯与威克里夫二人的同名著作《论教会》等神学著作做了文本对比,提出胡斯的《论教会》只是威克里夫同名论著"拙劣的节略版",并进而认为波西米亚整体的宗教改革运动主要借鉴的是外来思想,并无原创。[①]

洛瑟斯的尖锐论断引发了极大的争议,尽管赫伯特·B. 沃克曼等学者支持此论,[②]但后来研究者对此普遍质疑。效仿洛瑟斯的方法,捷克学者约翰·塞德拉克更大规模、更为精确地比较了胡斯与威克里夫的多篇文本,确认胡斯《论教会》借鉴了威克里夫不到八分之一的内容,但是胡斯并非全盘照搬威克里夫的概念和材料,因此塞德拉克坚决否认胡斯抄袭威克里夫。V. 诺沃特尼和 F. M. 巴尔托什等捷克学者则认为胡斯的教义深深扎根于本国,约瑟夫·赫拉巴克(Josef Hrabák)则在胡斯《论教会》捷克语版的前言中写到,"问题的关键并非胡斯从威克里夫那里引用了多少,而是他借鉴了哪些内容以及对此如何理解"。[③]

当然,讨论胡斯与威克里夫的关系问题绝不能忽略马修·斯宾卡、保罗·德·沃赫特和托马斯·A. 法吉三位学者的观点。斯宾卡早在 1941 年就出版了《约翰·胡斯与捷克宗教改革》一书回应洛瑟斯的论断。在此书不足 100 页的篇幅里,斯宾卡主要讨论了胡斯与宗教改革先驱以及威克里夫的关系并阐释了胡斯神学思想的特点。针对洛瑟斯对胡斯引用威克里夫而不注明出处的指控,斯宾卡引用塞德拉克等学者的文本对比结果为胡斯辩护,认为这种抄袭指控是用现在的学术标准来要求中世纪经院神学家,胡斯的做法和同时代者相比并无殊异之处,况且威克里夫的神学著作在当时被教会所禁,因此洛瑟斯的论断夸大了胡斯对于威克里夫的依赖,胡斯抄袭之说不能成立。同时,胡斯与威克里夫在很多具体教义方面存在差异,胡斯的兴趣主要在于道德改革而非神学反思,因此胡斯在本质上并非威克里夫派,

---

① Vilém Herold, Zdeněk V. David (trans.), Wyclif's Ecclesiology and Its Prague Context, Zdeněk V. David & David R. Holeton (eds.), *The Bohemian Reformation and Religious Practice* (vol. 4), Prague: Main Library, Academy of Sciences of the Czech Republic, 2002, p.17.

② Herbert B. Workman, *The Dawn of the Reformation* (Vol. II: *The Age of Hus*), p.119. 尽管如此,沃克曼同时承认胡斯与威克里夫具有差异,比如胡斯明确表示服从教会的教导,因而缺乏威克里夫承认个人判断之价值的理念,详见同书第 322 页。

③ Vilém Herold, Zdeněk V. David (trans.), Wyclif's Ecclesiology and Its Prague Context, pp.17-18.

他是波西米亚民族宗教改革运动的代表。康斯坦茨公会议谴责胡斯为威克里夫派是无法成立的。[①] 斯宾卡后期出版的两部胡斯研究专著[②]大体沿袭了此书中的立论。

1960 年,比利时学者沃赫特出版了两部篇幅浩大的法语专著《约翰·胡斯的异端》和《细论胡斯》,学界对其评价甚高。尤其是《细论胡斯》,它是沃赫特针对胡斯具体问题的研究,主要讨论了影响胡斯"异端"思想形成的诸多因素,特别是威克里夫对于胡斯形成有关教会、主教制度、圣餐、赎罪券等看法的影响。在沃赫特看来,胡斯重组威克里夫的材料,并在其中注入了自己的观点,这种材料使用方式的原创性毫无争议。那些批评胡斯教义缺乏原创性的人实际上忽略了胡斯对于威克里夫思想的甄选,而且胡斯的教义更倾向于正统而非威克里夫带有"异端"性质的改革思想。[③]

法吉对胡斯与威克里夫关系的看法既承袭前人,但也有新见。法吉认为,从形式上看,不能视胡斯引用威克里夫的做法为不道德,包括著名神学家托马斯·阿奎那甚至威克里夫本人都有类似的做法;从内容上看,胡斯选择性地援引威克里夫体现了更为保守和正统的神学思想,他对纯粹的神学反思兴趣不浓,因此教义的原创性不及威克里夫,但是胡斯宗教改革的实践更为有效。法吉颇有新意的观点在于,他注意到威克里夫哲学思想先于其神学思想传入波西米亚的事实,认为讨论胡斯神学思想以及他作为宗教改革家的实践并不一定要提及威克里夫,因为在威克里夫神学思想传入波西米亚之前,胡斯有关圣经至上、预定论、重返早期教会等宗教改革思想已能从波西米亚传统思想中觅得踪迹,因此法吉不太看重威克里夫对胡斯宗教改革思想的影响,他认为威克里夫在波西米亚政治领域的影响更为关键。[④]像法吉这样力图从波西米亚传统思想来溯源胡斯宗教改革思想的学者还包括 R. R. 贝茨(R. R. Betts),他认为胡斯所受唯实论哲学思想的影响并非主要来自威克里夫,事实上,米利奇、耶诺的马修等波西米亚宗教改革先驱已经在他们的著述和布道中清楚地呈现了唯实论思想,而且胡斯的唯实论思

---

① Matthew Spinka, *John Hus and the Czech Reform* (reprinted edition), pp. 12 – 19, 74 – 75.

② 即分别出版于 1966 年和 1968 年的《约翰·胡斯的教会观》(*John Hus' Concept of the Church*)和《约翰·胡斯传》(*John Hus: A Biography*)。

③ Paul De Vooght, *Hussiana*, Louvain: Publications universitaires de Louvain, 1960, pp. 4 – 6; Paul De Vooght, *L'hérésie de Jean Huss* (2ᵉ édition, Tome II), pp. 524 – 526.

④ Thomas A. Fudge, *Jan Hus: Religious Reform and Social Revolution in Bohemia*, pp. 103 – 108.

想比威克里夫更为温和。[①]

综合上述学者的观点,可以认为,不能简单地视胡斯对于威克里夫论著的引用为抄袭。问题的关键在于,沿袭中世纪的学术写作传统,胡斯有选择性地引用威克里夫的观点旨在为论证自己的教会观服务,而且包括《论教会》在内的论著体现了胡斯注重教会道德改革的神学思想品质,这与威克里夫论著注重神学反思的特质具有很大差异。此外,深入研究胡斯著述的引用,不难发现,除了威克里夫以外,胡斯还大量参引了《圣经》经文和早期教父等人的论述,表明胡斯神学思想的来源是多方面的。仅以《论教会》为例,位列引用次数靠前的分别是奥古斯丁、大格列高利、杰罗姆、安布罗斯、西普里安和伯纳德等。[②] 除有学者关注胡斯与奥古斯丁之间关系的研究以外,[③] 胡斯思想与这些被引者之间的关联还有待系统梳理和深入研究。

第三节 综述胡斯"异端"思想

如前所述,流亡时期是胡斯著述的高产期,也是胡斯全面总结其神学思想的时期——这尤其体现为《论教会》的问世。在此后奔赴康斯坦茨公会议的途中以及参会的整个过程中,除了诸多书信、狱中的数篇短论文和回答公会议对他的信条的指控以外,胡斯再无严格意义上的神学论述。因此,在上节详细讨论《论教会》、总结胡斯教会观的基础上,有必要综述胡斯神学思想中的"异端"之处并揭示他何以成为天主教会眼中的异端,从而让我们更好地理解胡斯最终的命运走向。

一、圣经和基督的律法为最高权威

要理解胡斯的神学思想,应该从理解他立志于献身真理开始。在《论信仰》(1412 年)一文中,胡斯明确表达了真理之于基督徒的意义:

---

① R. R. Betts, The Influence of Realist Philosophy on Jan Hus and His Predecessors in Bohemia, pp. 409 – 415.

② Daniel DiDomizio, Jan Hus's *De Ecclesia*, Precursor of Vatican II?, *Theological Studies*, 66, 1999, p. 251.

③ 比如,魏勒姆·赫罗尔德的论文通过阐述胡斯接触并熟悉奥古斯丁的多个渠道、胡斯在不同场合和论著中对奥古斯丁的推崇,有力论证了奥古斯丁对胡斯的深刻影响,详见 Vilém Herold, Zdeněk V. David (trans.), Master Jan Hus and St. Augustine, Zdeněk V. David & David R. Holeton (ed.), *The Bohemian Reformation and Religious Practice* (vol. 8), Prague: Filosofický časopis, 2011。

> 虔诚的基督徒理应寻求真理、聆听真理、学习真理、热爱真理、说出真理、坚守真理以及至死捍卫真理。因为真理将把你从罪、撒旦和灵魂的毁灭中解放出来,真理最终让你远离永远的死亡,让你与上帝的恩典以及拯救的幸福不再分离。[①]

其实,类似的表达在前文讨论中已经多次出现。比如在谈到和巴莱奇的决裂时,胡斯曾说:"巴莱奇是我友,真理亦是我友。若为真理故,朋友亦可抛",这表明胡斯将真理置于友谊之上。比如在 1410 年 6 月 22 日的布道中,胡斯谴责布拉格大主教不准在小教堂布道的禁令时说"我知道,真理永在,永远有力,永不消褪,真理面前不存在对人的崇敬",这表明胡斯将真理置于任何人(包括教皇)之上。比如胡斯赞扬 1412 年赎罪券风波中三名被斩首的年轻人维护真理的勇气并鼓励信众效仿他们,这表明胡斯甚至将真理置于生死之上。

胡斯将真理区分为三种,即圣经中的真理、通过演绎推理得到的真理、通过感觉和经验得到的真理。由于圣经是真理的见证,因此圣经也是真理,而且圣经在三类真理中是最高的真理。[②] 不过,需要注意的是,胡斯并不是狭隘地理解圣经,并不是说凡是圣经中没有记载的东西教会皆不能允许其存在,而且也不是以圣经为唯一的裁判(布拉格大学神学院八名博士曾在《陈述书》中如此指责胡斯,详细讨论参见本章上节)。除了圣经,胡斯同样认同传统(比如使徒行传、尼西亚信经、教会早期教父论著等,只要它们符合圣经的教导)和良心为权威,同时圣经、传统和良心这三者又统辖于基督的律法。[③] 由于圣经在三个宗教权威中的首要地位,因此不难见到胡斯在布道和神学论述中常常将圣经和基督的律法等同使用。

显然,胡斯坚信圣经和基督的律法为最高权威确实对教皇和罗马教会的权威构成了巨大的威胁,不过这无法成为教会认定胡斯为异端的依据。在胡斯看来,只要高级教士的命令不违背圣经,无论这个教士品性多么邪恶,我们也必须遵守此命令。胡斯甚至在《论教会》中鼓励下级检查上级的命令甚至评判上级的工作。可是,高级教士的命令也好,普通教士的行为也

---

① Thomas A. Fudge, *Jan Hus: Religious Reform and Social Revolution in Bohemia*, p. 28.

② Thomas A. Fudge, *Jan Hus: Religious Reform and Social Revolution in Bohemia*, pp. 29, 47.

③ Thomas A. Fudge, *Jan Hus: Religious Reform and Social Revolution in Bohemia*, pp. 31, 33.

罢,谁该来判定它们是否与圣经和基督的律法一致呢? 胡斯显然不认为教皇和教会能担任这样的角色,他似乎更倾向于理性。在处理圣经中的真理问题时是需要理性的。真理并不屈从于理性,但也不排斥理性,不需要盲目地接受。[①] 因此,这就意味着个人有权利就圣经作出自己的理解和阐释,而不是盲目地接受教会作为权威对圣经的解释。对于视自身为司法机构的罗马教会而言,这一立场是不忠和明显的反叛,是绝对无法接受的,因此自然被罗马教会认定为异端。客观地说,胡斯所处的时代还没有作好准备接受这样革命性的观点。

在承认圣经和基督的律法为最高权威的前提之下,胡斯对于罗马教会和教皇的认识自然区别于那些维护教皇和教会权威的人。对于胡斯和与他同时代之人(比如巴莱奇)对教会认知的本质差异,法吉的概括十分精要:

> 与他同时代的斯蒂芬·巴莱奇认为精神性教会由被预定者、战斗性教会和罗马教会构成。它们包括在同一个神圣教会之内,且每个组成部分都是神圣的。巴莱奇并不区分这些组成部分具有多大程度的差异。与此相对应的是,胡斯则认为教会由战斗的教会、休眠的教会和被预定者的教会构成。基鲍尔(Kybal)恰如其分地将这三个组成部分描绘为三个同心圆,被预定者的教会是最内层的那个同心圆。中世纪教会学视教会为所有经洗礼仪式确认的信徒构成的可见实体。这个尘世的王国由教皇——基督的神甫——和各级神甫统领。该王国的统治机构直接从上帝那里获得权力,是一个精神性的贵族统治机构。教皇和高级教士被视为上帝派来的管理者,而非基督教团体的代表。[②]

"被预定者的教会是最内层的那个同心圆"即胡斯认定的真正的教会,换言之,就是得拯救的信徒的团契,或被预定者的集合体。胡斯对教会的这一定义早在《约翰·胡斯论〈箴言四书〉》中就已经出现,并在《论教会》中有详细论述。众所周知,此定义来源于奥古斯丁,但是借用奥古斯丁的概念并不意味着胡斯与奥古斯丁对于教会的理解是完全相同的。实际上,奥古斯丁对于教会由谁组成的问题有三种回答:第一,教会的成员是接受洗礼者,无论他们是好是坏,只要他们宣称信奉耶稣基督的律法并参加圣礼;第二,教会的成员是良善的基督徒,他们信仰纯正,生活在仁慈之中;第三,教会仅仅由

---

① Thomas A. Fudge, *Jan Hus: Religious Reform and Social Revolution in Bohemia*, p.47.
② Thomas A. Fudge, *Jan Hus: Religious Reform and Social Revolution in Bohemia*, p.34.

被预定者组成。① 某种程度而言,胡斯和罗马教会都从奥古斯丁的上述三种定义中各取所需,争执在所难免。罗马教会选择奥古斯丁的第一种教会定义,强调教会的"可见实体"(visible entity)性质,承认教皇为教会之首、枢机主教团为躯,意在强调教会是权威的统治机构。胡斯选择奥古斯丁的第三种定义,强调教会的精神实体(spiritual entity)性质。胡斯虽然也承认可见的教会(比如战斗的教会),但更加看重的是真正的教会或大公教会,可见的教会之地位要低于大公教会。如此一来,在罗马教会眼中,"大公教会只是被预定者的集合体"就意味着胡斯否认战斗性教会的有效性——如果罗马教会将战斗性教会解释为接受洗礼者的集合体的话,按照胡斯"属于教会"和"在教会内"的区分,相当一部分受洗者(甚至可能包括教皇)只是"在教会内",并非"属于教会"。这显然是罗马教会不能接受的。因此,学者马修·斯宾卡认为,胡斯真正的"异端"之处就在于,他提出了"大公教会只是被预定者的集合体"这一论断。②

承认圣经和基督的律法为最高权威,以及界定大公教会为被预定者的集合体,这为挑战罗马教会和教皇的权威奠定了理论和逻辑基础。就可见的教会(比如罗马教会)而言,其中既有被预定者或"属于教会"者,也有被预知者或"在教会内"者,换言之,罗马教会是一个"麦子和稗子"的混合体。除非上帝的启示,无人能知自己是否是被预定者,教皇也不例外。因此,以教皇为代表的罗马教会的权威是存在疑问的,教皇也可能犯错。只有当教皇和罗马教会的命令不违背圣经、传统和良心时,教皇和教会才是可以信赖的,信徒才应该服从他们的命令。否则,信徒应该反对甚至纠正教皇和教会的错误。正是在这一思想的指导下,胡斯才敢于数次公然反对教皇的敕令,甚至采取向上帝和基督写公开上诉信这种反常规的方式来表达对于教会的失望。可以预见,胡斯有关教皇权威的看法(特别是在《论教会》中的表述)注定会成为康斯坦茨公会议起诉胡斯为异端的重点内容之一。

对于胡斯挑战教会权威的后果,法吉的点评有趣又在理。他认为,如果胡斯只是讲教会中既有麦子也有稗子,那也没什么要紧,但是胡斯更进一步,表示他并不反对平信徒没收那些品性败坏教士的薪俸收入,而且鼓励波

---

① Paul De Vooght, *Hussiana*, p.88.
② Matthew Spinka (ed. & trans.), *John Hus at the Council of Constance*, p.73. 顺便指出的是,斯宾卡还指出了胡斯教会观中的其他革新之处。比如,由于胡斯信奉基督教会由五大主教区构成的传统观念,罗马主教只是位列众主教之首,并非他们的上级,因此斯宾卡认为胡斯界定的教会具有"联邦"性质(federal nature of the church)。此外,胡斯还持有"普世基督教"观念(ecumenical outlook),即认为所有的教会和教会成员都在基督的名义之下结为一体。详见 Matthew Spinka, *John Hus' Concept of the Church*, pp.388–389.

西米亚和波兰国王在必要的时候运用世俗权力阻止买卖圣职的行为,这就暗示着平信徒都有权利和责任来改革教会,从而冒犯了教会的特权。[①] 胡斯的立场当然为罗马教会当权者不容。

与此同时,胡斯并不反对也无意瓦解建立在教皇和教阶制度之上的罗马教会,他甚至强调圣礼的必要性以及神甫布道的作用。从这一点来看,比起威克里夫的激进态度,胡斯更显保守。综观胡斯跌宕起伏的一生,绝大多数时间里他承认并效忠罗马教皇,寄希望于罗马教会和教皇的正义性(这尤其体现在他两度上诉教皇约翰二十三世),甚至对康斯坦茨公会议能允许他澄清信仰免除异端指责也抱有希望。也许有人会问,既然胡斯认为教会和教皇存在犯错的可能,主教和教士等各级教会神职人员存在的问题很多,那么他为何不抛弃现存的教皇领导下的教会制度,为何不寻求更为彻底的改革? 胡斯的时代局限性和认知局限性可能是部分原因,不过,如果我们注意到胡斯信奉以圣经和基督的律法为最高权威,假使教皇和罗马教会的神职人员能以遵守圣经和基督的教导作为行动指南,那么教皇领导下的教会制度的存在自有其积极意义。

显然,神甫传布上帝之道就是其积极意义之一。作为神甫的胡斯,他关心的是信众的得救,[②]这可充分体现在他临死前最后所说的话中:"我的布道、我所做的一切和我所写的一切只有一个主要目的,那就是将人们从罪中转变过来。"[③]一方面,胡斯认为,得救的唯一希望是上帝的意志。上帝的良善意志赐予人以神圣的恩典,这是人得到拯救的基础,而圣经和圣礼则是恩典的通道。换言之,只有上帝才能赦罪。因此,胡斯坚定地反对教会所宣称的购买赎罪券可以得到赦罪的说法。另一方面,对于基督徒自身而言,如果说恩典是得救的基础,那么信仰则是基督徒生活的基础,信仰实际上是恩典注入人的结果。信仰意味着一个人坚守圣灵所宣称的一切,即圣经的真理,其关键是相信基督是教会建立的根基。信仰需要通过爱来形成。与此同时,与中世纪的传统相一致,胡斯也强调个人的善功对于得救的重要价值。第三,神甫应该承担起中介的角色,将上帝之道和神圣恩典广布四方,教导人们信仰上帝、实施上帝的命令以及正确地向上帝祈祷。就胡斯对于人的得救的论述,法吉总结认为,就个人而言,"信仰通过爱而形成,善功是关键

---

① Thomas A. Fudge, *Jan Hus: Religious Reform and Social Revolution in Bohemia*, p.35.

② 本段有关胡斯对人的得救的看法,引自 Thomas A. Fudge, *Jan Hus: Religious Reform and Social Revolution in Bohemia*, pp.39-45。

③ Matthew Spinka (ed. & trans.), *John Hus at the Council of Constance*, p.233. 因此,保罗·德·沃赫特认为"将人们从罪中拯救出来"构成了胡斯神学思想的核心。参见 Paul De Vooght, *L'hérésie de Jean Huss* (2ᵉ édition, Tome I), p.492。

所在";就神甫而言,"布道和圣礼作为恩典的方式对于人的得救很有必要"。事实上,胡斯上述对人的得救的看法总体上在他神甫生涯的早期或者说1408年之前就已经形成,且一直坚持不变。

鉴于神甫传布上帝之道的神圣职责,胡斯很自然地接受了威克里夫提出的神甫布道无需教廷或主教授权的观点(即四十五信条的第14条)。以婚姻来打比方,胡斯解释说,一旦夫妻缔结了婚约,两人要生育子女是不需要得到主教授权的。与此类似,一旦某人被按立为神甫,他的布道就不需要主教的再次授权。[①] 因此,教会禁止神甫布道的禁令往往遭到胡斯的强烈反对和谴责,这虽然难以让教会起诉他为异端,但这无疑加剧了胡斯与教会的紧张,给人以攻击胡斯不服从教会命令的口实。比如,1410年胡斯多次公然谴责教皇亚历山大为根除布拉格教区的异端而发布的禁止在小教堂布道的禁令;1411年胡斯无视科隆纳对他的绝罚判决,继续坚持布道;流亡期间的胡斯多次宣布自己绝不会遵守教会禁止布道的命令,并身体力行。可以说,从1400年被按立为神甫、1402年出任伯利恒小教堂的布道师直到在康斯坦茨殉道,胡斯运用一切可能的方式自始至终承担着神甫的布道之责。

二、有关圣礼的看法

胡斯对圣礼的相关看法和立场是他被疑"异端"的另一个关键点。本书第二章第四节和第四章第二节评述《论教会》中已经详论胡斯对于圣礼的基本看法,无需赘述。在这里我们重点讨论胡斯遭受"异端"攻击的有关立场和观点。总体而言,主要有两点:其一,胡斯对于"圣餐不变论"所持的立场;其二,胡斯对于神甫施行圣礼有效性的看法。

就"圣餐不变论"而言,学者们大多认为胡斯从未坚持威克里夫的"圣餐不变论",他一直坚持的是官方正统的"圣餐变体论"。在研究这一问题的学者中,保罗·德·沃赫特的研究可能是最为详细,也最有说服力的。在《细论胡斯》一书中,沃赫特主要从分析起诉胡斯的证人和分析相关文本两个方面回答了"胡斯是否教导过'祝圣过后面饼的本质不变'"这一问题。在分析多个证人的起诉以及胡斯的答辩后,沃赫特的结论如下:

> 我并不是为胡斯写辩护词,哪怕仅就圣餐礼教义这点而言。通过审查上述起诉胡斯的证言,我愿意作出更为谨慎的结论:胡斯的错误并没有得到充分证实。为了证实胡斯存在错误,至少要有明确的证据。

---

① Paul De Vooght, *L'hérésie de Jean Huss* (2ᵉ édition, Tome I), p.231.

> 可是,那些证据是含糊的、矛盾的、迟疑的,是恶意和偏见的产物。通过审查胡斯案的控告人所说的内容,我不仅不相信胡斯曾经教导过有关圣餐礼的异端教义,我也不知道那些所谓的异端(或者错误)教义到底有些什么内容。[1]

沃赫特还细致梳理了胡斯的论著以及其他相关文本。在此基础上,他斥责学者约翰·塞德拉克的论点——胡斯追随了威克里夫的“圣餐不变论”——是“荒唐的”,下结论认为:“不仅胡斯任何文本都没有明确肯定‘圣餐不变论’,而且在胡斯著述的整个过程中,他的圣餐论教义自始至终都是正确的,在任何一点上都符合天主教的教义。”[2]

但是,信仰正统圣餐礼教义的胡斯依然难逃被控信仰“圣餐不变论”。在 1411 年 9 月 1 日致教皇约翰二十三世的信中,胡斯写道:“我忠诚、如实以及坚定地宣称:我在教廷受到了真理的敌人们错误的控告。事实上,他们已经而且正在错误地控告我,说我教导人们相信圣坛上面饼的本质没有改变。”[3]究其原因,一方面,这与胡斯对待威克里夫神学思想的策略密切相关。如前所述,胡斯自始至终为威克里夫无可指责的神学观点进行辩护,但对那些令他反感的威氏观点则保持缄默。如此一来,对手们只闻胡斯为威克里夫辩护,不见他批评威克里夫,自然轻易就将他与威克里夫的“异端”思想牢牢捆绑在一起,并以此作为起诉胡斯异端的有力武器。另一方面,胡斯也大力抨击有些神甫对官方“圣餐变体论”的曲意解读,这招致了教会的攻击甚至下结论认为胡斯信奉“圣餐不变论”。有些神甫吹嘘,通过圣餐礼上的祝圣,他们能够随意创造出圣体。在胡斯看来,这些神甫愚蠢无比,这种认识是一种自大而卑鄙的教义! 人作为造物主创造的生灵,怎么可能创造出造物主来? 所有的神甫合在一起也无法创造出一只苍蝇,遑论上帝或上帝之子。因此,这些神甫“像狼一般地嗥叫,意在显示出他们比平信徒更为重要”。[4] 此外,在《论六个错误》(1413 年)一文中,胡斯将有些神甫吹嘘能创造圣体列为首要的错误,其他的错误和异端包括信仰教皇和圣徒、神甫宣称自己能够赦罪、教会要求服从其所有的命令、西门主义等。[5]

---

[1]　Paul De Vooght, *Hussiana*, p.273.详细的讨论参见此书第 263—274 页。

[2]　Paul De Vooght, *Hussiana*, p.289.详细的讨论参见此书第 274—291 页。

[3]　Matthew Spinka (trans.), *The Letters of John Hus*, No.18, p.54.

[4]　此处胡斯对“圣餐变体论”曲意解读的抨击主要引自 Thomas A. Fudge, *Jan Hus: Religious Reform and Social Revolution in Bohemia*, p.53。

[5]　Jacques Lenfant, Stephen Whatley (trans.), *The History of the Council of Constance* (vol.1), pp.37 - 38.

胡斯关于神甫施行圣礼有效性的观点也饱受攻击和异端指责。早在1409 年，约翰·普罗季瓦起诉胡斯 12 条罪状，其中一条就是胡斯在 1399 年宣称"一个犯有不可饶恕之罪的神甫无法在圣餐礼上祝圣受人尊敬的圣体，也无法施行教会的其他圣礼。"[1]在 1411 年致约翰二十三世的信中，胡斯也提到那些"真理的敌人"错误地控告他曾宣称"犯有不可饶恕之罪的神甫无法祝圣"。[2] 胡斯的老对手科斯的迈克控告胡斯信奉多纳特派（Donatism，或译为多纳图派）的异端思想，[3]这显然是指多纳特派所宣称的罪人不能担任圣职，只有义人施行的圣事才有功效。[4] 实际上，胡斯的原始表述是，生活在罪的状态之中的主教或神甫没有"令人尊敬地"（拉丁文的表述是 digne）承担他们的教职。但是，这并不意味着他们施行的圣礼是无效的，因为尽管他们履行教职的行为并不受人尊敬，也不圣洁，然而上帝依然把荣耀授予那些参加他们主持圣礼的信徒们。[5] 胡斯的上述思想来自于奥古斯丁。在抨击多纳特派的错误时，奥古斯丁表示，就圣礼而言，无论是谁在主持洗礼，都是上帝在主持，都是具有效力的，并不因为主持者本人的好坏而不同。[6] 可见，科斯指责胡斯信奉多纳特派是站不住脚的。不过，胡斯的对手们在攻击他的时候，往往忽略"令人尊敬地"一词，如此一来，胡斯的观点自然成了否认有罪神甫施行圣礼的有效性。值得一提的是，通过研究胡斯有关圣礼的教义，学者马修·斯宾卡认为，胡斯只是承认神甫具有施行圣礼仪式的功能，其他皆不承认，特别是忏悔礼。由此人们可以推导，每个信徒皆可和上帝直接沟通，无需神甫的干预或中介作用。[7] 如果斯宾卡此论成立的话，我们的确可以视胡斯为新教改革的先驱之一。

与此同时，胡斯的另一相关表述也成为了对手们攻击的把柄："只要一个神甫或主教处于不可饶恕的罪的状态中，他就不再是神甫或主教。"胡斯的这一论断其实是基于他对真正的神甫（veritable pastor）和技术上有效

[1] Matthew Spinka, *John Hus: A Biography*, p.100.

[2] Matthew Spinka (trans.), *The Letters of John Hus*, No.18, p.54.

[3] Thomas A. Fudge, *Jan Hus: Religious Reform and Social Revolution in Bohemia*, p.38.

[4] 文庸、乐峰、王继武主编：《基督教词典》（修订版），第 126 页。

[5] Thomas A. Fudge, *Jan Hus: Religious Reform and Social Revolution in Bohemia*, p.38. 胡斯的这一思想在布道和神学论述中多有出现，此处仅举一例。在《论西门主义》中，胡斯指出，根据教会法的规定，一个神甫养有情妇或者嫖妓，信众可以不听他的弥撒。但是，这并不是说这个弥撒无效，而是说这个神甫不应该以不受人尊敬的方式来主持圣礼。参见 John Hus, On Simony, Matthew Spinka (ed.), *Advocates of Reform: From Wyclif to Erasmus*, p.252。

[6] 周伟驰：《奥古斯丁的基督教思想》，第 289 页。

[7] Matthew Spinka, *John Hus' Concept of the Church*, p.389.

(technically valid,即被教会按立的)的神甫之区分。[1] 换言之,作为承担牧养之责的神甫仅仅被教会按立、取得神甫之职位是不够的,他还需要具备精神和道德等方面的素质。这一要求是胡斯改革教会的必要方式,也是和教会产生严重分歧的主要原因。

三、对教会的批评

诚如塞缪尔·爱德华·赫里克(Samuel Edward Herrick)在《昨天的异端》一书中对胡斯的评价所言:"他个人给伟大宗教改革运动所添增的力量,与其说是在神学方面,不如说是在道德和精神方面。"[2]托马斯·A.法吉也指出,胡斯强调信仰,但是"信仰并非局限于知识思考或教会的教义,信仰还激发了实践和社会行动"。[3] 阅读胡斯的神学著述,不难发现,胡斯并非注重神学思辨、提出原创性思想的神学家,他是注重实践正统教义的实干家。因此,讨论胡斯的神学思想,不能忽视其神学思想的实践品质,这尤其体现在胡斯通过批评教会现状而提出的有关教会神职人员精神和道德素质的要求。

胡斯对教会腐败和堕落等现状的批评散见于他的诸多神学论述和布道中,不过,完成于 1413 年 2 月 2 日、用捷克语写成的《论西门主义》(O svatokupectvi)[4]一文当属其中最为典型的代表作。因此,下面以《论西门主义》为例,呈现胡斯对教会的批评意见以及他提出的解决方案。

引用奥古斯丁对异端的界定,即异端是那些顽固地坚持有悖于圣经经义者,胡斯提出存在三种异端:背叛信仰、亵渎上帝和西门主义。背叛信仰意味着远离上帝的律法。亵渎上帝意味着污蔑上帝的权能,比如有些神甫宣称自己能随意创造圣体,宣称自己能赦免任何人的罪过或将任何人送入地狱,比如有些人宣称教皇从不犯错,所有人都应该在任何事情上服从教皇,教皇作为尘世的上帝能做任何他想做的事情,教皇能制订有违上帝律法

---

[1] Matthew Spinka, *John Hus' Concept of the Church*, pp. 387 – 388.

[2] Samuel Edward Herrick, *Some Heretics of Yesterday*, London: Sampson Low, Marston, Searle & Rivington, 1884, p. 54.

[3] Thomas A. Fudge, *Jan Hus: Religious Reform and Social Revolution in Bohemia*, p. 32.

[4] 本书以下所引均来自其英译本,参见 John Hus, On Simony, Matthew Spinka (ed.), *Advocates of Reform: From Wyclif to Erasmus*, Philadelphia: The Westminster Press, 1953, pp. 196 – 278。需要说明的是,svatokupectvi 和 simony 的常见翻译为买卖圣职,由于胡斯在此文中使用这一术语描述的并非买卖圣职一种现象,而是涵盖了就神圣性东西进行的任何交易或买卖,因此笔者选取了包含更多含义的"西门主义"这一译名。另外,前文中所使用的西门主义(也包括西门主义者)沿袭了上述胡斯对此术语的界定。

的法令等等。西门主义指的是不正当地用精神性的东西来交换非精神性的东西，即就神圣性东西进行交易或买卖。①

需要指出的是，异端的三种分类并非胡斯首创，而是借鉴自威克里夫的同名论著。在《论西门主义》一文的开端，威克里夫开宗明义地提出异端分为西门主义、背叛信仰和亵渎上帝三类。② 至于三类异端的定义，胡斯也借鉴了威克里夫对于背叛信仰和亵渎上帝这两类异端的定义，但是有别于威克里夫对于西门主义的定义——试图破坏上帝的安排，胡斯的定义更为具体，对于教会现状的针对性更强。事实上，早在 1404 年 1 月写给约翰·霍伯纳、抗议他指控威克里夫的信中，胡斯已经提出异端的上述三种分类，并且认为西门主义是最大和最严重的罪（尽管胡斯此时对西门主义的定义更为接近威克里夫）。③

在《论西门主义》中，胡斯以 1412 年发生在布拉格的兜售赎罪券为例，强烈谴责这种西门主义行为：

> 那些撒谎、通奸、贪婪的西门主义者行为恶劣，否认基督，嘲讽基督的正确之途，以骗人的赎罪券抢劫人的钱财，编造唬人的说辞并谎称能赦罪。他们使用赎罪券赦免一切的罪和痛苦。此外，一些布拉格大学的教师支持他们的做法并为他们辩护，说教皇有权利发动战争和利用赎罪券赦免一切的罪和痛苦。因此，在这些教师的声援下，他们越发肆无忌惮地欺骗民众。④

随后，胡斯详细分析了教皇、主教、修士、神甫和平信徒五类人群成为西门主义者的可能性，并提出任何人皆有可能成为西门主义者的帮凶。

就教皇、主教、修士、神甫等担任神职的人员而言，如果他们担任神职的动机不纯（比如，只是考虑到世俗的好处、受人尊敬或肉体享受等等，而不是为了获得神佑、荣耀上帝和拯救自己以及他人的灵魂等），如果他们通过不正当的手段获得圣职或者授予他人圣职，如果他们无法承担神职应有的职责，那么就可以判定他们是西门主义者。

---

① John Hus, On Simony, Matthew Spinka (ed.), *Advocates of Reform: From Wyclif to Erasmus*, pp. 196 - 202.
② John Wyclif, Terrence A. McVeigh (trans.), *On Simony*, New York: Fordham University Press, 1992, p. 29.
③ Matthew Spinka (trans.), *The Letters of John Hus*, No. 2, pp. 5 - 7.
④ John Hus, On Simony, Matthew Spinka (ed.), *Advocates of Reform: From Wyclif to Erasmus*, p. 206.

在胡斯看来，教皇成为西门主义者的方式主要有三种。其一，为了圣俸和尘世的尊崇，教皇出任这一显贵的职位。因此，一旦教皇没有正确地履行他的职责，追求尘世之物和肉体享受，这就表明他成为了西门主义者。其二，为了获得物质上的回报，教皇发布违背上帝律法的各种规定。其三，为了金钱而任命主教和神甫，比如布拉格大主教的任命就是显例（参见本书第三章第一节）。① 胡斯一一驳斥那些为教皇的西门主义行为辩护的各种意见。他认为，教皇的职责在于传布上帝之道、主持圣礼、代表信众向上帝祈祷，因此教皇不应该插手世俗事务（比如世俗财产的管理），甚至不应该插手主教、神甫以及其他神职人员的任命——教皇根本不可能知道某个他从未见过的人是否具有良好的品德，他也不清楚信徒们是否愿意接受那个他任命的主教或神甫。现实的状况是，教皇任命的很多主教"不配得到神职以及圣俸，他们甚至连养猪都不合适！"更加不能让人容忍的是，有些教皇有意搁置某些空缺的主教职位以便代领主教圣俸，以及对授予圣职收取费用甚至明码实价。有人说，为了让那些不服从和反叛之人臣服教会，教皇需要大量的钱，因此他必须想尽一切办法筹钱，售卖赎罪券的钱也有助于教皇打击坏人。胡斯反驳道，基督和使徒们没有钱，也没有强迫别人服从他们。以圣彼得为例，在罗马的时候他也没有强迫不服从者接受基督教信仰，而是通过传布上帝之道来赢得他们。②

主教成为西门主义者的方式也有三种。第一，忘记主教的职责，未按圣保罗对主教的规定（比如《新约·希伯来书》第 5 章 1—4 节、《新约·提多书》第 1 章 7—9 节等）而生活。第二，他自己或者和下属一起浪费本应花在穷人身上的钱，或者将这些钱送给他的朋友。第三，违规收受金钱或者物质性礼物。③ 胡斯详细描述了主教违规敛财的丑恶现实。例如，有的主教就圣餐台上的祝圣至少收取 2 个克帕（kopa，1 个克帕等于 60 格罗申），如果不给钱，他们拒绝祝圣，而对于祝圣后拒绝付钱者，他们会提起诉讼甚至绝罚。这些主教还大言不惭地说，他们收费，因为他们付出了体力劳动以及食物（比如面饼和酒）的成本。胡斯嘲讽道，他们的借口就像一个贪婪的旅店老板，表面上食物免费，只收啤酒的钱，实际收的钱远远超过啤酒和食物合起

① John Hus, On Simony, Matthew Spinka (ed.), *Advocates of Reform: From Wyclif to Erasmus*, p.213.
② John Hus, On Simony, Matthew Spinka (ed.), *Advocates of Reform: From Wyclif to Erasmus*, pp.214 - 220.
③ John Hus, On Simony, Matthew Spinka (ed.), *Advocates of Reform: From Wyclif to Erasmus*, pp.223 - 224.

来的费用。此外,主教还对坚振礼、圣职授职礼收取费用,甚至训练他的仆人如何收费。引用教会法等的明文规定,胡斯强调,布道、弥撒、祝圣等圣礼都是神甫职责之所在,不能向信徒收取费用。此外,胡斯还抨击有些主教让执事管理教区,让他人代为祝圣,让教区神甫布道,自己却啥事不做、海吃海喝!①

修士成为西门主义者,因为他们对钱财的索取也毫不逊色。那些修士以修道院很穷为借口(实际上每个修士的年平均收入可达 20—30 个克帕),假意承诺将保护教区,通过行贿的方式缠着教皇或贵族们把一些教区划拨修道院管理,甚至专挑那些年收入高的教区,目的就在于牟取更多的收入。因此,无论饮食、穿衣还是住宿,修士们养尊处优,甚至比国王、贵族、世俗之人的生活更胜一筹。有诗为证:"奢华生活哪里见,修士住所去体验。"②

神甫成为西门主义者的常见方式有五种。其一,通过向主教等行贿得到神甫之职。其二,对圣礼、祝圣的圣油和弥撒等收费。其三,将教会的募捐(alms)转送父母、亲戚或者朋友。其四,喜欢溜须拍马的人,向富人示好,雇佣不必要的佣人,室内过分装饰,建造奢华的住所,所骑的马装扮华丽等。第五,将什一税和穷人的募捐用于公开包养情妇甚至嫖妓。③ 胡斯特别列举了神甫与他人通奸并生育子女的例子,比如摩拉维亚的一个神甫每年为他的孩子付一个克帕的摇篮税(暗指他每年都有孩子出生),比如匈牙利的一个神甫每年为他的孩子付给主教一定数额的钱,孩子越多,付钱越多。按照基督使徒们的规定,任何犯通奸罪的人都不能成为神甫。但是上梁不正下梁歪,主教们也犯通奸罪,所以他们根本不管这些神甫的胡作非为。④

至于平信徒,如果他们给主教等人行贿送礼,如果那些身居高位的平信徒(比如国王或贵族)因为亲属关系或者因为个人偏爱、个人私利而授予某个神甫等神职,那么他们就是西门主义者。因此,任何人都要慎重行使圣俸授予权或神甫推荐权。⑤

胡斯同时指出,任何人都可能成为西门主义的帮凶。具体而言,一旦某

---

① John Hus, On Simony, Matthew Spinka (ed.), *Advocates of Reform: From Wyclif to Erasmus*, pp. 224 - 230.

② John Hus, On Simony, Matthew Spinka (ed.), *Advocates of Reform: From Wyclif to Erasmus*, pp. 234 - 238.

③ John Hus, On Simony, Matthew Spinka (ed.), *Advocates of Reform: From Wyclif to Erasmus*, pp. 242 - 251.

④ John Hus, On Simony, Matthew Spinka (ed.), *Advocates of Reform: From Wyclif to Erasmus*, p. 253.

⑤ John Hus, On Simony, Matthew Spinka (ed.), *Advocates of Reform: From Wyclif to Erasmus*, p. 255.

个人怂恿或协助西门主义行为,在学校等地为西门主义辩护,为一己私利或他人利益而提供坏主意,同意参与西门主义的行为,手中拥有上帝赋予的权力却对西门主义保持沉默或不与这些罪恶作斗争,那么他就是西门主义的帮凶。[①]

针对教会的种种乱象,胡斯的解决方案是什么? 首先,我们来看胡斯对于担任圣职者的三点基本要求,即(一)纯正的思想:他应该按照上帝的律法引领信众走上基督之正途;(二)纯洁的动机:出任圣职的目的在于消除骄傲、贪婪、好色等罪恶;(三)强烈渴望通过履行自己的职责来实现上帝的意志。其次,应按照上帝的意愿进行主教和教区内的选举,特别是教堂应有权选择其神甫并在教众面前任命最合适之人出任神甫。[②] 第三,极力提倡基督教会回归使徒式贫困。胡斯认为,教会乱象丛生的根本原因在于金钱的诱惑:"世俗的财富挡住了基督的路并在神甫中引发了混乱,因此充满了西门主义、贪婪和争执。只要神甫不放弃钱财,西门主义就无法避免。"[③]胡斯建议,主教们应效仿基督和使徒们的贫困、谦卑和劳作,不应追求华美的长袍、丰盛的食物和众多的侍从;修士们应效法早期修士的苦行生活,不应将修道院设在富裕的城市之中;在对犯错的神甫采取规劝等多种措施都无效的情况下,教会可以没收神甫通过什一税获得的收入,而且,如果要求神甫回归到使徒式贫困,那么抱着功利目的担任神甫的人会少很多。[④] 最后,胡斯提出,教皇、世俗君主和教会自身应该发挥制止西门主义的必要作用。教会应该没收那些明目张胆搞西门主义者的圣俸收入,让他们没有钱来买卖圣职。以国王为代表的世俗君主已得到上帝授权按照上帝的律法来统治王国,因此世俗君主有权阻止那些教会中的西门主义者。[⑤]

上述胡斯就西门主义开出的药方表明,教会神职人员绝不应追求尘世生活的享受,应该承担起传布上帝之道、牧养教众的属灵职责。胡斯对基督教早期教会念兹在兹,尤其是主张教会神职人员在生活方式上要效法基督,回归早期教会传统,坚守严苛的伦理道德规范。在胡斯看来,这并

---

① John Hus, On Simony, Matthew Spinka (ed.), *Advocates of Reform: From Wyclif to Erasmus*, pp. 260 - 266.

② John Hus, On Simony, Matthew Spinka (ed.), *Advocates of Reform: From Wyclif to Erasmus*, p. 270.

③ John Hus, On Simony, Matthew Spinka (ed.), *Advocates of Reform: From Wyclif to Erasmus*, p. 219.

④ John Hus, On Simony, Matthew Spinka (ed.), *Advocates of Reform: From Wyclif to Erasmus*, pp. 232, 239 - 240, 252, 256.

⑤ John Hus, On Simony, Matthew Spinka (ed.), *Advocates of Reform: From Wyclif to Erasmus*, pp. 272 - 275.

非过分的"高标准、严要求"或"道德洁癖",这是改革教会的可行之途,是胡斯利用口头布道或者书面"布道"等一切可能的机会不厌其烦传达给信众的主张。

基于对胡斯教会改革路径的分析,学者保罗·德·沃赫特作出了如下的评价:和布拉格的杰罗姆、斯特日布罗的亚库贝克等同时代的其他改革派相比,胡斯在本质上是顺从、温和和保守的,并未宣传异端思想,并未违背正统教义,从未质疑王权和封建制度,也不愿举起革命的旗帜。因此,他并不是民族英雄,也不是宗教改革家,只是正直和忠诚之人。"很少有人像胡斯这样,并无多大错误却最终掀起轩然大波。"究其原因,胡斯对教会纯洁性和教士道德完美的极端要求以及拒绝妥协的个性"激怒了公牛,但他却对杀死公牛顾虑重重,最终自己难逃被踩踏的命运"。[①] 沃赫特的此番评价有一定道理,他看到了胡斯长期以来抨击教会各种问题所引发的后果,认识到胡斯"温和""保守"的改教路径并没有突破教会已有的框架,但是,仅仅通过胡斯的具体改教路径来判定胡斯不是宗教改革家是有失偏颇的,胡斯在教会的本质、教皇制度等多方面体现的教会观显示了他对于现存教会及其制度的质疑,提出了有别于官方教会的诸多认识和看法,以此而论,说胡斯是宗教改革家并不为过。因此,在教会的眼中,胡斯绝不是那个"并无多大错误"的布道师和大学教授,他的思想将在康斯坦茨公会议上遭受谴责和被判异端,他的身体将会被火刑的大火吞噬。

对于自己"难逃被踩踏的命运",胡斯似乎有所预见。在《论西门主义》一文中,胡斯与一名敬畏上帝的修士之间展开了如下假想的一段对话:

> 修士问:"既然我理应服从我的上级,那么我该如何避免陷入西门主义之罪?"我回答道,他应该拒绝服从并站出来反对。但是,他说:"我将被关入牢房。"我的回答如下:如果他为了真理而受罪,他将有福;即使他为了反对罪恶而丧命牢房,他也不应该屈从于错误。在这个世界上,还有什么能比神圣的殉道更好的呢? 但是,我确信,如果他决定生活在贫困、纯洁、守贞、基督的爱之中,放弃所有的财物,那么他很快将遭到其他人的攻击。如果他规劝他们不要敛财,应如前面所说的那样不要犯其他的罪,毫无疑问他将被宣布为异端。那些人已经对他们的行为习以为常,已经偏离上帝的法则太远,因此他们厌恶圣徒们所过的

① Paul De Vooght, *L'hérésie de Jean Huss* (2ᵉ édition, Tome I), pp.492-517.

生活。①

胡斯的上述回答不仅包含他亲身的经历,而且不幸言中了他最终的结局——"还有什么能比神圣的殉道更好的呢?"康斯坦茨公会议期间发生在胡斯身上的一切将证明这一点。

---

① John Hus, On Simony, Matthew Spinka（ed.）, *Advocates of Reform: From Wyclif to Erasmus*, p.242.

第五章　康斯坦茨公会议："异端"案的审判

　　贴有"威克里夫派"的标签和背负"异端"的恶名,胡斯先后遭到布拉格大主教的绝罚以及罗马教廷的两次绝罚。分析胡斯遭受绝罚的整个过程,不难发现,三次绝罚的理由并非指控胡斯为异端,特别是罗马教廷在 1411年与 1412 年两度绝罚胡斯主要是因为胡斯未到教廷接受传唤,换言之,罗马教廷对于胡斯的审判是缺席审判,罗马教廷对胡斯的判罪还没有到异端这样严重的程度。另一方面,也要注意到胡斯的对手们利用控罪异端、舆论造势、论文攻击等多种方式试图造成胡斯是"异端"的既成事实。"树大招风"的胡斯已然成为罗马教会的眼中钉、肉中刺。虽然胡斯的流亡短暂缓和了他和罗马教廷的正面冲突,但"树欲静而风不止",力图重新统一教会的公会议终将打破胡斯流亡生活的平静。从 1414 年 11 月 3 日抵达康斯坦茨,到 11 月 28 日身陷囹圄,再到次年 7 月 6 日被判异端并被火刑烧死,胡斯先后经历由教皇和公会议主导的教会审判程序,在三次公开听证会上竭力直陈自己信仰的正统和为遭受的异端指控辩护,他的良心和坚定的信仰不允许他在重大原则问题上屈服让步,最终拒绝了可能的求生之路,选择了殉道之归途。

第一节　公会议的缘起

　　康斯坦茨公会议于 1414 年 11 月 5 日开幕,1418 年 4 月 22 日闭幕,是中世纪历次宗教会议中参加人数最多的一次。此次公会议的目的主要有三个,即结束教会大分裂、根除异端和教会改革。就结束教会大分裂这一目的而言,公会议于 1417 年 11 月 11 日选举科隆纳的奥托为教皇,称马丁五世(Martin V, 1417—1431 年在任),标志着长达近 40 年的西方教会大分裂的结束,天主教会重归一统。就根除异端这一目的来论,公会议宣判威克里夫、胡斯和杰罗姆为异端并以火刑处死了胡斯和杰罗姆,然而火刑堆上燃起的熊熊烈火未能吓住胡斯的追随者们,胡斯派运动在波西米亚兴起并长期存在。教会改革这一目标则是无疾而终。尽管参会的英格兰和德意志代表曾提议,在选举新教皇之前,应该进行教会的多项改革,不过最终只有 5 项改革措施在公会议上得到通过。其中最为重要的一项改革措施规定,下次公会议将在 5 年内召开,7 年后再次召开公会议,然后每隔 10 年召开一次公会议,此项改革措施旨在永久确保公会议权威高于教皇。① 不过,后来的教皇完全无视此项规定,天主教会试图通过内部变革来重振教会的努力归于失败。

一、两位召集人

康斯坦茨公会议是由神圣罗马帝国皇帝西吉蒙德提议召开的。西吉蒙德生于 1368 年,是神圣罗马帝国皇帝查理四世之子,与波西米亚国王瓦茨拉夫四世是同父异母的兄弟。1385 年他与匈牙利、波兰国王路易的长女玛丽亚结为夫妻,两年后成为匈牙利国王。从幼年时代开始,西吉蒙德就在战场上冲锋陷阵,历经各种险境。战争的残酷以及统治王国中各种权术伎俩的运用形成了西吉蒙德复杂多面的性格特征:一方面,他长于谋划、狡诈、伪装、残忍、贪婪、忘恩负义等特征十分明显,为击败对手不惜采用任何可能的手段;另一方面,他的性格中又偶尔混杂着开放、真诚、忠诚、公正无私等。尽管生活中充满了战争的血雨腥风,但是西吉蒙德也致力于缔造和平,通过签订条约和结盟等方式与邻国(威尼斯除外)保持和平的关系。西吉蒙德拥有狩猎和钓鱼等多种爱好,擅长马背长矛比武等。他能使用捷克语、匈牙利语、法语、意大利语和波兰语,也通晓拉丁语,愿意资助贫困的学者,曾言"我可以在一天内造就一千名骑士,但在一千年内可能无法造就一名学者"。他还有不少警句传于后世,比如"如果国王周围没有谄媚

图 10　西吉蒙德

(图片来源:Francis hrabě Lützow, *The Life and Times of Master John Hus*,第 136—137 页之间的插图。)

---

①　Matthew Spinka (ed. & trans.), *John Hus at the Council of Constance*, p.72.

者,这将是他的福气"。①

西吉蒙德在 1411 年被选举为神圣罗马帝国皇帝。某种程度而言,1400—1411 年期间,类似于教皇并立的局面同样出现在了神圣罗马帝国皇帝身上。前文提到,1400 年神圣罗马帝国皇帝瓦茨拉夫四世被废,巴拉丁伯爵鲁佩特取而代之,但是瓦茨拉夫从未承认失去皇帝的封号。1410 年鲁佩特去世之后,皇帝之位甚至出现了三人并立的局面。首先,瓦茨拉夫四世与比萨公会议达成了利益的交换,即瓦茨拉夫承认公会议的合法性,而公会议选举的新教皇亚历山大五世则于 1409 年 12 月 10 日承认瓦茨拉夫为神圣罗马帝国皇帝。其次,1410 年 9 月 20 日,在美因茨大主教、科隆大主教等大部分选帝侯缺席的情况下,特里尔大主教和巴拉丁伯爵等选帝侯主导选举西吉蒙德为神圣罗马帝国皇帝。10 天后(10 月 1 日),那些缺席 9 月 20 日选举的选帝侯们以 5 票支持的投票结果宣布已年近 70 岁的摩拉维亚侯爵约布斯特为神圣罗马帝国皇帝。不过,随着 1411 年初约布斯特的去世,在 7 月 21 日的再次皇帝选举中,西吉蒙德得到 5 名选帝侯的支持而最终胜出。②

基于神圣罗马帝国皇帝的政治影响力,人们期待皇帝能在终结教会大分裂中发挥重要作用。巴黎大学名誉校长约翰·热尔松(John Gerson,1363—1429)就曾经说过:"只要缺少一位合法、有力且为全体所接受的罗马皇帝,那么教会大分裂将长期存在,而且我们有理由担心它将持续恶化。"③不幸的是,1378 年以降的数任皇帝,要么有心无力,要么皇帝合法性存有疑义,都不能对此有所作为。在西方教会大分裂爆发之年继皇帝位的瓦茨拉夫治国才能远逊于其父查理四世,面对复杂的国内外形势,不仅无力应对帝国事务而只能沦落为波西米亚国王,而且与波西米亚国内教会数度交恶,遑论终结教皇对立的局面。1400 年鲁佩特继皇帝位,由于他的当选具有争议,并未得到全面承认,所以他不具备合法的身份来推动解决教皇并立这一棘手问题。历史的重任落在了西吉蒙德的肩头。

西吉蒙德力图结束教会大分裂主要是基于担任神圣罗马帝国皇帝的荣耀和责任感。在被选举为皇帝之前,西吉蒙德数次表示,如果当选,他将致

---

① 有关西吉蒙德的详细介绍,参见 Eustace J. Kitts, *Pope John the Twenty-third and Master John Hus of Bohemia*, London: Constable and Company Limited, 1910, pp.70 - 87; James Hamilton Wylie, *The Council of Constance to the Death of John Hus*, London, New York and Bombay: Longmans, Green, and Co., 1900, pp.15 - 20; Jacques Lenfant, Stephen Whatley (trans.), *The History of the Council of Constance* (vol.1), pp.78 - 79。

② 有关 1410 年鲁佩特去世后选举神圣罗马帝国皇帝的诸多细节,参见 Eustace J. Kitts, *Pope John the Twenty-third and Master John Hus of Bohemia*, pp.52 - 68。

③ Eustace J. Kitts, *Pope John the Twenty-third and Master John Hus of Bohemia*, p.68.

力于结束教会分裂。比如,在1410年8月25日的声明中,西吉蒙德表示将为教会的重归一统而努力,不过对于将承认哪位教皇则语焉不详。再如,在1411年选举前发布的第二份帝国协议中,西吉蒙德表示,他最为重要的任务是结束教会大分裂、重新统一教会。尽管西吉蒙德向美因茨大主教和科隆大主教承诺会请求约翰二十三世批准他当选皇帝,但是他并未承诺将来会承认约翰为唯一合法的教皇。[①]

约翰二十三世对西吉蒙德当选皇帝给予了坚定的支持,这自然是利益权衡之后的选择结果。如前文所述(参见第三章第二节),约翰二十三世与那不勒斯国王拉迪斯拉斯之间存在尖锐的矛盾:拉迪斯拉斯坚持效忠格列高利十二世,而约翰则承认安茹的路易斯为那不勒斯国王并与其结盟,因此1411年约翰发布有关赎罪券的教皇敕令,旨在发动针对拉迪斯拉斯的十字军。尽管两人后来冰释前嫌并缔结和约——双方都承认对方身份的合法性——但是两人之间空洞的和平并未持续太久。1413年6月8日,拉迪斯拉斯的军队重新攻占罗马,迫使约翰和他的枢机主教们仓皇逃出罗马。面对拉迪斯拉斯的持续进攻甚至俘虏约翰的强大压力,约翰别无选择,只能寻求西吉蒙德的支持。[②]巧合的是,拉迪斯拉斯与西吉蒙德也曾有过节。早在1403年8月,梦想征服匈牙利的拉迪斯拉斯一度得逞并加冕匈牙利国王,不过年底就被西吉蒙德赶回那不勒斯。[③]

就召集公会议的热心程度而言,约翰显然不及西吉蒙德。作为比萨公会议的延续,1412—1413年举行的罗马公会议出席人数不多,效果不彰,形同闹剧,因此约翰承诺将另择时间和地点再次召开公会议。当逃出罗马的约翰到达佛罗伦萨以后,他立刻派代表面见西吉蒙德,请求后者对教会施以援手。西吉蒙德答复说,只有举行公会议才能有助于教会的统一和改革。[④]由于急需西吉蒙德支持他抵抗拉迪斯拉斯,加之再次举行公会议的承诺,约翰不得不同意西吉蒙德的提议。

公会议召开的地点是双方首要考虑的问题。显然,西吉蒙德和约翰都力争开会的地点能够位于自己的势力影响范围之内,具体而言,西吉蒙德希望在神圣罗马帝国的疆域之内,而约翰希望在意大利境内,比如博洛尼亚、

① Eustace J. Kitts, *Pope John the Twenty-third and Master John Hus of Bohemia*, pp. 67–68.
② Clinton Locke, *The Age of the Great Western Schism*, pp.144–148.
③ Eustace J. Kitts, *Pope John the Twenty-third and Master John Hus of Bohemia*, p.82.
④ Eustace J. Kitts, *Pope John the Twenty-third and Master John Hus of Bohemia*, pp. 179–180.

热那亚或者尼斯等。1413 年 10 月 13 日,约翰派出的两名枢机主教抵达科莫(Como)与西吉蒙德讨论开会地点。经过多次会谈,10 月 31 日西吉蒙德宣布,公会议将于 1414 年 11 月 1 日在康斯坦茨举行,会议将由教皇约翰二十三世和他本人共同主持。约翰难掩失望之情,希望与西吉蒙德直接会晤,劝说他更改会议地点。很快,约翰从博洛尼亚出发,一路北上,最终在 11 月下旬抵达米兰附近的洛迪(Lodi)。约翰与西吉蒙德在洛迪会晤的时间长达近一月之久。约翰表示,只要公会议地点位于意大利就行,否则他无法率领枢机主教和大主教们翻越阿尔卑斯山。西吉蒙德则回应道,他也无法率领三名大主教(也是罗马帝国选帝侯)和德意志的那些诸侯翻越阿尔卑斯山。当西吉蒙德询问阿尔卑斯山附近是否有神圣罗马帝国境内的城市,有人推荐了肯普腾(Kempten),但是,该城市无法为会议提供充足的食宿,因此被否决。距离肯普腾仅一天路程之远的康斯坦茨具备了各方面条件,最终被选定为公会议的地点。12 月 9 日,约翰发布敕令,确认公会议将于 1414 年 11 月 1 日在康斯坦茨开幕,他本人将亲自出席。[①]

康斯坦茨位于德意志王国以南、阿尔卑斯山以北,毗邻瑞士,隶属于士瓦本(Swabia)公国。小城人口不多,附近有康斯坦茨湖(又称博登湖,Bodensee),为莱茵河的一段,交通便利,鱼类、肉类等日常生活必需品一应俱全。[②] 盛况空前的康斯坦茨公会议在此地能够持续近 4 年之久,这表明康斯坦茨的确拥有诸多有利的条件来承办公会议。不过,公会议地点之争更大程度上由约翰与西吉蒙德之间实力的差距所决定。据说两人在洛迪会晤期间,西吉蒙德曾与一名来自佛罗伦萨、"阅人无数、游历四方"的年老智者聊天。老者说,他无法知道教皇与皇帝谁更为聪明,但心情更为糟糕者肯定是教皇,因为"他早已秃顶"。[③] 此件轶事无从考证,但从一个侧面显示出约翰可能面临的巨大压力。

二、胡斯决定参会

除了终结教会大分裂这一目的之外,西吉蒙德也试图借力公会议根除

---

① 双方商讨开会地点的更多细节,参见 Eustace J. Kitts, *Pope John the Twenty-third and Master John Hus of Bohemia*, pp. 182 – 189。需要说明的是,很多文献认为西吉蒙德宣布公会议召开的时间是在 10 月 30 日,但在弗兰蒂泽克·帕莱兹奇编辑的原始文献中注明 10 月 31 日,此处采用后说,参见 František Palacký (ed.), *Documenta Mag. Johannis Hus*, p. 515。

② Eustace J. Kitts, *Pope John the Twenty-third and Master John Hus of Bohemia*, p. 180.

③ James Hamilton Wylie, *The Council of Constance to the Death of John Hus*, p. 38; Eustace J. Kitts, *Pope John the Twenty-third and Master John Hus of Bohemia*, p. 188.

基督教异端，特别是受到异端指责的波西米亚和胡斯。由于瓦茨拉夫四世未育子嗣，有望继承波西米亚王位的西吉蒙德不希望波西米亚与异端名声有任何瓜葛，因此劝说胡斯参加康斯坦茨公会议以便自证清白自在情理之中。

按照中世纪教会法的规定，受到绝罚的胡斯本来没有资格出席宗教会议和公会议。比如，胡斯请求出席 1414 年 8 月 27 日在布拉格举行的特别宗教会议，希望为自己的信仰举行听证会，但是他的要求遭到拒绝，甚至叶塞尼采的约翰请求代表胡斯出席宗教会议也未获准。[①] 可见，邀请胡斯出席公会议是非常之举。

在西吉蒙德和约翰商定并发布召开康斯坦茨公会议的决议后，西吉蒙德从伦巴底派了他的顾问、好友以及数名波西米亚贵族，委托他们以他本人的名义劝说胡斯参加公会议，希望他借此机会澄清他自己以及波西米亚蒙受的恶名。[②] 此处“数名波西米亚贵族”指的是波西米亚骑士赫卢姆的约翰（John of Chlum）和杜巴的瓦茨拉夫（Wenceslas of Dubá），两人曾经在西吉蒙德的军队中效力，1414 年春正准备返回波西米亚，因此西吉蒙德委托赫卢姆的约翰给胡斯带信。[③] 此后还有其他人也劝说胡斯接受邀请。经过多方征求意见以及长时间的深思熟虑，1414 年 9 月 1 日胡斯致信西吉蒙德，正式接受公会议的邀请。

那么，哪些因素导致胡斯最终决定参加康斯坦茨公会议？

第一，安全保证书（safe conduct）的心理影响。可能在 4 月中旬，赫卢姆的约翰转告胡斯，如果他接受参加公会议的邀请，西吉蒙德愿意向他提供安全保证书。为此，胡斯回到布拉格征求朋友们的看法。大家认为此行风险极大，因此胡斯拒绝了西吉蒙德的邀请。7 月中旬，胡斯移居克拉柯维兹城堡，瓦茨拉夫国王的宫廷管家拉让尼的亨利·勒夫侯爵从西吉蒙德处获得了对胡斯更为有利的安全保证书条款——西吉蒙德愿意授予胡斯宫廷安全保证书，确保胡斯往来于康斯坦茨的安全，且为胡斯沿途的行程提供武装护卫。[④] 因此，在 9 月 1 日致西吉蒙德的信中，胡斯明确提到安全保证书：“根据拉让尼的亨利·勒夫侯爵的信息，我谦卑地打算顺从陛下的愿望，在

① Albert Henry Wratislaw, *John Hus: The Commencement of Resistance to Papal Authority on the Part of the Inferior Clergy*, pp.219 - 220.
② Matthew Spinka (ed. & trans.), *John Hus at the Council of Constance*, p.89.
③ Matthew Spinka, *John Hus: A Biography*, pp.220 - 221.
④ Matthew Spinka, *John Hus: A Biography*, pp.221 - 222.

您的安全保证书之庇护下,在主的帮助下,出席即将举行的康斯坦茨公会议。"①不过,在此信中胡斯没有明确地说他能够自由地回到波西米亚。

第二,瓦茨拉夫希望胡斯参加公会议。不难想象,罗马教廷介入胡斯案的审判并最终绝罚胡斯,导致胡斯转向上帝和基督上诉,随后教廷禁止布拉格和周边地区举行圣事活动,所有这一切意味着,瓦茨拉夫面临来自罗马教廷和欧洲其他天主教国家(主要是法国)指责波西米亚存在异端的巨大压力。教廷方面,1414 年 4 月 30 日,教皇约翰二十三世在"铁腕"约翰主教要求下,授权他劝诫布拉格大主教等人,敦促他们切实执行禁止胡斯参加圣事活动的处罚措施,如有拖延,布拉格大主教等人将受到严厉的惩罚。② 6 月 17 日,约翰二十三世致信瓦茨拉夫,抱怨罗马公会议谴责的威克里夫异端在波西米亚有蔓延趋势,指出波西米亚存在公开宣传反抗罗马教廷、无视教会惩罚的现象,相信瓦茨拉夫将运用手中的权力来彻底解决这些问题。③ 7 月 11 日,约翰二十三世再次致信瓦茨拉夫,要求他必须着手将异端从波西米亚的土地上清除出去。④ 法国方面,巴黎大学名誉校长约翰·热尔松于 5 月 27 日致信布拉格大主教弗希塔的康拉德,谴责正在波西米亚传播的异端邪说,恳请大主教不惜一切代价根除有违罗马教会规定的观点和做法,特别强调在可能的情况下应该借助于世俗的武力。8 月 2 日,康拉德大主教在简短的回信中谴责了威克里夫异端,表示只要条件允许他将不惜一切代价根除异端。9 月 24 日,热尔松再度写信,指控从《论教会》等胡斯论著中摘录的 20 条信条为错误或异端观点,并强调,与其运用说理的方式,不如采用火与剑根除异端。此外,9 月 26 日,法国兰斯枢机主教(Cardinal of Rheims)西蒙也致信康拉德大主教,表达了根除异端的类似请求。⑤ 面临波西米亚存在异端的指控,甚至有可能遭受罗马教会以消灭异端为名发动十字军讨伐,瓦茨拉夫希望胡斯能去康斯坦茨洗刷掉波西米亚的坏名声,因此

---

① Matthew Spinka (trans.), *The Letters of John Hus*, No.44, p.119.

② Matthew Spinka, *John Hus: A Biography*, p.221.

③ Albert Henry Wratislaw, *John Hus: The Commencement of Resistance to Papal Authority on the Part of the Inferior Clergy*, pp.215 - 216.

④ 引自 1414 年 8 月 26 日胡斯致瓦茨拉夫国王、索菲亚王后和王廷的信,参见 Matthew Spinka (trans.), *The Letters of John Hus*, No.43, p.117。

⑤ Francis hrabě Lützow, *The Life and Times of Master John Hus*, pp.178 - 179; Albert Henry Wratislaw, *John Hus: The Commencement of Resistance to Papal Authority on the Part of the Inferior Clergy*, pp.214 - 215.热尔松、康拉德大主教以及西蒙所写信的原文,参见 František Palacký (ed.), *Documenta Mag. Johannis Hus*, pp.523 - 530。另外,保罗·德·沃赫特对热尔松指控胡斯的 20 条信条有详尽的讨论,参见 Paul De Vooght, *L'hérésie de Jean Huss* (2ᵉ édition, Tome I), pp.322 - 332。

极力鼓动胡斯参会。

　　第三,胡斯对公会议的认知和他的个性。对于是否接受西吉蒙德的邀请,胡斯曾经广泛征求意见。建议胡斯不去参加公会议的大有人在,胡斯的支持者则向他指出可能的风险,例如,沿途德意志王国里的人们也许会围攻具有"异端"嫌疑的胡斯,西吉蒙德不见得会信守承诺,等等。尤其值得注意的是,在官方场合,西吉蒙德的信使米凯奇·迪沃奇(Mikeš Divoký)说皇帝"希望胡斯的审判会有令人称赞的结果",[①]但是,在私下的场合,他却告诉胡斯"你将会遭到谴责"。[②] 因此,胡斯对此行的危险绝不可能毫无察觉。

　　那么,会不会是受到了瓦茨拉夫和西吉蒙德的胁迫,胡斯不得不参加公会议呢? 答案是否定的。在 1415 年 6 月 7 日为胡斯举行的第二次听证会上,胡斯明确地说:"我是自愿来到这里的。如果我不愿意来的话,波西米亚王国有太多支持我的贵族,我可以藏身于他们的城堡里。无论是波西米亚国王,还是现在出席公会议的皇帝,谁都无法命令我来到这里。"[③]可见,尽管胡斯那时因受绝罚而被迫流亡,但是并无生命危险之虞,瓦茨拉夫和西吉蒙德无法采用强制性措施迫使胡斯来到康斯坦茨。

　　胡斯最终自愿参会,这一选择在很大程度上受到了他对于公会议的认知以及他的个性的影响。有学者分析,胡斯的内心之善决定了他不以"小人之心"来揣度他人的险恶用心,他以为公会议的议程如同以往在布拉格参加的辩论会,因此没有料到公会议的审判会按照宗教裁判所的程序来施行,换言之,他受到的是公会议的传唤,他必须放弃那些"异端"的观点。[④] 胡斯对于西吉蒙德的承诺同样抱有幻想。阅读胡斯被囚康斯坦茨所写的信件,不难发现,胡斯一直希望西吉蒙德能够给予他公开听证会,甚至释放他,本章第三节将有详细论述。当然,同样可能的是,胡斯清楚地知道此行将有去无回,这可以体现在他启程赴康斯坦茨之前所留的"遗言"中:他对学生沃利内的马丁(Martin of Volyně)——交代后事,还特别叮嘱"我请求你在确信我已死之后方能拆开此信"[⑤]。但是,胡斯信仰的坚定,甚至为了信仰和真理不惜牺牲自己的生命,促使他效法耶稣基督,无惧可能面临的生命危险,更愿

---

① 引自胡斯 1414 年 9 月 1 日致西吉蒙德的信,参见 Matthew Spinka (trans.), *The Letters of John Hus*, No.44, p.120。

② 引自胡斯 1415 年 6 月 13 日在狱中致康斯坦茨朋友们的信,参见 Matthew Spinka (trans.), *The Letters of John Hus*, No.75, p.169。

③ Matthew Spinka (ed. & trans.), *John Hus at the Council of Constance*, p.179.

④ Francis hrabě Lützow, *The Life and Times of Master John Hus*, pp.180-181.

⑤ 此信于 1414 年 10 月初写于克拉柯维兹城堡,详见 Matthew Spinka (trans.), *The Letters of John Hus*, No.45, p.121。

意视康斯坦茨公会议为一个难得的机会,让他陈述自己正统的信仰,驳斥那些对手们的谬见。客观地说,胡斯的内心应该既存有对公会议的幻想,也做好了殉道的准备。

此外,布拉格的杰罗姆对胡斯选择参会可能也有影响。杰罗姆曾来到克拉柯维兹城堡,敦促胡斯接受邀请,在需要的情况下,他愿意陪胡斯一起赴会。[①]

总而言之,多重因素促使胡斯最终选择参加康斯坦茨公会议。也许从邀请胡斯参加公会议的那一刻起,一张无形的大网已经撒向胡斯,只等在康斯坦茨将他牢牢缚住。

第二节 胡斯前往康斯坦茨

1414 年 10 月 11 日,在波西米亚骑士赫卢姆的约翰和杜巴的瓦茨拉夫等人的陪同下,胡斯从克拉柯维兹城堡出发,启程赴康斯坦茨参加公会议,于 11 月 3 日抵达目的地。[②]

[①] Matthew Spinka, *John Hus: A Biography*, p.222.

[②] 胡斯参加康斯坦茨公会议(包括行前准备和沿途经历)的相关第一手文献,除了胡斯自己写作的信件之外,还有另外三篇参会者的记述和日记。

第一篇文献,也被誉为"有关胡斯最为重要的文献",拉丁文名称为 *Relatio de Magistro Johanne Hus*(《关于约翰·胡斯教士的记述》),作者是玛拉多诺维斯的彼得(Peter of Mladoňovice)。本书参引的是其英译本,收入马修·斯宾卡编辑的 *John Hus at the Council of Constance* 一书第 89—234 页。需要注意的是,斯宾卡将彼得的记述的标题翻译为"玛拉多诺维斯的彼得:关于约翰·胡斯教士在康斯坦茨受审以及遭到谴责的记述"(*Peter of Mladoňovice: An Account of the Trail and Condemnation of Master John Hus in Constance*),不过本书以下所引依然保留了根据拉丁文原作标题的翻译。"有关胡斯最为重要的文献"的评价来自于以编辑出版胡斯论著和书信而闻名的捷克学者 V. 诺沃特尼,参见 Matthew Spinka (ed. & trans.), *John Hus at the Council of Constance*, p.79。

有必要对彼得的生平做一简要介绍。14 世纪 90 年代,彼得出生于摩拉维亚。早年就读于布拉格大学,后成为胡斯的坚定拥护者。1409 年获文学学士学位,正是胡斯发表演讲举荐他获得学位。两年后,彼得作为首批成员进入波兰海德维加女王(Queen Hedwiga)专为立陶宛学生所创办的学舍。女王将该学舍委托给资助者富商瓦茨拉夫·克里茨管理,而克里茨也是伯利恒小教堂的创办者之一,因此 1411 年克里茨促进了这两所机构之间的联系,这可能是彼得与胡斯关系紧密的另一原因。有关彼得生平的更多细节,参见 Matthew Spinka (ed. & trans.), *John Hus at the Council of Constance*, pp.80-83。

另外两篇文献都是参会者的日记。其中之一是参与胡斯案审判的法国枢机主教纪尧姆·菲拉特(Guillaume Fillastre)的日记,拉丁文名称为 *Gesta concilii Constanciensis*(《康斯坦茨公会议日记》)。日记按照公会议举行全体会议的顺序依次记述,从 1414 年第一次全体会议一直记录到 1419 年第四十五次全体会议为止。但是,其中涉及审判胡斯案的内容并不多,主要在第六次、第十二次和第十五次全体会议的记述中有提及。另一篇(转下页)

一、行前的准备

在介绍沿途的具体细节之前,有必要讨论胡斯在启程之前所做的一些准备工作。如前所述,西吉蒙德为胡斯往来于康斯坦茨承诺提供安全保证书。但是,一个不容忽视的事实是,即使有皇帝的安全保证,一名受到谴责的异端在教会面前是不会受到保护的。由于受到了罗马教廷的绝罚,胡斯的法律顾问叶塞尼采无法陪伴胡斯前往康斯坦茨,他能做的就是帮助胡斯在行前取得证明,证明胡斯本人并未受到官方或正式的异端起诉,或者说,尽管胡斯受到异端的指控,但是这些指控均不成立。为此,胡斯采用了在布拉格张贴公告、给瓦茨拉夫国王和索菲亚王后写信、请求宗教裁判官为他作证、请求大主教为他作证、希望宗教会议为他举行听证会等多种方式。另外,叶塞尼采还帮助胡斯准备了一份名为"诉讼过程总结"(*Ordo procedendi*)的文件,详细梳理了胡斯的受审过程。

8月27日,波西米亚特别宗教会议在布拉格召开。此前几天,胡斯已经分别用拉丁语、捷克语和德语写好了公告。8月26日,这些公告被大量张贴在布拉格市内的大教堂、修道院以及其他很多地方。[1] 在公告中,胡斯宣称,他愿意在即将召开的特别宗教会议上,当着布拉格大主教康拉德的面解释他的信仰;愿意面对面听取任何个人对他错误或者异端思想的指控,但是,如果指控不能成立,起诉者需接受"败诉同罚"。[2] 在捷克语的公告中,除了与上文相似的内容以外,胡斯还特别指出,他已经作好准备面对那些对他错误的指控,"有些人违反正义与公正,四处称呼我为异端。那就让这些人公开站在大主教面前,大声地谴责你们听我说过的任何异端思想吧。如果

(接上页)日记是教皇公证人雅各布·塞拉塔诺(Jacob Cerretano)所记,拉丁文名称为 *Liber gestorum*(《日记》)。该日记按照日期记录,但并非每天都有记载,涉及胡斯的内容比菲拉特的日记更少。从1414年11月11日的第一篇日记,到1415年7月6日胡斯殉道,塞拉塔诺仅在1414年11月28日、12月1日和7日以及1415年1月1日、7月6日这5天的日记中提到过胡斯,而且所述极为简略,这一时期的日记主要关心的是教会的统一问题。本书引用的是以上两篇日记的英译本,收入 Louise Ropes Loomis 翻译出版的 *The Council of Constance: The Unification of the Church* 一书,菲拉特的日记参见第200—465页,塞拉塔诺的日记参见第466—531页。

[1] 本段以下有关公告的内容,引自玛拉多诺维斯的彼得的《关于约翰·胡斯教士的记述》,参见 Matthew Spinka (ed. & trans.), *John Hus at the Council of Constance*, pp. 91-92。

[2] 需要指出的是,这并非胡斯第一次要求诬告者"败诉同罚"。早在1412年7月10日于热布拉克城堡召开的会议上,巴莱奇要求胡斯提交有关赎罪券的书面发言材料。胡斯表示愿意,但要求神学院博士们承诺,一旦他们未能从材料中发现任何错误或异端,他们需接受"败诉同罚"。参见本书第三章第二节。

我被查明有任何错误和异端之处，我绝不逃避该受的惩罚"。胡斯还表示，只要任何人能够指出他的错误或者异端之处，他们可以亲自在康斯坦茨公会议上起诉他，他将毫不犹豫地为真理辩护。①

8月26日，胡斯还致信瓦茨拉夫国王、索菲亚王后以及王廷。② 除了胡斯愿意出席康斯坦茨公会议、欢迎任何人以个人名义到康斯坦茨起诉他等公告中已有的信息以外，胡斯在此信中透露出的两个要点值得注意。其一，胡斯解释了张贴公告的动机。胡斯表示，他知道教皇曾致信要求瓦茨拉夫国王根除波西米亚的异端，他也知道有些人强烈地反对他，因此，为了不因为自己的异端嫌疑而"使国王蒙羞、使波西米亚恶名远扬"，他派人在布拉格各处张贴公告并愿意到大主教法庭回应有关真理的任何疑问。其二，胡斯请求国王、王后等人为他作证。胡斯重申，如果任何人能够指出他的错误或者异端之处，那么这些人应该亲自来大主教法庭当面和他对质。由于无人前来指控他，加之大主教拒绝他的代诉人出席次日即将举行的特别宗教会议，因此胡斯请求国王、王后等为他作证：他自愿接受任何人的指控并确实张贴过公告，但是波西米亚无人站出来反对他。胡斯此举意在表明，他不是以异端嫌疑者的身份赴康斯坦茨参加公会议的。

胡斯还寻求布拉格教区的宗教裁判官为他作证。③ 尼古拉斯侯爵是当时罗马教廷特别任命的布拉格教区检查异端的宗教裁判官。8月30日，胡斯派叶塞尼采面见尼古拉斯侯爵。叶塞尼采问："尊敬的神甫，您知道任何有关胡斯的错误或异端吗？"当着一名公证员以及其他几名值得信赖的证人的面，尼古拉斯侯爵用捷克语宣布："我和约翰·胡斯教士在很多地方有过交谈和吃饭，我也经常参加他的布道，就经义的问题和他交流，但是我从未发现他有任何错误或者异端之处。从他的言行中，我看出他是一个真正正统信仰者，我从未发现他有任何异端或者错误的迹象。"叶塞尼采接着问尼古拉斯侯爵，是否有人曾向他起诉胡斯为异端。尼古拉斯回答道，自他认识约翰·胡斯教士起，从他担任布拉格教区检查异端的宗教裁判官以来，没有任何人到他面前起诉或定罪胡斯为异端。此外，尼古拉斯还作证说，胡斯的确张贴了公告，并宣布愿意公开解释他的信仰。最后，尼古拉斯为他的上述

① Matthew Spinka (ed. & trans.), *John Hus at the Council of Constance*, pp.91 - 92.
② 信的具体内容参见 Matthew Spinka (ed. & trans.), *John Hus at the Council of Constance*, pp.92 - 93。
③ 下文有关布拉格教区的宗教裁判官作证的细节，参见 Matthew Spinka (ed. & trans.), *John Hus at the Council of Constance*, pp.93,143 - 144。尼古拉斯侯爵出具的书面证明信的内容，详见同书第 151—152 页。

话语出具了书面证明,并盖上他本人的印章后加以密封。值得注意的是,名为迈克尔的公证人受邀对上述所有环节进行了书面公证,公证词的结尾如下:"本人迈克尔,布拉格教区内普拉哈季采的尼古拉斯之子,系国王任命的公证人。和上述证人们一起,我在现场见证了上述请求、询问、回答等发生的一切事情。因精力无暇它顾,我让他人忠实记录了发生的一切。我在此处亲笔签名,将写好的公证书公之于众,并按照有关要求盖上我的印章,以此证明上述所有事实。"① 寻求相关人士的证词并进行严谨规范的公证,这一做法肯定源自于熟谙教会法的法学博士叶塞尼采。应该说,叶塞尼采竭其所能来帮助胡斯,但是这些努力最终是否会有效果,则另当别论。

胡斯甚至寻求布拉格大主教康拉德为他不是异端作证。事实上,要想获得大主教的证词绝非易事,因为胡斯和叶塞尼采都很难见到布拉格大主教,这充分体现在 8 月 27 日召开的波西米亚特别宗教会议上。这一天,叶塞尼采邀请公证人詹姆斯·莫莱希(James Moleš)公证了他请求面见布拉格大主教但是遭到拒绝的全过程。叶塞尼采来到大主教法庭门前,希望允许他的代理人约翰·胡斯教士或者他本人进入法庭面见大主教和出席会议的高级教士们。听到敲门声后,大主教的典礼官什瓦布尼采的什瓦布(Šváb of Švábenice)从法庭中走出来,拒绝了叶塞尼采和随行人员进入法庭的请求,让叶塞尼采在外等候,一旦大主教处理完会议事务以后,他会让叶塞尼采进入法庭。叶塞尼采对此表达了抗议。② 因此,胡斯取得大主教的作证是委托出席波西米亚王国男爵全体会议的男爵们完成的。由于布拉格大主教也将出席这次会议,因此胡斯致信男爵们,请求他们询问大主教是否知道任何有关胡斯的错误或异端。在标明日期为 10 月 7 日、写给西吉蒙德皇帝的证明信中,男爵们证实:康拉德大主教公开宣布,他不知道胡斯教士的任何错误或者异端,他也未起诉胡斯,他只是知道教皇曾绝罚胡斯。此外,男爵们恳请西吉蒙德在康斯坦茨公会议上为胡斯举行公开听证会(public hearing)。③

如果说上述的行前准备具有明确的目的,那么准备的"诉讼过程总结"这一文稿拟用于何目的则有待进一步解读。"诉讼过程总结"总结了1410—1412 年期间胡斯被控异端的整个过程。从文本语言显示出的法律专业性和应诉策略来看,叶塞尼采很可能是该文稿的作者,或至少是文稿的核心起草成员。一方面,该文稿可以为胡斯自己使用,它为胡斯厘清了整个

① Matthew Spinka (ed. & trans.), *John Hus at the Council of Constance*, p.144.
② Matthew Spinka (ed. & trans.), *John Hus at the Council of Constance*, pp.145 – 146.
③ Matthew Spinka (ed. & trans.), *John Hus at the Council of Constance*, pp.152 – 153.

被控异端的诸多细节,有利于胡斯在康斯坦茨公会议上澄清可能出现的事实争议,也为胡斯的辩护提供司法指导。另一方面,该文稿也可用于对外宣传,能为胡斯赢得舆论的支持和回旋的机会。因此,文稿中列举了有利于胡斯的诸多证据,比如:受教皇约翰二十三世委托,在博洛尼亚的四名神学博士裁定布拉格大主教焚烧威克里夫书籍是不恰当的;波西米亚王室和布拉格大学反对教廷传唤胡斯,并向罗马教廷上诉;科隆纳在胡斯上诉期间对其施以绝罚是违规之举;布朗卡迪斯搁置胡斯案长达一年半之久,且拒绝听取胡斯辩护律师的意见;援引中世纪教会法可以证明胡斯拒绝教廷传唤并不构成藐视法庭罪,等等。该文稿甚至故意"混淆视听",旨在将胡斯从不利的证据中解脱开来。最典型者莫过于胡斯向上帝和基督上诉。对此,"诉讼过程总结"为胡斯辩解道,说胡斯是向未来的公会议上诉。这一明显违背事实的说辞是想让胡斯案重新回到教会的司法程序之中。① 综上,该文稿明显着眼于胡斯抵达康斯坦茨后可能面临的诉讼。不过,在康斯坦茨公会议审理胡斯案期间,这份文稿并未发挥相应的作用。

最后还需提到的是,胡斯的行前准备工作还包括留下了"遗言",即 10 月初写给学生沃利内的马丁的信。② 信的末尾简单地安排后事,比如,将灰色长袍留给马丁作纪念(如果马丁不喜欢灰色,他可将此物转送给任何合适的人),将白色长袍留给外号为"神甫"的学生,将 60 格罗申或者灰色长袍送给曾为胡斯忠诚服务的乔治。不过,此信的绝大部分内容体现了胡斯对教会神职人员伦理道德一以贯之的要求。胡斯写道,他之所以受到迫害,是因为他谴责神甫的贪婪和他们生活的不检点。以自己年轻时代道德方面曾有的缺憾以及行为的轻浮之处为例,胡斯谆谆教诲马丁,要保守童贞、坚持独身、不受女色的诱惑,不可贪婪于圣职和圣俸,不可追求奢华的服饰,不可大吃大喝耗费金钱,等等。

二、沿途的经历

10 月 11 日,胡斯一行启程奔赴康斯坦茨。一路上,胡斯骑着马,其他人则乘坐大篷车。除了赫卢姆的约翰和杜巴的瓦茨拉夫两位骑士负责保卫工作以外,胡斯的随行人员还有来自布拉格大学的雷施泰因的约翰·卡迪纳尔、文学学士兹诺伊莫的欧尔德利希(Oldrich of Znojmo)以及一些

---

① Thomas A. Fudge, *The Trial of Jan Hus: Medieval Heresy and Criminal Procedure*, pp. 215 - 237. 有必要指出的是,"诉讼过程总结"中除了故意的"混淆视听"之外,也有一些因记忆不准确导致的事实错误,参见同书第 227 页。

② Matthew Spinka (trans.), *The Letters of John Hus*, No. 45, pp. 120 - 121.

仆人。[①] 至于玛拉多诺维斯的彼得——胡斯康斯坦茨受审最为关键的目击
证人和《关于约翰·胡斯教士的记述》的作者——是否在胡斯抵达康斯坦茨
之前已经加入胡斯的队伍,由于相关文献没有明确提及,因此无法判定。可
以确认的是,胡斯一行抵达康斯坦茨后,彼得担任赫卢姆的约翰的秘书,且
与胡斯住在同一个地方。

康斯坦茨位于克拉柯维兹城堡的西南方向。胡斯一行很快入境德意志
王国,仅仅 8 天后(10 月 19 日)抵达了德意志南部城市纽伦堡(Nürnberg)。
第二天,胡斯给波西米亚朋友们写了一封长信,较为详细地介绍沿途的情
况。此信可以让我们了解胡斯一行所走的大致路线:途经德意志小镇贝尔
瑙(Bärnau),然后经过诺伊斯塔特(Neustadt)和魏登(Weiden),来到离纽伦
堡很近的苏尔茨巴赫(Sulzbach),先后穿过名为希尔斯威尔德(Hirsweld)
和黑尔斯布鲁克(Hersbruck)的城市,在劳夫(Lauff)城里度过整个晚上以
后抵达了纽伦堡。

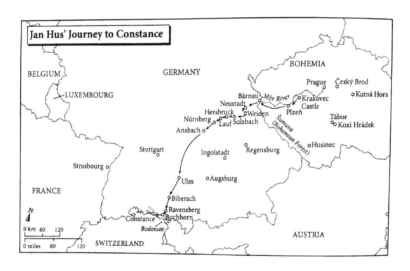

图 11　胡斯前往康斯坦茨的路线图

(图片来源:Thomas A. Fudge, *The Trial of Jan Hus: Medieval Heresy and Criminal Procedure*, p.186.)

---

① Matthew Spinka, *John Hus: A Biography*, pp. 228 - 229. 另有文献指出,在比尔森
(Pilsen,位于波西米亚西南部)这个地方,雷施泰因的约翰·卡迪纳尔和赫卢姆的亨利勋爵
(Lord Henry of Chlum,又名 Lord Henry Lacembok of Chlum)加入到胡斯的队伍中,参见
Francis hrabě Lützow, *The Life and Times of Master John Hus*, p.208. 另,赫卢姆的亨
利勋爵是赫卢姆的约翰的叔叔,参见 Matthew Spinka (ed. & trans.), *John Hus at the
Council of Constance*, p.103,注释 48。

令胡斯没有想到的是,沿途的德意志民众对于他并无敌意,态度友好,
"我承认,在这里我感受到的敌意远远不如波西米亚王国民众对我充满的敌
意。"①在贝尔瑙小镇,该镇神甫以及他的副手们早已等候着胡斯。胡斯进入
房间后,神甫马上用高脚酒杯给他倒了一杯酒,说胡斯一直是他的朋友。在
诺伊斯塔特,所有的德意志人见到胡斯都很高兴。在魏登,一大群人仰慕般
地看着胡斯。类似的情况也在沿途其他地方重现。此外,所有的旅店店主
都对胡斯十分友好,分别之际胡斯往往以论文《论摩西十诫》作为告别礼物
相赠。这些细节也表明,罗马教廷判决胡斯"大绝罚"的惩罚措施并未在沿
途施行。

得到友好的接待仅仅是一个方面,更重要的是,胡斯还与当地人讨论神
学问题,并得到了他们的认同。在苏尔茨巴赫,胡斯一行进入当地一个小旅
店,恰逢市政会议正在里面举行。胡斯对坐在餐厅里的市政委员们说:"看,
我就是约翰·胡斯! 我想你们可能听到了很多关于我的坏话。有什么问
题,尽管问我。"结果,他们都赞同胡斯所讲的一切。在纽伦堡,一些商人提
前把胡斯途经此地的消息传遍了全城。当胡斯一行抵达该城时,民众站在
街道上,四处观望,询问哪位是胡斯教士。晚餐前,圣劳伦斯教堂的神甫约
翰·赫尔维尔(John Helwel)托人捎信给胡斯,说他很早就盼望能和胡斯畅
快地聊聊天。胡斯答应后,赫尔维尔来到了胡斯的住处。与此同时,杜巴的
瓦茨拉夫告诉胡斯,市民和教士们聚在一起,希望能与他面对面地交流。胡
斯当即走出房间。当那些教士们希望双方私下交流时,胡斯回答道:"我往
往在公开场合布道,这样任何人都能听到我说的话。"这次交谈持续近 4 个
小时。黎明时分,所有的教士和市民都满意而归。对于这次会面的结果,彼
得在《关于约翰·胡斯教士的记述》中还有如下的描述:交谈结束后,这些人
对胡斯说:"教士,你现在给我们讲的这一切显然都是正统的,这些年来我们
也教导和坚信着它们,现在我们依然还信仰它们。如果没有反对你的意见
的话,你一定将带着荣耀离开公会议。"②也许彼得的描述具有想象的成分,
但基于胡斯自述中众人满意而归的事实,那些教士或者市民认为胡斯所言
"都是正统"并非没有可能。

另外,在纽伦堡以及其他城市中,胡斯在教堂的墙上和大门上贴上拉丁
语和德语书写的公告,如同他在布拉格所做的那样,表达的意愿非常清楚:

---

① 本段及下一段所有细节均引自 10 月 20 日胡斯于纽伦堡写给波西米亚朋友们的信,参见
　　Matthew Spinka (trans.), *The Letters of John Hus*, No.48, pp.125 - 126。
② Matthew Spinka (ed. & trans.), *John Hus at the Council of Constance*, p.98.

"如果任何人想要指控他的错误或者异端之处，那么请作好准备去康斯坦茨，因为约翰教士愿意在公会议上对任何反对者解释他的信仰"。①

　　同样在纽伦堡，杜巴的瓦茨拉夫暂时离开整个团队，要去亚琛（西吉蒙德将于 11 月在此举行神圣罗马帝国皇帝加冕礼）拿到西吉蒙德承诺授予胡斯的安全保证书，其他人则继续前往康斯坦茨。② 事实上，10 月 11 日胡斯启程赴康斯坦茨时并未取得安全保证书，迟至 10 月 18 日西吉蒙德才授权普雷斯塔诺夫的迈克尔（Michael of Prestanov）在施派尔（Speyer）签发了安全保证书。那么，为什么整个团队没有一起前往亚琛，然后再随西吉蒙德赶赴康斯坦茨呢？ 胡斯的解释是，教皇约翰二十三世即将抵达康斯坦茨，况且纽伦堡距离亚琛尚有 480 英里之遥，因此没有必要与皇帝会合后再去康斯坦茨。③ 仔细分析，节省费用也许是原因之一，沿途民众的友好也可能让胡斯觉得没有必要寻求西吉蒙德的保护。我们不妨作一假设，如果胡斯一行与西吉蒙德的队伍会合，那么抵达康斯坦茨的日期将在圣诞节之夜（西吉蒙德抵达康斯坦茨是在 12 月 25 日，此时胡斯已被公会议监禁 4 周之久，针对胡斯的起诉早已开始），胡斯是否可能避免牢狱之灾。④ 学者马修·斯宾卡认为这并不会改变胡斯的命运，如同后面发生的一切所显示的，公会议早已视胡斯为该受谴责的造反分子，安全保证书保护不了胡斯。⑤ 另一学者托马斯·A.法吉有不同的看法，他认为胡斯前往康斯坦茨参会有两大策略性失误，其中一个就是胡斯没有选择与西吉蒙德同行，另一个是胡斯在没有取得安全保证书的情况下匆匆上路。⑥ 两位学者的观点，孰是孰非，很难判定，但是西吉蒙德对待安全保证书的态度无疑非常关键，本章下一节将有详细讨论。

　　离开纽伦堡后，胡斯一行相继经过安斯巴赫（Ansbach）、乌尔姆（Ulm）和位于符腾堡境内的比伯拉赫（Biberach）小镇。一路走来，胡斯常常和当地民众讨论教义问题。有趣的是，在比伯拉赫小镇，赫卢姆的约翰成为了讨论会的主角，他的发言富有热情与见地，与会者认为他肯定是一名学识渊博

---

① Matthew Spinka (trans.), *The Letters of John Hus*, No. 47, p. 124.

② Matthew Spinka, *John Hus: A Biography*, p. 230.

③ Matthew Spinka (trans.), *The Letters of John Hus*, No. 48, p. 126.

④ 在写于 1417 年的一封信中，西吉蒙德对胡斯之死表达过这样的假设或者遗憾："要是他提前加入我的队伍，随我一起去康斯坦茨的话，也许他的故事会是另外一番情景。"引自 Jacques Lenfant, Stephen Whatley (trans.), *The History of the Council of Constance* (vol.1), p. 86。

⑤ Matthew Spinka, *John Hus: A Biography*, p. 230.

⑥ Thomas A. Fudge, *Jan Hus: Religious Reform and Social Revolution in Bohemia*, p. 127.

的博士，于是给他取了个"比伯拉赫博士"的外号。[①] 最后，胡斯一行人先后经过拉芬斯堡(Ravensburg)和布赫霍恩(Buchhorn)，穿过康斯坦茨湖后，于11月3日抵达康斯坦茨。两天后，绕道亚琛、拿到安全保证书的杜巴的瓦茨拉夫也随后抵达。

从胡斯赶赴康斯坦茨的整个行程来看，胡斯已在德意志民众中享有一定的知名度。胡斯一度怀疑自己沿途会遭遇来自德意志民众的敌意，但是事实证明，这种担心是多余的，对于胡斯心怀好奇的民众展现了他们的友好以及对于胡斯教义的认同。因此，颇为吊诡的是，无论波西米亚普通民众，还是胡斯沿途所遇的德意志普通民众，他们对胡斯教义的正统感知却与那些罗马天主教会支持者对胡斯"异端"的认知形成了鲜明的对照。

第三节　约翰二十三世主持审理胡斯案

一、公会议开幕

尽管不同史家记载的公会议参会人数存在很大出入(事实上也无法做到精确统计)，但是康斯坦茨公会议参会规模庞大应是不争的事实。有史家记载，在近4年的时间里，共有18000名主教和神甫、24000名骑士以及80000名平信徒先后来到康斯坦茨，而参加公会议者包括217名神学博士、361名法学博士和1400名文学硕士，另有5300名神甫和学者。此外还有83名国王、352名贵族以及472个市镇等派来的代表参会。[②] 另有史家记载，共有30名枢机主教、20名大主教、150名主教以及包括多名修道院院长、博士、1800名神甫等高级教士出席了此次公会议。巴拉丁选侯、美因茨选侯、萨克森选侯、奥地利公爵等教俗著名人士以及多名侯爵、伯爵、男爵、骑士等也出席了公会议。全城的马匹数量一度达到30000之多。[③] 还有史家指出，来到康斯坦茨的各类人士估计在50000—100000人之间，其中甚至有近千名妓女。教会方面有29名枢机主教、3名重要教区的大主教

① Francis hrabě Lützow, *The Life and Times of Master John Hus*, p. 210; Matthew Spinka, *John Hus: A Biography*, p.230.

② James Hamilton Wylie, *The Council of Constance to the Death of John Hus*, pp.42-43, 46.

③ E.H. Gillett, *The Life and Times of John Huss; or, the Bohemian Reformation of the Fifteenth Century* (vol.1, 2nd edition), p.307.

(patriarch)、33 名大主教、150 名主教、100 名修道院院长、30 名教长、300 名神学博士以及 1800 名神甫。另有 100 余位王公贵族和近 3000 名骑士出席公会议。①

不过，在众多的参会者中，并没有出现对立教皇格列高利十二世和本笃十三世的身影。事实上，在西吉蒙德 1413 年 10 月 31 日单方面宣布举行康斯坦茨公会议不久，他就致信格列高利十二世，请求他出席公会议，并承诺在公会议举行期间给予他每月 2000 格罗申的津贴。12 月 13 日，西吉蒙德发出了正式邀请信，不过迟至次年 7 月 30 日西吉蒙德的全权代表、卡洛查的安德烈亚斯（Andreas of Calocza）大主教才将此信当面转交格列高利。格列高利表示，在得到西吉蒙德的安全保证以及每月津贴后，他将派代表出席公会议。至于本笃十三世，西吉蒙德同样发出了参会的邀请信，时间是在他和约翰二十三世讨论公会议举行地点期间。② 与此前召开的比萨公会议和罗马公会议如出一辙，对立教皇们始终不愿意面对面地坐在一起寻求结束教会大分裂尴尬局面的对策。

作为康斯坦茨公会议的召集者和主持者之一，约翰二十三世不得不现身康斯坦茨。尽管内心极不情愿，③1414 年 10 月 1 日，约翰一行 600 余人（内有 9 名枢机主教以及多名主教）离开博洛尼亚启程赴康斯坦茨。整个行程中值得一提的细节有二。其一，10 月 15 日，约翰在蒂罗尔首府梅拉诺（Merano 或 Meran，分别源自意大利语和德语）与奥地利公爵腓特烈签订了秘密协议。根据协议，约翰任命腓特烈为教皇军队的总指挥，年薪 6000 佛罗林，而腓特烈保证约翰在康斯坦茨的安全。④ 其二，在穿越阿尔卑斯山、途经阿尔贝格（Arlberg）这个地方时，约翰乘坐的马车翻倒在雪地中。随从焦急地询问约翰是否受伤，他说道："我躺在这儿真是活见鬼了！我为什么不待在博洛尼亚啊！"⑤以上两个细节表明约翰对参加公会议缺乏安全感，他可能意识到他的教皇地位岌岌可危。10 月 27 日晚，约翰一行栖身康斯坦茨城外的克罗伊茨林根修道院（monastery of Kreuzlingen），次日清晨正式进

① Clinton Locke, *The Age of the Great Western Schism*, pp. 156 - 157.
② Eustace J. Kitts, *Pope John the Twenty-third and Master John Hus of Bohemia*, pp. 185,191,198 - 199.
③ 在得知心腹大患那不勒斯国王拉迪斯拉斯已于 1414 年 8 月 6 日突然去世的消息后，约翰曾提议返回罗马。不过，该提议遭到了所有枢机主教们的反对。他们知道，一旦约翰返回罗马，他将不会去康斯坦茨，这样的话公会议就会流产。详见 James Hamilton Wylie, *The Council of Constance to the Death of John Hus*, p.43。
④ James Hamilton Wylie, *The Council of Constance to the Death of John Hus*, pp.43 - 44; Eustace J. Kitts, *Pope John the Twenty-third and Master John Hus of Bohemia*, p.226.
⑤ James Hamilton Wylie, *The Council of Constance to the Death of John Hus*, p.44.

入康斯坦茨。为约翰入城举行的欢迎仪式场面盛大:全城以及附近城镇几乎所有的神职人员前往迎接,城内街道两旁人头攒动,头顶上方罩有金色华盖的约翰率领随行队伍浩浩荡荡而来,队伍前方另有 9 匹纯白高头大马载着教皇的服饰以及其他物品。随后约翰驻跸大教堂附近的康斯坦茨主教府邸。① 至于康斯坦茨公会议的另一名召集者和主持者——西吉蒙德,他于 11 月 8 日在亚琛加冕神圣罗马帝国皇帝,两天后率大批随从开赴康斯坦茨,迟至圣诞节当晚才抵达与康斯坦茨隔湖相望的于伯林根(Überlingen),次日进入康斯坦茨城。②

原定于 11 月 1 日召开的康斯坦茨公会议两度延迟开幕。11 月 1 日,教皇约翰参加了在大教堂举行的弥撒,佛罗伦萨枢机主教弗朗西斯科·扎巴莱拉宣布公会议推迟两天后开幕,但是 11 月 3 日教皇突然生病,因此公会议开幕式只得再次延迟两天。11 月 5 日早上 7 点,在 15 名枢机主教、33 名主教和修道院院长以及众多神甫的陪同之下,约翰二十三世步入大教堂,扎巴莱拉枢机主教宣布公会议开幕并确定 11 月 16 日举行首次全体会议。③ 在首次会议上,主持会议的约翰二十三世在弥撒结束后进行了布道,敦促与会人员说出真理和寻求教会的和平。此外,扎巴莱拉枢机主教强调了会议的纪律,要求会议和布道过程中任何人不得发出笑声或产生其他噪音,违反者将被处以三天的绝罚。④ 此次会议议程简单,主要原因在于大部分代表还未按时抵达,只有 16 名枢机主教和 32 名高级教士出席了首次会议,其中绝大多数是意大利人。此外,抵达康斯坦茨较早、会议代表人数较多的是法国团。⑤

二、胡斯入狱

胡斯没有参加公会议的开幕式及其他相关活动。11 月 3 日到达康斯坦茨后,胡斯一行住宿在圣保罗街一个名为菲达(Fida)的寡妇的房子里,此地离教皇约翰的驻跸之地很近。次日,赫卢姆的约翰和赫卢姆的亨利来到

---

① Matthew Spinka, *John Hus: A Biography*, pp.231 - 232.
② 更多有关西吉蒙德前往康斯坦茨沿途的细节,参见 Eustace J. Kitts, *Pope John the Twenty-third and Master John Hus of Bohemia*, pp.235 - 236。
③ James Hamilton Wylie, *The Council of Constance to the Death of John Hus*, p.61.
④ Thomas A. Fudge, *Jan Hus: Religious Reform and Social Revolution in Bohemia*, p.128.
⑤ Matthew Spinka, *John Hus: A Biography*, p.233.胡斯在 11 月 4 日致信波西米亚朋友们,他的观察也可部分印证意大利和法国代表更多这一事实:"这儿有很多巴黎人和意大利人,但是大主教很少,甚至主教也不多。枢机主教的人数不少,他们骑着骡子,但很贪婪。"引自 Matthew Spinka (trans.), *The Letters of John Hus*, No.50, p.130.

教皇的住所,告诉教皇他们已经安全地将胡斯带到了康斯坦茨,请求教皇禁止任何人干扰西吉蒙德皇帝安全保证书保护之下的胡斯。教皇回答道,他无意干扰胡斯,也不会允许他人的干涉,即使胡斯杀死了教皇的兄弟,胡斯也将是安全的。[①]

　　客观地说,在康斯坦茨的前三个多星期里,胡斯既是安全的,也是自由的。首先,11 月 9 日,约翰二十三世派人通知胡斯,暂停实施此前对他的绝罚和禁止其参加圣礼等处罚措施。陪同胡斯来到康斯坦茨的雷施泰因的约翰·卡迪纳尔在 11 月 10 日致朋友的信中对此有较为详细的叙述:

> 　　昨天,教廷审计官、康斯坦茨主教以及一名康斯坦茨市政官员一起来到我们的住所。他们告诉教士(即约翰·胡斯,下同,引者注),教皇和枢机主教们就禁止教士参加圣礼的处罚做出重大更改。简言之,教皇和枢机主教们决定派教廷审计官等人前来通知教士,拥有充分权力的教皇已经暂停实施上述禁止教士参加圣礼以及绝罚教士的惩罚。然而,为了避免丑闻和众人说三道四,教皇和枢机主教们要求教士无论如何不应参加弥撒。除此以外,教士可以自由造访这座城市的任何地方。[②]

　　其次,胡斯在书信中也有简要提及这一时期的生活。从抵达康斯坦茨到被捕入狱这一期间,胡斯所写书信留存至今共计 4 封,没有任何文字提到他行动受限或遭受人身攻击等。有关这一时期生活的细节主要集中在 11 月 4 日和 6 日的两封信中。比如,康斯坦茨的食宿费用较贵,一周的住宿费需要半个佛罗林,但是 7 个佛罗林就可以买上一匹马,其价格只是波西米亚价格的三分之一。胡斯还两次提到自己手头日渐拮据。看到许多波西米亚人在前来康斯坦茨的路途中就花光了所有的钱,胡斯很想帮助他们却爱莫能助,因为他身边也仅剩下自己的马匹,而胡斯还想着骑马出城迎接西吉蒙德的到来。胡斯预计自己很快将缺少生活必需品,因此希望朋友们能伸出援手。[③]

　　但是,从胡斯抵达康斯坦茨的那一刻起,他的反对者和敌人就发动了对

---

① Matthew Spinka (ed. & trans.), *John Hus at the Council of Constance*, p.100.也可参见 Herbert B. Workman, *The Dawn of the Reformation* (Vol. II: *The Age of Hus*), p.275。

② Matthew Spinka (ed. & trans.), *John Hus at the Council of Constance*, pp.104–105.

③ Matthew Spinka (trans.), *The Letters of John Hus*, No. 50, pp.130–131; No. 51, p.132。

他新一轮的攻击。①

就在胡斯到达康斯坦茨的第二天,胡斯的老对手、教廷代诉人科斯的迈克就在教堂里张贴了罗马教廷起诉胡斯的诉讼条文,所附的题记不厌其烦地强调这些诉讼条文起诉的对象——约翰·胡斯——已被绝罚且有异端的嫌疑等等。② 胡斯在布拉格大学神学院的两个死对头也受邀出席公会议,巴莱奇几乎与胡斯同期抵达康斯坦茨,但斯坦尼斯拉夫因患脓肿死在前来康斯坦茨的路途中。来到康斯坦茨后,巴莱奇一刻也没闲着。他联合科斯从胡斯的《论教会》一书中摘录了多条信条,后以科斯的名义向教皇呈递《致教皇约翰二十三世:科斯的迈克控告约翰·胡斯教士的首批信条》指控胡斯。两人还在重要的枢机主教、大主教、主教以及高级教士中间四处活动,鼓动他们逮捕胡斯。此外,巴莱奇还频繁接触多明我会的托钵修士以及其他修会的修士,把他摘录的胡斯信条散发给他们,鼓动他们反对胡斯。③ 胡斯很清楚,他正受到来自对手们的攻击。在给朋友的信中,胡斯写道:"祈求上帝能赐予我忠诚,因为许多强有力的对手因受人煽动而出来反对我。煽动者主要是瓦茨拉夫·迪安姆和科斯的迈克。前者现为教长,担任帕绍的执事期间曾被派往布拉格售卖赎罪券,后者则不断张贴起诉我的诉讼条文。"④

现在需要讨论的问题是,教皇约翰对于攻击胡斯的行为采取了什么样的态度? 胡斯的应对策略又是什么? 就教皇的态度而言,当事人胡斯的观察是,教皇并不愿意宣布废止这些诉讼条文,而且说:"我能做什么? 毕竟是你们自己国家的人在做这些事!"⑤ 上述攻击胡斯的主要实施者巴莱奇和科斯的迈克都是波西米亚人,胡斯在此后的信中也多次承认"没有人对我的伤害能超过巴莱奇""波西米亚人是我们最厉害的敌人",甚至提到"几乎没有任何波西米亚人来监狱探望"。⑥ 教皇放任攻击胡斯行为的发生,这有利于

---

① 甚至可以说,对胡斯的攻击早在他前往康斯坦茨的路途中已经开始。比如莱布斯主教伯斯尼茨的约翰(John of Borsnicz)散布谣言,说胡斯是被人用锁链锁在大篷车里押往康斯坦茨的,还危言耸听地提醒民众,说胡斯能读懂他人的心思,因此要提防他。详见胡斯 1414 年 11 月 6 日致波西米亚朋友们的信,Matthew Spinka (trans.), *The Letters of John Hus*, No.51, p.132。

② Matthew Spinka (trans.), *The Letters of John Hus*, No.50, p.129.

③ Matthew Spinka (ed. & trans.), *John Hus at the Council of Constance*, pp.100 - 101.

④ Matthew Spinka (trans.), *The Letters of John Hus*, No.51, pp.131 - 132.

⑤ Matthew Spinka (trans.), *The Letters of John Hus*, p.132.

⑥ Matthew Spinka (trans.), *The Letters of John Hus*, No.54, p.138; No.61, p.149; No. 73, p.167.另外,在前往康斯坦茨的途中,1414 年 10 月 19 日,胡斯给教区信众写信,直言他处在大量敌人的包围之中,其中最为邪恶者是他的波西米亚同胞,还说"你们将从那些虚假的证词以及公会议结束之时看出这一点。"参见同书第 122—123 页。事实上,胡斯的判断并非空穴来风。有证据显示,1414 年 8 月 27 日在布拉格召开的特别宗教会议(转下页)

胡斯的对手们展开舆论造势并最终导致胡斯被捕。那么，胡斯会像他在波西米亚国内那样，与对手们公开辩论吗？答案是否定的，胡斯的应对策略是保持沉默。其实，胡斯采取这一策略的理由非常简单，他在等待西吉蒙德来到康斯坦茨，他对皇帝代表的公正寄予希望。在11月4日致朋友们的信中，胡斯明确地说，他知道对手们害怕他公开的回应和布道，但是他希望，等西吉蒙德到达康斯坦茨后他能公开回应。[①] 雷施泰因的约翰·卡迪纳尔在11月10日致朋友的信中甚至还透露，胡斯接受了西吉蒙德的建议，即在西吉蒙德抵达康斯坦茨之前，胡斯不会就真理等问题采取任何行动。[②]

不过，还没等到西吉蒙德现身康斯坦茨，胡斯就失去了人身自由。11月28日，受公会议枢机主教们的指派，奥格斯堡主教、特兰托主教、康斯坦茨市长、康斯坦茨卫兵队长坡顿的汉斯骑士（Hans of Poden）等一行人来到胡斯的住所。他们声称奉教皇约翰的命令前来邀请胡斯与枢机主教们面谈，但是，他们此行的真正目的是逮捕胡斯。就在他们假意友善地与胡斯交谈的同时，卫兵们早已包围了胡斯的住所以及周边的一些住宅。此时正是午餐时间。对于奥格斯堡主教等一行人的到来，赫卢姆的约翰显得十分愤怒，讲话中火药味十足。他首先提醒他们，胡斯来到康斯坦茨是得到了皇帝所颁发的安全保证书的。然后，他告诉两个主教，胡斯之所以迄今保持沉默，只是因为得到过皇帝的口谕，即"如果胡斯同意和你们来到康斯坦茨的话，告诉他，在我抵达康斯坦茨之前可对有关异端的起诉保持沉默"。这时，胡斯从桌旁站起，说道："我来到此地并非为了枢机主教们，我也不愿意与他们交谈。我是为整个公会议而来，面对公会议我将说出上帝让我说的话以及回答任何问题。不过，既然枢机主教们有如此要求，我愿意立刻见到他们。就他们提出的任何问题，我宁愿选择死亡也不会否认我从圣经中学到的真理。"胡斯随后下楼，房东太太菲达与他含泪话别。[③]

据说，两名主教下楼的时候曾说："你再也无法主持弥撒了！"这句话显然是指胡斯违反了教皇约翰禁止他参加弥撒的规定。胡斯有没有主持弥撒难以进行事实甄别，不过，如果胡斯决定等待西吉蒙德皇帝抵达后在公会议上为自己辩护的话，他应该不会公然违反教皇的规定。退一万步说，即使胡

（接上页）讨论了派代表团赴康斯坦茨参会事宜，而且筹集到53000格罗申的资金以确保胡斯被判死刑，参见 Thomas A. Fudge, *The Trial of Jan Hus*: *Medieval Heresy and Criminal Procedure*, p. 181。

① Matthew Spinka (trans.), *The Letters of John Hus*, No. 51, p. 132.

② Matthew Spinka (ed. & trans.), *John Hus at the Council of Constance*, p. 105.

③ Matthew Spinka (ed. & trans.), *John Hus at the Council of Constance*, pp. 111–112.

斯具有虔诚的宗教情结，他自行祈祷当在情理之中，主持弥撒则不太符合逻辑。事实上，不少有关胡斯的谣言和猜测已经开始传播开来。① 比如，有仆人用大篷车把干草运出城外，其中有两三次使用了帆布把大篷车遮盖起来，于是谣言四起，说胡斯藏在干草中被这辆大篷车偷运出了城。再如，胡斯的对手们还指控他在康斯坦茨公开布道。事实上，赫卢姆的约翰可以证实，自抵达康斯坦茨直到被捕，胡斯从未公开布道，甚至没有走出他的居所一步。

在赫卢姆的约翰的陪伴下，胡斯骑马来到教皇府邸。一见面，枢机主教们告诉胡斯，传唤他过来，是因为听到很多人说起他的错误，也听说他在波西米亚散布着错误。胡斯对此予以否认。枢机主教们回到各自的住所后，胡斯被卫兵看管起来。约在下午4点钟，枢机主教们再次聚集在教皇府邸讨论如何处置胡斯。巴莱奇、科斯的迈克等人不断煽风点火，说绝对不能放了胡斯。在餐桌旁，这些人难掩兴奋之情，叫嚷道："哈哈，我们现在逮住他了！"巴莱奇的兴奋之情还形象地体现在他此时与雷施泰因的约翰·卡迪纳尔的一段对话中，约翰作为布拉格大学的代表陪同胡斯来到康斯坦茨。巴莱奇说："约翰教士，我真为你遗憾，你受到了蛊惑。过去你曾是所有波西米亚人中最出众者，深受教廷器重。可是由于你与胡斯搅在一起，你现在什么都不是！"约翰·卡迪纳尔回答道："斯蒂芬教士，我更为你感到遗憾，因为要是你能抓住我的任何把柄，你现在肯定更会为我感到遗憾了。"②

夜幕降临时，赫卢姆的约翰被告知，他可以离开了，但是胡斯必须留下。怒气冲冲的赫卢姆立刻去见教皇约翰，提醒他胡斯受到神圣罗马帝国皇帝安全保证书的庇护，指责教皇违背绝不干扰胡斯也不允许他人干涉胡斯的承诺。教皇约翰说，枢机主教们可以作证，他并未下令逮捕胡斯。在与赫卢姆单独谈话时，教皇又将逮捕胡斯的责任推给了那些枢机主教们，他们将胡斯交给他处置，所以他不得不把胡斯关押起来。但是，根据教皇约翰逃离康斯坦茨后写给法王的信来分析，下令逮捕胡斯的是教皇。③

---

① 以下两例引自玛拉多诺维斯的彼得的《关于约翰·胡斯教士的记述》，参见 Matthew Spinka (ed. & trans.), *John Hus at the Council of Constance*, pp.110-111,132。

② Matthew Spinka (ed. & trans.), *John Hus at the Council of Constance*, p.114.

③ Matthew Spinka (ed. & trans.), *John Hus at the Council of Constance*, pp.115-116. 不过，同样参加了康斯坦茨公会议的教皇公证人雅各布·塞拉塔诺在其日记中给出了另外一个说法，认为是教皇和西吉蒙德的特使下令逮捕了胡斯，参见 Louise Ropes Loomis (trans.), *The Council of Constance: The Unification of the Church*, New York: Columbia University Press, 1961, p.469. 塞拉塔诺的这一记载存在疑问。如果说教皇下令逮捕胡斯与教皇写给法王的信所透露出的信息是一致的，但是，西吉蒙德为何在没有抵达康斯坦茨的情况下就派特使下令逮捕胡斯，这一动机令人费解，也难以解释初期他激烈反对囚禁胡斯。

眼见释放胡斯无望，赫卢姆只好离开，胡斯被暂时关押在教皇府邸内。晚上 9 点，胡斯被转移到康斯坦茨教堂唱诗班领唱教士的房子内。8 天后（12 月 6 日），被再次转移到莱茵河畔一所多明我会修道院里关押候审，关押的地点是靠近公共厕所的一处昏暗的地牢。① 由于居住条件太差，胡斯生了重病，发着高烧，伴有便秘。教皇约翰派他的医生到监狱为胡斯治病。在支持胡斯的波西米亚和波兰贵族的强烈要求下，1415 年 1 月 9 日，胡斯被转移并关押在一栋条件略有改善的塔楼里，直到 3 月 24 日。② 在此期间，可能在 3 月 5 日附近，胡斯再度生病，身受胆结石的折磨，呕吐、发烧，一度让看守的卫兵以为他大限将至。③

就在胡斯被监禁期间，针对他的异端起诉程序已经启动。

首先，根据教皇公证人雅各布·塞拉塔诺日记所载，1414 年 12 月 1 日，审查胡斯著述的十二人委员会成立，其中包括来自法国的康布雷（Cambrai）枢机主教皮埃尔·戴利（Pierre d'Ailly）、意大利枢机主教弗朗西斯科·扎巴莱拉和法国枢机主教纪尧姆·菲拉特等人。④ 在康斯坦茨审判胡斯案中，皮埃尔·戴利是主导案件审判的关键人物。戴利 1351 年生于法国的贡比涅（也有文献认为是出生于 1350 年），早年求学于巴黎大学并于 1381 年获得神学博士学位，1389 年担任巴黎大学名誉校长，1397 年开始担任康布雷主教，1411 年被擢升为枢机主教。他在神学、哲学甚至天文学等领域深有研究，在当时的巴黎大学、罗马教会、法兰西宫廷都发挥着重要的影响，更是公会议运动的著名

图 12　皮埃尔·戴利

（图片来源：http://en. wikipedia. org/ wiki/Pierre_d'Ailly）

---

① Matthew Spinka (ed. & trans.), *John Hus at the Council of Constance*, pp. 115 – 116.

② Matthew Spinka, *John Hus: A Biography*, pp. 235 – 236. 从胡斯的信中得知，约在 1415 年 1 月 4 日左右，他大抵恢复了健康，参见 Matthew Spinka (trans.), *The Letters of John Hus*, No. 53, p. 135; No. 56, p. 140。

③ Matthew Spinka (trans.), *The Letters of John Hus*, No. 61, p. 147.

④ Louise Ropes Loomis (trans.), *The Council of Constance: The Unification of the Church*, pp. 469 – 470.

代表人物。[①]

此外，12月4日，成立了由君士坦丁堡主教、卡斯特罗主教（bishop of Castello）和莱布斯主教三人组成的胡斯案审理委员会。12月6日，三名法官来到收押胡斯的监狱，对胡斯进行了首次讯问，主要是问他对于威克里夫四十五信条所持的立场，要求他给出书面回复。一开始，胡斯拒绝回答这些问题，但是法官们告诉他，保持沉默意味着认罪，胡斯不得不作出回应。从他的书面答复中可知，胡斯宣称他从未信奉过其中的多数信条，其余的信条可以按照可接受或正确的意思来理解。[②]

在胡斯病后初愈不久，十二人委员会开始审查巴莱奇从胡斯《论教会》一书中抽取的42条信条（有说44条信条）。在玛拉多诺维斯的彼得看来，巴莱奇以断章取义甚至捏造的方式摘录了这些信条。胡斯亲笔对这些信条给予了答复。[③] 在写给赫卢姆的信中（写信日期应在1415年1月19日之后），胡斯大致介绍了委员会对他的主要指控：

> 请注意，如同我预料的那样，他们对我最为严厉的指控莫过于说我反对十字军敕令。他们拿着我的相关论文，当着我的面宣读了，我承认那是我所写。第二，他们指控我在被绝罚期间却依然主持弥撒等。第三，指控我向教皇申诉。他们向我当面宣读了申诉信，我面带笑容地承认，那也是我所写。第四，在我以前写的一封信中——此信在伯利恒小教堂被宣读，但被我的对手们错误地翻译和理解——我说过，我启程赴康斯坦茨时并未拥有安全保证书。至于第四点，你知道确实属实。[④]

值得注意的是，在1415年1月4日之前，委员会当面向胡斯宣读的法令中

---

① 有关皮埃尔·戴利的生平介绍，论述甚详的是 Bernard Guenée, *Between Church and State: The Lives of Four French Prelates in the Late Middle Ages*, Chicago: University of Chicago Press, 1991, pp. 102 - 258. 有关戴利的政治思想研究，最有影响力的专著参见 Francis Oakley, *The Political Thought of Pierre d'Ailly: The Voluntarist Tradition*, New Haven and London: Yale University Press, 1964. 饶有趣味的是，戴利还是天文学家，航海家哥伦布曾阅读戴利收入《世界影像》(*Imago Mundi*)一书中论及天文学的论文，参见 Laura Ackerman Smoller, *History, Prophecy, and the Stars: The Christian Astrology of Pierre d'Ailly, 1350 - 1420*, Princeton: Princeton University Press, 1994, p. 3.

② František Šmahel & Ota Pavlíček (eds.), *A Companion to Jan Hus*, pp. 268 - 269; Fudge, *Jan Hus: Religious Reform and Social Revolution in Bohemia*, p. 128.

③ Matthew Spinka (ed. & trans.), *John Hus at the Council of Constance*, pp. 117, 120.

④ Matthew Spinka (trans.), *The Letters of John Hus*, No. 60, p. 146.

已将胡斯称为"异端分子和蛊惑民众的人"。①

其次,召集大量证人起诉胡斯。这些证人大部分都是胡斯的对手,巴莱奇自然在内,另有库特纳山法令事件后被逐出布拉格大学、现定居莱比锡的神学博士明斯特贝格的约翰(John of Münsterberg)和彼得·斯托奇(Peter Storch),以及前布拉格教区执事尼古拉斯·泽伊泽尔梅斯特(Nicholas Zeiselmeister)等人。即便在胡斯重病期间,这些证人也被带到了胡斯面前宣布他们的作证誓言。②

其三,1415 年 2 月 25 日,著名神学家、巴黎大学名誉校长约翰·热尔松抵达康斯坦茨。热尔松生于 1363 年,求学巴黎大学期间是戴利的学生,1395 年继他的老师之后担任巴黎大学名誉校长,是中世纪后期著名的神学家,同样也是公会议运动的著名代表人物。③ 他在胡斯案的审判过程中发挥了重要作用。如前所述,在 1414 年致布拉格大主教康拉德的信中,热尔松曾严厉地批判从胡斯《论教会》等论著中摘录的异端条文。热尔松总计 20 条的信条与巴莱奇抽取的 42 条信条,构成了公会议起诉胡斯异端的基础。④

最后必须指出的是,审判胡斯已经营造出紧张甚至恐怖的氛围。1415 年 2 月中旬,布拉格宗教裁判官涅泽罗的尼古拉斯主教作为国王特使来到康斯坦茨。由于他曾表示与胡斯多次在一起吃饭,而且为胡斯作证说他是正统信仰者,因此尼古拉斯很快被逮捕,并为胡斯的作证接受严厉的盘问。迫不得已,尼古拉斯只好迎合戴利枢机主教,说胡斯并非自愿,而是被瓦茨拉夫国王强迫来到康斯坦茨。尼古拉斯认识到康斯坦茨并不是一个诚实的宗教裁判官应该待的地方,被释放后迅速启程返回布拉格。⑤ 另外,从胡斯的信中也可感受到这种氛围。在 1415 年 1 月 3 日写给康斯坦茨朋友们的信中,胡斯提醒叶塞尼采的约翰和布拉格的杰罗姆无论如何不要来康斯坦茨,提醒雷施泰因的约翰·卡迪纳尔要避免类似的悲剧在他身上重演,要提防那些表面对他友好却暗地与他为敌的人——胡斯无意中听到审查他的人说"那个约翰·卡迪纳尔污蔑教皇和枢机主教们是西门主义者。"⑥此外,胡斯还在信中提到监狱方对他信件的审查。凭借赫卢姆的打点,胡斯的书信得以通过一个信得过的狱卒带出监狱。为了不牵连那个狱卒,胡斯要求不

① Matthew Spinka (trans.), *The Letters of John Hus*, No.56, pp.140－141.
② Matthew Spinka (ed. & trans.), *John Hus at the Council of Constance*, pp.117－118.
③ 更多有关热尔松的生平介绍,参见 Brian Patrick McGuire (ed.), *A Companion to Jean Gerson*, Leiden and Boston: Brill, 2006, pp.1－39。
④ Matthew Spinka, *John Hus: A Biography*, p.241.
⑤ Matthew Spinka, *John Hus: A Biography*, p.242.
⑥ Matthew Spinka (trans.), *The Letters of John Hus*, No.54, pp.136,138.

可将他对巴莱奇指控信条的答复等泄露给外人,表示他不敢写信答复热尔松指控的信条,甚至建议销毁他所写的信。① 尽管胡斯对此早有提防,但是科斯的迈克还是截获了他写给斯特日布罗的亚库贝克的信以及对方的回信。胡斯能够知道此事,是因为科斯与君士坦丁堡主教、公证人和若干证人等人一起进入监狱,让胡斯确认此信是不是他所写。②

三、安全保证书之争

胡斯的被捕引发了不满和抗议。首先,从胡斯被捕之日起,赫卢姆就向教皇和枢机主教们抗议为何逮捕受安全保证书庇护的胡斯。除了对外展示安全保证书、向康斯坦茨的教俗人士和市民宣读安全保证书以外,赫卢姆于1414 年 12 月 15 日和 24 日两度在康斯坦茨大教堂以及其他教堂的门上张贴抗议信。在信中,赫卢姆强调两点:其一,受西吉蒙德皇帝提供的安全保证书的保护,胡斯来康斯坦茨的目的是在公开听证会上解释他的信仰;其二,皇帝的使节代表皇帝请求教皇和枢机主教们释放胡斯,但是教皇等人予以拒绝,这是公然蔑视皇帝的安全保证书。如果皇帝本人在康斯坦茨的话,他一定不会允许此类行为的发生。③ 1415 年 1 月,一批摩拉维亚贵族们在梅济日齐(Meziříčí,布拉格以南的城市)集会并致信西吉蒙德皇帝寻求释放胡斯。此信表示,"尊敬的圣经布道师"约翰·胡斯教士自愿来到公会议,旨在澄清强加于他和他的国家的错误指控。胡斯诚挚希望能公开回应针对他的任何指控,并对公会议的所有人宣布他的信仰,而且愿意按照圣经的教导改正被发现的任何错误。此信特别指出,皇帝陛下给予胡斯的安全保证书已在波西米亚和摩拉维亚家喻户晓,可是胡斯却被逮捕关押,这违反了安全保证书,因此希望皇帝作为波西米亚的王位继承人能够让遭到非法监禁的胡斯重获自由,并给予他公开听证会。如果正当的法律程序判定胡斯有罪,那么在遵守安全保证书的前提下,可以对胡斯采取任何适当的行动。否则,这就是对皇帝陛下以及波西米亚王国的伤害。④

如果说摩拉维亚的贵族们寄希望于西吉蒙德的干预能释放胡斯,那么胡斯本人对西吉蒙德也充满类似的幻想。从胡斯入狱直到 1415 年 3 月 24 日以后他被移交给康斯坦茨主教,胡斯写有 14 封信留存于世,其中提到国

① Matthew Spinka (trans.), *The Letters of John Hus*, No.54, pp.136 - 138; No.61, p.148.
② Matthew Spinka (trans.), *The Letters of John Hus*, No.59, p.144.
③ Matthew Spinka (ed. & trans.), *John Hus at the Council of Constance*, pp.119 - 120.
④ Matthew Spinka (ed. & trans.), *John Hus at the Council of Constance*, pp.153 - 154.

王陛下(即西吉蒙德,他担任匈牙利国王)共有 9 次。^① 在这些信件中,胡斯表示希望面见西吉蒙德,希望国王能够为他举行公开听证会,希望国王能读到他对威克里夫信条的答复。^② 尤其是在 1 月 3 日致康斯坦茨朋友们的同一封信中,胡斯三次提到国王陛下。胡斯说:"我感到惊讶的是,国王陛下已经把我忘了,他无只言片语给我。也许在我被判罪之前我都没有机会再见他。"胡斯还希望,西吉蒙德能够取消布拉格大学神学院博士们(即巴莱奇等)对他部分信条的宣判,尤其是有关剥夺神甫财产、君士坦丁的赠礼、什一税等胡斯不愿否认的信条。在信的末尾,胡斯再次表示希望面见西吉蒙德,正是因为西吉蒙德的邀请,他才来到康斯坦茨,况且他还得到了国王保证他安全返回波西米亚的承诺。^③ 教皇约翰逃离康斯坦茨后,胡斯一度希望西吉蒙德能借此机会派卫兵来监狱释放他。^④

　　那么,西吉蒙德值得信赖吗? 或者说,西吉蒙德会信守安全保证书的承诺吗? 抵达康斯坦茨的西吉蒙德很快参与了公会议事务。在他的提议下,12 月 29 日召开了枢机主教会议,西吉蒙德介绍了他与教皇格列高利十二世以及本笃十三世谈判的情况,支持用公会议的方式来解决对立教皇并存的难题。不过,对于胡斯是否该遭监禁,西吉蒙德不得不表明自己的立场,这是一件颇为棘手的事情。据西吉蒙德自述,他与教皇和枢机主教就此事发生过激烈争执,好几次他都是怒气冲冲地离开教廷,甚至有一次还跑到了康斯坦茨城外。^⑤ 尽管无法验证西吉蒙德此说的真实性,也不能排除西吉蒙德在作自我辩护和为胡斯之死推脱责任,但是西吉蒙德向公会议表达反对监禁胡斯的意见是完全可能也符合逻辑的。在公会议代表看来,西吉蒙德此举有干预公会议之嫌。12 月 29 日会议结束不久发生的一件事加深了公会议代表们的这一印象。当天,西吉蒙德命令将他在莱茵河桥上遇到的米

---

① 本数据基于胡斯书信集两个更为权威的版本:(一)马修·斯宾卡翻译编辑的《约翰·胡斯书信集》收录有 14 封(其中第 66、67 两封信的日期只能大致确定为这一时期),参见 Matthew Spinka (trans.), *The Letters of John Hus*, No.53 - 67(第 55 封除外,因为它是赫卢姆写给胡斯的信),pp.135 - 158;(二)赫伯特·B. 沃克曼、罗伯特·M. 蒲柏翻译的《约翰·胡斯书信集》收录 13 封,参见 Herbert B. Workman & Robert M. Pope (trans.), *The Letters of John Hus*, No. XL - LII, pp.172 - 201。

② Matthew Spinka (trans.), *The Letters of John Hus*, No.53, p.135; No.57, p.142; No.60, pp.145 - 146; No.61, p.149.

③ Matthew Spinka (trans.), *The Letters of John Hus*, No.54, pp.136 - 137.

④ Matthew Spinka (trans.), *The Letters of John Hus*, No.65, p.155.

⑤ Matthew Spinka, *John Hus: A Biography*, p.237.这一细节是西吉蒙德在 1416 年 3 月 21 日致波西米亚贵族们的信中披露的。雅克·朗方在《康斯坦茨公会议史》一书中也提到了这一细节,不过确定的日期是 1417 年,见 Jacques Lenfant, Stephen Whatley (trans.), *The History of the Council of Constance* (vol.1), p.86。

兰公爵的一名使节驱逐出康斯坦茨。12 月 31 日,在与教皇开会讨论这一事件的可能影响后,枢机主教戴利率领 15 名代表通知西吉蒙德,除非代表们确定自己待在康斯坦茨是安全的,确认他们可以畅所欲言,否则公会议将休会。冷静下来后的西吉蒙德意识到,自己的鲁莽行为引起了公会议代表的敌意,因此,1415 年 1 月 4 日他派萨克森公爵向大家保证:任何代表及其家人可以自由出入康斯坦茨,他们的言论自由将得到保障。① 同时,早在 1月 1 日,西吉蒙德已经同意公会议自行处置胡斯,这意味着安全保证书已成一纸空文。② 据说,西吉蒙德明确宣布:"公会议可以就信仰问题自由采取行动,根据处理异端的规定开展工作,在听取公开答辩的基础上给予他们应得的判决"。③

表面上看,西吉蒙德就胡斯遭到监禁一事对公会议作出了让步和妥协。不过,如果从西吉蒙德确立根除异端为公会议三大目的之一这一角度来看,西吉蒙德与公会议存在共同的利益。然而,西吉蒙德的让步和妥协又暗藏着他被人谴责背信弃义、不守承诺的风险,毕竟安全保证书是以他的名义签发的。因此,很有必要讨论各方围绕安全保证书展开的争论。

首先,胡斯的对手们刻意强化胡斯在离开康斯坦茨之前并未获得安全保证书,有的甚至混淆视听,宣称在胡斯被捕 15 天以后他的支持者和朋友才为他取得了安全保证书④。如前所述,胡斯于 1414 年 10 月 11 日启程赴康斯坦茨,此时他并未取得安全保证书,胡斯在他此后的书信中多次承认这一点。⑤ 不过,西吉蒙德于 10 月 18 日授权签发了安全保证书,杜巴的瓦茨拉夫专程赴亚琛取得安全保证书后于 11 月 5 日与胡斯等在康斯坦茨会合。

---

① Louise R. Loomis, The Organization by Nations at Constance, *Church History*, 1(4), 1932, pp. 195 – 196; Louise Ropes Loomis (trans.), *The Council of Constance: The Unification of the Church*, pp. 475 – 478.

② Matthew Spinka, *John Hus: A Biography*, p. 237.

③ Jacques Lenfant, Stephen Whatley (trans.), *The History of the Council of Constance* (vol. 1), p. 84.

④ 从玛拉多诺维斯的彼得 1415 年 5 月 18 日对公会议代表的回信中可知这一点。彼得指出,这种说法既是对西吉蒙德国王和他大臣们的伤害——因为这意味着国王、大臣以及公证人需将签发安全保证书的日期推迟 10 周,也让人感觉骑士们是偷偷摸摸为胡斯取得安全保证书的。参见 Matthew Spinka (ed. & trans.), *John Hus at the Council of Constance*, pp. 130 – 131. 事实上,在 1415 年 6 月 7 日为胡斯举行的公开听证会上,西吉蒙德本人也明确否认安全保证书是在胡斯被关押两星期后才签发的,不过他也错误地认为安全保证书在胡斯离开康斯坦茨之前已经签发。参见同书第 179 页。

⑤ 试举两例:在 1414 年 10 月 19 日的信中,胡斯写道:"我在没有安全保证书的情况下开始了行程。"抵达康斯坦茨的第二天(11 月 4 日),胡斯致信波西米亚的朋友们:"在康斯坦茨,我们的住所位于教皇府邸附近的一处街道里,我们来时没有取得安全保证书。"分别参见 Matthew Spinka (trans.), *The Letters of John Hus*, No. 46, p. 122; No. 50, p. 129.

显然,胡斯的对手们在此问题上纠缠不清是别有用心的,他们试图通过怀疑胡斯取得安全保证书的真实性来证明胡斯并未得到西吉蒙德皇帝的保护。因此,托马斯·A.法吉认为胡斯在未取得安全保证书的情况下匆匆上路是两大策略性失误之一。

当然,胡斯与对手们对于安全保证书的理解存在天壤之别。我们不妨看看这份用拉丁语和德语书写的安全保证书的主体内容:

> 我们诚挚地向你们介绍神学完全学士和文学硕士、可敬的约翰·胡斯教士。他从波西米亚王国启程前往康斯坦茨出席即将召开的公会议,为此他业已得到神圣帝国的保护。我们希望,当你们见到他时,你们能够给予他友善而舒适的接待,提供有助于他陆路和水路旅行速度和安全的必要帮助;为体现对国王陛下的敬意,你们有责任协助他处理他的马、行李、武器以及其他私人物品等事宜;在他途经任何关隘、港口、大桥、陆路、领地、地区、管辖地、城市、城镇、城堡、乡村以及任何你们所辖区域,他都免交任何税、道路费、通行费、贡税等,他都免于承担任何其他的金钱负担以及不受任何障碍的阻拦;应该允许他和他的随从人员自由离开、休憩、逗留和返回,如有必要,应该自愿给他提供安全的向导。①

对于上述文字,胡斯本人和赫卢姆等胡斯的支持者都认为,安全保证书清楚地表明,胡斯往来于康斯坦茨是自由的,是得到西吉蒙德保护的,这种保护并不附带任何条件。在 1415 年 6 月 13 日的信中,胡斯清楚地指出,西吉蒙德通过拉让尼的亨利·勒夫侯爵等人传递给他的信息是,西吉蒙德承诺给予他听证会,如果他不服从判决,他将平安地返回。② 因此,被囚康斯坦茨期间,胡斯多次在信中表达对于西吉蒙德及其安全保证书寄予的很高期望。但是,胡斯的对手们以及公会议则认为,安全保证书并不适用于异端分子或者异端嫌疑犯。鉴于胡斯来康斯坦茨之前已经具有异端的名声,或者公会议极有可能从一开始就已经认定胡斯为异端,手持安全保证书的胡斯依然无法逃脱被捕受审的命运。

---

① Matthew Spinka (ed. & trans.), *John Hus at the Council of Constance*, p.90.有学者指出,这封安全保证书的内容模仿了 1395 年瓦茨拉夫四世颁发给启程赴意大利的彼得·卓伯尼茨(Peter Drobnicz)的安全保证书,参见 František Šmahel & Ota Pavlíček (eds.), *A Companion to Jan Hus*, p.261.
② Matthew Spinka (trans.), *The Letters of John Hus*, No.75, p.170.

在中世纪,特别是从 12 世纪初开始,天主教会对异端的处置日渐严厉。用火刑烧死异端分子逐步从一种普遍的习俗变成教会以立法形式承认的对异端最为严厉的处罚方式。不仅世俗君主,而且各级贵族官员,都有义务协助教会根除异端以及遵守教会的相关命令。此外,人人皆有义务向教俗权力机关告发异端嫌疑分子,哪怕是儿子告发父亲,丈夫告发妻子。需要特别注意的是,对于异端的承诺是没有约束力的,如果某人对异端信守承诺,那他就是违背对上帝的承诺,正如教皇英诺森三世所说:"根据教规,我们不必对那些背叛上帝者信守承诺。"①因此,在阿拉贡国王费迪南(Ferdinand, King of Aragon)看来,西吉蒙德颁发给胡斯的安全保证书只不过是一纸通行证而已,并非保护胡斯的护身符。在 1415 年 3 月 27 日致西吉蒙德的信中,费迪南首先表示,那个"邪恶的人"(即胡斯)遭到了长时间的关押却迟迟未被判罪,他对此深感惊讶。费迪南请求西吉蒙德不要释放那个"邪恶的人",也不能为他错误的异端观点举行公开听证会,应该立即惩罚他。随后,费迪南表达了他对安全保证书的看法:

> 那个人因为异端一直违法,从未改邪归正或者悔罪,相反却坚持其错误,国王陛下赐予的通行证怎么能够给予他这样的人以自由?上帝也会拒绝! 他无疑应受惩罚,因为对背叛上帝者不必信守承诺。②

毫不奇怪,尽管赫卢姆、摩拉维亚贵族甚至西吉蒙德都向公会议表达了抗议,公会议始终不为所动。相反,利用上述天主教会对异端的处理规定,公会议让西吉蒙德明白他不用承担违背承诺的责任,这让西吉蒙德最终改变了反对监禁胡斯的立场。

至于西吉蒙德对安全保证书的认知,很难猜测他到底是与胡斯的理解一致还是与公会议的界定相一致。不过,至少从表面上看,西吉蒙德的认知经历了变化的过程。刚到康斯坦茨时,西吉蒙德明确反对监禁胡斯,这可能是他感到自己的权威受到了教皇和公会议的蔑视。如果西吉蒙德的这番表现不是一个狡诈多变的政客在政治作秀的话,那么这表明西吉蒙德对上述教会有关异端的处置方式还不是很熟悉。不管西吉蒙德是否熟悉教会处理异端的规定,不争的事实是,在审判胡斯的后期他对安全保证书的理解已与

---

① Henry Charles Lea, *A History of the Inquisition of the Middle Ages* (vol.1), New York: Harper & Brothers, 1888, pp. 223 - 228.

② Matthew Spinka (ed. & trans.), *John Hus at the Council of Constance*, pp. 155 - 156.

公会议完全一致。1415年1月1日,西吉蒙德收回反对逮捕监禁胡斯的意见,同意公会议自行处置胡斯。[①] 4月8日,西吉蒙德正式撤销康斯坦茨城里任何人持有的安全保证书,这显然包括胡斯。[②] 6月7日,在为胡斯举行的第二次公开听证会上,针对安全保证书不该授予异端分子或者异端嫌疑犯的指责,西吉蒙德回答道:"我告诉他们,我不愿意为任何异端辩护。实际上,如果一个人顽固坚持他的异端,我愿意亲自点燃大火烧死他。"[③]可以说,西吉蒙德的认知转变为公会议审判胡斯铺平了道路。

四、约翰二十三世逃离

胡斯受审案中的另一个重要人物当属教皇约翰二十三世。尽管逮捕令是教皇约翰所发,但是他在胡斯案中更多扮演着名义上的领导作用,具体工作大多由公会议的相应委员会来完成。不过,有研究者指出,从现存文献来看,胡斯案只是公会议议程中很小的一部分,只是到了后期此案才引起了更多的关注。[④] 显然,结束教会大分裂是康斯坦茨公会议三大目的之首要目的,如何处置对立教皇成为公会议必须花大力气加以解决的首要难题。作为会议的发起者和主持人之一,教皇约翰希望主导公会议朝着有利于自己的方向发展,但是,受制于西吉蒙德和公会议诸多有影响力的枢机主教,教皇约翰试图成为唯一合法教皇的希望最终落空,他不得不在1415年3月20日晚秘密逃离康斯坦茨。

从一开始,教皇约翰在康斯坦茨公会议上就处境不妙。1414年11月17日,皮埃尔·戴利抵达康斯坦茨,这预示着公会议主义派(conciliar party)将对公会议的进程产生重要的影响。[⑤] 戴利认为圣经是基督教会建

---

① Matthew Spinka, *John Hus: A Biography*, p.237.

② František Palacký (ed.), *Documenta Mag. Johannis Hus*, pp.543-544.

③ Matthew Spinka (ed. & trans.), *John Hus at the Council of Constance*, p.180.

④ Thomas A. Fudge, *Jan Hus: Religious Reform and Social Revolution in Bohemia*, p.128.根据教皇公证人雅各布·塞拉塔诺的日记所载,西吉蒙德在1415年1月1日会见皮埃尔·戴利等人时曾说,"教会和罗马帝国的改革是召开本次公会议的主要目的,胡斯案和其他小的问题不应该干扰这一目的。"参见 Louise Ropes Loomis (trans.), *The Council of Constance: The Unification of the Church*, p.476。

⑤ 对于戴利等公会议主义派引发的公会议运动,教会史家玛格丽特·丁斯理的评论认为,该运动是15世纪上半叶基督教会史上最重要的内容,它的失败导致了16世纪的宗教改革。如同在政府机构中引入众议院一样,公会议运动体现了那个时代民主化的趋势,是欧洲民主运动在宗教方面的反映。公会议的权威高于教皇一定程度上是一种世俗化的主张,因为公会议背后的支持者是世俗君主。此外,虽然公会议的召开是国际性的,但是历次会议也体现了民族主义力量的崛起。参见 Margaret Deansly, *A History of the Medieval Church 590-1500*, London: Routledge, 2005, pp.219,223。

立的基石,西方教会大分裂的现实更让戴利认定彼得及其领导的教会不是教会建立的基石,公会议才能解决教会的分裂和促成教会的重新统一,因此他逐步形成了公会议主义观念并成为公会议运动的领导者。12 月 28 日,戴利在康斯坦茨重申"太阳月亮星星"说。如果把公会议比作由太阳、月亮和星星组成的太空的话,那么太阳和月亮分别代表教皇和皇帝,星星则代表参加公会议的教会各级神职人员。因此,公会议,而非教皇,才能带来教会改革和统一的光明前景。认为教皇没有义务执行公会议的决议,认为教皇可以自行决断,都是错误的认识。① 换言之,公会议的权威高于教皇。持这种观点的还有著名的意大利枢机主教弗朗西斯科·扎巴莱拉以及 1415 年 2 月 25 日抵达康斯坦茨的巴黎大学名誉校长约翰·热尔松等人。扎巴莱拉是公会议主义者中最为著名的教会法学家,为比萨公会议和康斯坦茨公会议的召开以及会议的进程贡献甚多。扎巴莱拉视教会为教皇领导的机构,公会议是教会与异端思潮进行斗争的最理想的方式。尽管教会法规定教皇负责召集公会议,但是,如果教皇拒绝,召集公会议的权力则转移至枢机主教。如果枢机主教不能恰当履行这一职责,那么世俗君主可实施这一权力。而热尔松的论文《论教会的统一》(*Tractatus de unitate ecclesiastica*)早在比萨公会议上已经颇有影响,几乎成为了公会议的改革方案。在康斯坦茨公会议上,他的几次重要布道(比如 1415 年 3 月 23 日的布道)将极大推动西吉蒙德以及公会议与会代表们最终接受公会议主义派的主张。② 一言以蔽之,戴利等公会议主义派的主张极大限制了教皇约翰操控公会议的企图。至于西吉蒙德,通过胡斯被监禁一事,他认识到必须依靠公会议的力量才可能实现结束教会大分裂、根除异端等目标,因此他很快学会尊重公会议的意见。

与此同时,教皇约翰试图操控公会议的行动,特别是他对枢机主教们(甚至包括戴利)言论自由的限制,引起了众人的愤慨。要求约翰退位的呼声开始出现。比如有人给西吉蒙德写信,认为约翰出卖上帝的服务以换取金子,是抢劫德意志教堂的犹大,是三位教皇中最糟糕者,因此强烈要求罢黜约翰与另外两位教皇。③ 1415 年 1 月 8 日,教皇本笃十三世的使节抵达康斯坦茨,转告本笃同意与西吉蒙德在尼斯见面讨论退位的问题。1 月 17 日,格列高利十二世的使节抵达康斯坦茨,宣布格列高利愿意接受公会议寻

---

①   Jacques Lenfant, Stephen Whatley (trans.), *The History of the Council of Constance* (vol. 1), pp. 80 - 81.

②   Matthew Spinka (ed. & trans.), *John Hus at the Council of Constance*, pp. 17 - 20.

③   Louise R. Loomis, The Organization by Nations at Constance, p. 197.

求教会统一的任何方式。① 越来越多的人认为,结束教会大分裂比较可行的办法是让三位对立教皇全部退位,由公会议重新选举新的教皇。1月底,枢机主教纪尧姆·菲拉特向戴利正式提出备忘录,建议三位对立教皇全部退位,宣布公会议高于教皇。西吉蒙德支持该提议并将备忘录抄本送交公会议各民族团,教皇约翰对此火冒三丈。从这一时期开始,直到2月4日,至少出现了8份请愿书,要求罢黜三位对立教皇。②

剩下的问题是,该如何对此提议进行表决? 这牵扯到两个问题,一是何人拥有公会议的表决权,二是采用何种方式进行表决。

就第一个问题,教皇约翰希望表决权只限定于主教、修道院长等高级神职人员,世俗人士应该排除在外,如此一来,他就可以依靠人数庞大的意大利高级教士对他的支持而稳操胜券。戴利则提出,应该包括执事等教会一般神职人员,因为他们的经验和责任感丝毫不逊色于那些主教们,此外还应包括神学和法学博士以及世俗君主和他们的代表等。菲拉特甚至提出应包括神甫。各民族团采用了戴利的提议,有时甚至采用了菲拉特的提议。显然,教皇约翰倚重的意大利高级教士们的影响大大削弱。③

就第二个问题,公会议与教皇约翰的分歧在于,到底是采用民族团表决机制还是按人头进行表决。早在1409年的比萨公会议就已经出现了以民族团为单位来讨论表决会议事务的尝试,不过这种做法并未得到任何教皇或者皇帝的批准。④ 尽管教皇约翰应该感谢比萨公会议——正是此次公会议选举了约翰的前任亚历山大五世,但是约翰并不希望康斯坦茨公会议采取民族团表决机制,因为按人头来投票表决的话,效忠于约翰的庞大的意大利代表团将让他获得绝对多数。康斯坦茨公会议开幕不久,1414年11月12日,就有人提议公会议应按民族团来划分。结果,公会议形成了意大利民族团、法兰西民族团、英格兰民族团、德意志民族团以及后来成立的西班牙民族团,其中波西米亚属于德意志民族团。⑤ 1415年2月7日,在英格兰民族团、德意志民族团和法兰西民族团的先后同意下,公会议决定采用民族

① Eustace J. Kitts, *Pope John the Twenty-third and Master John Hus of Bohemia*, pp. 276-277.斯宾卡认为格列高利的使节们是在1月22日才被允许进入康斯坦茨,见 Matthew Spinka (ed. & trans.), *John Hus at the Council of Constance*, p.124,注释46。
② Louise R. Loomis, The Organization by Nations at Constance, p.199; Eustace J. Kitts, *Pope John the Twenty-third and Master John Hus of Bohemia*, pp.278-279.
③ Louise R. Loomis, The Organization by Nations at Constance, pp.199-200.
④ Louise R. Loomis, The Organization by Nations at Constance, p.193.
⑤ Eustace J. Kitts, *Pope John the Twenty-third and Master John Hus of Bohemia*, pp. 255,282.

团表决机制,即公会议事务以民族团为单位进行表决,每个民族团拥有一票。① 显然,公会议民族团表决机制的确立意味着教皇约翰完全失去了操控公会议的可能。

至此,形势对教皇约翰越来越不利。2 月 15 日,公会议正式致信约翰要求他退位。在第二天举行的全体枢机主教会议上,约翰让扎巴莱拉代为宣读他准备的措辞模糊的退位声明,表示只要另外两位遭到比萨公会议罢黜的教皇退位,那么他也将照办。3 月 2 日,一再推迟的第二次公会议全体会议终于召开,约翰宣读了民族团(意大利民族团除外)拟定的退位声明。② 为防止约翰反悔,西吉蒙德在 3 月 7 日要求约翰颁布了宣布退位的诏书,在 3 月 11 日的枢机主教全体会议上提出教会新任教皇的议题(这表明他不再承认约翰为教皇),在 3 月 19 日强力主导民族团通过决议,要求约翰任命公会议提名的人选监督他的退位。此外,西吉蒙德还在全城加强警戒,设置密探,防止约翰逃出康斯坦茨。感觉到自己的人身安全受到了威胁,约翰以自己不适应康斯坦茨冬季潮湿的气候为借口,决意离开康斯坦茨以便达到解散公会议之目的。在奥地利公爵腓特烈(Duke Frederick of Austria)的秘密帮助之下,约翰打扮成马夫的模样,在 3 月 20 日深夜逃出康斯坦茨,最终安全到达了腓特烈所控制的沙夫豪森(Schaffhausen)。③

不可否认,教皇约翰逃离康斯坦茨对胡斯案产生了影响。最为直接的影响莫过于谁将接手继续监禁胡斯,或者,在一片混乱之中胡斯有没有重获自由的可能。从胡斯在此期间所写的仅有的两封信中,我们可以知道:一些波西米亚贵族到牢房中探视了胡斯,其中包括眼中含泪的杜巴的瓦茨拉夫;尽管卫兵正在撤出牢房,但是胡斯未获自由,还有可能被教廷的官员带走,因此胡斯请求赫卢姆迅速与西吉蒙德见面,希望皇帝能派王室的卫兵前来保护或者释放他。④ 让胡斯失望的是,本来有机会释放他的西吉蒙德将牢房的钥匙交给了康斯坦茨主教,后者连夜派了 170 名士兵用船把胡斯押到了坐落在莱茵河以北的戈特里本城堡(castle of Gottlieben)。从 3 月 24 日到 6 月 3 日,日夜枷锁缠身的胡斯与外界几乎失去了联系,在此期间未有信件

---

① Louise R. Loomis, The Organization by Nations at Constance, pp.201-202.

② Louise R. Loomis, The Organization by Nations at Constance, pp.205-206.

③ Eustace J. Kitts, *Pope John the Twenty-third and Master John Hus of Bohemia*, pp. 289-301,310. 奥地利公爵腓特烈之所以接受教皇约翰的邀请来参加康斯坦茨公会议并最终对教皇出逃提供协助,主要原因在于他与西吉蒙德矛盾很深,他也想借助教皇之力来对付国内一些难以驾驭的主教,参见同书第 303 页。

④ Matthew Spinka (trans.), *The Letters of John Hus*, No.64,65, pp.154-155.

留存于世。① 此外,教皇约翰逃离康斯坦茨标志着审判胡斯的主体由名义上的教皇转变为公会议,可以说康斯坦茨审判胡斯案进入第二个阶段。

第四节　公会议主导的三次听证会

教皇约翰逃离康斯坦茨立刻在公会议中引起了惊恐和混乱,缺少教皇主持的公会议似乎失去了正义性和权威性,公会议面临着解散的可能。不过,在公会议主义派和西吉蒙德的努力下,公会议很快稳住阵脚,继续推进会议议程。

一、公会议主导审判胡斯案

1409年召开的比萨公会议实际上已经开了没有教皇主持、由枢机主教们组织召开的先河,而且以公会议的名义宣布罢黜了对立教皇本笃十三世和格列高利十二世。某种意义上说,比萨公会议已经体现出公会议权威高于教皇的事实。作为比萨公会议的受益者,教皇约翰此前宣称康斯坦茨公会议是比萨公会议的延续,这一说法既彰显了约翰表明自己是唯一合法教皇的意图,同时也变相承认了比萨公会议的合法性。此外,如前所述,从康斯坦茨公会议召开的初期开始,以法国枢机主教戴利等为代表的公会议主义派已在公会议代表中广泛宣传公会议权威高于教皇的主张。因此,短暂的混乱之后,西吉蒙德宣布,他已作好准备推动公会议继续进行。1415年3月23日,约翰·热尔松在其布道中以法兰西民族团的名义支持公会议在没有教皇的情况下继续举行,公开提出公会议权威应该高于教皇。弗朗西斯科·扎巴莱拉宣布,既然公会议已按常规进行,教皇的出逃改变不了什么。②

4月6日,公会议第五次全体会议召开并发布了《神圣法令》(Sacrosancta),公开宣称公会议的权威高于教皇:

---

① Matthew Spinka, *John Hus: A Biography*, p.246.

② Matthew Spinka, *John Hus: A Biography*, pp.245-246.热尔松3月23日的布道提出了12条建议,其中最重要的如下:第5条,公会议代表教会,所有人(教皇也不例外)必须服从它;第8条,尽管公会议不能剥夺教皇的权力,但是可以通过立法限制其权力的使用,这是教会改革的基础;第9条,无需教皇同意,在某些情况下(比如受到起诉的教皇拒绝召集会议、教会分裂与对立教皇时期等),教会或公会议可以召集会议;第10条,教皇必须接受教会或公会议就终结教会分裂所提出的解决办法,包括要求教皇退位。参见 Jacques Lenfant, Stephen Whatley (trans.), *The History of the Council of Constance* (vol. 1), pp.139-140。

本次康斯坦茨公会议乃凭圣灵所合法召开之普世教会会议,旨在赞美上帝、终止当前的教会分裂和改革教会大小事务。为更为容易、安全、完整和彻底地统一和改革上帝的教会,本次公会议决定、宣布并规定:首先,它宣布,此次合法召开的公会议乃代表天主教会,其权力直接来自基督,因此,凡它所决议者,无论关于信仰问题,关于终止教会分裂问题,以及关于教会大小事务之改革问题,凡我同人,无论职位之尊卑高下,连教皇也包括在内,均当一体服从。它还宣布,如果任何人,无论职位之尊卑高下,连教皇也包括在内,拒绝服从公会议或者其他合法召开的神圣公会议有关终止教会分裂和教会改革的命令和法令,除非本人悔悟,否则他将受到恰当的惩罚。如有必要,公会议还将诉诸于司法手段。①

学者约翰·内维尔·菲吉斯(John Neville Figgis)对此法令给予高度评价,认为它"可能是世界上最为革命性的官方文件……宣称它的(即公会议)权威高于教皇,致力于将一千余年的神圣权威导向宪政"。② 学者 L. 埃利奥特宾斯(L. Elliott-Binns)则指出,如果该法令得以贯彻实施的话,那么"整个教会的权力中心将转移,教皇将成为受枢机主教团或者公会议制约的有限权力君主。这是一场生死较量。在整个过程中,教皇制度的支持者们清楚地看到了这一点。"③正因为如此,该法令从马丁五世(康斯坦茨公会议选举出的新教皇)开始就遭到变相的抵制,1870 年教皇庇护九世(Pius IX,1846—1878 年在任)发布的教皇永不犯错法令更是明白无误地推翻了《神圣法令》:无需枢机主教、主教和教会的同意,教皇有权自行界定有关信仰和道德等事务。④ 不过,《神圣法令》毕竟表明了康斯坦茨公会议的正当性,确保了公会议此后的顺利进行。

很快,稳住阵脚的公会议继续推行先前设定的会议目标。首先,公会议采取措施迫使三名对立教皇退位。我们先来看教皇约翰。到达沙夫豪森后的约翰在 3 月 23 日致信尚在康斯坦茨的教廷,命令枢机主教们在 6 天之内

① Frederic Austin Ogg (ed.), *A Source Book of Medieval History*, p.393.中文翻译部分参考了[美]G. F. 穆尔著,郭舜平等译:《基督教简史》,第 178 页。

② John Neville Figgis, *Political Thought from Gerson to Grotius: 1414 - 1625*, New York: Harper & Brothers, 1960, p.41.

③ L. Elliott-Binns, *The History of the Decline and Fall of the Medieval Papacy*, London: Methuen & Co. Ltd, 1934, p.215.

④ Matthew Spinka (ed. & trans.), *John Hus at the Council of Constance*, p.76.

与他在沙夫豪森会合,否则他们将遭到绝罚和剥夺圣俸。为数不多的枢机主教(主要是意大利人)听从了他的命令,其中包括未来的教皇马丁五世。与此同时,在康斯坦茨,一纸公告张贴在教皇约翰驻跸的府邸的门上,控告他独裁、谋杀、买卖圣职和营私舞弊。3月25日,西吉蒙德召集会议,判定腓特烈公爵有罪并要求腓特烈所辖区域和臣民不再效忠于他。① 4月27日,逃亡中的约翰在靠近弗赖堡(Freiburg)的安布奇(Umbirch)与西吉蒙德派来的代表团会谈,约翰表示他可以退位,但是不能在康斯坦茨宣布,而且另外两个对立教皇也必须退位。这样的条件无法让西吉蒙德接受,而一路陪伴约翰的腓特烈决定向西吉蒙德屈服。约翰随后被监禁在弗赖堡,并于5月19日被带回康斯坦茨,关押在附近的拉多尔夫采尔(Radolfzell)。② 此后公会议起诉约翰72条罪状并最终确定为54条。5月29日,公会议第十二次全体会议谴责约翰大肆买卖圣职、挥霍教会财产、管理教会事务不善,宣布罢黜约翰,包括约翰在内的三名对立教皇今后不得被选举为教皇。③ 6月3日,约翰被转移监禁在戈特里本城堡,这里曾是关押胡斯的地方。不过,此前不久,胡斯已被押回康斯坦茨,监禁在方济各托钵修士把持的一处牢房中。康斯坦茨公会议结束后,约翰宣布效忠于公会议选举的新教皇马丁五世,此后他重返枢机主教团,在1419年12月22日逝世于佛罗伦萨。④

　　至于教皇格列高利十二世,年事已高的他(1415年已89岁)通过使团向公会议主动表示了退位的意愿,不过前提是公会议必须承认他为此次会议的召集人,如此一来,罗马教皇的承继体系即可保持不乱。公会议接受了这一令人惊讶的请求,于是此前已遭废黜的教皇被承认为唯一合法的教皇,7月4日格列高利宣布退位。另一位对立教皇本笃十三世则一直拒绝退位。西吉蒙德曾专程赴纳博讷(Narbonne)劝说本笃退位未果,直至1417年7月26日公会议宣布罢黜本笃。⑤ 三名对立教皇的先后退位意味着教会大分裂的终结,为此后公会议选举新的教皇铺平了道路。

　　公会议瞄准的另一个目标是根除异端。就在4月6日公会议第五次全

---

① Eustace J. Kitts, *Pope John the Twenty-third and Master John Hus of Bohemia*, pp. 303,307,313.

② Eustace J. Kitts, *Pope John the Twenty-third and Master John Hus of Bohemia*, pp. 329－330,339.

③ Eustace J. Kitts, *Pope John the Twenty-third and Master John Hus of Bohemia*, pp. 344－359.

④ Matthew Spinka (ed. & trans.), *John Hus at the Council of Constance*, p.121; Matthew Spinka, *John Hus: A Biography*, pp.247－248.

⑤ Matthew Spinka, *John Hus: A Biography*, p.248.

体会议发布《神圣法令》,明确公会议权威高于教皇权威的同时,鉴于教皇约翰任命的胡斯案审理委员会不再合法,此次会议重新任命了新的委员会来全权处理有关信仰的事务,特别是与威克里夫和胡斯教义有关的事务。新的委员会主席为枢机主教戴利,成员包括枢机主教菲拉特以及数名神学博士和教会法博士等。① 在 4 月 17 日举行的公会议第六次全体会议上,意大利、法兰西、德意志和英格兰四个民族团各推选一名代表组成委员会重启胡斯案的审判程序,还负责审阅戴利、菲拉特和扎巴莱拉等人就谴责胡斯论著和威克里夫的信条的报告。② 5 月 4 日,在第八次全体会议上,公会议谴责威克里夫的四十五信条以及从他的论著中摘录的其他 260 条信条,决定烧毁他的书籍,甚至要对他焚尸扬灰。③

　　从上述公会议主导的异端审判进程来看,形势对于胡斯益发严峻。首先,戴利以及在后来审判过程中发挥重要作用的热尔松对胡斯抱有很深的成见,早已将胡斯视为该受谴责的异端。④ 戴利之所以对胡斯充满敌意,一方面的原因是戴利坚信唯名论,而胡斯是唯实论者;另一方面,戴利虽然和胡斯一样都认为圣经是基督教会建立的基石,但是戴利同时坚信教会拥有权威(这里的教会显然不是指教皇),这一点和胡斯是截然不同的。热尔松也是坚定的唯名论者,他认定胡斯教义为异端可追溯到 1414 年,当时布拉格大主教康拉德就胡斯《论教会》一书所抽出的条文征求热尔松的意见。热尔松严厉谴责胡斯的 20 条信条,认为胡斯的教义与威克里夫并无差别。热尔松主张:"很明显,异端之首约翰·威克里夫在英格兰、波西米亚和苏格兰拥有大批支持者,他们胆大而且顽固,因此,与其使用这些人不配得到的说理方式,还不如使用司法谴责的方式来对付他们。"⑤这就不难理解热尔松为何此后成为公会议定罪胡斯为异端的重要力量。此外,佛罗伦萨枢机主教扎巴莱拉也在相当程度上影响了审判胡斯的进程。尽管扎巴莱拉对于胡斯持有偏见的程度不像戴利和热尔松那样深,甚至他在胡斯案前期的审判过程中(1411 年担任四人委员会委员审查胡斯案的审判程序)站在了有利于

---

①　Jacques Lenfant, Stephen Whatley (trans.), *The History of the Council of Constance* (vol.1), p.174.

②　Jacques Lenfant, Stephen Whatley (trans.), *The History of the Council of Constance* (vol.1), pp.187 - 188.

③　Jacques Lenfant, Stephen Whatley (trans.), *The History of the Council of Constance* (vol.1), pp.231; Herbert B. Workman, *The Dawn of the Reformation* (Vol.II: *The Age of Hus*), pp.306 - 307.

④　Matthew Spinka (ed. & trans.), *John Hus at the Council of Constance*, pp.13 - 14.

⑤　Matthew Spinka (ed. & trans.), *John Hus at the Council of Constance*, p.171,注释 25。

胡斯的立场,但是,在扎巴莱拉看来,威克里夫和胡斯有关教会的观点威胁到天主教会的根基。

另一个不利于胡斯的因素则是公会议明确谴责威克里夫。尽管罗马公会议已经谴责并命令烧毁威克里夫的书籍,但由于出席会议的人数不多,罗马公会议的决议权威性有限。康斯坦茨公会议重提威克里夫话题,并最终谴责威克里夫为异端,这表明以前由地区教会和大学等通过的有关威克里夫的判决现在正式得到了大公会议的承认。从此,一旦谁被起诉为威克里夫派,那么他实际上被起诉为异端。此前的讨论已经显示,巴莱奇等胡斯的对手们早已熟稔并有效地使用这一策略,现在胡斯将面临来自公会议同样的挑战。

二、为胡斯请愿的浪潮

从 5 月上旬开始直至月底,摩拉维亚和波西米亚等地的贵族们以及出席公会议的波西米亚和波兰贵族等人发起了一波为胡斯请愿的浪潮。首先,5 月 8 日,摩拉维亚的一批贵族在布尔诺(Brno)集会并致信西吉蒙德,请求给予胡斯听证会并释放他。5 月 12 日,波西米亚的一些贵族在布拉格集会并致信西吉蒙德,请求给予胡斯自由。这两封信皆用捷克语书写,后翻译成拉丁语向公会议各民族团代表宣读(前一封信宣读的日期不详,后一封信为 6 月 12 日)。两信的内容有诸多重合之处,主要是陈述事实和提出请求。在 5 月 8 日的信中,陈述的主要事实包括胡斯受到错误的指控、胡斯自愿来到康斯坦茨旨在澄清针对他和波西米亚的错误指控、胡斯得到了西吉蒙德皇帝的安全保证书、胡斯并未得到公开听证会却被不公正地投入监狱并遭到了残酷的对待等。据此,摩拉维亚贵族们希望西吉蒙德能够保持安全保证书的效力,希望"正义之人能从残酷的监禁中被释放并得到公开听证会,而不是被偷偷摸摸和错误地诽谤,因为这些做法显然违背了权利、正义和安全保证书"。[①] 5 月 12 日的信着墨最多的是胡斯参加康斯坦茨公会议的目的以及安全保证书。就安全保证书而言,此信首先提出教皇约翰二十三世曾在召集公会议的敕令中宣布给予所有参会者(甚至异端分子在内)安全保证书以保证他们来去自由,随后提到西吉蒙德给予的安全保证书在波西米亚和摩拉维亚广为人知。因此,当胡斯被监禁的消息传开以后,民众认为,未经任何听证会,不具备任何公正的理由,监禁胡斯显然违背了教皇和西吉蒙德的安全保证书。毕竟安全保证书系西吉蒙德所发,且监禁胡斯发生在西吉蒙德管辖的城市,因此"对正义之人非法而不公正的监禁"是对西

---

① Matthew Spinka (ed. & trans.), *John Hus at the Council of Constance*, pp. 158 – 159.

吉蒙德皇帝陛下的巨大伤害,也波及波西米亚国王。据此,波西米亚贵族们请求拥有决断权力的西吉蒙德释放胡斯并让他安全返回波西米亚。①

等到上述两信在公会议上宣读的时候,公会议对于胡斯的审判几乎已成定局。因此,讨论这一波为胡斯请愿的重点应该放在出席公会议的波西米亚等代表递交公会议的请愿书以及公会议对此的答复。5月13日,在方济各修道院的食堂里(即公会议的开会地点,位于康斯坦茨大教堂与圣斯蒂芬教堂之间),玛拉多诺维斯的彼得向公会议代表们宣读了出席公会议的波西米亚和波兰贵族递交的请愿书。5月16日,公会议委托卡尔卡松(Carcassonne)主教普伊的杰拉尔德(Gerard de Puy)对请愿书给予了冗长的答复,"铁腕"约翰主教则针对请愿书的最后条款作了答复。5月18日,彼得再次对卡尔卡松主教代表公会议作出的答复予以了回应,而波西米亚贵族对"铁腕"约翰主教答复的回应是在5月31日。同一天,波西米亚贵族再次向公会议和西吉蒙德递交申诉信,②随后来自法国的安提阿名誉大主教约翰·莫鲁(John Mauroux)代表公会议就申诉信给予答复。③

5月13日请愿书的写作套路与上述5月8日和12日的两封信区别不大,无非阐述胡斯来到康斯坦茨的缘起和目的以及提出要求,其中强调的重点依然是胡斯得到了西吉蒙德的安全保证书。④ 不过,请愿书中几处新的内容值得一提。其一,被比萨公会议定罪为异端和教会分裂罪的对立教皇格列高利和本笃派使节来到康斯坦茨,他们能够来去自由,而胡斯既未被定罪也未给予听证会,却在世俗君主和各大学代表还未参会的情况下就遭到监禁。其二,承认西吉蒙德皇帝在敦促公会议尊重他所颁发的安全保证书的效力以及给予胡斯听证会等方面所付出的努力。其三,出席公会议的波西米亚贵族等代表感受到来自波西米亚民众的巨大压力,因为民众严厉指责他们对公会议违反安全保证书而监禁胡斯坐视不管。其四,鉴于胡斯在监狱里枷锁加身、饮食粗糙以及由此造成胡斯体力耗尽、理智丧失等可能的后果,请愿书请求公会议加速结案。其五,请愿书的最后条款是驳斥"某些诽谤者和对波西米亚王国的荣耀和名声充满敌意者"的谣传——在波西米亚,圣血存放在瓶子里四处传递,补鞋匠可以听取信众的忏悔并主持圣餐礼。

① Matthew Spinka (ed. & trans.), *John Hus at the Council of Constance*, pp.159-162.需要说明的是,查阅教皇约翰二十三世的敕令及有关通信,没有发现他给予所有参会者安全保证书的承诺,参见同书第160页,注释113。
② Matthew Spinka (ed. & trans.), *John Hus at the Council of Constance*, pp.136-141.
③ Matthew Spinka (ed. & trans.), *John Hus at the Council of Constance*, pp.141-142.
④ Matthew Spinka (ed. & trans.), *John Hus at the Council of Constance*, pp.123-126.

　　尽管在现存文献中未见 5 月 16 日卡尔卡松主教代表公会议对请愿书的答复,但是我们可以从 5 月 18 日彼得的回应中管窥卡尔卡松主教答复的大致内容。[1] 总体来看,双方讨论的分歧主要集中在以下三个方面。其一,安全保证书的事实。卡尔卡松主教的答复认为,在胡斯被捕 15 天以后他的支持者和朋友才为他取得了安全保证书。对此观点的驳斥,前文(本章第三节)已有详细讨论,不再赘述。其二,胡斯是否自愿来到康斯坦茨。卡尔卡松主教的答复表示,因为某些错误胡斯遭到教皇亚历山大五世谴责并被教廷传唤,可是他并未接受传唤,因而遭到绝罚。所以胡斯应该被视为异端甚至异教首领,而且他在康斯坦茨期间还曾公开布道。彼得的回应是,胡斯已经派了代诉人赴罗马教廷,可是他们要么被监禁要么遭到残酷的对待。胡斯遭到绝罚并非因为反抗教廷的命令,而是因为他的公开上诉,这些在罗马教廷的审讯记录中有清楚的记载。至于胡斯在康斯坦茨公开布道,前文(本章第三节)也已论述,在此从略。其三,如何界定并对待异端。卡尔卡松主教的答复辩称,公会议不清楚 5 月 13 日请愿书中所称的遭到比萨公会议谴责的异端指的是谁。两名对立教皇派来的代表们来到康斯坦茨旨在寻求教会的统一,理应得到友善的对待,因此,只要为了教会统一之目的,哪怕异端也应该得到容忍和友善的对待。彼得回应道,胡斯赴康斯坦茨参会旨在公开宣布他的信仰并接受指正,这也是他寻求与教会和解和统一的愿望,因此他理应享有那些教皇代表们所拥有的自由。不过,卡尔卡松主教的答复也表明公会议接受了加速审理胡斯案的请求。

　　"铁腕"约翰担任波西米亚境内利托米什尔教区的主教,一直是胡斯的对手,在康斯坦茨公会议上更是主要的起诉人之一。当 5 月 13 日彼得宣读到请愿书的最后条款时,"铁腕"约翰立刻站了起来,声称该条款涉及他及其支持者,因此主动提出要对其予以答复。[2] 在 5 月 16 日的答复中,"铁腕"约翰首先证实,在他所属的德意志民族团里,他确实谈到邪恶的威克里夫派正在污染波西米亚,这一说法并非让他的祖国波西米亚蒙羞,而是为了波西米亚的荣耀。他还证实,波西米亚出现了新的令人愤慨之事,即那些威克里夫派鼓动平信徒同时领取圣饼和圣杯(即饼酒同领)并宣称这才是圣餐礼的正确做法,因此,"在波西米亚,圣血存放在瓶子里四处传递"确系他所说。其次,"铁腕"约翰否认自己曾说过、也未听有人说过诸如"补鞋匠可以听取信众的忏悔并主持圣餐礼"的传闻。最后,"铁腕"约翰请求公会议判定,那些

①　Matthew Spinka (ed. & trans.), *John Hus at the Council of Constance*, pp. 129 - 133.
②　Matthew Spinka (ed. & trans.), *John Hus at the Council of Constance*, p. 126.

"诽谤者"(即他和他的支持者)到底阻碍了还是致力于根除波西米亚存在的威克里夫派错误。① 在5月31日的回应中,波西米亚贵族对"铁腕"约翰的上述三个要点逐一驳斥:认为利托米什尔主教有关饼酒同领的描述只是他的编造或想象;利托米什尔主教宣称自己所作所为是为了荣耀和保护波西米亚,可是事实证明正好相反;利托米什尔主教发表的一些言论是对波西米亚贵族等人的公然挑衅和不敬,因为波西米亚贵族和他们的先祖们从未为错误或错误支持者辩护。最后,就"铁腕"约翰要求知道递交请愿书的贵族们的名字,波西米亚贵族们委婉嘲讽"铁腕"约翰私生子的身份,说他们就不必要求知道他的名字了,因为他们对他是谁,甚至他的祖先是谁都一清二楚。② 总体看来,波西米亚贵族们的回应语气激愤,事实性陈述不多。

波西米亚贵族在5月31日还再次向公会议和西吉蒙德递交了请愿书,为胡斯得到公正的审判作最后的努力。这封请愿书篇幅很长,既有安全保证书、公开听证会等前已述及的常规内容,也有新的内容。③ 比如,请愿书多次指出,胡斯之所以受到不人道的对待和起诉,主要是那些致命的敌人对他的仇恨所致。言下之意就是,这些敌人对胡斯的指控是不公正的,只是一种报复行为。比如,波西米亚各色人等皆知胡斯的论述和布道是正统的,胡斯的申诉采用了合法的途径和形式,为此请愿书还特地引用胡斯自己的申诉文字为证。比如,胡斯论述和布道的意图绝不是传布错误或异端思想,只要有人能指出他的错误,他会乐意改正。可是,胡斯的敌人们"采用断章取义的方式从胡斯的论述中摘取一些信条,既不查验胡斯表达它们的原因以及对于它们的解释,也不注意它们的语义模糊,他们甚至捏造虚假的信条来指控胡斯"。比如,请愿书请求公会议解除胡斯的手铐脚镣,交由公会议指定的令人尊敬的主教来看管,以便胡斯恢复体力后能更好地接受公会议的审判。为此,波西米亚贵族们自愿为胡斯提供担保。最后,请愿书请求西吉蒙德予以干预,推动公会议认真考虑请愿书所提的请求。此外,请愿书中的两个细节值得讨论。其一,请愿书认为,胡斯的敌人指控他长期以来不可救药地顽固坚持他的危险信仰,这种虚假骗人的指控欺骗和误导了公会议的绝大部分代表,因此提请公会议代表们注意布拉格教区宗教裁判官、涅泽罗的尼古拉斯主教给胡斯出具的证明信。这一细节从一个侧面反映了胡斯案的走向已经基本明确,请愿书最终无法扭转胡斯被判异端的结局。其二,请愿

---

① Matthew Spinka (ed. & trans.), *John Hus at the Council of Constance*, pp.127 - 129.

② Matthew Spinka (ed. & trans.), *John Hus at the Council of Constance*, pp.133 - 136.

③ Matthew Spinka (ed. & trans.), *John Hus at the Council of Constance*, pp.136 - 141.

书请求公会议给予胡斯公开听证会,这似乎表明迟至5月底公会议或者西吉蒙德还没有就听证会给出明确的答复。

随后,安提阿名誉大主教代表公会议就请愿书进行了现场答复。[①] 除了表明胡斯的申诉是否合法、摘录胡斯信条的方式是否得当需要由最终的审判结果来认定,大主教拒绝了波西米亚贵族们为胡斯提供担保的请求,认为"即使有一千个人为他提供担保,将这样的人交到担保人的手中是违背公会议代表们良心的,因为无论如何不能相信他"。大主教的此番话再次透露出胡斯案大局已定。不过,让胡斯及其支持者留有幻想的是,大主教确认公会议将于6月5日、7日和8日为胡斯举行公开听证会。

三、公开听证会上的交锋

公开听证会对于胡斯而言来之不易。在呈现三次公开听证会的细节之前,我们不妨回顾胡斯及其支持者为争取公开听证会所付出的努力。

诚如波西米亚和波兰贵族等在请愿书中所说的那样,胡斯来到康斯坦茨的主要目的在于阐明自己的信仰,消除此前对他以及波西米亚的指控,而公开听证会是实现这些目的最为理想的形式,因此,决定参会的胡斯在1414年9月1日致西吉蒙德的信中明确表示:"我所教导的一切均在公开场合而非私下举行,因为参加我的圣礼的人绝大部分是硕士、学士、神甫、男爵、骑士以及各色人等。因此,我希望在公开听证会上(而不是秘密地)接受质证、审查和陈述观点,希望在圣灵的帮助下回答任何人对我的控告。"[②] 抵达康斯坦茨的第二天,在致波西米亚朋友们的信中,胡斯再次表示希望得到公开听证会。[③] 遭到监禁以后,胡斯在致赫卢姆的信中数次表达了对公开听证会的渴望。1415年1月初,胡斯希望赫卢姆设法请求西吉蒙德皇帝释放自己以便准备公开听证会。[④] 1月4日,胡斯告诉赫卢姆,他曾委托君士坦丁堡主教向公会议提交请愿书,其中包括请求举行公开听证会。胡斯表示,在听证会上他将以规范的学术形式进行答辩并期待自己能进行布道。[⑤] 在1月19日以后(具体日期不详)所写的一封信中,胡斯希望,如果听证会能召开且西吉蒙德能出席的话,他能坐在靠近国王的位置,方便国王更好地理解他的发言。在信的末尾,胡斯还说,听证会结束后,在他被送回监狱之前,

① Matthew Spinka (ed. & trans.), *John Hus at the Council of Constance*, p.141.
② Matthew Spinka (trans.), *The Letters of John Hus*, No.44, p.119.
③ Matthew Spinka (trans.), *The Letters of John Hus*, No.50, p.130.
④ Matthew Spinka (trans.), *The Letters of John Hus*, No.53, p.135.
⑤ Matthew Spinka (trans.), *The Letters of John Hus*, No.56, p.140.

西吉蒙德可能允许他与朋友们待上一会儿,他将利用这个机会征求赫卢姆和其他朋友们的意见。① 上述所引胡斯书信的内容清楚地表明,胡斯对于西吉蒙德给予公开听证会寄予厚望,不过,胡斯似乎将听证会混同于布拉格大学里的公开辩论会。他也许没有想到,一个被控异端的人是不可能像在大学公开辩论会上那样自由陈述己见的,更别说布道了。在教皇约翰逃离康斯坦茨、胡斯被囚戈特里本城堡从而与外界失去联系期间,5月18日,戴利率领8名公会议代表(每个民族团2名代表)到监狱里探视了胡斯,试图劝说他放弃教义,不过胡斯依然坚定地要求公会议举行公开听证会。②

胡斯的支持者也不遗余力地呼吁给予胡斯公开听证会。早在胡斯启程前往康斯坦茨之前,1414年10月7日,波西米亚男爵们致信西吉蒙德,希望给予胡斯公开听证会"以免他受到偷偷摸摸的谴责"。③ 胡斯被捕后,赫卢姆在12月15日和24日两度张贴的抗议信中,强调胡斯参加公会议目的是在公开听证会上解释他的信仰。④ 1415年1月,摩拉维亚贵族致信西吉蒙德,同样提出了公开听证会的请求,类似的请求在5月份发起的为胡斯请愿的浪潮中更是反复出现。

公会议对呼吁召开公开听证会的首次明确回应是在1415年1月4日。这一天,赫卢姆给胡斯的回信中写道:"今天国王和公会议所有民族团的代表谈论了你的事情,特别是公开听证会。那些代表最终明确告诉国王,他们将肯定给予你公开听证会。"⑤至于何时举行公开听证会以及具体的程序等细节,此信并未透露。某种程度而言,公会议在此时就听证会的表态不排除是对西吉蒙德承诺不再干涉公会议监禁和审判胡斯的一种妥协,换言之,公会议承诺背后的意愿真实性是存疑的。在接下来的近5个月里,听证会是否举行实际上悬而未决,直到5月31日安提阿名誉大主教才代表公会议确定具体的日期。在此期间,甚至有传闻要找胡斯收取举行听证会的费用。在写给斯特日布罗的亚库贝克的信中,胡斯提到他的敌人曾说过,除非胡斯付给"敌基督的仆人"2000佛罗林,否则他休想得到公开听证会。⑥ 此后,胡

---

① Matthew Spinka (trans.), *The Letters of John Hus*, No.60, pp.145-146.

② Matthew Spinka, *John Hus: A Biography*, p.255.

③ Matthew Spinka (ed. & trans.), *John Hus at the Council of Constance*, p.153.

④ Matthew Spinka (ed. & trans.), *John Hus at the Council of Constance*, p.119.

⑤ Matthew Spinka (trans.), *The Letters of John Hus*, No.55, p.139.

⑥ 此信以及亚库贝克的回信被科斯的迈克截获,因此两信都未留存于世。这些内容出自胡斯1月19日致玛拉多诺维斯的彼得的信,参见 Matthew Spinka (trans.), *The Letters of John Hus*, No.59, p.144。

斯在另一封信中特地安慰赫卢姆不要为那些费用焦虑。① 根据学者斯宾卡的分析,尽管缺乏确凿的证据,但是从胡斯通信的字里行间可以推测出,很有可能赫卢姆和雷施泰因的约翰·卡迪纳尔付出了那笔 2000 佛罗林的费用。② 事实上,审判胡斯的公会议代表曾怀疑胡斯非常富有。据胡斯自述,君士坦丁堡主教坚信胡斯拥有的钱财多达 70000 佛罗林,当时在旁边的科斯的迈克用刻薄的语气问胡斯:"那些装满佛罗林的钱袋到哪里去了? 那些波西米亚的男爵们给了你多少钱?"③

为了方便胡斯出席听证会,6 月 3 日,公会议将胡斯从戈特里本城堡转移到方济各修道院的监狱。④ 随后,三次公开听证会在方济各修道院的食堂里依次举行。

就听证会的主题来看,6 月 5 日的首次听证会上双方未就实质性问题展开质证,6 月 7 日的第二次听证会质证的主题是胡斯与威克里夫之间的关系以及胡斯的一些历史问题,6 月 8 日的第三次听证会才涉及胡斯被控异端的教义。

令人费解的是,西吉蒙德并没有出席第一次听证会,甚至赫卢姆、杜巴和彼得等也不在现场。此次听证会的第一阶段是在胡斯缺席的情况下进行的,主要议程是宣读摘录自胡斯论著中的信条以及证人的证言。会上还宣读了胡斯 1414 年 10 月 19 日写给信众的信,不过其中不乏捏造的内容,比如"如果我碰巧放弃了我的教义,你们应该知道,即使我亲口说我放弃教义,我的内心并不同意这种做法"。⑤ 随后公会议试图在胡斯缺席的情况下谴责这些信条。眼见情形不对,赫卢姆的随从乌尔里希(Ulrich)急忙跑出会场通知了彼得,彼得迅速通知了赫卢姆和杜巴,后者赶紧将公会议的详情禀告西吉蒙德。西吉蒙德立即指派莱茵伯爵、海德堡伯爵、纽伦堡市长等作为他的信使前往会场,要求他们转告公会议:在质证胡斯之前,公会议不得宣判,

---

① Matthew Spinka (trans.), *The Letters of John Hus*, No.61, p.148.

② Matthew Spinka, *John Hus: A Biography*, pp.239 – 240.

③ Herbert B. Workman & Robert M. Pope (trans.), *The Letters of John Hus*, No.XLVI, p.186 – 187. 马修·斯宾卡编辑的《约翰·胡斯在康斯坦茨公会议》也收录了此信,见 Matthew Spinka (ed. & trans.), *John Hus at the Council of Constance*, No.9, pp.252 – 254. 不过,此信最后五段的内容(此处引文即出自倒数第三段)却在马修·斯宾卡编辑的《胡斯书信集》收录此信时没有出现,参见 Matthew Spinka (trans.), *The Letters of John Hus*, No.56, pp.140 – 141.

④ Matthew Spinka, *John Hus: A Biography*, p.258.

⑤ 10 月 19 日原信的内容参见 Matthew Spinka (trans.), *The Letters of John Hus*, No.46, pp.122 – 124;公会议捏造的内容引自玛拉多诺维斯的彼得的《关于约翰·胡斯教士的记述》,参见 Matthew Spinka (ed. & trans.), *John Hus at the Council of Constance*, p.165.

不得形成任何决议；公会议就胡斯任何信条所采取的处理意见必须以书面形式递交西吉蒙德，他将邀请一些博士对此审议。[①] 同时，赫卢姆和杜巴等提出，为了证明那些摘录的胡斯信条是错误的，他们决定通过国王的信使向公会议提供胡斯亲自手写的《论教会》《驳斯坦尼斯拉夫》《驳巴莱奇》等论著和论文，不过，一旦他们需要，公会议必须归还这些书籍。[②]

图 13　胡斯在康斯坦茨公会议（此油画由捷克著名画家瓦
茨拉夫·布罗日克［Venceslas Brozik, 1851—1901］
于 1883 年创作）

（图片来源：Joseph Paul Bartak, *John Hus at Constance*，标题页前的插图。该书第五和第六章对此画有详细讨论。）

也许是西吉蒙德的干预起了作用，也许是公会议设定的听证会程序使然[③]，胡斯最终被带入了会场。首先，胡斯被要求确认西吉蒙德的信使带来的书籍是否是他所写。查验之后，胡斯给予了肯定的答复，并表示愿意接受对其中任何错误的指正。随后，有人宣读了胡斯的信条以及证人的证言，胡斯试图对它们作出回应，可是会场上充斥着对他的嘲笑声和斥责声，它们完全压制了他的声音，而那些摘录胡斯信条的公会议代表则对胡斯吼叫道："你不要诡辩，你只需要回答'是'还是'否'"。眼看在一片嘈杂声中根本不可能回答他们提出的指控，胡斯只好保持沉默，可是有些人又叫嚣道："大家

---

① Matthew Spinka (ed. & trans.), *John Hus at the Council of Constance*, p.165.

② Matthew Spinka (ed. & trans.), *John Hus at the Council of Constance*, pp.165 - 166.

③ 学者约翰·塞德拉克认为，玛拉多诺维斯的彼得可能将首次听证会第一阶段的程序误解为公会议即将缺席审判胡斯，其实公会议的目的可能是在宣召胡斯出席听证会之前告知公会议代表们拟起诉胡斯的罪状。参见 Matthew Spinka (ed. & trans.), *John Hus at the Council of Constance*, p.164,注释 6。

看! 既然你沉默不语,这就说明你对这些错误是认同的。"①

对于首次听证会,胡斯在当日写给康斯坦茨朋友们的信中有过如下的描述:

今天,全能的主赐予我勇敢的心。两条信条已经被删除。然而,我希望主的恩典能让更多的信条被删除。他们几乎所有的人都对我大喊大叫,犹如犹太人当年对待耶稣那样。到目前为止,他们还没有谈到最主要的一点,即要求我承认所有起诉我的信条都包含在我的论文中。②

此信是胡斯两个多月音信全无之后与外界恢复联系的第一封信。无论彼得的记述,还是胡斯的自述,两者都清楚地表明首次听证会秩序完全失控,这显然违背了枢机主教扎巴莱拉在公会议首次全体会议上对会议纪律的要求(参见本章第三节)。因此,胡斯在信的结尾写道:"有些人希望质疑我论文中陈述的信条,要是我能在听证会上回答他们的质疑该多好! 那些对我大喊大叫的人肯定会哑口无言。"③这表明胡斯期盼未来听证会的秩序能有所改观,他对听证会效果持有谨慎的乐观。

6 月 7 日出现了日全食。一个小时以后,第二次听证会开始。这次听证会戒备森严,全副武装的卫兵们团团围住方济各修道院的食堂。西吉蒙德、赫卢姆、杜巴和彼得等出席了听证会,枢机主教戴利在整个听证会过程中尤其活跃。

胡斯与威克里夫的关系问题是此次听证会质证胡斯的主要议题。具体而言,胡斯被控信仰并传播"圣餐不变论"、被控在学校和公开布道中传布威克里夫的错误信条并反对谴责四十五信条、被控说过希望他的灵魂与威克里夫在一起、被控反对烧毁威克里夫的书籍等。在这些议题中,前两个议题无疑是双方交锋的焦点。

首先来看对"圣餐不变论"的指控。由于前文部分章节(特别是第四章第三节)已经详细讨论并清楚地表明胡斯从未坚持威克里夫的"圣餐不变论",因此这里主要介绍公会议代表就此问题指控胡斯的一些新的细节。可能在第一次听证会后受到了一些提示,枢机主教戴利从唯实论哲学思想角度起诉胡斯信奉"圣餐不变论"。也许在戴利看来,威克里夫信仰唯实论和

---

① Matthew Spinka (ed. & trans.), *John Hus at the Council of Constance*, p.166.
② Matthew Spinka (trans.), *The Letters of John Hus*, No.68, p.159.
③ Matthew Spinka (trans.), *The Letters of John Hus*, No.68, p.160.

"圣餐不变论",由于胡斯也是唯实论者,因此胡斯也一定信仰"圣餐不变论"。几位英格兰的代表也加入了起诉胡斯的争论中,其中来自剑桥大学、1411 年曾在布拉格与胡斯论辩的约翰·斯托克斯作证说"在布拉格我曾看到一篇胡斯所写的论文,其中公开宣称祝圣后的面饼并没有改变。"胡斯对此予以坚决否认。① 事实上,公会议对于指控胡斯信奉"圣餐不变论"早有预谋。就在逮捕胡斯的当日,枢机主教们曾派一名方济各会的托钵修士、神学教授迪达克斯(Didachus)和被卫兵看管起来的胡斯搭讪,试图诱骗胡斯落入他设计的圈套。该修士假称自己文化程度不高,听说胡斯宣扬许多邪恶的教义,因此特来求证是否属实。他问胡斯的第一个问题就是胡斯是否信仰"圣餐不变论",胡斯的回答是否定的。当该修士就此同样的问题连问胡斯三遍时,这引起了陪同胡斯的赫卢姆的怀疑。后来卫兵告诉胡斯,此人乃是西班牙神学家,在伦巴第地区享有盛名。②

再来看对支持威克里夫教义的指控。胡斯表示,他不敢同意对威克里夫四十五信条的谴责,因为这将违背他的良心。比如,针对信条"如果教皇或者神甫犯有不可饶恕之罪,那么他既不能施行圣餐礼,也不能施行洗礼"。胡斯将其限定为教皇或神甫不能令人尊敬地主持圣餐礼或者洗礼。结果,公会议代表说,胡斯加以限定的说法并没有出现在他的著述中。对此,胡斯说道:"如果我的著述中不包含我加以限定的说法的话,我宁愿被火刑烧死。"经过查证,那些代表们在《驳巴莱奇》一文第二章的开头找到了胡斯宣称的表述。③ 这一细节说明,公会议代表中不乏偏听偏信胡斯对手和敌人们对他的指控,或者道听途说有关胡斯的传闻,或者根本未读过胡斯的论著,因此胡斯案审判的公正性不免令人担心。毕竟,判定一个人是否有罪,关键还是应该看证据是否确凿。可是,诸如枢机主教扎巴莱拉等公会议著名人士也难免受偏见主导,让证人蒙蔽,居然在此次听证会上质问胡斯"既然有20 个证人指控你,他们中有高级教士、博士和其他著名人士,有些证词确是道听途说,有些则是来自有理的证据,那么你为何要否认它们?"④扎巴莱拉此番话中所透露出的这种"众口铄金"式逻辑——证人的多寡,而非证词的确凿,决定着一个人有罪与否——显然难以确保审判公正。因此,胡斯只能回答,希望主和他的良心能够为他作证,他既没有传布、也没有信仰那些证人指控的信条。对于胡斯的回答,枢机主教戴利直言针对胡斯的审判不能

---

① Matthew Spinka (ed. & trans.), *John Hus at the Council of Constance*, pp. 168 - 169.
② Matthew Spinka (ed. & trans.), *John Hus at the Council of Constance*, pp. 113 - 114.
③ Matthew Spinka (ed. & trans.), *John Hus at the Council of Constance*, p. 172.
④ Matthew Spinka (ed. & trans.), *John Hus at the Council of Constance*, p. 170.

基于良心,并竭力为起诉胡斯的两名主要人物辩护,称巴莱奇"人性化以及友善地处理胡斯的著述,摘录的信条甚至比原文更为严谨",称热尔松"是基督教会里最为著名的博士"。①

此外,这次听证会质证胡斯的其他议题还有:胡斯 1412 年上诉基督、胡斯宣扬要用剑杀死他的敌人、在库特纳山法令事件中胡斯造成布拉格大学教师之间关系的紧张以及毁灭布拉格大学、胡斯应为 1410 年发生在布拉格的民众骚乱负责、胡斯是自愿还是被迫来到康斯坦茨等问题。由于前文就上述绝大部分问题的来龙去脉已有详细讨论,因此此处只是重点介绍胡斯对两个问题的回答。就指控胡斯宣扬要用剑杀死他的敌人,胡斯的回答是,他在布道中引证的是"并戴上救恩的头盔,拿着圣灵的宝剑,就是神的道"(《新约·以弗所书》第 6 章 17 节),因此"宝剑"并非物质意义上的宝剑,而是指上帝之道。② 其实,如果我们回顾胡斯在《论教会》一书中认为教会实施惩罚措施应持谨慎态度的立场,以及他抗议对异端采用死刑的鲜明态度(详见第四章第二节的讨论),就不难理解针对胡斯的此项指控是站不住脚的。至于戴利质问胡斯"当你被带进教皇府邸时,我们曾问你是如何来到这里的。你说你是自愿来到这里,还说如果你不想来,波西米亚国王和出席公会议的罗马皇帝都不可能迫使你前来",胡斯回答道:"不对,我说的是,我是自愿来这里,但如果我不希望来的话,在波西米亚有很多支持我的贵族,他们的城堡可以庇护我。如此一来,波西米亚国王和皇帝陛下就不可能强迫我前来。"闻听此言,戴利满脸怒色,嚷道:"太放肆了!"当时在会场的赫卢姆对周围的人小声说道,他愿意为胡斯所说的话作证,要是能让胡斯免去牢狱之灾的话,他宁愿保护胡斯一年,不管这是否会让有些人不高兴。③

就在听证会结束、胡斯被送回监狱之前,戴利劝告胡斯不要对那些错误执迷不悟,要服从公会议的指正和教导。西吉蒙德对胡斯也说了很多,特别是明确表达了他对安全保证书的看法,劝告胡斯不要顽固地信仰那些受到指控的信条而应该接受公会议的仁慈,并警告胡斯"如果一个人顽固坚持他的异端,我愿意亲自点燃大火烧死他"。④ 随后,胡斯被送回监狱,交由里加主教(bishop of Riga)负责看管。

从上文的讨论来看,第二次听证会好像比首次听证会的秩序大有改善。不过,从胡斯在听证会后所写的两封信以及玛拉多诺维斯的彼得记述的个

---

① Matthew Spinka (ed. & trans.), *John Hus at the Council of Constance*, pp.170 – 171.
② Matthew Spinka (ed. & trans.), *John Hus at the Council of Constance*, pp.175 – 176.
③ Matthew Spinka (ed. & trans.), *John Hus at the Council of Constance*, pp.178 – 179.
④ Matthew Spinka (ed. & trans.), *John Hus at the Council of Constance*, pp.179 – 180.

别细节中,可以看到会场气氛剑拔弩张,会场秩序依然不乏失控的时候。在可能写于 6 月 7 日的一封信中,胡斯记录了公会议代表试图从唯实论哲学思想角度指控他信仰"圣餐不变论"的场景:吵闹声、嘲笑声、嘘声和渎神的话语充斥着会场,胡斯的声音完全被淹没在其中,直到胡斯最终瞅准机会说道:"我原以为公会议将更加令人敬畏,纪律更加严明,与会人员更为虔敬。"经过西吉蒙德的干预,会议代表们才安静下来听取胡斯的发言。① 在同日的另一封信中,胡斯再次简要提及他原以为公会议纪律更加严明、与会人员更为礼貌。② 在彼得的记述中,戴利与胡斯的一段对话也能反映出公会议的现场气氛。戴利问胡斯:"约翰教士,你在戈特里本城堡监狱时可比现在更有耐心。你要知道,这可对你不好。"胡斯回答道:"尊敬的神父! 那时他们与我说话时温文尔雅,可是现在他们对我狂呼乱叫。"③

回到监狱的当晚,胡斯不得不忍受着牙疼的折磨。此前被关押在戈特里本城堡监狱时,胡斯还遭受过吐血、头痛以及结石的痛苦。令胡斯高兴的是,转移到新的监狱以后,他的饮食得到了改善。④

第二天(6 月 8 日),胡斯迎来了他的最后一次听证会。参加这次会议的人员与第二次听证会类似,不同的是公会议宣读了起诉胡斯的 39 条信条,其中绝大部分信条成为最终定罪胡斯异端的证据。

在 39 条信条中,共有 26 条摘录自胡斯的《论教会》(其中 11 条是基于巴莱奇指控的 42 条信条,另外 15 条是基于热尔松的指控),7 条摘录自《驳巴莱奇》一文,剩下 6 条摘录自《驳斯坦尼斯拉夫》一文。这些信条的主题主要体现在三个方面:涉及教皇和教会之首的信条共有 16 条之多,涉及教会的本质及组成人员的信条共有 8 条,涉及教会的权力以及处罚的信条共有 8 条。此外,有一条信条与威克里夫四十五信条有关。⑤

当 39 条信条在会场上被逐一宣读的同时,玛拉多诺维斯的彼得仔细地

---

① Herbert B. Workman & Robert M. Pope (trans.), *The Letters of John Hus*, No. LVII, p. 216. 拉丁语原文参见 František Palacký (ed.), *Documenta Mag. Johannis Hus*, pp. 106 - 108。需要说明的是,马修·斯宾卡编辑的《约翰·胡斯书信集》和《约翰·胡斯在康斯坦茨公会议》虽然都收入了此信,但是斯宾卡承认接受了学者 V. 诺沃特尼的观点,认为此信写于 7 月 5 日,而且是胡斯的最后一封书信,参见 Matthew Spinka (ed. & trans.), *John Hus at the Council of Constance*, p. 293,注释 233。笔者认为,从信的内容和措辞来看,此信应该写于 6 月 7 日。

② Matthew Spinka (trans.), *The Letters of John Hus*, No. 69, p. 160.

③ Matthew Spinka (ed. & trans.), *John Hus at the Council of Constance*, p. 177.

④ Matthew Spinka (trans.), *The Letters of John Hus*, No. 69, pp. 160 - 161.

⑤ 玛拉多诺维斯的彼得在《关于约翰·胡斯教士的记述》中记录了 39 条信条的详细内容,参见 Matthew Spinka (ed. & trans.), *John Hus at the Council of Constance*, pp. 183 - 213。

比较摘录的信条是否与原文一致。从彼得的记述来看,被控信条的摘录方式存在一些问题,比如断章取义、曲解原意、省略关键词语等。此处仅列举摘录自《论教会》的两条信条。比如,第16条摘录的信条为:"教皇被称为最神圣的,并非因为他担任圣彼得的职位,而是因为他拥有了君士坦丁的赠礼。"该信条的原文为:"不能因为教皇担任了圣彼得的职位或者拥有了君士坦丁的赠礼,教皇就被称为最神圣的;只有当教皇从爱的合一里追随基督的谦卑、温和、耐心以及劳作,他才是神圣的。"①再如,第15条摘录的信条为:"教皇作为神甫的权力会大打折扣,除非他在道德和生活方式上与基督和彼得保持一致,因为他理所当然地从主那里得到管理的权力,因为没有什么比追随基督更有必要的了。"可是,胡斯的原文表达的主要意思是指,教皇担任的神甫这一职位被主赋予了合法管理的权力,但是除非教皇在道德上追随基督和彼得,否则无人能够真正担任这一职位。显然,"真正"是不可忽略的关键词。胡斯在现场给了更为清楚的回答:"你们应该如此理解:教皇的权力大打折扣是就教皇是否具有与他担任教皇职位相关联的优良品德而言,而不是就教皇职位本身而言。"②围绕这一信条的争论,非常类似于罗马教会对胡斯质疑神甫施行圣礼有效性的指控(详见第四章第三节的讨论)。需要注意的是,可能因为玛拉多诺维斯的彼得对于胡斯"爱之深、护之切",因此彼得在某些摘录的信条是否与原文文意吻合的判定上有些过于严苛。

总计39条信条之所以遭到指控,显然是因为它们反映了胡斯与公会议之间的观点对立,因此有必要总结这些被控信条到底凸显了胡斯的哪些"异端"思想。首先引发争议的是胡斯有关教会是被预定者的集合体的教义,这可体现在摘录自《论教会》的第1、第6和第8条信条之中。公会议显然指控胡斯的教义是在否认战斗性教会的存在。事实上,只要了解胡斯对于大公教会的三分法(即战斗的教会、休眠的教会和胜利的教会),就可以知道公会议的指控存在问题。简言之,胡斯与公会议虽然都使用了"教会"一词,但双方对此的内涵界定不同,争议由此产生。

其二,胡斯强调道德之于神职人员的重要性,提出从道德与圣职两个维度来评判神职人员。这一点引起了公会议代表们的反感。比如,摘录自《论教会》的第17条信条说:"除非枢机主教沿袭使徒们的生活方式、遵守耶稣基督的命令和建议,否则枢机主教就不是基督使徒们真正的继承者。"胡斯的观点是,从圣职角度来看,道德堕落的枢机主教名义上依然是枢机主教,

---

① Matthew Spinka (ed. & trans.), *John Hus at the Council of Constance*, pp.192-193.
② Matthew Spinka (ed. & trans.), *John Hus at the Council of Constance*, p.192.

其施行的圣礼依然有效,但是从道德角度来看,他并不是真正的、令人尊敬的枢机主教。他们不以追随基督的方式获取圣职,这无异于小偷和强盗。[①]对此,枢机主教戴利质问胡斯:"在枢机主教们不在场的情况下,你面对信众布道一些反对枢机主教的内容,这有何意义与必要? 你应该当着他们的面布道,而不是引发平信徒的愤怒。"当胡斯说参加自己布道的人中既有神甫也有学识渊博之人后,戴利补充道:"你这样做是错误的,因为你希望通过这些布道来破坏教会的地位。"[②]由此可见,像戴利这样的高级教士将胡斯提出的道德要求视为对他们权威和地位的"挑衅"。

摘录自《驳巴莱奇》的第一条信条引发的争论更为清楚地体现了双方的上述分歧。该信条认为:"如果教皇、主教或者高级教士处于不可饶恕的罪的状态中,他就不再是教皇、主教或者高级教士。"当这条信条宣读完毕,胡斯解释道,事实上处于不可饶恕的罪的状态之中的国王在主面前也不是令人尊敬的国王。胡斯说这番话的时候,西吉蒙德恰好站着与莱茵伯爵和纽伦堡市长交谈。据说,西吉蒙德宣称,基督教会有史以来还没有出现比胡斯更严重的异端分子。由于西吉蒙德并没有听到胡斯的那番话,因此那些高级教士嚷道:"快请国王!"等胡斯重复了他刚才所讲的话以后,西吉蒙德说:"约翰·胡斯,没有人无罪。"为激起西吉蒙德对胡斯更大的反感,戴利质问胡斯:"过去,你通过写作和布道蔑视甚至想要推翻教会的命令。现在,你还不满足,难道还想推翻国王以及王室的命令吗?"[③]可以想象,此时的西吉蒙德应该在心中已经宣判胡斯为异端了。

最后,这些被控信条还反映出胡斯强调尊崇圣经,强调重返使徒时代,甚至提出没有教皇的教会也是可以接受的等等。鉴于前文第四章已有大量相关讨论,在此不再赘述。

针对 39 条信条的质证结束以后,戴利指出,摆在胡斯面前有两条路供他选择。其一,寻求公会议的仁慈,把自己交由公会议处理,同意公会议的任何判决。出于对神圣罗马帝国皇帝和波西米亚国王的尊敬,出于为胡斯自身利益考虑,公会议将友善且人性化地对待胡斯。其二,胡斯愿意坚信上述信条并为此辩护。如果他还需要听证会,公会议将满足他的要求。不过,

---

① 摘录自《驳巴莱奇》的第 4 条信条——"一个邪恶的或者被预知的教皇只是名义上的、而非真正的牧羊人,因为从本质上看他就是一个小偷或强盗。"——更为清楚地表明了胡斯运用道德与圣职两个维度看待神职人员的观点。胡斯与公会议就此信条争论的细节,参见 Matthew Spinka (ed. & trans.), *John Hus at the Council of Constance*, pp.204-206。

② Matthew Spinka (ed. & trans.), *John Hus at the Council of Constance*, p.193.

③ Matthew Spinka (ed. & trans.), *John Hus at the Council of Constance*, pp.201-202.

戴利建议,胡斯应该考虑公会议里有那么多著名的博士和教士们理由十足地反对他的信条,如果他选择坚信那些信条并为之辩护,他可能会坠入更为严重的错误。[①] 随后,戴利再次明确指出公会议对胡斯的四点要求:

> 胡斯教士! 既然你愿意寻求公会议的仁慈并服从它的引导,那么你就应该知道,受公会议的命令和委托,接近 60 名博士——其中一些博士已经离开,而来自巴黎的博士刚刚抵达——为引导你而达成的一致性意见是:首先,你谦卑地承认在这些信奉过的信条中所犯的错误;其次,你放弃信仰那些信条并发誓你将永远不再信仰、布道或者教导它们;第三,你公开收回那些受到指控的信条;最后,你阐释、信仰并布道与那些信条相反的教义。[②]

从这四点要求来看,公会议似乎早已认定胡斯的教义是错误的,是该受谴责的,因为对胡斯被控信条的质证刚刚结束,公会议代表们显然没有集体讨论或者按照民族团投票表决。戴利此时抛出所谓 60 名博士的引导意见,无疑是想给胡斯施加更大的压力。

面对十分严苛的四点要求,胡斯的如下回答清楚地表明了他的态度:

> 尊敬的神甫! 我愿意谦卑地服从并接受公会议的引导。但是,看在上帝的份上,我祈求你们不要设下谴责我的陷阱,不要强迫我撒谎,不要强迫我郑重放弃那些我根本不知道的信条——上帝和我的良心可以为我作证。证人们就我从未信仰过的教义作证指控我,尤其是祝圣后的面饼并没有改变这一条。然而,那些我知道的以及在我的书中所陈述的信条,只要我被教导应该信仰与它们相反的教义,我愿意谦卑地收回它们。只是这样一来,我就要郑重放弃所有那些被控的信条,而上帝知道,其中许多是错误地强加于我,我就要因为撒谎而为自己设下遭受谴责的陷阱。至于"郑重放弃",根据我在《天主教神学辞典》一书中所读到的,是指声明放弃以前错误的信仰。由于很多我并未信仰的信条强加于我,或者我根本不信仰它们,因此,我觉得声明郑重放弃以及撒谎是违背我的良心的。[③]

---

① Matthew Spinka (ed. & trans.), *John Hus at the Council of Constance*, pp.213 - 214.
② Matthew Spinka (ed. & trans.), *John Hus at the Council of Constance*, p.214.
③ Matthew Spinka (ed. & trans.), *John Hus at the Council of Constance*, pp.214 - 215.

简言之,胡斯的态度是,他愿意服从公会议的引导,只是前提是他不能违背自己的良心,他不能罔顾真理而撒谎。

随后,西吉蒙德反复重提胡斯面临的两条路,奉劝胡斯郑重放弃那些被控的信条,语气中暗含威胁:"如果你想顽固地信仰那些错误并为其辩护,那么公会议肯定将按照法律处置你。"现场一名来自波兰的年老的主教也威胁道:"如何处置异端的法律在《克莱门特教令集》和《第六书》中可是记载得清清楚楚!"另一名坐在窗台上、身着华贵祭袍的胖胖的神甫则吼叫道:"不要允许他收回教义! 即使他收回教义,他也会出尔反尔。在他来康斯坦茨的途中,他给他的支持者和追随者写过一封信,此信曾当众宣读。在信中,他说即使他不得不收回教义,他也只是用嘴说说,而内心并不同意。因此,无论如何不要相信他,他会出尔反尔的!"巴莱奇也站起来说道:"如果我口若悬河地发表声明,说我不想打坐在我旁边的阿尔伯特教士一记耳光,但是我却扇了他一记耳光,这算哪门子的声明? 你宣称你不愿意信仰错误,不愿意为它们辩护,尤其是威克里夫,事实证明,你却正在为它们辩护!"①

在接下来的时间里,巴莱奇等人又重提胡斯的一些陈年旧事,比如指责胡斯1412年公开布道遭到斯坦尼斯拉夫和巴莱奇谴责的威克里夫信条,指控胡斯写有抨击1413年教皇有关威克里夫敕令的论文(实际上为叶塞尼采的约翰所写),将1412年三名年轻人被斩首事件归因于胡斯煽动性的布道等等。最后,巴莱奇以"大公无私"的表态(科斯的迈克随后附和表示同意)结束了他在此次听证会上的表演:"上帝可以作证,在我所有对胡斯的指控中,我的所作所为不是源自恶毒的激情或者私人的怨恨,而只是为了忠于我作为神学博士曾经的宣誓。"②

随着听证会的结束,胡斯被里加主教带回了监狱。与会人员接着离场,担任警戒任务的卫兵也离开会场。就在这时,赫卢姆、彼得等人无意中听到了西吉蒙德对公会议高级教士们所说的一段话。西吉蒙德说:

> 尊敬的神甫们! 你们已经听到了太多那些他书中所写的、他所承认的、完全可以判定他有罪的教义,它们中的一条就足以治他的罪。因此,如果他不愿意放弃他的错误并教导正确的教义,那么就对他执行火刑吧,或者按照你们的法律来处置他。无论他承诺什么,不管是他打算收回教义还是已经收回教义,你们一定不要相信他,我也不会。当他返

① Matthew Spinka (ed. & trans.), *John Hus at the Council of Constance*, pp. 215 - 217.

② Matthew Spinka (ed. & trans.), *John Hus at the Council of Constance*, pp. 217 - 221.

回波西米亚,他将与他的支持者在一起,他会传播那些被控教义以及许多其他的错误,而且这些后来的错误将比以前的错误更糟糕。因此,要阻止他布道,这样他就不再布道,不会重新与那些支持者待在一起以传播更多的错误。此外,将这些被控的信条抄送我的哥哥波西米亚国王,抄送波兰以及拥有他的秘密信徒和大量支持者的其他国家,且告诉民众,任何信仰他的教义者将会受到他所在国家主教和高级教士的惩罚。要将这些人连根铲除。同时,请公会议致信国王们和贵族们,要他们优待那些在此次公会议上大力根除异端的高级教士们。①

上述话语清楚地表明了西吉蒙德对审判胡斯所持的立场:公会议应该判定胡斯为异端并予以坚决根除,即便胡斯收回错误教义,更不用说胡斯拒绝服从公会议的要求,他都将被火刑处死。

至此,胡斯在康斯坦茨的命运似已不可扭转。巴莱奇、科斯的迈克和"铁腕"约翰等人的舆论造势和无所不用其极的指控手段为胡斯的异端形象打上了底色,戴利、热尔松和扎巴莱拉等高级教士在审判中的主导意见为胡斯的异端形象定下了主色调,而西吉蒙德对审判胡斯所表述的最终立场则基本确定了胡斯的异端形象。

历经三次听证会,特别是第三次听证会,胡斯对自己终将被控异端也有感知。在6月9日致康斯坦茨朋友们的信中,胡斯回忆道,当听证会结束,他被带回牢房时,赫卢姆主动与"那个被人厌弃、遭人诅咒、戴着镣铐的异端分子"握手,这给了他很大的安慰。这也是胡斯在信中少有的自称"异端分子"。同时,胡斯回忆起了杰罗姆说过的话:"如果我来到公会议,我想我将不可能回去。"他还回忆起名为安德鲁·波尔的裁缝在送别他时所说的话:"愿上帝与你同在! 我感觉你将不能回来。"通过这些回忆,胡斯似乎想暗示,他绝不可能返回波西米亚了,等待他的可能是火刑。② 这种感觉在同日胡斯写给杜巴的信的结尾表述更为直接:"此信写于圣维特日(6月15日,引者注)之前的礼拜天,在期待死神的降临。"③

公会议主导的三次公开听证会,无论过程还是结果,都与胡斯之前的期待相去甚远。诚如吉尔·R. 埃文斯(Gill R. Evans)在《异端简史》一书中的评论所言:"胡斯如今已落入中世纪常见的为'异端'和异议者设下的罗网,

---

① Matthew Spinka (ed. & trans.), *John Hus at the Council of Constance*, pp. 221-222.
② Matthew Spinka (trans.), *The Letters of John Hus*, No.70, pp.161-162.
③ Matthew Spinka (trans.), *The Letters of John Hus*, No.71, p.163.

他既不能借'证明自己的清白'也不能借'放弃信仰'从中脱离。他愈有力、愈公开地为自己及其正统的信仰辩护，他受到的指控愈加确凿。"①看来，胡斯难以走通戴利指出的两条路中的任何一条：为自己的教义辩护或"证明自己的清白"陷胡斯于越辩越糟的境地，以至于胡斯无以为辩，只能频繁诉诸于上帝和自己的良心作证；郑重放弃自己的教义或"放弃信仰"意味着违背上帝之道和圣经真理的教导以及胡斯的良心，况且西吉蒙德已彻底不相信胡斯会真正放弃其信仰。

第五节　走向火刑堆的殉道者

一、胡斯决意殉道

尽管三次公开听证会并未达到胡斯所预期的效果，但是他依然不愿放弃任何可以澄清自己信仰正统的机会。由于枢机主教戴利在第三次公开听证会上对胡斯说过"如果你仍然愿意信仰那些信条并为此辩护，而且你还需要另一次听证会的话，我们可以满足你的这一要求"，②加之西吉蒙德皇帝曾经委托枢机主教扎巴莱拉向胡斯承诺，在不久的将来会再次为他举行听证会，届时他可以准备一份书面的答复，③因此胡斯致信赫卢姆，让他组织所有的贵族，当面敦促西吉蒙德和公会议兑现有关再次举行听证会的承诺。胡斯表示，自己宁愿因为在听证会上为自己辩解而被火刑烧死，也不愿意沉默不语。胡斯似乎对此次听证会抱有较大的信心，他在信中说，"我依然抱有希望——由于圣徒们的善行，全能的主可能会将我从他们的手中解救出来"；他甚至对赫卢姆说"如果明天为我举行听证会的话，一定要通知我"。④6月13日，胡斯再次写信给康斯坦茨的朋友们，恳求所有的贵族给西吉蒙德皇帝施加压力，要让他意识到，承诺了听证会却食言，这将是他的极大耻辱。⑤

胡斯注定收获的是失望。事实上，头脑冷静下来后，胡斯知道，无论西吉蒙德，还是公会议，都是无法令人信任的。早在6月9日的信中，胡斯引

---

① ［英］吉尔·R.埃文斯著，李瑞萍译：《异端简史》，第106页。
② Matthew Spinka (ed. & trans.), *John Hus at the Council of Constance*, pp.213-214.
③ Matthew Spinka (trans.), *The Letters of John Hus*, No.75, p.169.
④ Matthew Spinka (trans.), *The Letters of John Hus*, No.72, p.164.
⑤ Matthew Spinka (trans.), *The Letters of John Hus*, No.75, p.169.

用"你们不要倚靠君王"(《旧约·诗篇》第 146 章 3 节)、"倚靠人血肉的膀臂，那人有祸了！"(《旧约·耶利米书》第 17 章 5 节)似乎在暗示西吉蒙德并不可信。① 在 6 月 13 日的信中，胡斯明白无误地表明"西吉蒙德的话就如同他的安全保证书一样不可信"。② 大约写于 6 月 26 日的信中，胡斯更是借主的守信讽刺西吉蒙德的失信——"主所承诺的，他必做到。主不以安全保证书骗人，不拒绝任何忠诚侍奉他的人"，甚至直接说"西吉蒙德在所有事情上的做法都是骗人的"。③ 胡斯终于彻底看清了西吉蒙德的嘴脸。

胡斯对于公会议错误审判他的教义进行了严厉的谴责，这尤其体现在三次听证会后胡斯所写的三封信中。6 月 18 日，胡斯收到了公会议指控他的信条的最终版本，被控信条由原来的 39 条减少为 30 条(其中 11 条信条被删除，另增加 2 条新的信条，具体内容参见本书附录二)，胡斯利用两天时间对此作了书面答复。④ 在可能写于 6 月 18 日至 21 日之间、致杜巴和赫卢姆的信中，胡斯明确地提出公会议会犯错：

> 公会议已经三次甚至多次犯有错误。他们错误地从我的书中摘录信条，曲解信条的意思因而拒绝接受其中的一些信条。6 月 18 日指控信条的最后版本中依然存在对有些信条截头去尾、随意拼接的现象——如果将那些信条与原书比较，一切都清晰可见。根据以上描述，我们可以清楚地看出，并非公会议所做的、所说的、所界定的一切都能得到最真的裁判耶稣基督的赞同。⑤

6 月 23 日，公会议投票烧毁胡斯的著作。⑥ 得到消息后，胡斯极其愤慨。在 6 月 24 日和 26 日的两封信中，他用大量篇幅严厉谴责了公会议的这一决定以及其他的错误。在前一封信中，胡斯以基督教会历史上谴责或焚烧圣徒的书为例，激励波西米亚的朋友们不要害怕公会议谴责并焚烧他的书的决

---

① Matthew Spinka (trans.), *The Letters of John Hus*, No.70, p.162.
② Matthew Spinka (trans.), *The Letters of John Hus*, No.75, p.169.
③ Matthew Spinka (trans.), *The Letters of John Hus*, No.90, p.194 – 195.
④ Matthew Spinka, *John Hus: A Biography*, p.276; Matthew Spinka (trans.), *The Letters of John Hus*, No.77, p.173.
⑤ Matthew Spinka (trans.), *The Letters of John Hus*, No.81, p.178.
⑥ 从胡斯写于 6 月 24 日的两封信中可知，不知道胡斯通过什么渠道得到消息，说公会议要烧毁他的书，随后胡斯又听闻公会议只是谴责他的论文，因此嘱咐玛拉多诺维斯的彼得和雷施泰因的约翰·卡迪纳尔不要将他的信外传，因为上帝对他的审判还没有最终确定下来。但是在 6 月 26 日的信中，胡斯终于知道早先得到的消息是准确的。以上内容参见 Matthew Spinka (trans.), *The Letters of John Hus*, No.87,88,91.

定。同时,胡斯以教皇约翰二十三世为例,辛辣讽刺了公会议中那些鼓吹教皇至上、教皇永不犯错的人——那些人吹嘘教皇是尘世的上帝、神圣教会之首、不可能是西门主义者等等,可是公会议却判定约翰二十三世是异端分子,因为他买卖圣职,而那些谴责他为异端的人却曾经从他手中买过圣职![①] 这些话语无疑是胡斯《论西门主义》和《论教会》等批评西门主义和教皇的生动注脚。在后一封信中,胡斯嘲笑那个"骄傲而贪婪、充满了可憎的事物"的公会议谴责他的捷克语论著,因为他们"既没有听说过,也没有读过,即使听说过,他们也不能理解"。即便来自波西米亚的利托米什尔的约翰主教(即"铁腕"约翰)也许能够理解,他和另外一些波西米亚人却充满了对上帝真理和波西米亚的诽谤。同时,胡斯以罕见的尖锐语气抨击公会议:

> 如果你看到那个号称自己最为神圣、从不犯错的公会议,你就一定看到了世上最令人恶心的东西!我听到士瓦本的民众说,可能三十年的时间都不够康斯坦茨这座城市清除公会议已经犯下的罪过。他们还说,公会议所做的一切令人震惊愤慨,因此当他们看到那些令人恶心的东西时就会啐上一口唾沫。[②]

由于对西吉蒙德和公会议失望透顶,公正的审判只能是奢望,因此胡斯的殉道之心已决。在三次听证会之后胡斯所写的几乎每封信中,诸如"期待明天死刑的判决""期待火刑的到来""我想这是我的最后一封信"等表述频频出现。[③] 胡斯也在好几封信中交代后事,其中最为详细的是 6 月 16 日写给学生沃利内的马丁的信,包括恳求马丁代为问候博士们、制鞋匠、裁缝、抄写员等人,提醒他们要专注基督的律法并按照神圣教师们的指导来理解它,请亨利·勒夫侯爵转交胡斯承诺给予抄写员雅各的 60 格罗申,再次请求马丁送胡斯的侄儿们去学门手艺,请求马丁尽可能地为胡斯偿还债务,希望马丁能坚信真理、抛弃错误,等等。[④] 此外,胡斯在其他信中还嘱咐叶塞尼采的约翰结婚,恳求布拉格大学师生们互相关爱、消除分裂、更多地荣耀上帝等,对波西米亚索菲亚王后等人表示感谢,表达对波西米亚信众将受惩罚的担

---

① Matthew Spinka (trans.), *The Letters of John Hus*, No.87, pp.188-189.

② Matthew Spinka (trans.), *The Letters of John Hus*, No.91, pp.195-196.

③ 为数不多的例外是约写于 6 月 29 日、致玛拉多诺维斯的彼得的信,胡斯写道"平安返回波西米亚并非不可能",不过在后文胡斯又说他"不会渴望它"。参见 Matthew Spinka (trans.), *The Letters of John Hus*, No.96, p.203。

④ Matthew Spinka (trans.), *The Letters of John Hus*, No.76, p.171.胡斯在启程赴康斯坦茨之前也曾将"遗言"留与该学生,详见同书第 120—121 页。

心,以及数次提到为自己背负债务的赫卢姆,希望造币厂厂长夫妇和其他朋友能帮助赫卢姆偿还部分债务,还特别交代将大篷车和马留给赫卢姆(如果它们还在的话)。[①]

二、公会议游说胡斯

与此同时,公会议也在努力游说胡斯放弃信仰那些被控信条。

大约在 6 月中旬或者 6 月 20 日附近,一个未署名的高级教士(胡斯称其为"神父")与胡斯有过两个回合的通信。[②] 首先,"神父"交给胡斯一份公会议希望胡斯放弃信仰的声明书。该声明书的大意是:胡斯再次宣布,对于所有我信仰的信条,或者起诉我的信条,或者从我的书中摘录的信条,或者证人作证的信条,我谦卑地服从公会议仁慈的决议和更正,因此我郑重放弃它们,为此悔罪,并完全遵循公会议为了我的拯救所发布的命令。[③] 在回信中,胡斯明确表示不能接受这样的声明书:

> 我对您善意和慈父般的恩典十分感激。然而,根据建议的条款我不敢服从公会议,因为我将因此不得不谴责他们称其为令人愤慨的众多真理,或者,一旦我放弃教义并承认我曾经信仰过错误,我将犯伪证罪。因此,我将使许多听过我布道的上帝的信徒们感到震惊和反感。
>
> ……
>
> 对于我来说,殉道实际上远远好过逃避暂时的惩罚,后者意味着落入主之手,落入永火和耻辱。[④]

在写给胡斯的回信中,"神父"从三个方面劝慰胡斯:第一,胡斯不必担心自己会谴责真理,因为谴责那些信条的是我们的上级;第二,胡斯也不必担心犯伪证罪,即使存在伪证罪的话,责任不在胡斯,而在那些犯此罪的人;第三,如果胡斯不再固执,那么异端将不复存在。奥古斯丁等人都曾经犯错,但都乐于改正。[⑤] 胡斯再次回信,重申了他在第一封回信中的主要立场,并表示:"众多的例子出现在我的眼前,这些男女圣徒们与其殉道也不愿犯罪,

---

① 这些内容散见于 Matthew Spinka (trans.), *The Letters of John Hus*, No. 72, pp. 164 - 165; No. 93, p. 198; No. 96, p. 202; No. 100, p. 208。

② 有研究认为,这个"神父"可能是弗朗西斯科·扎巴莱拉,参见 Pavel Soukup, *Jan Hus: The Life and Death of a Preacher*, p. 156。

③ Matthew Spinka (trans.), *The Letters of John Hus*, p. 173,注释 3。

④ Matthew Spinka (trans.), *The Letters of John Hus*, No. 78, pp. 173 - 174.

⑤ Matthew Spinka (trans.), *The Letters of John Hus*, No. 79, p. 175.

而我多年来一直宣扬忍耐和忠诚,因此,我怎么能够撒谎、作伪证、冒犯那些上帝的子民?"①

在6月21日写给康斯坦茨朋友们的信中,胡斯再次清楚地阐述自己的立场,并表明这是他最终的意愿:他拒绝承认那些准确摘录的信条是错误的,拒绝放弃信仰证人们错误指控他的那些信条。胡斯认为自己的任何信条都没有违背基督的律法和教父们的教导。②

胡斯还在好几封信中描述了众多来监狱游说他的人。在6月22日的信中,有的人对胡斯说,"郑重放弃"只是意味着放弃某人信仰或者他不信仰的异端思想;另一些人则说,"郑重放弃"只是意味着否认被证人作证的指控,不管其是真实的还是虚假的。对于这些人,胡斯的回答是:"我愿发誓,我从未传布、信仰或者宣称那些遭到证人作证的错误,我将不再传布、信仰或者宣称它们。"眼见胡斯识破了他们的伎俩,他们只好悻悻而退。还有人告诉胡斯,哪怕他是无辜的,但是如果他服从教会的话,他就应该谦卑地承认自己有罪。这些人还列举了好些例子来劝说胡斯,其中有一位英格兰人就对胡斯说:"如果我是你的话,我会愿意并认真地放弃异端信仰。在英格兰,所有那些被怀疑信奉威克里夫教义的良善教士,都在大主教的命令之下宣布放弃了异端信仰。"③在6月24日的信中,胡斯记载了会见两名公会议代表的细节:他们首先询问胡斯是否在康斯坦茨还拥有他写作的书籍,这似乎表明他们在执行此前一天公会议谴责胡斯论著的决议。得到胡斯的否定回答以后,他们直接问胡斯"你愿意放弃异端信仰或者收回那些教义吗?"胡斯告诉他们自己只能在公会议面前回答这个问题。④在6月25日的信中,胡斯记载了一名博士对他说的话:"如果公会议告诉你,你只有一只眼睛,尽管你有两只,那你也应该同意公会议的说法。"因此,不管胡斯做什么,只要他服从公会议,这对于他都是有利的、合法的。⑤

甚至连胡斯最强大的敌人巴莱奇也试图劝说胡斯放弃异端信仰。据胡斯6月22日和23日的两封信中记载,⑥胡斯向公会议提出要求,希望巴莱奇或者其他合适的人能够担任他的告解神甫。公会议最终选派了一名修士前来,他听取了胡斯的忏悔并给予赦免,还给予了胡斯建议。尽管胡斯信中

① Matthew Spinka (trans.), *The Letters of John Hus*, No.80, pp.176-177.
② Matthew Spinka (trans.), *The Letters of John Hus*, No.82, p.180.
③ Matthew Spinka (trans.), *The Letters of John Hus*, No.85, pp.183-184.
④ Matthew Spinka (trans.), *The Letters of John Hus*, No.88, p.192.
⑤ Matthew Spinka (trans.), *The Letters of John Hus*, No.89, pp.193-194.
⑥ Matthew Spinka (trans.), *The Letters of John Hus*, No.85, pp.184-185; No.86, p.185.

没有明确说明建议的具体内容,但是可以猜测很可能是建议胡斯放弃异端信仰。不过,巴莱奇也到监狱看望了胡斯。见面后,胡斯请求巴莱奇原谅他过去在写作中称呼巴莱奇"骗子",巴莱奇听后泪流满面。胡斯也回忆了巴莱奇曾经对他所说的那些恶毒的语言,特别是有一次在监狱里巴莱奇当着审判委员的面对胡斯说:"自从基督诞生之日起,除了威克里夫,没有哪个异端攻击教会的文字的危险性能超过你。"巴莱奇宣称胡斯及其追随者做了许多错误的事情,同样试图劝说胡斯不要担心放弃异端信仰会带来的耻辱,而应该考虑由此产生的好处。对此,胡斯回答道:"既然遭到谴责和烧死比放弃异端信仰更为屈辱,那么我为什么要害怕屈辱? 请为我指点迷津。假设你明知你从未信仰过那些强加于你的错误,你会如何做? 你会愿意放弃那些信仰吗?"巴莱奇只好回答"难说,难说"。

不过,胡斯的另一个死对头科斯的迈克却并不希望公会议给予胡斯生的机会。尽管科斯多次陪公会议代表来到监狱,但是他很少劝说胡斯放弃异端信仰。有一次,在胡斯与公会议代表谈话期间,胡斯听见科斯对狱卒说:"承蒙上帝的恩典,我们终将烧死那个异端分子。为了他,我可花了不少钱!"科斯甚至规定,任何人(包括狱卒的妻子)不经允许不得出现在胡斯的牢房。[1] 6月底,科斯向公会议提交建议函,希望公会议通过决议禁止任何人劝说胡斯放弃异端信仰。差不多同一时候,公会议收到了第二封建议函,这封信件虽是匿名的,但是很有可能出自科斯笔下。这封信警告公会议代表们,如果胡斯放弃异端信仰被改判终身监禁,胡斯这个"历史上最臭名昭著的异端分子"就有可能逃脱监禁而返回波西米亚,他传播异端思想的影响将会无以复加,后果将不堪设想。[2]

公会议没有接受科斯的建议。7月1日,公会议再次派出由两名枢机主教和一些高级教士组成的代表团,试图劝说胡斯放弃异端信仰。[3] 当天,胡斯通过书面声明郑重而清楚地表明他拒绝放弃信仰那些信条:

> 本人约翰·胡斯,希望成为耶稣基督的神甫,因为担心冒犯上帝以及犯有伪证罪,因而不愿意放弃信仰证人错误指控我的任何信条。尽管他们作证说我曾经为那些信条辩护并传布和宣扬它们,但是,上帝为

---

① Matthew Spinka (trans.), *The Letters of John Hus*, No. 86, pp. 185 - 186.

② Thomas A. Fudge, *The Memory and Motivation of Jan Hus, Medieval Priest and Martyr*, pp. 125 - 126.

③ Jacques Lenfant, Stephen Whatley (trans.), *The History of the Council of Constance* (vol. 1), p. 399.

我作证,我并没有那样做。

至于那些从我书中摘录的信条,至少那些准确摘录的信条,我宣布,如果任何信条含有错误的含义,我将拒绝信仰它们。但是,担心冒犯真理和违背圣徒们的教义,我不愿意放弃它们中的任何一条信条。

如果整个世界有可能听到我的声音的话,如同末日审判之时每个谎言和我所有的罪过都将公之于众,我将乐意在全世界面前放弃信仰我曾经说过的任何错误。

以上所说和所写均出自本人意愿。

7月1日,胡斯亲笔。[①]

公会议一直不放弃劝说胡斯放弃异端信仰的努力,力图动摇胡斯的决心,实质上体现了公会议审判胡斯的策略:相较于对异端执行火刑的惩罚,迫使胡斯放弃异端信仰是首选策略,这样既可达到根除异端、杀鸡骇猴的效果,又不至于因为火刑判决而引发民众(特别是波西米亚民众)的抗议和可能的社会动荡。这一策略直到7月5日都没有放弃。这一天,扎巴莱拉等审判委员传唤胡斯,向胡斯通报公会议要求他宣布放弃异端信仰的最后条款。具体内容大致是,胡斯宣布放弃他在书中明确承认的那些被控信条以及他并未否认、证人指证的信条;至于胡斯否认的那些证词,他应该发誓他并不信仰它们并承诺他信仰教会的官方教义。较之以前的公会议相关要求,最后条款体现了公会议最大的让步,不过胡斯重申7月1日的最后声明,拒绝了公会议的要求。[②] 当天晚上,西吉蒙德派杜巴、赫卢姆以及四名主教来到监狱,再次劝说胡斯改变他的决定。当胡斯被带出监狱,赫卢姆对他说:"胡斯教士,您看,我们是普通人,不知如何给您建议。倘若您真知道那些指控您的罪名中有哪一条您确实是错了,请不必害怕接受指正和放弃信仰它。但若非如此,那么接受您的良心的指引。绝不要做有违良心之事,决不可面对上帝撒谎,请至死坚信您所确信的真理。"西吉蒙德原本希望赫卢姆和杜巴作为胡斯亲近之人来打动胡斯,但赫卢姆所言迥异于那些之前劝说胡斯的人。面对赫卢姆,胡斯眼中含泪,回答说,他愿意放弃信仰任何错误,希望公会议能根据圣经指正他。这时,一名主教反问胡斯:"你希望自己比公会议更聪明吗?"胡斯回答道:"我不希望自己比公会议聪明,我只是希望公会议能够根据圣经给予我指导,我满心愿意随时放弃那些信条。"于是,

---

① Matthew Spinka (trans.), *The Letters of John Hus*, No.98, p.206.

② Matthew Spinka, *John Hus: A Biography*, pp.284-285.

那些主教说:"看,他是多么顽固地坚持异端!"最后的劝说失败后,胡斯被押回监狱。①

三、最终审判会

7月6日,星期六,胡斯案的最终审判会在康斯坦茨大教堂举行。②

早上,里加主教将胡斯带到康斯坦茨大教堂内,里面正由西吉蒙德主持召开高级教士全体会议。会场中央设了一张方方正正的台子,上面放着主持弥撒的神甫所穿的圣衣以及剥夺胡斯教士圣职的仪式所需的服饰等。被带入会场的胡斯即刻在台子附近双膝下跪,做了一个很长的祷告。

胡斯案的最终审判会主要有三项程序:审理胡斯被控异端并宣读最后判决、剥夺胡斯的教士圣职、交由世俗权力执行火刑。

在洛迪主教贾科莫·巴拉迪·阿里戈尼(Giacomo Balardi Arrigoni)以根除异端为主题的布道结束之后,③公会议代诉人皮鲁的亨利(Henry of Piro)提出动议,请求公会议继续审判胡斯直至做出最后的判决。随后公会议委派教廷审计官维尔东根的贝特霍尔德(Berthold of Wildungen)宣读胡斯案的审判记录、起诉的信条等。在宣读被控信条的过程中,胡斯试图为受到的指控辩护,枢机主教戴利禁止他发言,说:"你最好等全部宣读完了以后再一起回答。"胡斯说:"我不可能全部记住那些指控我的信条,因此怎么可

① Matthew Spinka (ed. & trans.), *John Hus at the Council of Constance*, pp. 224 – 225; Jacques Lenfant, Stephen Whatley (trans.), *The History of the Council of Constance* (vol. 1), pp. 408 – 409.

② 除提供引用出处的细节之外,以下有关7月6日最后审判会的细节均引自玛拉多诺维斯的彼得的《关于约翰·胡斯教士的记述》,参见 Matthew Spinka (ed. & trans.), *John Hus at the Council of Constance*, pp. 225 – 234。另外,还可参考 Jacques Lenfant, Stephen Whatley (trans.), *The History of the Council of Constance* (vol. 1), pp. 412 – 430; John Fox, *Fox's Book of Martyrs: The Acts and Monuments of the Church* (vol. 1), London: George Virtue, Ivy Lane, Paternoster Row, 1851, pp. 885 – 892;[英]约翰·福克斯著,苏欲晓、梁鲁晋译:《殉道史》,北京:三联书店,2011年版,第84—89页。

③ 根据学者托马斯·A. 法吉的研究,这种布道被称为大会布道(sermo generalis),本质上属于异端审判法律程序之外的一种形式,旨在消除信众对于被控异端的任何宽容和怜悯,指出异端的种种可怕之处以规劝信众,以及最后一次敦促即将被世俗权力执行法庭判决的被告悔罪。洛迪主教在胡斯案最终审判会前的布道抨击了教会大分裂,认为它为异端的出现、发展和兴盛提供了环境,呼吁教士和世俗权力联手打击异端,同时也盛赞西吉蒙德为惩处异端所付出的努力。整场布道中洛迪主教并未明确提到胡斯的名字,但是有些地方所指的显然是胡斯。1416年5月30日布拉格的杰罗姆被康斯坦茨公会议判定为异端,在最终判决宣读之前洛迪主教同样举行了大会布道,并6次提到杰罗姆的名字。就这两篇布道词的详细分析,参见 Thomas A. Fudge, *Jan Hus Between Time and Eternity: Reconsidering a Medieval Heretic*, Lanham and London: Lexington Books, 2016, pp. 99 – 116。

能一次性回答?"枢机主教扎巴莱拉则两度打断胡斯,说:"你的话我们已经听够了!"在被迫闭嘴、无法辩护的情况下,胡斯只能再度跪下祈祷。

所有的被控信条宣读完毕以后,来自意大利民族团、年老秃顶的康考迪亚(Concordia)主教安东尼宣读了公会议对胡斯的最后判决。寄希望于胡斯在最后关头放弃异端信仰,因此公会议准备了两个版本的最后判决书。实际宣读的最后判决书篇幅很长,主要内容可概括为三个方面。首先,在认定胡斯为威克里夫信徒的前提下,公会议判定胡斯的被控信条并非正统,即有的信条是错误的、有的信条引起公愤、有的信条带有煽动性、有的信条属于异端,谴责《论教会》等胡斯用拉丁语和捷克语写作的书籍(甚至包括翻译成其他语言的胡斯书籍)并下令焚毁它们,命令地方教会严查以上书籍并公开焚烧。凡是违反以上命令者,地方教会和宗教裁判官将以异端罪控告他们。然后,在解释判决依据以及审理过程的情况下,公会议正式判定胡斯异端罪名成立,认定他长期公开宣讲错谬和异端、藐视教会的权柄和禁令、以向主耶稣基督申诉的方式谴责教会的合法审判,宣布胡斯并非基督福音的真正布道师,裁定胡斯一意孤行并拒绝回到圣母教会的怀抱中来、拒绝放弃他公开辩护和传布的错误和异端。最后,公会议宣布剥夺胡斯的教士圣职并将他交由世俗权力处置。①

在安东尼宣读最后判决书的过程中,胡斯被严令保持沉默,但他还是不时打断安东尼的宣判为自己申辩。胡斯也不时举目望天,恳切祷告。宣判结束后,胡斯再次下跪祷告,祈求主耶稣基督赦免那些诬告他的敌人们。对此,会场中的许多人怒目而视,报以嘲笑。

随后,七名主教执行剥夺胡斯教士圣职的仪式。他们首先命令胡斯穿上教士的服饰。等胡斯穿戴完毕,那些主教再次劝他放弃异端信仰。胡斯泪流满面,登上会场中央的台子,对众人说,在上帝面前,他不能违背自己的良心和上帝的真理,不能冒犯那些曾经教导过的信众。

等胡斯从台上下来后,一位主教从胡斯手中夺去圣餐杯,说道:"哦,可诅咒的犹大!由于你弃绝了和平的劝导而接受了犹太人的劝告,我们要把这救恩的圣杯从你手中夺走!"胡斯大声回答:"我坚信全能的上帝必不会从我手中夺去救恩的圣杯。为他的缘故,我耐心忍受这些污蔑,我坚定地希望今日要在他的国里共饮此杯。"每当胡斯所穿的教士服饰被一一剥下时,主教就对胡斯说出一句诅咒,胡斯则说自己甘愿为主耶稣基督之名领受那些

---

① 最后判决书的完整英译文,参见 Matthew Spinka (ed. & trans.), *John Hus at the Council of Constance*, pp. 295-298。

污蔑的语言。随后，主教们就到底是使用剃刀还是剪刀来削平胡斯头顶上的教士发型产生了争论。胡斯转向西吉蒙德，嘲讽他们道："看，到现在为止这些主教都还没有在如何污蔑上达成一致！"最终主教们使用剪刀完成了这一仪式。随后，主教们宣布："教会已经剥夺了他作为教士的所有权利，所有仪式已经完成。因此我们把他交给世俗法庭来处置。"在将胡斯交给世俗权力之前，这些主教们还不忘羞辱胡斯一番。他们给胡斯戴上一顶高约 18 英寸的纸冠，对胡斯说："我们现在把你的灵魂交付给魔鬼了。"纸冠上画着三个相貌可怖的魔鬼即将用利爪撕裂人的灵魂，并写着"头号异端分子"的字样。看着纸冠，胡斯说道："我主耶稣基督为救赎我的缘故也曾带着荆棘冠冕，无辜的主被认为该遭受最可耻

图 14　胡斯殉道

（图片来源：Michael Frassetto, *The Great Medieval Heretics: Five Centuries of Religious Dissent*，正文前插图 7。）

的死亡。所以，我这样一个可怜的罪人，为了主以及真理，理应谦卑地戴上这污蔑人的轻轻冠冕。"

　　这时西吉蒙德对巴拉丁公爵路德维希（Ludwig）说："去吧，他交给你了！"路德维希随即命令刽子手将胡斯押往刑场。

　　在去往刑场的途中，胡斯看到他的书正在教堂墓地里焚烧。对此，他面带微笑。一路走过，胡斯劝导身边站着以及跟随他的民众，告诉他们不要以为他是因为错误或异端而死。几乎全城的人都跟在他的后面。

　　行刑的地点位于康斯坦茨城门和护城河之间的地带，那是去往戈特里本要塞路上的几座花园之间的草地。到达刑场之后，胡斯双膝下跪，举目望天，用《诗篇》上的话来祷告，尤其是《诗篇》的第 31 篇和第 51 篇。旁观的民众都说："我们不知道他以前做过什么或说过什么，但现在我们听他所说、所祷告的话确实是很神圣的。"其他人则说："应该有一位告解神甫听听他所说的。"但是，一个穿绿袍披红绸、骑在马背上的教士说道："不要听他说话，也不能派任何人担任他的告解神甫，因为他是个异端分子。"祷告期间，胡斯头上的纸冠掉在了地上，站在旁边的士兵说道："我们再给他戴上，让他和他所侍奉的魔鬼主人一起烧掉吧！"

士兵命令胡斯站起来，胡斯大声说道："主耶稣基督，为传布你的福音和真理，我愿意以耐心谦卑的心志来忍受这屈辱、残酷的死。"胡斯坚持向民众宣讲他受死的原因。与此同时，刽子手已经剥去他的外衣，将他的双手绑在背后，再用绳子将他捆绑在火刑柱上。当胡斯将脸转向东方时，有围观者喊道，他是异端，不可以面朝东方，于是有人将他的脸扭过来，面朝西方。然后，他的脖子也被链条绑在了火刑柱上。看着脖子上的铁链，胡斯微笑着对刽子手说，捆绑主耶稣的链条比这更粗更重，为了耶稣基督他甘心乐意接受这一切。最后，刽子手将两捆带稻草的木柴从胡斯的脚下一直堆到下巴，胡斯整个人就这样被木柴密密包围起来。

在木柴点燃之前，神圣罗马帝国元帅波彭海姆的霍佩（Hoppe of Poppenheim）和巴拉丁公爵路德维希再次劝说胡斯放弃以前错误的信仰，挽救自己的生命。胡斯举目望天，大声回答道：

> 上帝为我作证，我从未教导、传布那些错误强加于我的信条以及那些证人错误指控我的信条。我的布道、我所做的一切和我所写的一切只有一个主要目的，那就是将人们从罪中转变过来。按照教父们的阐述，我过去一直写作、教导和传布福音的真理。今日，我满怀喜悦、心甘情愿地赴死。

图 15　火刑柱前的胡斯（此为 1563 年出版的胡斯派祈祷书中所配的木刻画）
（图片来源：http://global. britannica. com/EBchecked/media/75633/Jan-Hus-at-the-stake-coloured-woodcut-from-a-Hussite）

听完胡斯这些话,这两人转身离开,击掌示意火刑开始。

剑子手点燃了木柴,胡斯高声唱着"基督,活神的儿子! 施恩怜悯我。"等他念到第三遍的时候,火借风势已经烧到了他的脸上。胡斯坚持祷告,直至声息渐无、停止呼吸。当两捆木柴烧光了以后,他的上半截身体还悬在链条上。那些剑子手把他的残躯从火刑柱上拉下来,重新燃起一堆火来烧,直到他的一切都化为灰烬方才作罢。为防止波西米亚人将胡斯生前的衣物作为圣物崇拜,巴拉丁公爵和帝国元帅命令将它们统统烧毁。最后,剑子手将胡斯的骨灰撒进了莱茵河。

四、胡斯殉道的原因

胡斯最后审判会的细节梳理和呈现,为我们观察中世纪天主教会审判异端的过程、程序和判罪及其执行等方面提供了难得的个案。同时,胡斯在整个审判会全程中的表现无疑体现了一个虔诚殉道者的典型形象。

掩卷沉思,我们不禁要问:哪些因素导致了胡斯的殉道?

作为康斯坦茨公会议盖棺论定的异端,胡斯的殉道首先应该归因于他信仰和传布了异端教义。当然,这里的异端教义是指公会议认定的、有别于罗马教会官方教义的神学观点,特别是胡斯有关教会的本质、教皇等教义在胡斯最终被控的 30 条信条中占到了至少一半以上。尽管现存文献很少出现公会议解释 30 条信条受到指控的原因,但是如果我们留意胡斯案的最后判决书的话,不难发现,最后判决书的开篇就指出威克里夫异端作为"有毒之根"孕育了众多"传播疾病的儿子"成为他"反常教义的继承者",这显然是暗示胡斯继承了威克里夫的异端教义,随后判决书花了大量篇幅认定胡斯为威克里夫的信徒,[①]这清楚地表明了公会议判定胡斯为异端的逻辑理路:威克里夫已经是公会议谴责的异端,而胡斯是威克里夫的信徒,按照中世纪的普遍看法,谁支持异端,他也是异端,因此胡斯就是异端。此外,30 条被控信条中也有一条涉及威克里夫,即第 25 条:"博士们认为威克里夫四十五信条皆非正统,它们要么是异端,要么是错误,要么令人愤慨。这些谴责是不理性的和不公正的,谴责的理由也是错误的。"[②]胡斯反对谴责威克里夫的信条,这无疑加深了公会议对胡斯是威克里夫教义继承者的认定。因此,如果说胡斯的殉道归因于异端教义,那么这与胡斯和威克里夫之间"剪不断理

---

①　Matthew Spinka (ed. & trans.), *John Hus at the Council of Constance*, p.295.

②　Matthew Spinka (ed. & trans.), *John Hus at the Council of Constance*, p.264.

还乱"的关系密不可分。

胡斯对教会的批评,尤其是他对于神职人员道德的强调,招致了教会的强烈不满,这是导致胡斯殉道的另一个重要因素。不过,在胡斯生活的时代,批评教会者大有人在。雅克·朗方在《康斯坦茨公会议史》一书中就指出,戴利、扎巴莱拉、巴莱奇等人对教会中存在的贪婪、买卖圣职等也多有批评,热尔松对赎罪券的批评与胡斯并无二致,热尔松论教皇的观点(比如教皇也会犯错等)在很多方面也与胡斯类似。① 可是,为什么他们却平安无事?如同前文讨论所揭示,胡斯并非执著于神学反思的神学家,而是注重道德实践和伦理阐释的布道师。道德是胡斯寻求改革教会的路径选择,更准确地说,胡斯主张的是践行上帝的律法的重建道德。胡斯认为,服从上帝是最高的道德。服从不仅仅意味着思想上的接受,还意味着以行动去践行。作为教会神职人员,服从上帝意味着承担牧养之责。在教会里担任圣职的级别越高,承担的责任越大。② 可当时的现实情况是,神职人员自身没有践行上帝律法所要求的道德伦理,也放弃了神甫应有的布道职责。因此,胡斯不遗余力地批评教会神职人员各种失范行为。更重要的是,胡斯的布道和论述在波西米亚引起了巨大的反响,甚至社会运动,这尤其体现在胡斯反对兹贝涅克焚烧威克里夫书籍(即烧书事件)以及他激烈批评约翰二十三世发动十字军的敕令以及售卖赎罪券(即赎罪券风波),这两起事件中都出现了布拉格民众的公开抗议甚至局部地区的暴力活动。在此过程中,兹贝涅克绝罚胡斯,而胡斯为此两度上诉罗马教廷并最终向上帝和基督上诉,胡斯的"异端"名声远远超出波西米亚而成为了众矢之的。"木秀于林,风必摧之",胡斯成为康斯坦茨公会议根除异端的主要目标之一也就不难理解。

导致胡斯殉道的第三个因素是,胡斯坚持以上帝的律法和圣经为最高权威。从前文的分析可见,胡斯并非不承认罗马教会和教皇,并非不承认教会法(相反,胡斯在其著述中经常引用教会法),但是,胡斯认为法律具有不同的层级关系,即上帝的律法和圣经的权威高于包括教会法、罗马教会和教皇颁布的敕令等在内的人的法律。因此,胡斯在《论教会》等论著中明确提出,忠于教皇和教会的关键是其教导和命令是否符合上帝的律法。在7月5日会见赫卢姆等人以及7月6日的最后审判会上,胡斯都提到希望公会议

---

① Jacques Lenfant, Stephen Whatley (trans.), *The History of the Council of Constance* (vol.1), pp.438,442 - 444.

② 有关胡斯道德观的详细讨论,参见 Thomas A. Fudge, *The Memory and Motivation of Jan Hus, Medieval Priest and Martyr*, pp.51 - 80。

依据圣经来指正他的错误,特别是针对公会议最后判决书对焚烧《论教会》等书籍的判决内容,胡斯质疑道:"你们为什么要谴责我的书? 我一直希望并要求你们依据圣经来反驳我在书中所写的内容,直到现在我依然希望如此。可是,到目前为止,你们既没有引用任何有关的圣经依据,也没有指出过书中存在的任何错误词语。"①可是,在教会看来,胡斯强调圣经的最高权威显然是藐视教会和教皇的权威,这终将导致个人对圣经的随意解读和判断或者诉诸于个人良心(这就如同胡斯在康斯坦茨公会议受审时所表现的那样)。因此,教会尤其不能容忍胡斯向上帝上诉这一举动,这也成为了公会议最后判决书中谴责胡斯的内容之一。毕竟,上帝只是一个精神实体,对此胡斯的对手多拉尼的斯捷潘(Štěpán of Dolany)就提出,谁将接受胡斯的申诉? 换言之,胡斯向上帝的申诉具有很大的主观性。②

正是基于上帝的律法和圣经为最高权威,胡斯把他自己和戴利、热尔松、扎巴莱拉等公会议主义者区别开来。表面上看,胡斯与他们有着改革教会的共同目标,可是为何他们也成为了控罪胡斯的主导力量? 研究基督教思想史的著名学者胡斯都·L.冈察雷斯(Justo L. Gonzalez)总结了三种改革教会的路径,分别以公会议运动、神秘主义、威克里夫和胡斯等宗教改革家为代表。其中公会议主义者走的是组织更新的道路,而威克里夫、胡斯等则不经公认的权威的同意而在本地采取实际的、教义的和组织的改革行动,因而经常引起分裂并被指控为异端。③ 具体而论,公会议主义者和胡斯对教会的认识具有本质差异。公会议主义者视教会为司法机构(juridical corporation)④,公会议是其合法的最高权威代表,罗马教会只是以教皇为首的一个法律实体(legal entity)。因此,公会议主义者要改变以前教会以教皇为最高权威的组织架构。涉及信仰和教义问题,公会议有权力也有责任作出必要的判定和规定。热尔松甚至宣称,哪怕这些判定没有圣经的支持。⑤ 可是,胡斯视教会为精神实体(spiritual entity),其最高权威是基督。公会议的权力合法性,特别是对信仰和教义的裁决是否合法,取决于它是否

---

① Matthew Spinka (ed. & trans.), *John Hus at the Council of Constance*, pp. 224, 228 – 229.

② Thomas A. Fudge, *Jan Hus: Religious Reform and Social Revolution in Bohemia*, p. 132.

③ [美]胡斯都·L.冈察雷斯著,陈泽民、孙汉书等译:《基督教思想史》(第 2 卷),南京:译林出版社,2010 年版,第 327 页。

④ 此处"司法机构"等概念来自学者马修·斯宾卡,参见 Matthew Spinka, *John Hus' Concept of the Church*, p.395。

⑤ Thomas A. Fudge, *The Memory and Motivation of Jan Hus, Medieval Priest and Martyr*, p.27.

符合道德，即符合上帝律法和圣经的要求。这就是为何胡斯坚持要求公会议用圣经来指正他的错误的原因，也是公会议主义者绝对不能接受的。

效法基督是导致胡斯殉道的第四个因素。面对教会出现的问题，胡斯采取重建道德的改良路径，寄希望于罗马教会上至教皇下至普通信徒能够提升他们的道德水平，效法基督，重返使徒时代教会的理想道德境界。他为此而身体力行且无可挑剔，就连他的敌人也从未质疑他拥有完美的品德。学者赫伯特·B.沃克曼评价认为："胡斯在最后一个月所写的书信将是整个世界的财富。如果说胡斯未能给我们增加知识的遗产，但他却丰富了我们的道德观。"[1]在这些信里，胡斯通篇体现了他对各种磨难的忍耐、对错误指控他的敌人的原谅、对帮助他的朋友们的感恩、对上帝和基督的顺从，并不忘自己作为布道师应勉励信众追求道德和精神完善。胡斯的品德是如此的完美，以至于学者亨利·查尔斯·李（Henry Charles Lea）不无夸张地说："自基督以来，无人能像约翰·胡斯那样，在他勇敢地等待为坚信的真理而献身期间，他给后世留下了一个真正基督徒的榜样。他展现了人性的崇高和荣耀，为上帝所选中，实不多见。"[2]胡斯对信仰的忠诚给予了康斯坦茨这一地名极好的阐释。[3] 面临公会议强迫他放弃他认为来自于圣经的教义，胡斯不愿拿原则做交易，不愿与公会议妥协，决意像耶稣基督那样，为了真理而献身。胡斯多次表示，只要想想耶稣基督为罪人所承担的羞辱和死亡，自己就甘心受苦受难；想想圣彼得和圣保罗所受的磨难以及最终的殉道，自己就会被圣徒们所激励，耐心忍受上帝赐予的受难。[4] 这种效法基督的决心在上文讨论的 7 月 6 日胡斯受审以及殉道的整个过程中同样表现得十分充分。

第五个因素是，胡斯对于异端以及教会处置异端的方式的认知。胡斯曾经在多部论著和布道中谈到了他对于异端问题的看法，比如《论异端书籍的阅读》《驳八名博士》《论西门主义者》和《论教会》等。就异端的认知而言，胡斯的看法可以主要归纳为三点。一是异端的本质是顽固不化。胡斯将异端定义为那些顽固地坚持有悖于圣经经义者，这就意味着，如果某人接受了规劝而放弃了有违圣经的信仰，他就不能再被认定为异端。二是异端的判

---

① Herbert B. Workman, *The Dawn of the Reformation* (Vol. II: *The Age of Hus*), p.324.
② Henry Charles Lea, *A History of the Inquisition of the Middle Ages* (vol.2), p.480.
③ 在英文中，"忠诚"（constancy）一词和"康斯坦茨"（Constance）的发音极为接近。
④ 类似表述在胡斯书信多有出现。试举两例，比如 6 月 27 日致波西米亚朋友们的信以及 6 月 29 日致赫卢姆的信，参见 Matthew Spinka (trans.), *The Letters of John Hus*, No.94, pp.200-201; No.97, pp.204-205.

定者是上帝。按照预定论的解释,除非上帝的启示,我们无法感知预定的根据,圣徒也有可能被误认为是异端,因此教会神职人员和宗教裁判官无法知道谁是异端。三是异端可以存在于教会之中。胡斯援引《马太福音》第13章29—30节所说,要容麦子和稗子一起生长,直到收割,因此不必急着根除异端。

基于以上对于异端的认识,也就不难理解胡斯对于异端处置方式的看法。

胡斯认为,一是他承认教会有权处罚异端,但必须依据圣经。二是基于圣经的指导和精神方面的处罚优先于肉体惩罚。三是反对火刑。四是异端的书籍具有价值,不能一烧了之。这里需要讨论一下胡斯反对火刑的立场。既然圣徒也有可能被误认为是异端,既然教会无法判定异端,既然异端的书籍具有让真理越辩越明的价值,那么对于异端的处理就要慎之又慎,死刑并无必要。在《论教会》中,胡斯对八名博士处置异端的措施(实际上也是当时教会审判异端的通行做法)提出批评,明确反对使用死刑处置异端。① 胡斯甚至认为,那些把异端分子交由世俗权力执行死刑的教会神职人员所犯之罪更为严重,无异于刽子手。当然,在康斯坦茨受审期间,迫于压力,胡斯反对死刑的立场似乎有所松动,比如在6月8日的第三次听证会承认"如果某人确实是异端分子,那么首先他应该得到基于圣经的公正、友善、谦虚和合理的指导,就像圣奥古斯丁和其他人当年与异端分子们辩论时那样。如果他接受了指导却根本不愿意放弃错误,我并不反对针对他的肉体的惩罚"。②

那么,中世纪罗马教会如何看待并处置异端? 完成于1140年前后、由格兰西编撰的影响深远的《教会法汇要》既使用严格意义上的异端概念,也使用宽泛意义上的异端概念。格兰西定义前者为教义教条错误,其根源是选择相信非正统的学说或对《圣经》虚妄的解释。该定义不仅包括教义教条错误,还包括顽固地坚持这些错误的意图和行动。同时,格兰西确认教皇为首的罗马教会是解释信仰的最高权威。宽泛意义上的异端概念指的是买卖圣职圣物者(即西门主义者)、裂教者和玩弄巫术者。③ 胡斯的异端定义与格兰西使用的严格意义上的异端概念大体一致,而异端分类与格兰西使用的宽泛意义上的异端概念有部分重合。就处置异端而言,罗马教会对于异端分子的书籍从一开始就持以极其警觉的态度,焚烧异端的书籍成为了长期坚

① John Hus, David Schley Schaff (trans.), *De Ecclesia (The Church)*, pp.170 – 171.
② Matthew Spinka (ed. & trans.), *John Hus at the Council of Constance*, p.194.
③ 彭小瑜:《教会法研究——历史与理论》,第298—308页。

持的打击异端的手段。早在 4 世纪,阿里乌派(Arian)异端的书籍就被命令焚烧。398 年,东罗马帝国阿卡迪乌斯皇帝下令焚毁优诺米派(Eunomian)异端的书籍,任何不遵守帝国命令者将被处死。431 年以弗所公会议召开以后,聂斯托利派(Nestorian)异端的书籍也被付之一炬。类似的例子还有很多。[①] 至于对于异端分子的个人惩罚,中世纪经历了从宽容演变为不宽容、惩罚力度不断升级的过程。随着 12 世纪异端问题的日益突出,罗马教会开始着力整顿异端,不仅通过建立教会法庭、宗教裁判所等常设机构来审判异端,还要求各级世俗权力必须参与处置异端以维护信仰的纯洁。[②] 格兰西的《教会法汇要》详细讨论了对异端分子施与绝罚以及惩处异端分子的法律程序,不过格兰西对异端的态度体现了正义与仁慈的和谐统一,即教会法要求通过适当的法律程序绝罚异端,同时只要那些受到绝罚的异端分子能悔悟,教会也会重新接纳他们。[③] 虽然中世纪此前不乏对异端执行火刑的个案,但是教皇亚历山大三世在 1163 年的图尔公会议(Council of Tours)只是允许世俗君主监禁异端,1199 年教皇英诺森三世处罚法国阿尔比派异端(Albigenses)的措施也只是流亡和没收他们的财产。不过,教皇格列高利九世在 1231 年的敕令中已明确规定对那些不知悔罪的异端分子处以死刑,同年神圣罗马帝国皇帝腓特烈二世正式确认火刑。被誉为中世纪基督教经院哲学之集大成者的托马斯·阿奎那也明确提出:异端分子不可容忍,如果他们顽固不化,应将他们交由世俗权力处置,可以判定他们死刑;那些悔罪的异端分子可免于死刑,一旦再犯,他则无权被赦免死刑。由于异端在中世纪被视为最恶劣的罪行,那些鼓吹和追随异端者即使在死后也不能逃脱法律的制裁。[④]

13 世纪始,异端在波西米亚发展势头迅猛,特别是 12 世纪末产生于法国南部里昂、被教会斥为异端的韦尔多派(Waldenses,也称"里昂穷人派")在波西米亚南部产生了较大的影响。1257 年,波西米亚国王奥塔卡二世请求教廷协助镇压韦尔多异端,于是教皇亚历山大四世(Alexander IV,

---

① Thomas A. Fudge, *Jan Hus Between Time and Eternity: Reconsidering a Medieval Heretic*, pp. 147 - 148.

② Henry Charles Lea, *A History of the Inquisition of the Middle Ages* (vol. 1), pp. 220 - 221.

③ 彭小瑜:《教会法研究——历史与理论》,第 292 页。有关惩处异端分子的法律程序的讨论,详见该书第 325—330 页;有关教会宽恕异端分子以及异端分子与教会的和解的讨论,详见该书第 330—353 页。

④ Henry Charles Lea, *A History of the Inquisition of the Middle Ages* (vol. 1), pp. 224 - 227, 229 - 232.

1254—1261 年在任)任命两名方济各会修士出任波西米亚和摩拉维亚的宗教裁判官,这可能是宗教裁判制度在波西米亚的最早记载,不过他们的履职情况不详。1301 年在布拉格召开的一次宗教会议谴责了异端的扩散并要求知情者向教区宗教裁判官举报,不过有关侦讯和惩罚异端的司法组织似乎并未在波西米亚成型。1318 年时任布拉格主教德拉斯克的约翰(John of Drasic)由于教区存在的异端问题曾被教皇约翰二十二世宣召到阿维农,不过主教在波西米亚国王不断施压之下只是让宗教裁判官传讯了部分嫌疑犯,最终仅关押了一名医生,主教后来还遣散了那些并非教皇任命的宗教裁判官。同年,约翰二十二世任命多明我会修士和方济各会修士各一名出任波西米亚和波兰教区的宗教裁判官。① 在首任布拉格大主教任职期间,布拉格教区的宗教裁判官加卢斯·诺伊豪斯(Gallus Neuhaus)曾在 1343、1353、1355 年三度重点打击韦尔多派异端,但效果不太明显。② 虽然宗教裁判官在波西米亚出现较早,但是,与神圣罗马帝国的其他区域相比,教皇派遣的宗教裁判官按照教会法审判和惩处异端的个案在波西米亚并不多见③,这种状况在胡斯生活的时代十分明显,这可能也是导致胡斯反对教会使用火刑处置异端的一个原因。

比较胡斯和公会议对于异端的认知以及处置异端的措施,可以发现双方的根本性分歧在于判定异端的依据是否以圣经为最终依据。胡斯一直强调,如果要判定他为异端,公会议必须运用圣经的依据让他相信他违背了圣经和基督的教诲。综观胡斯在康斯坦茨受审的整个过程,公会议并未这样做,这正是胡斯至死不愿宣布放弃信仰的原因。实际上,假如胡斯熟悉教会异端审判程序,他会知道公会议绝不可能以圣经为依据来审判他。

此外,我们有必要讨论胡斯与世俗权力的关系对于胡斯殉道的影响。同为中世纪后期基督教历史上著名的异端分子,胡斯与威克里夫的命运结局是不同的。威克里夫卒于 1384 年 12 月 31 日,去世前两天还作为英格兰拉特沃思(Lutterworth)教区神甫在教堂主持弥撒。从教义的激进程度和批评教会的严厉程度来看,威克里夫远远超过胡斯,可为何威克里夫能得善终(尽管他去世 31 年后遭到康斯坦茨公会议焚尸扬灰的判决)? 一个不可

---

① Henry Charles Lea, *A History of the Inquisition of the Middle Ages* (vol. 2), pp. 428 - 430.

② Gorden Leff, *Heresy in the Later Middle Ages* (vol. 2), Manchester: Manchester University Press, 1967, p. 478.

③ 宗教裁判官在雷根斯堡、巴伐利亚、士瓦本、勃兰登堡、波兰、奥地利等地审判处决韦尔多派异端的概况,参见 Gorden Leff, *Heresy in the Later Middle Ages* (vol. 2), pp. 478 - 480.

否认的因素是两人与世俗权力的关系具有差异。

就威克里夫而言,他猛烈抨击教皇和教会,提出的许多教义和主张在当时堪称大胆和革命,特别是他 1376—1377 年间写作的《论世俗的统治权》(*De Civili Dominio*)提出教会不应大量拥有财产、犯有不可饶恕之罪的神甫无法承担其职责、反对教皇权威等观点,受到了世俗权力的欢迎。始自 1372 年威克里夫服务于兰开斯特公爵冈特的约翰(John of Gaunt)并得到其保护,1374 年受英王委派与教皇代表就英国教会的神职任免权问题进行谈判。显然,威克里夫与世俗权力的关系更为密切,这突出反映在 1377 年 2 月 19 日坎特伯雷大主教萨德伯里的西门(Simon of Sudbury)传唤威克里夫到圣保罗大教堂解释他的异端教义。结果兰开斯特公爵亲自带着威克里夫和其他贵族出现在教堂,与伦敦主教威廉·考特尼(William Courtney)发生激烈冲突,导致会议草草收场。罗马教皇格列高利十一世也注意到了威克里夫的异端言论,因此一连颁布五封敕令要求英王和坎特伯雷大主教等惩罚威克里夫,甚至要传唤他到罗马受审。在 1378 年 3 月于兰贝斯宫(即坎特伯雷大主教官邸)内举行的审讯中,威克里夫再次得到王权的庇护。审讯期间,来自王廷的路易斯·克利福德(Lewis Clifford)爵士对主教们说,王太后命令他们不得对威克里夫处以任何刑罚。① 可以说,没有世俗权力庇护的话,威克里夫极有可能早已遭到异端的定罪。

反观胡斯,他所关注者无外乎提升教会神职人员和信众的伦理道德水平。无论是支持平信徒没收那些品行败坏教士的薪俸收入,还是在必要情况下允许世俗权力阻止买卖圣职的行为,这些都服务于胡斯改革教会道德状况之目的。胡斯无意鼓吹王权高于教权,也无意反抗罗马教会、建立民族教会。胡斯一度得到瓦茨拉夫国王的支持,但是在圣经的真理面前,胡斯毫不犹豫地批评买卖赎罪券,采取不同于瓦茨拉夫的立场,最终失去了王权的支持。出于政治利益的考量,瓦茨拉夫极力鼓动胡斯参加康斯坦茨公会议以洗刷波西米亚存在异端的恶名。作为波西米亚王位继承人,神圣罗马帝国皇帝西吉蒙德也希望根除异端,向胡斯发出了参加公会议的安全保证书,最终却背信弃义并支持了定罪胡斯为异端。虽然胡斯也得到了波西米亚一些贵族的支持,比如 1415 年 5 月波西米亚贵族等掀起了为胡斯请愿的浪潮,但是他们的热爱和请愿与其说是因为胡斯的教义代表了他们世俗阶层的利益,不如说是胡斯完美人格力量的感召所致。

以上影响胡斯殉道的六个因素是立足于胡斯的个人角度。与此同时,

---

① Stephen E. Lahey, *John Wyclif*, New York: Oxford University Press, 2009, pp. 15 - 20.

胡斯的敌人和对手们指控胡斯的力度和策略等因素也同样重要。

　　除了主导胡斯案审判的戴利、热尔松等，诚如胡斯自己所说，来自波西米亚的"自己人"给了他最为严厉的攻击。这些"自己人"包括巴莱奇、科斯的迈克、"铁腕"约翰，以及自我吹嘘为胡斯主要敌人的尤尼科夫的彼得（Peter of Uničov）[1]。这里需要再次讨论科斯的迈克。首先，他在罗马教廷具有得天独厚的优势，从始至终影响着胡斯案的进程。他作为罗马教廷负责信仰案件的代诉人，利用教皇的信任和自己的关系网，上下其手，一步步将胡斯逼上绝境。其次，他采用了多种手段来打击胡斯。在康斯坦茨期间，科斯纠集尽可能多的证人指控胡斯，甚至不排除有组织伪证的可能。科斯打击胡斯的支持者毫不手软，比如以异端罪起诉并定罪胡斯的律师叶塞尼采，以此来削弱胡斯应对诉讼的力量。科斯甚至制造恐怖气氛，阻止胡斯的支持者出现在康斯坦茨。前布拉格大学校长、胡斯的朋友普拉哈季采的克里斯琴来到康斯坦茨后，信奉的30条信条遭到起诉，失去了人身自由，最后在出具保证书的情况下才被释放，回到布拉格。[2] 科斯为达目的可以不择手段，与他的人生经历和多重身份有关。如前所述，科斯虽然早先担任过神甫，但是后来变成了经营金矿的商人，来到罗马教廷后又成为了律师甚至政客。这些职业经历铸就的科斯是单纯甚至"幼稚"的胡斯难以对付的。最后，科斯欲置胡斯于死地的决心极其坚决。科斯坚决反对公会议劝说胡斯放弃异端信仰，并公开宣称希望看到胡斯被处火刑烧死。因此，科斯的迈克的确是胡斯最为危险的敌人。

　　当然，胡斯的殉道也与所处的时代有关。我们不妨再次比较一下威克里夫和胡斯的命运结局。两人受到异端指控都在教会大分裂时期。不同的是，威克里夫1378年遇到大麻烦的时候，即罗马教皇格列高利十一世连发五封敕令要求严惩威克里夫，格列高利却突然去世，教会大分裂旋即开始，教会无暇理会异端问题，而胡斯被控异端却恰值教会大分裂结束之际，根除异端、寻求信仰统一成为公会议和西吉蒙德统一教会的重要组成部分。

---

① 尤尼科夫的彼得是一名多明我会修士，在位于布拉格的圣克莱门特多明我会修道院担任读经师（lector）。根据玛拉多诺维斯的彼得的记述，在康斯坦茨期间，他与尤尼科夫的彼得有过一次争执，起因在于尤尼科夫的彼得指责胡斯在布道中宣扬举起宝剑杀死双亲这样的暴力思想。但是，事情的真相是，1410年胡斯在有关路加福音第14章23节的布道中只是激励信众举起信仰之剑。参见 Matthew Spinka (ed. & trans.), *John Hus at the Council of Constance*, pp. 114-115。

② Thomas A. Fudge, *The Memory and Motivation of Jan Hus, Medieval Priest and Martyr*, p. 124.

五、胡斯案的司法公正

最后有必要对胡斯被控异端案从司法角度做一整体回顾。有学者提出,胡斯案是欧洲中世纪后期天主教会"利用中央权力审判异端最为极端的个案"。[①] 此案开创诸多先例,比如公会议直接插手审理异端案件、被告得到三次公开听证会、审判周期长达七个多月等,这在天主教会此前召开的十五次公会议中实属罕见[②]。胡斯是否受到公正的审判,公会议在司法实践中是否彰显了司法公正,是胡斯案的核心问题之一。司法公正可从程序、实体和制度三个层面是否正义加以判断。[③] 就制度正义而言,以今人眼光视之,中世纪教会法有关异端处置的有些法条显然有失公正,抛开时代因素、认知视角等导致的价值判断和法理争议,我们不妨围绕公会议该不该审判胡斯、胡斯是否受到公正的审判这两个核心问题,重点关注事关程序正义和实体正义的若干具体问题。

程序正义指的是司法审判过程必须符合公平正义的要求,体现为司法程序的合规、诉讼参与者的程序权利得到保护。实体正义指的是司法审判结果与法律的规定是一致的,体现为犯罪之人受到刑罚、无罪之人不被定罪、罪刑相适应。

康斯坦茨公会议审判胡斯案涉及程序正义的第一个问题,是公会议该不该立案审判胡斯。认为胡斯案不应立案的理由大致可以归纳为三个:一是胡斯获得了安全保证书,因此具有了往来于康斯坦茨的自由,监禁和审判胡斯是非法的;二是胡斯受邀参加公会议,其身份是参会者,不能被当作异端嫌疑犯受到审判;三是对立教皇约翰二十三世逃离康斯坦茨后,没有教皇主持的公会议丧失了胡斯案的审判权。

安全保证书在本章第三节已有详细讨论,此处不再赘述。一个总体的看法是,基于教会法的规定,安全保证书的承诺对于异端是无效的,因此公会议监禁并审判胡斯并无不妥。不过,胡斯、其支持者、其对手、公会议、神圣罗马帝国皇帝等对于异端的认知和对教会处置异端规定的了解具有很大的差异,这在一定程度上体现了中世纪后期异端处置的复杂性。

再来看胡斯的身份认定问题。尽管有前述安全保证书的心理安慰,胡斯自身对于前往康斯坦茨参会的前景认识是矛盾的。一方面,他可能以为公会议如同他以往在布拉格大学参加的辩论会,可以借此机会澄清信仰问

---

① John A. F. Thomson, *The Western Church in the Middle Ages*, London: Arnold, 1998, p. 198.

② Norman P. Tanner, ed., *Decrees of the Ecumenical Councils* (vol. 1), pp. 1 – 402.

③ 徐显明:何谓司法公正,《文史哲》,1999 年第 6 期,第 87—96 页。

题,因此他的身份是人身自由受到保护的参会者。另一方面,他也做好了殉道的准备。

胡斯对公会议控罪于他的担忧是有道理的。12世纪末以前,教会法庭采用的诉讼程序主要是控诉式(*accusatio*),有时也采用告发式(*denunciatio*),这两种程序都需要自然人作为原告来启动诉讼活动,不同的是在控诉式中原告如不能证明被告有罪,要承受"败诉同罚",而在告发式中原告即告发者不用承担这一风险。但是,这两种诉讼程序对于证据的要求很高,在无人愿意充当原告的情况下,打击犯罪自然受到了影响,这就催生了第三种诉讼程序即纠问式(*inquisitio*)的出现,由教皇英诺森三世在1215年第四次拉特兰公会议上予以正式确立。不同于前两种诉讼程序,纠问式并不要求自然人作为原告,而是将公怨民愤(*clamosa insinuatio*)或犯罪恶名昭著(*diffamatio*)等"公开恶名"(*fama publica*)等同于"原告"从而启动案前调查和后续的审判。[①] 对于胡斯来说,1410年6月他公开反对布拉格大主教处理威克里夫的书籍的决定,由此在布拉格被称为异端分子,同年12月又因被控信仰"圣餐不变论"而首次遭受异端罪名的起诉。因此,按照纠问式的诉讼程序,鉴于胡斯具有异端的"公开恶名",公会议完全有正当理由对他提起诉讼。

更为糟糕的是,公会议和胡斯的对手认为他到康斯坦茨是继续接受审判,因为在参加公会议之前胡斯已经因为被控异端受到罗马教会法庭的审判。从1410年6月25日胡斯写信向教皇上诉,到胡斯在随后两年内先后被四次绝罚,胡斯案一波三折。罗马教会法庭最后两次的绝罚判决,不是因为认定胡斯为异端,而是因为胡斯藐视法庭(即胡斯拒绝接受教会法庭的传唤),但是,中世纪后期藐视法庭被视为对教会权威的不忠和藐视,教会法因此将藐视法庭罪与异端罪密切联系在一起,甚至可以说将两者等而视之。[②] 此外,在胡斯被囚康斯坦茨之前,没有任何教会法庭或者教皇取消对他的绝罚。[③] 如果将胡斯案的起始时间确定为1410年的话,那么康斯坦茨公会议审判胡斯则是胡斯案的延续,因此胡斯的身份就是依然遭受绝罚的异端嫌疑犯。

---

① James A. Brundage, *Medieval Canon Law*, London: Longman, 1995, pp.142-148;佀化强:西欧中世纪纠问制诉讼中的原告,《法学家》,2010年第2期,第68—74页。

② Thomas A. Fudge, *The Trial of Jan Hus: Medieval Heresy and Criminal Procedure*, pp.50,96.

③ 需要指出的是,胡斯抵达康斯坦茨之后,1414年11月9日,教皇约翰二十三世派人通知他,暂停实施此前对他的绝罚和禁止其参加圣礼等处罚措施(详见本章第三节"胡斯入狱"小节)。但是,暂停并不等同于取消。

再来看公会议对胡斯案是否拥有审判权的问题。公会议是处理异端问题的重要形式,比较著名的包括 325 年第一次尼西亚公会议针对阿里乌异端确立了"三位一体"教义,451 年卡尔西顿公会议成为基督教会界定正统与异端的重要分水岭,1215 年第四次拉特兰公会议颁布了专论异端的第三条教规等。有别于历次公会议,康斯坦茨公会议召开的时期恰逢西方教会大分裂,当时已经出现了三个对立教皇并存的局面。作为会议的发起者和主持人之一,教皇约翰二十三世签发了针对胡斯的逮捕令并在胡斯案审理过程中扮演着名义上的领导作用,但是随着成为唯一合法教皇的希望最终落空,不得不在 1415 年 3 月 20 日晚秘密逃离康斯坦茨,这才引出了胡斯案的审判权问题。教皇逃离后,在戴利等著名公会议主义者的大力推动下,公会议发布《神圣法令》,宣布公会议的权威高于教皇,这就从法理层面确认了公会议拥有胡斯案的审判权。事实上,13 世纪教皇格列高利九世主导编订的教令集已经规定,在教皇缺位的情况下,审判权可以授予宗教会议行使,教会通过主教们保留有裁判异端的权力。[①] 在教皇缺位的情况下,公会议此后全面行使了对胡斯案的审判权。

胡斯案涉及程序正义的第二个问题,是审判过程的程序问题。就案件审理过程所体现的程序正义而言,康斯坦茨公会议在胡斯案中总体上遵循了当时教会法对异端案件审理程序的规定,甚至在有些方面给人留下"法外施恩"的印象。

首先,胡斯希望得到律师的请求是否应该被驳回。从 1410 年开始的胡斯案并非没有律师的身影。这年 8 月胡斯向教皇上诉后,枢机主教科隆纳负责上诉案审理,最终的判决是绝罚并传唤他到教廷。担心遭到教廷的监禁,胡斯派了叶塞尼采的约翰等三名代诉人代表他到教廷接受传唤,结果叶塞尼采遭到起诉、监禁甚至绝罚。因此,回到波西米亚的叶塞尼采无法亲自陪伴胡斯前往康斯坦茨,只能协助胡斯做了一些应诉准备工作。实际上,即便叶塞尼采被允许参会,他也无法为胡斯提供法律帮助。教皇英诺森三世早在 1199 年就发布教令,规定律师不得以任何方式帮助异端分子,否则其名誉将受损且被禁止从事律师事务,1205 年发布的教令更以严厉警告的语气禁止律师以任何方式为异端分子提供法律咨询和支持。[②] 需要注意的是,此时的教会法规似乎区分了被控的异端嫌疑犯和被定罪的异端分子。不

[①] Thomas A. Fudge, *The Trial of Jan Hus: Medieval Heresy and Criminal Procedure*, pp. 338 - 339.

[②] Emil Friedberg (ed.), *Corpus iuris canonici* (vol. 2), Leipzig: Tauchnitz, 1881, pp. 782 - 784.

过,13 世纪中叶以后,即使被控异端的被告人寻求律师的权利也进一步被削弱,比如 1254 年召开的阿尔比公会议禁止律师参与异端案审理过程,后来的宗教裁判官甚至宣称可以怀疑那些为异端嫌疑犯辩护的律师为异端分子。当然,胡斯案之前,也有少数被控异端分子接受法律咨询的先例。① 具体到胡斯案,因为拒绝接受罗马教会法庭的传唤,胡斯于 1411 年被绝罚,这一惩罚措施一直未予撤销,按照嫌疑犯被绝罚一年则异端罪名成立的教会法之规定,可以视胡斯为被定罪的异端分子。对于胡斯希望得到辩护律师的请求,公会议最初是同意的,不过后来还是以任何人不得为异端嫌疑犯辩护为由予以驳回,这一做法并不违背教会法的规定。

其次,胡斯是否有权获知控方证人的姓名。有研究显示,100 多名证人到康斯坦茨作证指控胡斯。② 最后审判会宣读了这些证人的部分证言,但没有公开他们的具体姓名,只是公布了他们担任的圣职和任职地点。在反驳控罪证言的过程中,胡斯请求知道证人的名字,但是遭到了拒绝。③ 根据 1215 年第四次拉特兰公会议颁布的第八条教规之规定,讯问过程中应该告知被讯问人证人的姓名及其证词,旨在避免错误的指控。④ 这一规定是针对教会审理的所有类型的案件。不过,有别于其他案件,隐瞒证人的姓名是中世纪审理异端案件在审判程序方面为数不多的特别做法。1244 年,出席纳博讷公会议(Council of Narbonne)的一些主教支持了这种做法,1248 年写给法国卡尔卡松地区的宗教裁判官手册中明确要求不公开证人的姓名,教皇英诺森四世 1254 年的敕令也予以支持,以至于它逐渐变成了异端案件审理中的常态。⑤ 不过,胡斯案中也有例外情况。1414 年 12 月,胡斯被关押在一所修道院里靠近公共厕所的昏暗地牢中,为此生了重病,因此公会议允许 15 名控方证人到胡斯的监狱里宣誓然后宣读他们的书面证词,这让胡斯得知了一些证人的姓名。⑥

第三,胡斯是否遭受非法取证。除了在监狱里戴着脚镣手铐,没有证据显示胡斯曾经遭受过刑讯逼供或者酷刑折磨。被监禁期间,胡斯两度生了

---

① Thomas A. Fudge, *The Trial of Jan Hus: Medieval Heresy and Criminal Procedure*, p.94.

② Thomas A. Fudge, *The Trial of Jan Hus: Medieval Heresy and Criminal Procedure*, p.281.

③ Matthew Spinka (ed. & trans.), *John Hus at the Council of Constance*, p.227.

④ Norman P. Tanner (ed.), *Decrees of the Ecumenical Councils* (vol.1), p.238.

⑤ Henry Ansgar Kelly, Inquisition and the Prosecution of Heresy: Misconceptions and Abuses, *Church History*, 58(4), 1989, pp.443 - 444; Edward Peters, *Heresy and Authority in Medieval Europe*, p.203.

⑥ Matthew Spinka (ed. & trans.), *John Hus at the Council of Constance*, pp.117 - 118.

重病，分别是地牢中的居住条件太差和个人身体原因所致。事实上，自格兰西的《教会法汇要》以来，中世纪后期教会法并不反对在司法审讯中对被告刑讯逼供，特别是针对异端等严重罪行，不过教会神职人员使用审讯手段不得伤害被告和导致流血的发生。遭受刑讯逼供的具体个案也真实存在，比如 1307 年在法国北部遭镇压的圣殿骑士团，比如 1317 年被控异端罪的方济各会修士卡尔卡松的伯纳德·德利沃斯（Bernard Delicios of Carcassonne）等。①

至于获取供述的方式，公会议的主要做法包括在监狱提审胡斯、要求胡斯书面答复针对他的指控、为胡斯召开公开听证会。1414 年 12 月 6 日，胡斯接受的第一次提审就是在监狱中，这一做法属于简易程序（summary procedure，即较普通程序相对简化的法律程序），并不违反中世纪异端案件审理的法律程序。简易程序在 1255 年由教皇亚历山大四世首次授权教皇任命的异端裁判官使用，1298 年得到教皇卜尼法斯八世允许可在所有异端案件审理中实行。② 在此次提审中，三名法官询问胡斯对于威克里夫四十五信条所持的立场，而且要求他出具书面答复。类似的"书面供述"还有：1415 年 1 月 2 日晚，胡斯整夜写作答复巴莱奇指控的信条；6 月 18 日，胡斯收到公会议指控他的信条的最终版本，利用两天时间完成了书面答复。可以说，胡斯案中获取供述的方式比较典型地反映了中世纪教会诉讼程序的书面性特点，具体体现在诉讼通过书面诉请或控告开始、被告人以书面形式回答控告人的要点，到了 13 世纪早期甚至诉讼过程也必须有书面记录。与此同时，教会诉讼程序也出现了对于书面程序的过分迷信，从而导致了不良后果，比如法官本人并不亲自讯问当事人和证人，而只是研究书面记录，比如书面证据的获取难度催生了使用刑讯手段获得"证据之王"——口供的现象。③ "幸运的是"，胡斯没有遭受刑讯逼供，还得到了三次公开听证会。

在托马斯·A. 法吉看来，这三次公开听证会开创了教会审理异端案件程序的先例，④不过他没有解释这一论断的理由。对照天主教会此前召开的

---

① Henry Ansgar Kelly, Judicial Torture in Canon Law and Church Tribunals: From Gratian to Galileo, *The Catholic Historical Review*, 110(4), 2015, pp. 754–793.

② Henry Ansgar Kelly, Inquisition and the Prosecution of Heresy: Misconceptions and Abuses, p. 443.

③ ［美］哈罗德·J. 伯尔曼著，贺卫方等译：《法律与革命——西方法律传统的形成》，北京：法律出版社，2008 年版，第 245—247 页。

④ Thomas A. Fudge, *The Trial of Jan Hus: Medieval Heresy and Criminal Procedure*, p. 270.

15次公会议对于异端的处理,以及12世纪以来教会法庭采用纠问式诉讼程序审理异端案件的文献记载,此次公开听证会的非常规性至少体现在三个方面。

一是被告本人的强烈诉求和公众舆论的压力促成了公开听证会,这对于一贯强势的教会来说并不容易。在胡斯看来,他来到康斯坦茨的主要目的在于阐明自己的信仰,消除此前对他的指控,而公开听证会是实现此目的最为理想的形式,因此,胡斯多次表达对于公开听证会的渴望,他的支持者也不遗余力地呼吁为其召集公开听证会。

二是听证会的次数有三次之多,非常罕见。在中世纪后期惩处异端的过程中,听证会并非新鲜事物。根据亨利·查尔斯·李的三卷本名著《中世纪宗教裁判所的历史》所载,胡斯案之前举行的听证会已有数起,比如1224年教皇洪诺留三世为被控异端的德意志戈斯拉西多会修女院教长亨利·米尼克(Henry Minneke)举行了听证会①;1300年在法国阿尔比城让·包迪尔(Jean Baudier)得到了两次听证会,最终他承认了异端行为并遭谴责②;1309年教皇克莱门特五世和枢机主教参加了为"异端之王"、著名医生阿诺德·德·威兰诺瓦(Arnaldo de Vilanova)举行的公开听证会③。另外,教会法规定,那些旧病复发、再次信仰异端的人(relapsed heretics)不经过听证会就可以被谴责,被交给世俗权力处以极刑。④ 教会法剥夺这类严重异端者的听证会之规定恰恰说明,给予其他被控异端者听证会被认为是有必要的。⑤ 但是,必要性是一回事,在具体司法实践中是否举行听证会则是另一回事,况且为同一被告一连三次召集听证会,这就极为罕见了。作为被告,胡斯为其被控罪状与公会议代表进行了较为充分的当庭辩论,其辩护权得到了一定的尊重,有些反驳意见最终被公会议采纳。

三是参与听证会的人数多,具有相对意义的公开性。在纠问式诉讼过程中,常规的做法是法官或裁判官以秘密的方式传唤嫌疑犯在某个时间到

① Henry Charles Lea, *A History of the Inquisition of the Middle Ages* (vol.2), p.325.
② Henry Charles Lea, *A History of the Inquisition of the Middle Ages* (vol.1), p.517.
③ Henry Charles Lea, *A History of the Inquisition of the Middle Ages* (vol.3), p.56.
④ Henry Charles Lea, *A History of the Inquisition of the Middle Ages* (vol.3), pp.294-295,325.
⑤ 试举一例。亨利·查尔斯·李在描述宗教裁判所审理异端案件的一般程序中提到,在某人因为其"公开恶名"被告发到宗教裁判所,在完成对此人的秘密调查和证据收集后,异端嫌疑将被秘密传唤。他认罪之后可以得到保释,而如果他被怀疑有逃跑的迹象,则可以立刻逮捕并关押他直到法庭愿意给他一次听证会。参见 Henry Charles Lea, *A History of the Inquisition of the Middle Ages* (vol.1), p.407。

某个地点接受讯问。① 在胡斯案中,由于胡斯支持者的持续呼吁,公开听证会成为众望所归,引发了公会议参会者、当地民众的极大关注。如前所述,首次听证会的参与者人数众多,包括枢机主教、大主教、主教、几乎所有在康斯坦茨城里的高级教士、神学博士硕士学士以及其他更低级别的人士。第二次听证会甚至戒备森严,全副武装的卫兵们将会场团团围住。实际上,听证会这一诉求并非缘起于胡斯受邀参加公会议。早在 1410 年胡斯案被教皇交由科隆纳的奥托负责审理以后,9 月 30 日,瓦茨拉夫国王就在致科隆纳的信中首次表达了希望对方能给予胡斯听证会(audientia)。次年 9 月 1 日,胡斯在分别写给约翰二十三世和枢机主教们的信中,同样表达了听证会的诉求。需要说明的是,这些信里出现的只是"听证会",并未出现"公开"二字,"公开听证会"(publica audientia)在通信中首次出现于 1414 年 9 月 1 日胡斯致信西吉蒙德。② 无论瓦茨拉夫、胡斯,还是胡斯的支持者,都希望胡斯能够得到机会公开陈述他的信仰,澄清被控异端的嫌疑,他们理解的听证会似乎被混同于布拉格大学举行的公开辩论会。可是,对于教会来说,在纠问式诉讼程序日渐成熟的 15 世纪,一个异端嫌疑犯是不可能像在大学公开辩论会上那样自由陈述己见的。因此,尽管三次听证会有助于胡斯案的细节公开,但是不可过于夸大它们公开性的实际效果。

最后,我们来讨论胡斯案的实体正义。这涉及两个问题。其一,根据中世纪的教会法,胡斯是否应该被判为异端? 或者说,公会议提供的哪些关键证据能够认定胡斯为异端? 其二,对胡斯的量刑是否过重? 或者说,胡斯是否应该被处火刑烧死,有没有其他的(比如终身监禁)量刑方式?

判定胡斯为异端的关键证据无疑体现在公会议的最后判决书和指控胡斯的 30 条信条之中。在最后判决书中,公会议判定胡斯为异端的证据有三。第一,认定胡斯为威克里夫的信徒。尽管公会议认定胡斯为威克里夫信徒并不完全准确,但是,胡斯公开为遭受教会谴责的异端分子辩护的行为很容易将他推入教会法认定的异端行列之中——格兰西《教会法汇要》中明

---

① 以胡斯案为例。在第二次听证会上,双方论及罗马教廷在审理胡斯上诉案时拒绝给予胡斯听证会。巴莱奇对此的解释是,教廷原本有意给予胡斯听证会,但鉴于他具有重大的异端嫌疑,听证会的举行将削弱对他个人传唤的效果。参见 Matthew Spinka (ed. & trans.), *John Hus at the Council of Constance*, p.175. 相较于听证会的相对公开性,个人传唤涉及的参与者范围更小,更具封闭性和隐秘性,易对被告人形成更大的心理压力,这是为何异端审理案件中听证会数量不多的可能原因之一。

② František Palacký (ed.), *Documenta Mag. Johannis Hus*, pp.424, 20 – 21, 70.

确规定,任何追随已被谴责为异端的人自动遭受和那个异端相同的谴责[①]。第二,确认胡斯的著述中含有违背正统的信条。至于被控的 30 条信条,其中 12 条涉及对于教会的认识,8 条涉及对教会的道德要求,4 条涉及服从教会,3 条涉及预定论,1 条涉及威克里夫,2 条涉及其他。究其本质,胡斯对于教会的诸多认识与罗马教会的官方说法不一致,这成为了定罪胡斯为异端的最为直接的证据。第三,判定胡斯向主耶稣基督上诉是对罗马教廷、教会法庭和教会权柄的蔑视。这种向耶稣基督申诉的方式是"非常之举",清楚地表明了胡斯对教会权威的不予认可。因此,公会议的最后判决书认定胡斯此举是"蔑视教会审查的正当程序",是对罗马教廷和教会法庭的蔑视,基于以上原因以及其他原因,判定胡斯为异端。[②] 就教会与胡斯之间对于正当程序的认知对立,我们可以从司法公正的角度作一解释。教会看重的是实体正义层面的司法公正,即遵循教会法,在确保程序正义的情况下给予胡斯尽可能公正的审判结果。胡斯则看重的是制度正义层面的司法公正,这里的制度不是教会制定的人的法律(比如教会法),而是人的法律之上的上帝的律法,犹如古罗马西塞罗提出的高于一切人类立法的"自然法"。当教会法违背上帝的律法,即制度正义出现问题,即便程序正义得到保证,实体正义的实现必是镜花水月。双方的这种认知差异导致的结果就是,胡斯试图求助于制度正义,却被教会判定为蔑视程序正义。

在胡斯被控异端罪名成立的情况下,该如何对胡斯量刑?尽管异端罪在中世纪被公认为重罪,但这并不意味着罗马教会从一开始就使用火刑这种最为严厉的手段来对付异端。奥古斯丁就主张处理异端应该优先采用劝告而非肉体惩罚的方式,这种宽容一直持续到 11 世纪异端问题日益严峻为止。1022 年一批异端分子在法国奥尔良被烧死,这成为了此前近一千年来的首例处死异端案件。[③] 虽然这一火刑判例以及此后一段时间内的类似判决并不具有教会法等法律依据,但是官方教会随后加快了严惩异端的立法进程。1179 年第三次拉特兰公会议通过的第 27 条教规宣布,异端及其辩护者该受绝罚。[④] 教皇英诺森三世则推动了一系列惩罚异端措施的出台,特别是 1215 年第四次拉特兰公会议通过的第 3 和第 8 条教规,明确宣布绝罚

---

① Thomas A. Fudge, *The Trial of Jan Hus: Medieval Heresy and Criminal Procedure*, p.88.

② Matthew Spinka, (ed. & trans.), *John Hus at the Council of Constance*, p.297.

③ Malcolm Lambert, *Medieval Heresy: Popular Movements from the Gregorian Reform to the Reformation* (3rd edition), p.17.

④ Norman P. Tanner (ed.), *Decrees of the Ecumenical Councils* (vol.1), p.224.

异端、要求世俗权力协助教会镇压异端等。① 对于那些不知悔改的异端分子可以处以死刑,这一做法最先由 1197 年阿拉贡国王彼得二世提出,1224 年神圣罗马帝国皇帝腓特烈二世也持有此论,1231 年教皇格列高利九世发布敕令对此予以确认。尽管有一些教会法学家不同意对异端犯执行死刑,认为终身监禁更适合于异端犯(无论悔改的还是不知悔改的),但这种看法未能成为主流。② 对异端分子可以判处死刑在 12 世纪末到 13 世纪初最终定型。不过,在具体判罚过程中,异端被处死刑的数量并不多。以 14 世纪最为著名的宗教裁判官贝尔纳·居伊(Bernard Gui)为例。在他 1303—1323 年间判决的 633 例异端案件中,仅有 41 例(占 6.5%)被处火刑烧死,而 307 例(占 48.5%)被处终身监禁。③

因此,从胡斯所处的时代来看,火刑处死异端分子并非不二之选,这也就不难理解为何公会议对于胡斯的量刑方式一直存在两种不同的声音。一方面,主张定罪胡斯并交世俗权力处以极刑,因为公会议中有些人并不相信胡斯会放弃信仰那些异端信条,即胡斯属于不知悔改的异端分子。另一方面,公会议一直未放弃劝说胡斯放弃异端信仰的努力,这样既可以显示教会感化异端的仁慈,又可以避免激起波西米亚民众的抗议。当然,如同上一节对于胡斯殉道的多因素分析所显示的那样,胡斯最终选择走上了火刑堆。那么,假设胡斯放弃异端信仰,他的量刑会是如何? 历史无法假设,但是我们可以参照处于类似处境的布拉格的杰罗姆的命运(下一章将有详细讨论)。在审判杰罗姆案的初始阶段公会议也采取了劝说杰罗姆放弃异端信仰的策略,杰罗姆发表书面声明满足了公会议的要求。④ 但是公会议并没有释放他。随后公会议启动新一轮的诉讼,最终判定杰罗姆为异端并处火刑烧死。因此,以杰罗姆的经历为参照,不能不说,即使胡斯选择了宣布放弃以前的信仰,他也有可能依然难逃火刑的命运,至少也会遭到终身监禁。

① Norman P. Tanner (ed.), *Decrees of the Ecumenical Councils* (vol.1), pp.233 - 234, 237 - 239.

② Thomas A. Fudge, *The Trial of Jan Hus: Medieval Heresy and Criminal Procedure*, p.98.国内学者倡化强从刑讯的动机角度对于教会法官、纠问官为何避免死刑判决给出了一个新的解释。采用刑讯手段,教会法官、纠问官不是为了获取被告的有罪供述,而是一方面希望被告的忏悔供述能免除世俗当局的死刑处罚,另一方面则是希望不要因为自己未能让被告作出忏悔供述的"失职"而受到上帝的惩罚。参见倡化强:异端审判中的刑讯,《国家检察官学院学报》,2010 年第 2 期,第 140—146 页。

③ James B. Given, *Inquisition and Medieval Society: Power, Discipline, and Resistance in Languedoc*, Ithaca: Cornell University Press, 1997, pp.68 - 69.

④ E.H. Gillett, *The Life and Times of John Huss; or, the Bohemian Reformation of the Fifteenth Century* (vol.2), pp.140 - 143.

梳理胡斯案的整个审判过程,可以发现,中世纪后期天主教会处置异端的司法实践已经达到有法可依、于法有据的阶段。处置异端的教会法相对完备,这是天主教会应对自 11 世纪以来日趋严峻的异端挑战而产生的自然结果。随着卡塔尔派(Cathar)、韦尔多派等大众异端运动的兴起,以及威克里夫、胡斯等宗教改革人士对教会权威的质疑,天主教会在正义与仁慈的张力之间偏向于前者,对于异端的宽容精神大不如从前,从而推动了教会有关惩治异端的立法。从教会法的具体司法实践这一视角视之,胡斯案总体上遵循了相关审判程序的规定,定罪量刑适用法律恰当。这与胡斯本人的知名度及其影响,以及胡斯案受到了包括波西米亚国王、贵族和民众,以及神圣罗马帝国皇帝在内的多方关注有很大的关系。教会希望能够公正地审判胡斯,尽可能地实现程序正义和实体正义当在情理之中。

应当看到,教会界定的司法公正与胡斯的期待以及今人的认知具有相当的差距。以现代的司法公正视角来审视胡斯案,不免催生出对于胡斯命运的同情和嗟叹。胡斯生活的中世纪坚持的审判观念是将被告作为诉讼客体,当事人本位的现代观念还未形成,因此作为异端嫌疑犯受审的胡斯明显处于弱势的地位,无法享有现代法治观念中被告应有的诸多权利,既难自证清白,也难借放弃异端信仰逃脱惩罚,这些很容易让人形成中世纪教会惩治异端的立法和司法过于严苛、教会宽容度不够的判断。不过,如果将异端置于中世纪后期的历史语境中,特别是异端对于中世纪教会和基督教化的社会所产生的巨大冲击和影响,可以说,从胡斯抵达康斯坦茨的那一刻起,他的命运已经无可逆转。

第六章　胡斯派:"异端"的余响

康斯坦茨公会议的熊熊大火可以消灭胡斯的身体,但是他播下的"异端"思想的种子早已在他的追随者以及波西米亚民众中间生根发芽,并最终开花结果。胡斯殉道未满一年,类似的一幕再次在康斯坦茨上演——胡斯的追随者布拉格的杰罗姆被公会议指控为异端而遭受火刑。两位殉道者之死激起了波西米亚民众的愤慨,胡斯成为此后轰轰烈烈的胡斯战争的精神徽标,胡斯的神学思想不同程度影响了"圣杯派""塔波尔派"等胡斯派以及战后成立的兄弟会。胡斯殉道百余年后,开启新教改革的马丁·路德发现并高度评价胡斯的价值。可以说,"异端"胡斯逝世后产生的余响丝毫不逊色于他生前在波西米亚乃至基督教世界里掀起的波澜。

第一节　杰罗姆殉道

胡斯殉道之后,康斯坦茨公会议根除异端的行动并未结束,因为自1415 年 4 月底开始,另一个远比胡斯激进的异端嫌疑犯布拉格的杰罗姆也被监禁在康斯坦茨。在 1416 年 5 月 26 日公会议召开的会议上,杰罗姆清楚地谈到了他来到康斯坦茨的动机:他曾经建议胡斯出席康斯坦茨公会议,并承诺在胡斯遭遇困难的时候提供帮助。[①] 杰罗姆没有食言,但是他为自己的承诺付出了生命的代价。

一、放弃"异端"信仰

1415 年 4 月 4 日,杰罗姆抵达康斯坦茨,发现胡斯已身陷囹圄、与世隔绝。意识到自己面临的危险,杰罗姆在康斯坦茨仅仅停留了一个晚上,第二

---

① Jacques Lenfant, Stephen Whatley (trans.), *The History of the Council of Constance* (vol.1), p.585.

天就来到了距离康斯坦茨 25 英里之外的于伯林根。4 月 7 日，杰罗姆在于伯林根致信神圣罗马帝国皇帝西吉蒙德和公会议，要求得到安全保证书以便让他在公会议面前为自己信仰之纯洁公开辩护。此后，杰罗姆让人在康斯坦茨城内四处张贴告示为胡斯辩护。① 4 月 17 日，公会议第六次全体会议决定传唤杰罗姆，要求他在 15 天之内出现在公会议面前，就其信仰受到的指控作出解释，同时决定授予杰罗姆安全保证书。② 需要指出的是，杰罗姆和胡斯两人的安全保证书具有本质差异。如前所述，西吉蒙德给予胡斯的安全保证书是没有附加任何条件的。可是，公会议给予杰罗姆的安全保证书明确表明，虽然任何人不得伤害杰罗姆，但是“司法的情况除外”。换言之，安全保证书旨在保证杰罗姆能安全抵达康斯坦茨，而无法保证他能从康斯坦茨全身而退，因为安全保证书无法赦免杰罗姆因为异端指控而可能受到的司法审判。有鉴于此，杰罗姆决定返回波西米亚。不过，4 月 25 日，杰罗姆在苏尔茨巴赫被当地卫兵抓获，随后被送回康斯坦茨关押。③ 由于西吉蒙德在 7 月中下旬赴尼斯与本笃十三世协商教皇退位一事，迟至 1417 年 1 月 27 日才返回康斯坦茨，④因此在接下来的一年多时间内，公会议主导了对杰罗姆案的审理和定罪量刑。

与控罪胡斯的进程如出一辙，公会议在审判杰罗姆的初始阶段也采取了劝说他放弃异端信仰的策略。不过，不同于胡斯的应对策略，杰罗姆满足了公会议的要求。1415 年 9 月 11 日是杰罗姆受审的分水岭。在此之前，杰罗姆分别于 5 月 23 日和 7 月 19 日两度接受公会议的讯问。在第一次讯问中，来自巴黎大学的热尔松、分别来自科隆大学和海德堡大学的两名博士先后责问杰罗姆，为何当年在上述大学求学过程中坚持一些错误的观点。杰罗姆表示，他至今仍然坚信那些看法，如果他们能说服他，他愿意收回那些观点。他的回答遭到了会场上众人“把他送上火刑柱”的怒斥。讯问结束后，里加主

---

① Thomas A. Fudge, *Jerome of Prague and the Foundations of the Hussite Movement*, pp. 174－176.杰罗姆致西吉蒙德的信的全文，参见同书第 316 页附录 5。

② 公会议传唤杰罗姆的决议全文，详见 Thomas A. Fudge, *Jerome of Prague and the Foundations of the Hussite Movement*, pp.318－319, Appendix 7。

③ Jacques Lenfant, Stephen Whatley (trans.), *The History of the Council of Constance* (vol.1), pp.203－204.

④ 史家对于西吉蒙德启程赴尼斯的具体日期有 7 月 18 日、19 日、20 日和 21 日等多个版本，参见 Jacques Lenfant, Stephen Whatley (trans.), *The History of the Council of Constance* (vol.1), p.462。西吉蒙德返回康斯坦茨受到了教俗人士的热烈欢迎，详见同书第 2 卷第 13、23—24 页。

教(曾经看守过胡斯)将杰罗姆押回监狱。① 第二次讯问的相关细节不详,可以确定的是,公会议讯问了杰罗姆是否信奉圣餐不变论。② 此后,戴利和扎巴莱拉等公会议代表不遗余力地劝说杰罗姆放弃异端信仰。也许是扎巴莱拉的口才打动了杰罗姆,9 月 11 日,杰罗姆手写了一份放弃以前信仰的正式声明,并在圣保罗教堂公开宣读。③ 9 月 23 日,在公会议第十九次全体会议上,杰罗姆被迫再次在圣保罗教堂宣读他的书面声明。在书面声明的一开头,杰罗姆明确表示接受公会议对于威克里夫和胡斯的异端判决:

> 本人布拉格的杰罗姆,文学硕士,鉴于熟悉且理解天主教会和教皇领导下的信仰,我在此诅咒并谴责一切的异端,尤其是我以前遭到指控和谴责的错误,以及约翰·胡斯和约翰·威克里夫在他们的论著、论文以及针对信众和神职人员的布道中所信仰和教导的错误。因此,康斯坦茨公会议已经谴责威克里夫和胡斯——包括他们的教义和错误,尤其是判决书里提到的那些信条——为异端。④

杰罗姆宣布放弃以前的信仰,可从两个角度探析其原因。从公会议的角度来看,是否烧死杰罗姆必须考虑波西米亚境内的局势和民众的反应。7 月 26 日,公会议致信波西米亚贵族,告知他们胡斯已经被判火刑烧死,号召他们协助根除与胡斯有牵连的异端分子。⑤ 收到此信的波西米亚贵族们极其愤慨,他们对公会议的信使"铁腕"约翰主教报之以敌视和冷漠的态度。除了替公会议送信,"铁腕"约翰还肩负根除波西米亚异端分子的使命,但是,他发觉自己根本无法完成这一任务,他甚至不敢在公共场合露面。⑥ 9 月 2 日,近 60 名男爵聚集在伯利恒小教堂讨论波西米亚的局势。他们称呼公会议上的那些教父们为"迫害者"和"刽子手",认为对胡斯的判决简直是

---

① Jacques Lenfant, Stephen Whatley (trans.), *The History of the Council of Constance* (vol. 1), pp. 300 – 302.

② Jacques Lenfant, Stephen Whatley (trans.), *The History of the Council of Constance* (vol. 1), p. 462.

③ Thomas A. Fudge, *Jerome of Prague and the Foundations of the Hussite Movement*, pp. 193 – 195.

④ 书面声明的全文,参见 Thomas A. Fudge, *Jerome of Prague and the Foundations of the Hussite Movement*, pp. 320 – 322, Appendix 8。

⑤ Jacques Lenfant, Stephen Whatley (trans.), *The History of the Council of Constance* (vol. 1), pp. 467 – 469.

⑥ E. H. Gillett, *The Life and Times of John Huss; or, the Bohemian Reformation of the Fifteenth Century*, (vol. 2), p. 162.

侮辱波西米亚。在写给公会议的回信中,他们抗议公会议谴责胡斯为异端
并处火刑,认为胡斯是诚实、正直和正统之人,是按照教会认可的教父们的
理解来解释圣经经文的福音布道师,他以身作则教导信众致力于和平和慈
善,因此,他们坚决否认胡斯曾经教导和传布过任何错误或者异端,驳斥公
会议对波西米亚已受异端玷污的指控。此外,男爵们还谴责公会议不满足
对波西米亚已有的侮辱,现在又监禁杰罗姆并有可能对他再下杀手。[①] 这封
抗议信在波西米亚四处流传,共有 452 名波西米亚贵族先后在信上盖章以
示声援,最后被送往公会议。在公会议看来,这封抗议信是对公会议的蔑
视,因此,次年 2 月 23 日,公会议传唤所有 452 名签名者到康斯坦茨,不过
无人理会。[②] 可是,公会议不得不考虑波西米亚汹涌的民意。胡斯殉道已经
在波西米亚激起了民众的怒火,烧死杰罗姆无异于火上浇油。如果处置不
当,波西米亚局势失控进而发生反抗教会和公会议的运动并非没有可能。
如果能迫使杰罗姆宣布放弃他以前的信仰,这既能打击波西米亚改革派的
影响,又能遏制波西米亚民众针对处死胡斯的抗议。因此,公会议成立了四
人委员会审理杰罗姆案,指派枢机主教戴利和扎巴莱拉两位委员极力劝说
杰罗姆放弃异端信仰。[③]

从杰罗姆的角度来看,他将公会议劝说他放弃异端信仰的企图视为重
获自由的机会,这显然与胡斯对此的认知是不同的。如前所述,胡斯是非常
虔诚的基督徒,也是布道师,因此他绝不愿意否认他长期以来所坚信的教
义。杰罗姆则是平信徒,并未担任圣职。不像胡斯那般沉稳坚定,杰罗姆的
个性更显鲁莽冲动。某种程度而言,杰罗姆宣布放弃此前信仰的做法是基
于他以前的生活经历和经验的一种缓兵之计。杰罗姆曾经在巴黎大学、科
隆大学等多所大学获得学位,却因为他的教义惹下不少的麻烦。杰罗姆的
通行做法是,他总是通过极力否认针对自己的指控或者其他方式来化险为
夷。1410 年 8 月底至 9 月初,他在维也纳的经历尤为典型。当时,由于为威
克里夫、斯坦尼斯拉夫、巴莱奇以及胡斯等人辩护,加之他在布拉格、海德堡
等地发表的言论,杰罗姆遭受两轮指控,分别涉及 12 条信条和 10 条信条。
杰罗姆向法庭保证,案件审理期间他会一直待在维也纳,结果他却玩了一招

---

① Jacques Lenfant, Stephen Whatley (trans.), *The History of the Council of Constance*
(vol. 1), pp. 506 - 508. 抗议信的部分英译文还可参见 David Cuthbertson, The Protest
against the Burning of John Huss: The Story of an Edinburgh University Parchment, *The
Library*, s3 - IV(14), 1913, p. 152.

② Thomas A. Fudge, *Jan Hus: Religious Reform and Social Revolution in Bohemia*, p.
164.

③ Matthew Spinka, *John Hus: A Biography*, p. 292.

金蝉脱壳之计，在法庭休庭期间悄悄离开了维也纳。① 因此，当戴利和扎巴莱拉劝说杰罗姆宣布放弃以前的信仰时，杰罗姆故伎重施。首先，他否认自己曾为威克里夫明显的异端信条辩护，同时指出威克里夫的很多被控信条并未摘录自他的论述之中。至于胡斯，杰罗姆则声称公会议最终定罪的30条信条与胡斯的原始表述不相吻合。在这种情况下，两位枢机主教拿来了胡斯的原始论著，杰罗姆经过仔细勘验后承认，这些被控信条确实是准确的摘录，因此他相信对胡斯的控罪是成立的。②

杰罗姆接受公会议劝说的另一个原因是他对于火刑的恐惧。早在1409年参加布拉格大学的年度辩论会时，杰罗姆在公开演讲中说道："如果一个人在内心为失望和痛苦所钳制，又受到来自外部污蔑的折磨，那么绝望之箭很容易射穿他。"③对于在康斯坦茨受审的杰罗姆来说，他的这一席话可说是一语成谶。在监禁期间，杰罗姆失去了与外界的任何联系，遭受的非人待遇远胜胡斯。1416年，在伯利恒小教堂的一次布道中，斯特日布罗的亚库贝克描述了杰罗姆被囚禁期间的惨状："杰罗姆戴着粗重的脚镣手铐，在条件恶劣的监狱里被监禁了一年有余。有一次，杰罗姆头朝下被悬吊在塔楼的梁上长达11天，由于吊得太紧，他的腿皮开肉绽并开始溃烂，可是他还要忍饥挨饿，结果差点送了命。"④可以设想，置身于如此的环境之下，杰罗姆的心理承受能力已经达到了极限，对于火刑的恐惧削弱了他的意志力，导致他不得不选择放弃异端信仰。关于这一点，杰罗姆自己也是承认的。在1416年5月26日第二次公开听证会上，杰罗姆明确地说，他之所以违背自己的良心谴责胡斯的教义，并不是因为他不再相信它们，而是因为害怕火刑。类似的表达再次出现在5月30日最后的审判会上。⑤

让杰罗姆没有想到的是，公会议并没有释放他。1415年10月19日，热尔松在一次布道中公开宣称即使那些异端分子宣布放弃以前的信仰，他们

---

① Thomas A. Fudge, *Jerome of Prague and the Foundations of the Hussite Movement*, pp. 112 - 140.

② Matthew Spinka, *John Hus: A Biography*, pp. 292 - 293.

③ Thomas A. Fudge, *Jerome of Prague and the Foundations of the Hussite Movement*, p. 311.

④ Thomas A. Fudge, *Jerome of Prague and the Foundations of the Hussite Movement*, p. 234. 雅克·朗方在他的书中也有类似的细节记载，参见 Jacques Lenfant, Stephen Whatley (trans.), *The History of the Council of Constance* (vol. 1), p. 302。

⑤ Thomas A. Fudge, *Jerome of Prague and the Foundations of the Hussite Movement*, pp. 228, 240.

依然还是异端嫌疑犯,应该将他们终身监禁。^① 与此同时,胡斯的致命对手科斯的迈克和巴莱奇重操旧业,加紧活动试图将杰罗姆也送上火刑柱。1416 年 2 月 24 日,戴利和扎巴莱拉因被控接受杰罗姆的贿赂而退出了四人委员会,新任命的两名委员中包括君士坦丁堡主教,此人曾极力主张惩罚胡斯。^② 这表明公会议已在考虑改变此前劝说杰罗姆放弃异端信仰的策略。

杰罗姆顺应公会议的要求却依然未获自由,这一结果有助于我们更加深入地理解胡斯的殉道。面临公会议派出的各路人马的劝诱,胡斯不为所动,他的坚定与忠诚为后世铭记。舍生取义,还是苟且偷生,胡斯的选择在基督教史上留下了属于他自己的篇章。

二、难逃火刑判决

由于杰罗姆宣布放弃以前信仰的诚意遭到怀疑,^③新一轮的起诉继续进行。4 月 27 日,公会议召开全体会议,对杰罗姆提起了 11 项指控。这些指控的主要内容包括:杰罗姆在波西米亚、波兰、匈牙利、奥地利等多处地方宣扬威克里夫的异端思想;杰罗姆是胡斯教义最富激情的教唆者之一;杰罗姆无视教会对他的绝罚而依然领受圣餐,拒绝接受罗马教廷的传唤;杰罗姆用文字诽谤教皇、大主教以及世俗君主;杰罗姆破坏圣像并与他人发生多起暴力冲突;杰罗姆伪造牛津大学的印章以及牛津大学支持威克里夫的信件;杰罗姆在巴黎、科隆、海德堡等地公开宣扬反对三位一体等异端学说,等等。此外,公诉人还就杰罗姆否认"圣餐变体论"、攻击赎罪券、质疑教皇绝罚的有效性等提起指控。^④

在杰罗姆的一再坚持下,公会议决定召开公开听证会,日期是 5 月 23 日和 26 日。出现在公会议面前的杰罗姆拒绝接受公会议的讯问,坚持首先

---

① Thomas A. Fudge, *Jan Hus: Religious Reform and Social Revolution in Bohemia*, p. 150.

② Matthew Spinka, *John Hus: A Biography*, p. 294; Jacques Lenfant, Stephen Whatley (trans.), *The History of the Council of Constance* (vol. 1), pp. 522 – 523.

③ 事实上,除了要求杰罗姆手写放弃异端信仰的书面声明以及在公会议召开的会议上公开宣读,公会议还要求杰罗姆致信瓦茨拉夫国王、索菲亚王后、布拉格大学等,向他们通报他放弃异端信仰的声明,以便进一步确定杰罗姆的诚意。此类信件中有一些留存于世,比如 1415 年 10 月 12 日杰罗姆写给克拉瓦的拉切克(Lacek of Kravár)的信,此信全文可参见 Thomas A. Fudge, *Jerome of Prague and the Foundations of the Hussite Movement*, pp. 323 – 324, Appedix 9。

④ Jacques Lenfant, Stephen Whatley (trans.), *The History of the Council of Constance* (vol. 1), pp. 572 – 577.

进行自我陈述。这一要求遭到拒绝后,杰罗姆十分愤怒,当场质问公会议。曾担任教皇秘书的意大利人文主义者波焦·布拉乔利尼(Poggio Braccciolini)当时也在会场,因此记录下了杰罗姆的这番话语,并对他的博学、雄辩和勇气赞誉有加。杰罗姆说道:

> 这实在令人愤怒!我戴着镣铐被关在充满恶臭、粪便的肮脏监狱里,受尽折磨长达 350 天。在这期间你们一直听信我的敌人和诽谤者的鼓噪,可是现在你们居然拒绝听取我一个小时的陈述?实际上,你们只是听信了一面之词。当那些人竭力劝说你们相信我是异端分子、信仰的敌人、神职人员的对手之时,你们却拒绝给予我任何机会进行辩护。在你们了解我是怎样的一个人之前,你们已经在心里认定我是不值得尊敬之人。但是,你们是人,不是神。你们终有一死,不会永生!你们会犯错,会误入歧途,会被邪恶诱惑。智慧之人被称为世界之光。因此,为了确保自身不做愚蠢之事和不公正之事,你们应该承受任何可能的痛苦,应该无所畏惧。我本无足轻重之人,正面临丧失生命的危险,但是我所说的并非仅仅针对我的生死,我清楚地知道自己终有一死。我认为真正糟糕的事情是,你们这些拥有伟大智慧的人却使用公正之外的方式来起诉我。它之所以糟糕,与其说是因为我的这一具体个案,不如说是因为它开创先例之后所隐含的危险。[①]

从以上引文可见,杰罗姆语言的力度和感染力与胡斯不相上下,甚至超越胡斯。

杰罗姆愤怒的质问遭到了现场参会人员的抗议和公开谴责,发生在胡斯公开听证会上的一幕再次上演——会场秩序一度失控。后来,如同胡斯案一样,起诉杰罗姆的信条在会场上逐条宣读,杰罗姆得此机会为自己辩护。杰罗姆对那些他承认指控属实的信条加以解释澄清,比如承认像其他人阅读诚实的哲学家的著作那样阅读过威克里夫的论著,但是他的态度是取其精华,去其糟粕,比如承认教皇和枢机主教们可以合法地授予赎罪券,

---

① 此处引自布拉乔利尼从康斯坦茨写给另一名意大利人文主义者莱昂纳多·布鲁尼(Leonardo Bruni)的信,写信日期是 1416 年 5 月 30 日(即杰罗姆殉道之日),参见 Thomas A. Fudge, *Jerome of Prague and the Foundations of the Hussite Movement*, pp. 339, Appendix 12。这段引文被多部文献征引,其中个别文字表述存在差异,比如 Jacques Lenfant, Stephen Whatley (trans.), *The History of the Council of Constance* (vol. 1), pp. 594-595; Matthew Spinka, *John Hus: A Biography*, pp. 294-295。

但是售卖赎罪券却是非法的。不过，在大多数情况下，杰罗姆否认公会议的指控，特别是否认曾经反对"圣餐变体论"，否认曾宣扬过犯有不可饶恕之罪的神甫主持的圣礼是无效的教义（这与胡斯的遭遇是类似的），否认那些对他所谓暴力行为的指控。随后，援引基督教历史上众多无辜之人遭受错误指控的先例，杰罗姆谴责公会议的不公正，不接受新任命的审判委员会对他的审判。最重要的是，杰罗姆公开承认自己的胆小——"对火刑惩罚的恐惧导致我违背我的良心、卑鄙地同意了公会议对威克里夫和胡斯教义的谴责"，因此宣布放弃以前的信仰是他最感内疚之事，除威克里夫的圣餐不变论之外，他将至死坚信威克里夫和胡斯的教义。根据波焦·布拉乔利尼的书信所记载，杰罗姆称呼胡斯为"公正和神圣之人，不应受到死刑的判决"，高度赞扬胡斯勇于批评神职人员傲慢、虚荣、奢华的不当生活方式，认为胡斯的做法并不违背上帝。最后，杰罗姆批评了教皇、枢机主教和整个神职人员当中存在的自傲、贪心、好色等不当行为。[1]

公开听证会结束后，公会议给了杰罗姆两天时间考虑是否放弃以前的信仰，扎巴莱拉等人也当面劝说杰罗姆，但是杰罗姆不为所动。

图 16　杰罗姆殉道

（图片来源：https://iiif. wellcomecollection. org/image/V0041609. jpg/full/full/0/default. jpg）

---

① Jacques Lenfant, Stephen Whatley (trans.), *The History of the Council of Constance* (vol. 1), pp. 583－586,597－598.

　　5月30日,公会议举行第二十一次全体会议,宣布杰罗姆案的最终判决结果。杰罗姆被带进康斯坦茨大教堂,随后洛迪主教贾科莫举行大会布道,主题是对异端的回应不应该是轻描淡写或和缓的语言,而应报之以严厉。在布道中,洛迪主教6次直接提到杰罗姆的名字,指责杰罗姆被自以为是的真理欺骗、煽动波西米亚民众攻击教会等,批评杰罗姆在公开听证会上的表现存在6个方面的问题,等等。① 布道结束后,与常规程序不同的是,杰罗姆得到了发言的机会。他为自己辩护,认为贾科莫主教的布道是恶意的行为,是对上帝的侮辱。杰罗姆向上帝申诉,声称他并不认为那些针对他的指控是属实的。更为重要的是,他承认自己违背良心谴责胡斯是他有生以来做的最为糟糕的事情。② 随后,公会议宣判杰罗姆为异端。君士坦丁堡主教代表公会议宣读了判决书,认定杰罗姆信奉威克里夫和胡斯的错误和异端信条,谴责杰罗姆出尔反尔——在公开宣布放弃以前的异端思想并同意公会议谴责威克里夫和胡斯的情况下,很多天以后“却像狗跑回去寻找它的呕吐物一样”,在后来的公开听证会上收回了他此前的声明。基于上述原因,公会议决定将杰罗姆逐出教会,“犹如剪除枯萎腐坏的树枝”,并宣布他为异端分子。③ 最后,杰罗姆被交由世俗权力执行死刑。行刑的地点就是一年前胡斯殉道的地方,行刑的过程等细节(比如杰罗姆也戴上了画有魔鬼的纸冠)与胡斯的殉道过程非常类似,骨灰也同样被撒入了莱茵河。④

三、两位殉道者之比较

　　杰罗姆在康斯坦茨的受审和殉道过程,可以说至始至终充满着胡斯的影子。在一定程度上,视杰罗姆为第一个殉道的胡斯派并不为过。
　　首先,杰罗姆持有与胡斯类似的思想和观点。这体现在信奉威克里夫的唯实论哲学思想、批评售卖赎罪券、谴责教会各级神职人员的行为失范、宣扬民族主义等方面,而它们恰恰是公会议指控胡斯、杰罗姆的重点。饶有趣味的是,虽然两人都接受威克里夫的唯实论,但是都拒绝接受他的“圣餐不变论”,而接受了教会官方的“圣餐变体论”,即便如此,两人对于圣餐的看法都遭受了教会的质疑和审查。由于两人观点的相似性,不难理解公会议

---

① Thomas A. Fudge, *Jerome of Prague and the Foundations of the Hussite Movement*, pp. 325-333, Appendix 10.
② Thomas A. Fudge, *Jerome of Prague and the Foundations of the Hussite Movement*, pp. 239-241.
③ Norman P. Tanner (ed.). *Decrees of the Ecumenical Councils* (vol.1). pp.433-434.
④ Jacques Lenfant, Stephen Whatley (trans.), *The History of the Council of Constance* (vol.1), pp.591-592.

对杰罗姆的诸多指控与胡斯的罪状多有重合之处,最后判决书认定他为威克里夫和胡斯的支持者。

其二,杰罗姆坚定地支持胡斯的宗教改革事业。从前文讨论胡斯被控异端的过程来看,杰罗姆在诸多决定胡斯命运走向的重大事件中始终与胡斯站在一起,比如库特纳山法令事件、赎罪券风波以及胡斯决定参加康斯坦茨公会议等。实际上,胡斯也视杰罗姆为自己的同路人。就在殉道前的一个月,胡斯在其书信中至少 6 次提到杰罗姆,关心他的近况,梦见他遭到监禁,得知了他在狱中遭受折磨的确切消息,希望他能从容殉道等等,显示了两人的密切关系。[①] 胡斯对于杰罗姆的称呼颇能反映两人的同道关系:在1415 年 6 月 10 日写给波西米亚朋友们的信中,胡斯称呼杰罗姆为"我亲爱的同事";在 6 月 27 日写给波西米亚朋友们的信中,称呼杰罗姆为"我的兄弟";在 7 月 5 日写给康斯坦茨朋友们的信中,称呼杰罗姆为"我亲爱的兄弟"。[②] 在胡斯案的目击者玛拉多诺维斯的彼得(其实他也作为目击者为杰罗姆案做了一些记录)看来,胡斯是杰罗姆"非常亲近、不可分离的朋友"。[③]在公会议里,有人甚至视胡斯为老师、杰罗姆为其学生和信徒。[④]

其三,杰罗姆殉道是追随胡斯之举。如前所述,杰罗姆曾向胡斯承诺,在他遭遇困难的时候提供帮助。如果不是为了信守他对胡斯的承诺,杰罗姆不一定来到康斯坦茨这个危险之地,换言之,杰罗姆在一定程度上是为胡斯而死。另外,除了"一时糊涂"同意谴责胡斯之外,杰罗姆最终意识到公会议不会对于像他和胡斯这样的异端嫌疑犯心慈手软,同意谴责胡斯实属违背他的良心,从而坚定了他效法胡斯殉道的决心。

当然,有必要指出的是,杰罗姆与胡斯之间也存在着一些明显的差异。首先,两人的个性。相较于胡斯,杰罗姆个性更为张扬,语言更为直接、犀利也更富感染力,有时甚至毫不顾忌那些激进的话语可能产生的后果。其次,两人的生活经历。胡斯宗教改革事业的主要舞台是在波西米亚,而杰罗姆游历多国,在多地引发争议和遭受异端指控,不过两人在教会眼中都属于具有国际影响的异端分子。再次,两人对威克里夫思想的接受。两人都是威

---

① Matthew Spinka (trans.), *The Letters of John Hus*, No. 69, p. 160; No. 70, p. 162; No. 73, p. 167; No, 94, p. 200; No. 99, p. 207.

② Matthew Spinka (trans.), *The Letters of John Hus*, No. 73, p. 167; No, 94, p. 200; No. 99, p. 207.

③ Thomas A. Fudge, *Jerome of Prague and the Foundations of the Hussite Movement*, p. 191.

④ Thomas A. Fudge, *Jan Hus: Religious Reform and Social Revolution in Bohemia*, p. 150.

克里夫思想在波西米亚的接受者和传播者，但是杰罗姆还是直接的传入者，且对传播威克里夫的唯实论体现出了极高的热情。借助于唯实论的共相概念，杰罗姆提出神圣理念(divine ideas)为共相的最高形式，并试图将唯实论哲学与神学联合起来，比如对于神圣理念的理解构成教会改革的基础，比如道德改革的核心问题是罪，罪之产生，源于缺少对于共相的认识，也即罪是因为选择了低级的善，这一切与热尔松主张划定哲学和神学的分界线形成了鲜明的对比。[①] 最后，两人的著述。胡斯留下了大量的神学著述，而杰罗姆除了《基督徒的信仰之盾》(*Scutum fidei christianae*)这样一篇神学论述、1409 年大学辩论会发言稿等，留下的著述极其有限，因此康斯坦茨公会议对两人的判决依据也有不同——胡斯的定罪主要基于其著述，杰罗姆的定罪则依赖于证人的证词。最后一点的差异也许是长期以来杰罗姆研究未受重视的一个原因。

第二节　胡斯派运动

胡斯和杰罗姆的相继殉道，广泛激起了波西米亚民众对公会议、罗马教会以及西吉蒙德的愤慨，胡斯生前领导的宗教改革运动最终转化为胡斯派运动，引发罗马教会和神圣罗马帝国皇帝的干预，爆发了持续时间长达近 15 年之久的胡斯战争(1419—1434)。正是在胡斯派运动中，胡斯的宗教改革思想得到了继承、发展甚至梳理，形成了相对保守的圣杯派(Calixtine)和激进的塔波尔派(Taborite)两个胡斯派组织。胡斯战争结束后，1458 年出现了规模相对较小的第三个胡斯派组织兄弟会(Unity of Brethren，拉丁文称为 *Unitas Fratrum*)，直到 17 世纪该组织都一直存在着并在 19 世纪得到一定程度的复兴。

一、胡斯战争

如前所述，胡斯殉道后，波西米亚贵族收到了公会议通报胡斯被判火刑并要求根除追随胡斯的异端分子的信。在他们发布的致公会议的抗议信上，共有 452 名贵族在信上盖章以示声援。与此同时，波西米亚各地出现了夺取教会财产、驱逐教区神甫、暴力攻击甚至杀死教会神职人员、蔑视公会

[①]　Thomas A. Fudge, *Jerome of Prague and the Foundations of the Hussite Movement*, pp. 56 - 62.

议命令、宣传反对罗马教会等现象。① 杰罗姆殉道后,上述现象在波西米亚有增无减,胡斯和杰罗姆公开被尊奉为与圣劳伦斯甚至圣彼得等比肩的圣徒,很多平信徒则无视官方教会的礼仪规定,在圣餐礼中既领饼,也领酒。② 根据一位匿名作者的记载,在胡斯流亡期间布道过的柯施城堡附近的区域内,存在着教会反对的多种激进行为。例如,宣称任何不认同胡斯教义的神甫为邪恶之人,称呼教会的神甫为小偷因为他们不让平信徒领取象征基督之血的酒,普通的平信徒也可以布道,在教堂之外也可以举行洗礼和弥撒或者不经弥撒信徒也可领受圣餐,等等。③

公会议对波西米亚可能出现的"异端"运动其实早有准备,而且采取了措施力图打击这些胡斯派,不过这些举措进一步加剧了波西米亚胡斯派的"异端"运动。1415 年 7 月 26 日,公会议致信波西米亚贵族们,表示要根除追随胡斯的异端分子,并授权"铁腕"约翰回到波西米亚负责处理根除异端事宜。此外,9 月 23 日,公会议第十九次全体会议颁布命令,任命君士坦丁堡主教等为委员负责审查胡斯派且有权传唤和宣判任何胡斯派的嫌疑犯。④ 1416 年 2 月 23 日,公会议对全部 452 名在抗议信上盖章的波西米亚贵族发出传唤,不过传唤因为无人理会而不了了之。⑤ 同年春季(也可能在秋季),公会议请求西吉蒙德皇帝派遣军队或者采取其他必要的方式干预波西米亚日趋严峻的局势,但是西吉蒙德拒绝了这一请求。年底,公会议不得已再次强烈请求西吉蒙德干预瓦茨拉夫国王对局势的放任不管。⑥

在胡斯殉道之后兴起的胡斯派运动初期,瓦茨拉夫确实没有加以干预,甚至对于处决胡斯公开表示愤慨。⑦ 尽管瓦茨拉夫既不支持也不反对宗教改革,但是,有传言说公会议将传唤他到康斯坦茨,西吉蒙德将组织军队入侵他的王国等等,于是他不得不对日益严峻的形势有所行动。大约在 1416 年底,瓦茨拉夫首先要求布拉格大学执行他恢复正统天主教的命令,比如归

---

① 1416 年 3 月 27 日公会议致信信奉正统天主教义的波西米亚贵族们,抱怨在波西米亚"这些有悖常理的人群的数量以及他们的大胆程度正在持续上升",参见 Howard Kaminsky, *A History of the Hussite Revolution*, p.155。

② Howard Kaminsky, *A History of the Hussite Revolution*, pp.156,162 - 163.

③ Howard Kaminsky, *A History of the Hussite Revolution*, pp.166 - 167.

④ Jacques Lenfant, Stephen Whatley (trans.), *The History of the Council of Constance* (vol.1), p.517.

⑤ Thomas A. Fudge, *Jan Hus: Religious Reform and Social Revolution in Bohemia*, p. 164.

⑥ Howard Kaminsky, *A History of the Hussite Revolution*, pp.156,223.

⑦ [苏]鲁勃佐夫著,叶文雄译:《胡斯战争(十五世纪捷克伟大的农民战争)》,北京:三联书店, 1961 年版,第 103 页。

还教会财产、重新迎回被驱逐的天主教神甫、全面承认布拉格大主教的权威、责令遭受绝罚的叶塞尼采的约翰离开布拉格等,并在 12 月 2 日正式发布诏令。作为当时胡斯派的精神领袖,斯特日布罗的亚库贝克在布道中攻击该诏令,号召信众不要遵守。[①] 由于胡斯派并未真正遵守国王的诏令,加之贵族以及王廷官员中的胡斯派的共同努力,瓦茨拉夫试图恢复正统天主教的努力大打折扣。1417 年下半年,瓦茨拉夫似乎在索菲亚王后的影响之下对胡斯派持赞同的态度。然而,随着新当选的教皇马丁五世授权西吉蒙德全权处理胡斯派,1418 年底西吉蒙德致信瓦茨拉夫要求后者根除异端,加之教皇代表传唤支持胡斯派的索菲亚王后,瓦茨拉夫决定再次采取系列措施恢复正统天主教。在此过程中,亚库贝克和布拉格大学的教师们选择了沉默,可是许多胡斯派意识到必须选择反抗甚至战争。[②] 在布拉格,布道师约翰·哲里夫斯基(John Želivský,或译为约翰·热里夫斯基)成为新的胡斯派的领导者,以他激进的教义和富有煽动力的布道动员那些工匠、穷人等平民。1419 年 7 月 30 日,哲里夫斯基领导民众走上街头并冲进布拉格新城区市政厅,将里面的 13 名市政委员扔出窗外,这就是俗称的“扔出窗外”事件(defenestration),标志着胡斯战争拉开了序幕。

耳闻“扔出窗外”事件之后的瓦茨拉夫震怒无比,不过,由于中风他很快于 8 月 13 日去世。作为波西米亚的王位继承人,西吉蒙德因他对胡斯背信弃义而遭到波西米亚民众的痛恨,而且民众担心他继位后会恢复正统天主教。与此同时,在波西米亚南部地区,受瓦茨拉夫·科兰达(Wenceslas Koranda)等胡斯派神甫的布道影响,以乡村农民为主体、来自四面八方的民众从 1419 年 4 月 16 日开始多次聚集在塔波尔山上并在 7 月 22 日形成最大规模的集会,即所谓的“上山”运动,他们形成了更具革命性的塔波尔派。[③] 胡斯派运动最终发展为革命运动。教会和西吉蒙德显然不会对波西米亚发生的这一切坐视不管。1420—1431 年期间,教皇马丁五世和神圣罗马帝国皇帝西吉蒙德先后组织了五次十字军讨伐,结果均被击败。1433 年,在巴塞尔公会议(Council of Basel,1431—1449)上罗马教会与圣杯派签订协议,同意了圣杯派主张的饼酒同领以及其他教义,随后圣杯派倒戈参与镇压塔

---

① Howard Kaminsky, *A History of the Hussite Revolution*, pp. 223-226.
② Howard Kaminsky, *A History of the Hussite Revolution*, pp. 265-270.
③ Howard Kaminsky, *A History of the Hussite Revolution*, pp. 271, 278-279, 284; Matthew Spinka, *John Hus: A Biography*, pp. 301-302;[捷]约瑟夫·马策克著,卢剑波译:《捷克胡司派运动史》,第 17—21 页;[苏]鲁勃佐夫著,叶文雄译:《胡斯战争(十五世纪捷克伟大的农民战争)》,第 106—111 页。

波尔派。1434 年 5 月,塔波尔派在里旁(Lipan)战役中战败,标志着胡斯战争的基本结束。[①]

胡斯战争的具体过程并非此节讨论的重点,也非本书篇幅所能覆盖。真正需要讨论的问题是,胡斯与以他名字命名的这场战争,或者说以他名字命名的胡斯派运动,到底是一种什么样的关系? 具体而言,胡斯宣传的宗教改革思想在胡斯派中,特别是在圣杯派和塔波尔派中得到了怎样的传承? 饼酒同领无疑是一个较好的考察视角。

在学者霍华德·卡明斯基(Howard Kaminsky)看来,饼酒同领是一道重要的分水岭,把胡斯领导的宗教改革运动(Hus's movement)和胡斯派运动(Hussite movement)区分开来。[②] 这一分水岭出现在 1414 年 10 月。在此之前,胡斯以基督律法和圣经为最高权威,采取重建道德的改良路径,希冀上至罗马教皇下至普通信徒能够效法基督、提升道德水平,胡斯成为了波西米亚宗教改革运动的领导者。在胡斯启程赴康斯坦茨不久,斯特日布罗的亚库贝克于 1414 年 10 月开始推行平信徒在圣餐礼中饼酒同领的做法,明确提出饼酒同领是人获拯救的必要条件,这一主张成为了"饼酒同领派"(Utraquist,由于领取酒所用的圣杯的缘故,该派又称圣杯派)的核心教义,也成为了区分胡斯派与正统天主教徒的标志。自此亚库贝克成为胡斯派运动圣杯派的领导者。最终的结果是,饼酒同领成为了圣杯派和塔波尔派两大胡斯派的共同主张和核心诉求。但是,饼酒同领是对胡斯思想的继承吗? 通过辨析饼酒同领,我们试图揭示胡斯与胡斯派之间存在的思想传承和变异。

二、辨析饼酒同领

作为基督教的一种宗教礼仪,饼酒同领(communion in both kinds)是指平信徒在圣餐礼中可以同神职人员一样,既领取象征基督圣体的面饼,又领取象征基督圣血的酒。这种礼仪通行于早期教会之中,出于对领酒溅撒

---

① 也有史家提出,尽管里旁战役实际上标志着胡斯战争的结束,不过迟至 1436 年 8 月 16 日西吉蒙德才正式宣布"异端"波西米亚和基督教世界之间重新和解,这标志着长达 17 年的胡斯战争(即 1419—1436 年)的结束。参见 Stephen Turnbull, *The Hussite Wars (1419 - 36)*, Oxford: Osprey Publishing, 2004, p.15。有关胡斯战争的研究专著可以重点参考弗兰蒂泽克·什马赫尔以捷克语出版的 4 卷本《胡斯派革命》(František Šmahel, *Husitská revoluce* [4 vols.], Prague: Historický ústav, 1993)和霍华德·卡明斯基著的《胡斯派革命史》(*A History of the Hussite Revolution*),不过后者界定胡斯派革命的时段为 1414—1424 年。较早的相关讨论可参见[苏]鲁勃佐夫著、叶文雄译的《胡斯战争(十五世纪捷克伟大的农民战争)》和[捷]约瑟夫·马策克著、卢剑波译的《捷克胡司派运动史》等。

② Howard Kaminsky, *A History of the Hussite Revolution*, p.7.

出来而担心渎神等原因,后来教会中出现了平信徒只能领饼的革新礼仪。经过 12 和 13 世纪的传播,平信徒只能领饼在 14 世纪成为天主教会广为接受的做法,并于 1415 年被康斯坦茨公会议首次以法律形式确定下来。①

图 17　胡斯派军队的各种旗帜(左边站立者系胡斯派军队领导人"伟大的"普罗科普)

(图片来源:Stephen Turnbull, *The Hussite Wars* [1419 - 36],第 32 页。)

康斯坦茨公会议颁布这一法令,与波西米亚出现的恢复饼酒同领直接相关。1414 年 10 月布拉格四所教堂在圣餐礼中重新让平信徒领酒,这一做法随后扩散到波西米亚多个地方。围绕平信徒是否应该领酒,反对者和支持者各执己见,观点交锋一直持续到 1417 年。不过,公会议的一纸禁令,甚至教会 1420 年以来以镇压胡斯派异端(包括饼酒同领者在内)为名发动的五次十字军,即上文提到的胡斯战争,并未阻止饼酒同领主张的接受和施行。1420 年胡斯派通过的"布拉格四条款"(Four Articles of Prague)就包含饼酒同领主张。② 1433 年巴塞尔公会议与胡斯派谈判,胡斯派对饼酒同领主张毫不妥协并最终得到公会议的承认,但对于"布拉格四条款"其余的三条主张作出了让步。领酒的圣杯甚至成为了胡斯派运动的标志,胡斯战争期间胡斯派军队的旗帜上就绣有内嵌红色圣杯的黑色盾形徽章(参见图 17)。

虽然饼酒同领古已有之,但是何种机缘凑巧引发了这一礼仪在波西米亚"死灰复燃"? 目前至少存有四种说法。③ 一种说法认为,1414 年初,布拉格的杰罗姆从立陶宛和白俄罗斯返回,将东正教会一直采用的饼酒同领重新引入波西米亚。另外三种说法大同小异,都将这一礼仪的恢复归功于斯特日布罗的亚库贝克。其一,受到宗教改革先驱耶诺的马修有关平信徒应该频繁参加圣餐礼的思想之启发,亚库贝克提出平信徒也应该饼酒同领。

---

① Adrian Fortescue, *The Mass: A Study of the Roman Liturgy*, London: Longmans, Green and Co., 1914, pp.376 - 381.

② 另外三条主张是要求自由传布上帝的福音、包括教皇在内的各级神甫应该重返使徒式贫困并在生活方式上率先垂范、惩罚重罪,参见 Thomas A. Fudge, *The Crusade against Heretics in Bohemia, 1418 - 1437: Sources and Documents for the Hussite Crusades*, Aldershot: Ashgate, 2002, p.83。

③ Howard Kaminsky, *A History of the Hussite Revolution*, pp.99 - 108.

其二，受异端指控被驱逐出德累斯顿（Dresden，德意志萨克森的首府）的一群德意志教师来到布拉格，其中名为彼得和尼古拉斯的两位教师启发并引导亚库贝克重启饼酒同领。其三，亚库贝克在写于1414年的一篇论文中承认，是上帝的恩典让他得到推行饼酒同领的“神启”。

亚库贝克和胡斯年龄相仿，在布拉格大学的求学经历和胡斯非常类似：1393年获得文学学士，1397年获得文学硕士，随后任教于文学院并开始研究神学，1402年被按立为神甫并在三年后担任一所小教堂的神甫。[1] 作为胡斯的朋友，他坚定地支持并积极参与胡斯领导的宗教改革运动。但是，他的神学观点远比胡斯激进。亚库贝克深受威克里夫的影响，比如信奉“圣餐不变论”（胡斯则始终信奉教会官方的“圣餐变体论”），比如宣扬国王有权纠正那些违背上帝律法的神甫、可以剥夺他们的财产和圣俸等改革教会的主张等。[2] 亚库贝克的神学实践也很激进，除了重启饼酒同领，其他革新行为还有：以神甫可能犯有贪婪、自傲、奢华或者买卖圣职等罪行为理由，鼓励任何人随时随地口头忏悔和领受圣餐，无需教区神甫的主持；允许信众自由歌唱未经教会批准的圣歌等。[3]

重新施行饼酒同领的缘起未有定论，但亚库贝克被认定为最早在波西米亚推行这一做法的人。有文献记载，布拉格新城区的圣阿德尔伯特教堂和老城区的圣马丁教堂、圣迈克尔教堂、伯利恒小教堂，在礼拜天的圣餐仪式上正式开始了准许平信徒领受圣杯中的酒。[4] 据学者推测，首次施行的时间很可能在1414年10月28日。[5] 这四所教堂中，值得注意的是素有“改革”名声的伯利恒小教堂。如前所述，胡斯在此担任布道师长达10年，是他宣传宗教改革思想和领导宗教改革运动的重要阵地。1412年胡斯被迫流亡后，亚库贝克曾经担任过该教堂的布道师。

亚库贝克也是饼酒同领主张最为积极、最有影响力的宣传者。亚库贝克引用圣经、教会教甫的论述、包括托马斯·阿奎那在内的经院神学家的论述、教会法等为依据，通过辩论会、布道和论文等形式公开为饼酒同领的合

---

[1] Matthew Spinka, *John Hus: A Biography*, pp.79 - 80.
[2] Howard Kaminsky, *A History of the Hussite Revolution*, p.52.
[3] 这些“革新”行为载于匿名作者从康斯坦茨写给一位布拉格神甫的长信，此人在信中从多个角度驳斥亚库贝克“饼酒同领”的主张，还指责亚库贝克及其支持者不尊重教会确定的圣礼仪式以及高级教士的命令、宣扬威克里夫和胡斯的教义等，参见 Jacques Lenfant, Stephen Whatley (trans.), *The History of the Council of Constance* (vol.1), pp.259 - 265。
[4] Howard Kaminsky, *A History of the Hussite Revolution*, p.99.
[5] Hieromonk Patapios, *Sub Utraque Specie*: The Arguments of John Hus and Jacoubek of Stribro in Defence of Giving Communion to the Laity Under Both Kinds, pp.510 - 511.

法性辩护，并与多人有过观点的交锋。早在 1414 年 4 月的数次布道中，亚库贝克指出圣餐礼应该遵照基督的规定来施行，并强调是所有人领饼和酒。[1] 10 月 18 日的前几天，亚库贝克在布拉格大学组织了公开辩论会，辩论的主题是"虔诚的平信徒应该更为经常性地领受基督的圣体和圣血，这对于基督教会是否合适和必要"，亚库贝克对此作出了肯定的回答和辩护。随后，亚库贝克与神学教授布罗德的安德鲁展开论战，亚库贝克撰写的反驳论文被认为是胡斯派对饼酒同领主张最为系统的讨论。[2] 鉴于亚库贝克论述产生的广泛而深远的影响力，在 1418 年康斯坦茨公会议发布的惩处胡斯派异端的 24 条决议中，第 16 条决议命令上缴并烧毁亚库贝克有关饼酒同领等方面的著述。[3] 可见，在教会眼中，亚库贝克正是散布饼酒同领异端教义的最为邪恶之人，对付异端著述，必须一烧了之。

饼酒同领的重启，在波西米亚内外引发了巨大的争议。天主教会所持的反对立场从一开始就是明确的。瓦茨拉夫四世没有采取彻底禁绝饼酒同领的立场，与国内很大一部分贵族支持饼酒同领有关。[4] 但是，胡斯派的立场十分复杂。由于对胡斯宗教改革观点的认同和继承程度不一，胡斯派中既有保守者，也有激进者，即便是激进者，也有程度的差异。事实上，在保守的胡斯派看来，饼酒同领是激进的，不足取的。比如叶塞尼采的约翰，他为胡斯应对被控异端提供诸多法律支持，却是第一个明确反对饼酒同领的改革派人士。再如继胡斯之后担任伯利恒小教堂布道师的哈夫利克（Havlík），他也明确质疑亚库贝克，认为在没有确凿证据表明需要饼酒同领的情况下最好沿袭当前的圣餐礼仪。[5] 不过，胡斯殉道后，胡斯派的两个主要派别圣杯派和塔波尔派，虽然在教义方面存在诸多分歧，甚至在圣餐礼的具体细节比如神甫的着装、婴儿是否该领圣餐等方面也有分歧，但是两派都将饼酒同领视为他们的共同诉求。

那么，作为胡斯派中圣杯派的主要领导者和饼酒同领教义的代言人，亚

---

[1] Thomas A. Fudge, *The Magnificent Ride: The First Reformation in Hussite Bohemia*, p.140.

[2] Howard Kaminsky, *A History of the Hussite Revolution*, p.126.

[3] Thomas A. Fudge, *The Crusade against Heretics in Bohemia, 1418–1437: Sources and Documents for the Hussite Crusades*, p.19.

[4] 最为典型者莫过于布拉格的最高行政官瓦特姆伯格的切涅克（Čeněk of Vartemberk）勋爵。1417 年 3 月 6 日，切涅克勋爵主导任命了一批胡斯派神甫，他们中很多人后来成为了塔波尔派神甫的主体。同年 6 月 17 日，切涅克勋爵召集罗森伯格此地的神甫们开会，要求他们要么施行饼酒同领，要么把教区让给那些愿意施行饼酒同领的神甫。参见 Howard Kaminsky, *A History of the Hussite Revolution*, pp.242–244。

[5] Howard Kaminsky, *A History of the Hussite Revolution*, pp.130–134.

库贝克与天主教会争论的主要分歧在哪里? 尽管论辩双方援引圣经经文大体一致,比如论及饼酒同领的《新约·马太福音》第 26 章 26—28 节、《新约·马可福音》第 14 章 22—24 节、《新约·路加福音》第 22 章 17—20 节,以及《新约·约翰福音》第 6 章 53 节等,但是双方对相同经文的解读大相径庭。天主教会的官方解释有如下三个要点。其一,饼、酒中的任何一种可以代表耶稣基督圣体和圣血的完整结合,即"并存说"(Concomitance),因此平信徒无需再领酒。其二,《新约·约翰福音》第 6 章 53 节耶稣说"我实实在在地告诉你们:你们若不吃人子的肉,不喝人子的血,就没有生命在你们里面",这应该被理解为精神层面(spiritual)的圣餐,而非实体层面(eucharistic)的圣餐。因此该经文不是平信徒在实体性圣餐中饼酒同领的依据。其三,在最后的晚餐中,与耶稣进餐的使徒们代表着未来的神职人员,因此后世圣餐礼中神职人员饼酒同领并不意味着平信徒也可以如此。与这三点针锋相对的是,首先亚库贝克反驳"并存说",认为耶稣基督在上述经文中既提到了饼也提到了酒,应遵从其字面意义。其次,亚库贝克指出圣餐既是实体性,也是精神性的,《新约·约翰福音》第 6 章 53 节至关重要,它说明饼酒同领是人获得拯救的必要条件,甚至是唯一可行的方式。最后,亚库贝克认为最后的晚餐中的使徒们所代表的并不仅仅是神职人员,而是包括平信徒在内的所有基督徒。[1]

当饼酒同领引发争议、布拉格四所教堂重启饼酒同领的时候,胡斯正在奔赴康斯坦茨参加公会议的路途之中。毋庸置疑,胡斯对此的立场非常关键。一种想当然的看法是,胡斯作为宗教改革运动领导者,他对于具有改革性质的饼酒同领主张肯定是支持的,比如在国内具有较大影响力的《基督教史》一书中,论及胡斯:"1402 年,胡斯用捷克语在布拉格布道,激烈抨击教会的腐化。胡斯进而要求教会改革,……主张平信徒在弥撒中与主礼教士同领'圣杯'。胡斯的主张引起了教会上层人士的反对,1408 年,他们把胡斯赶出教会,不准他布道。"[2]上面所引论述,无论是胡斯提出了饼酒同领这一主张,还是提出这一主张的时间,前文的讨论显示它们都是不准确的。实际上,胡斯对饼酒同领的立场经历了复杂的演变过程。

---

[1] Howard Kaminsky, *A History of the Hussite Revolution*, pp.110 - 113. 当然,驳斥饼酒同领派的论点并不仅仅限于此处所列三点。比如约翰·热尔松在写于 1417 年的论文中就列举了反对"饼酒同领"的至少 8 点理由,其中包括平信徒长长的胡须会污染圣杯、祝圣后的酒在保存过程中可能因为变酸而不再是圣血等,参见 Thomas A. Fudge, *The Trial of Jan Hus: Medieval Heresy and Criminal Procedure*, p.271。

[2] 王美秀、段琦、文庸、乐峰等著:《基督教史》,第 158 页。

胡斯最初的态度是反对饼酒同领的。1407—1409 年,胡斯在布拉格大学修读神学博士,期间讲授彼得·隆巴德的《箴言四书》,其讲义以《约翰·胡斯论〈箴言四书〉》之名留存后世。在该讲义中,胡斯承认"并存说"并认为平信徒只需领饼。①

胡斯再次对饼酒同领明确表明立场已是 1414 年 10 月该礼仪在波西米亚重新施行之后。可能是因为 1414 年 10—11 月间受到了各种指责,亚库贝克试图寻求胡斯的支持。此时的胡斯已经接受康斯坦茨公会议的参会邀请。据说,在启程赴康斯坦茨之前,胡斯曾经劝说亚库贝克暂缓推行饼酒同领的做法,并承诺从康斯坦茨回来后会坚定地帮助他。② 不过,应亚库贝克的请求,抵达康斯坦茨的胡斯在被监禁之前写作了《论平信徒通过酒领受基督的血》(De sanguine Christi sub specie vini a laicis sumendo)一文,公布了他的立场。在此文中,除了回避关键性的《新约·约翰福音》第 6 章 53 节,胡斯引用了诸多圣经条文、教皇教令、教父论述等,一方面继续坚持"并存说",另一方面驳斥了那种认为最后晚餐中的使徒们只是代表了未来神职人员的观点。他最后形成的基本结论是:"平信徒领受象征基督圣血的酒似乎是容许的、合适的。尽管饼、酒中的任何一种可以代表基督的圣体和圣血,但是基督为信徒创造两种圣餐形式(即圣餐领饼和圣餐领酒,译者注)并非没有缘由和用处,而是大有好处。"③总体来看,胡斯既未对饼酒同领大唱赞歌,也未对此横加反对。

也许是因为胡斯的立场并未一边倒地支持亚库贝克,围绕饼酒同领的争议并未结束。1415 年 1 月 4 日,赫卢姆的约翰致信胡斯,希望他就圣餐礼中平信徒领受圣杯给出明确的最终意见,因为"就你在论文中的结论,信徒们中间依然存在分歧,且很多人为此而焦虑担心"。④ 同日,胡斯回信赫卢姆,表示自己的观点已在论文中详述,没有其他需要补充的,只是强调福音书和保罗书信明确显示饼酒同领是早期教会的做法。需要注意的是,胡斯提出,如果可能,应努力得到教会敕令的许可为好。⑤

波西米亚施行饼酒同领的消息传入康斯坦茨,公会议决定出手干预。6月 15 日,公会议第十三次全体会议发布决议,禁止平信徒饼酒同领,宣布违

---

① Matthew Spinka, *John Hus' Concept of the Church*, pp. 75 – 76; František Šmahel & Ota Pavlíček (eds.), *A Companion to Jan Hus*, pp. 161 – 162.

② Howard Kaminsky, *A History of the Hussite Revolution*, p. 127.

③ Hieromonk Patapios, *Sub Utraque Specie*: The Arguments of John Hus and Jacoubek of Stribro in Defence of Giving Communion to the Laity Under Both Kinds, pp. 511 – 517.

④ Matthew Spinka (trans.), *The Letters of John Hus*, No. 55, p. 139.

⑤ Matthew Spinka (trans.), *The Letters of John Hus*, No. 56, p. 140.

背公会议敕令者被视为异端分子。①

　　胡斯很快得知了公会议谴责饼酒同领的消息，并迅速写信表明了态度。6月18—21日期间，胡斯致信杜巴和赫卢姆。在信的最后，胡斯极其愤慨地表示：

> 啊，这简直是发疯！他们居然谴责基督的福音和保罗书信（如同保罗所说，他所领受的并非来自人，而是来自基督）是错误的！他们谴责基督及其门徒和其他圣徒的行为（即主赐予的圣餐中的圣杯由所有成年的信徒领受）是错误的！唉，他们将应该允许平信徒领受圣杯中的酒的信仰称为错误，而且如果神甫将酒给予某个信徒，那么该神甫就在犯错，除非他停止这一行为，否则他将被谴责为异端分子！啊，圣保罗，你曾对所有的信徒说过："你们每逢吃这饼，喝这杯，是表明主的死，直等到他来。"换言之，等到末日审判时主将要来。看看，现在罗马教会的习俗就已经与此相违背了！②

　　此外，6月21日，胡斯就饼酒同领问题专门致信哈夫利克。一方面，胡斯请求哈夫利克不要反对饼酒同领，因为没有任何圣经条文反对这种做法，而公会议批准的现存习俗只是因为疏忽而逐渐形成。大家应该遵循基督的范例和真理，而非习俗。另一方面，胡斯恳求哈夫利克不要再攻击亚库贝克，否则信徒中将出现分裂，这会让邪恶之人感到高兴。③以上两信是胡斯对于饼酒同领的最后表态。

　　梳理胡斯有关饼酒同领立场的形成过程，似乎表明，胡斯的立场在公会议谴责饼酒同领之后发生了明显的变化，即在此之前胡斯态度有所保留，而在此之后体现了完全支持的态度。学者托马斯·A.法吉解释说，这可能是因为在公会议发布禁令前，胡斯不想让他对饼酒同领所持的立场成为对手们新的攻击目标，也可能是因为胡斯对于恢复该礼仪将要产生的冲击缺乏了解。④不过，如果仔细阅读胡斯6月间有关饼酒同领的两封信，我们不得不承认，虽然胡斯措辞远比以前激烈，但是他的立场并没有实质性改变。胡

---

① 公会议敕令的原文，参见 Norman P. Tanner (ed.), *Decrees of the Ecumenical Councils* (vol.1), pp.418-419.
② Matthew Spinka (trans.), *The Letters of John Hus*, No.81, p.179.
③ Matthew Spinka (trans.), *The Letters of John Hus*, No.83, pp.181-182.
④ Thomas A. Fudge, *Jan Hus: Religious Reform and Social Revolution in Bohemia*, p.156.

斯反对公会议谴责饼酒同领只是因为这一礼仪并未违背圣经,这和胡斯一贯坚持的以圣经为最高权威是一致的,因此公会议的谴责才让胡斯倍感愤怒。同时,胡斯并不认为"应该允许平信徒领受圣杯中的酒"是错误的,因为领酒与否是平信徒自己的选择,而公会议长期以来的"习俗"和针对饼酒同领的禁令恰恰剥夺了平信徒选择的权利。这一观点显然与胡斯在《论平信徒通过酒领受基督的血》一文中的立场是一致的。至于胡斯恳求哈夫利克不要再攻击亚库贝克,这也不能理解为胡斯完全支持亚库贝克的立场,因为胡斯明确地说这是为了避免信徒间的分裂,况且胡斯在此信的末尾明确告诉哈夫利克"从我在康斯坦茨所写的论文中你将找到圣餐中领酒的原因"——这再次表明胡斯持保留态度的立场并无改变。

比较胡斯和亚库贝克对饼酒同领的认识,两人的差异是明显的,尤其体现在对待《新约·约翰福音》第6章53节。在这篇最能体现胡斯立场的论文《论平信徒通过酒领受基督的血》中,胡斯对这段经文有意或无意的忽视,表明他视饼酒同领为平信徒的备选项。而在亚库贝克看来,该经文确立了饼酒同领是人获拯救唯一方式的基础,因此饼酒同领是平信徒的必选项。正因为如此,饼酒同领不能仅仅停留在口头和书面的教义,它一定要施行。

也许是因为洞察到胡斯与胡斯派对饼酒同领的上述认识差异,学者霍华德·卡明斯基对于如何看待胡斯派运动对胡斯宗教改革思想的承继关系,发表了如下的观点:"发端于1414年10月并在接下来的10年内屡有创新的胡斯派运动,从本质上看,并不简单是胡斯领导的宗教改革运动的延续。最接近胡斯个性和思想的人很快拱手让出了领导权,激进派取而代之,首先是以斯特日布罗的亚库贝克,然后是塔波尔派的神甫们。尽管他们对胡斯作为圣徒的尊敬程度不输于他人,但是他们并未从神学家胡斯那里获取主要的灵感,即使有的话,灵感也不是来自胡斯在其论著中所宣称的那些正统观念,而是源自于公会议判定胡斯所拥有的那些失控的、煽动性和颠覆性的观点而已。"[1]卡明斯基的论断明显着眼于胡斯及其继承者之间的差异,甚至是本质性的差异。不得不承认,在胡斯派运动过程中,圣杯派和塔波尔派的教义和实践远比胡斯激进,采取暴力手段的社会革命也并非胡斯所乐见,在一定程度上胡斯派运动背离了胡斯生前领导宗教改革运动的初衷。

但是,卡明斯基的上述论断似乎给人一种见树不见林之感,因为他忽略了胡斯派对胡斯宗教改革思想中一些核心理念的回应。

还是以饼酒同领为例。亚库贝克之所以坚持认为饼酒同领是正当的,

① Howard Kaminsky, *A History of the Hussite Revolution*, p.6.

是因为他以圣经经文为重要的理据，这和胡斯坚持的“圣经至上”论是一致的。此外，饼酒同领的争议涉及到早期教会和现代教会之辩。这两种教会的划分，是以教皇西尔维斯特一世（Silvester I, 314—335 年在任）接受“君士坦丁赠礼”为分界，此前是早期教会，此后是现代教会。[1] 从使徒时代开始、属于穷人的早期教会，在改革派看来，早已变成了追名逐利、腐败堕落的现代教会。胡斯就是持有此论的典型代表。胡斯派继承了胡斯对于这两类教会的看法。饼酒同领的重启，集中体现了胡斯派对于早期教会的推崇和对于现代教会的贬抑。胡斯派认为，早期教会最接近基督且由更完美的律法所约束，正如亚库贝克所说，“在任何情况下，基督徒认定的最为确定和最有把握的事情是耶稣所规定的、所做的、希望他的早期教会所做的一切”[2]，因此应该恢复早期教会中饼酒同领的礼仪。充斥着种种堕落现象的现代教会令人感到恶心，现代教会之所以不让平信徒领酒，不让信徒频繁领取圣餐，是因为神甫太懒惰和对圣事的施行缺乏热忱。现代教会的权威性远非早期教会可比，亚库贝克使用了母与女的形象来比喻两者之间的差别，提出“现代教会应该是早期教会这个神圣母亲的女儿，因此就饼酒同领这一合理的主张而言，女儿应该听从，而不是违背她的母亲。”[3]可见，胡斯派对于当代教会的改革路径与胡斯也很类似，虽然他们在具体的实践中比胡斯走得更远。

有必要指出的是，胡斯派的不同派别对于在多大程度上回到早期教会的看法是有差异的。以胡斯派神甫瓦茨拉夫·科兰达（Wenceslas Koranda）为代表的激进派就提出：“一切人为创造的圣礼仪式都不应该存在，任何方面都应该遵从早期教会的仪式。”塔波尔派神甫在主持圣餐礼时尽可能地祛除现代教会的圣礼元素，比如神甫不穿特定的礼服，神甫头顶的头发并不剃光，盛放饼酒的容器是普通的盘和杯，教堂里没有圣像等装饰也不设置圣餐台等。对于塔波尔派施行圣礼的礼仪过于简化，保守派的代表人物约翰·普日布拉姆（John Příbram）就指责这是一种“分裂教会”的行为。针对塔波尔派宣称他们回归到了耶稣的最后的晚餐中的礼仪，普日布拉姆反驳道，这些神甫至少在 12 个方面没有做到，比如不是在晚上施行圣餐礼、没有执行洗脚的规定等等。普日布拉姆认为礼仪需要规范，否则将导致无休无止的教会分裂，即便早期教会之后的那些教皇给圣餐礼增加了一

---

①　Howard Kaminsky, *A History of the Hussite Revolution*, pp. 116 - 117, 448.

②　Howard Kaminsky, *A History of the Hussite Revolution*, p. 194.

③　Howard Kaminsky, *A History of the Hussite Revolution*, pp. 116 - 120.

些现代元素,这些新增礼仪也并非无效,因为最为邪恶之人也能做善事。①
可见,对于早期教会的了解和想象,对于现代教会的认识和判断,胡斯派的
内部存在分歧,从而体现出或保守或激进的不同取向,决定了不同派别与罗
马教会或妥协或革命的策略选择。

如何准确把握胡斯与胡斯派,或者说改教先驱与其追随者之间的思想
承继关系,饼酒同领这一个案显示了基督教思想史研究的复杂性。一方面,
我们需要透过现象看本质,看清后来者对先行者思想的传承。饼酒同领主
张的背后,折射出胡斯派对于胡斯以上帝的律法为最高权威、推崇早期教会
等宗教改革思想的继承。另一方面,我们更需要留意后来者较之先行者思
想的变异,避免坠入"标签化"的解读陷阱。胡斯派这一"标签"很容易误导
我们忽视胡斯派内部对于饼酒同领的不同认知,甚至可能导致我们主观臆
断胡斯对于饼酒同领的立场。当然,正是在继承与变异的过程中,基督教思
想得以发展和丰富。

三、兄弟会的思想继承

除了圣杯派和塔波尔派,胡斯派运动中的兄弟会也值得讨论。1457—
1458 年之间,兄弟会在昆瓦尔德(Kunvald 或 Kunwald,位于布拉格以东)首
次建立。除了 1609—1620 年之间被短暂承认为合法组织,兄弟会一直被视
为异端,受到打压和迫害。尽管如此,兄弟会依然不断发展壮大。到路德新
教改革之前,保守估计,兄弟会已在波西米亚和摩拉维亚建有 400 多座教
堂,会众人数至少有 15 万之多。② 整个 16 世纪,兄弟会还扩展到普鲁士和
波兰等地。③ 随着 1618 年"三十年战争"(Thirty Years' War, 1618—
1648)④在波西米亚的爆发以及 1620 年白山战役中波西米亚的战败,天主教
在波西米亚重新占据主导地位,新教徒由此遭受灭顶之灾。波西米亚和摩
拉维亚兄弟会同样未能幸免,他们不得已逃往萨克森、波兰、普鲁士等地。

---

① Howard Kaminsky, *A History of the Hussite Revolution*, pp.170,445 - 448.
② Edmund de Schweinitz, *The History of the Church Known as the Unitas Fratrum or the Unity of the Brethren* (2nd edition), Bethlehem: The Moravian Publication Concern, 1901, p.225.
③ Edmund de Schweinitz, *The History of the Church Known as the Unitas Fratrum or the Unity of the Brethren* (2nd edition), Chapters 29 - 30,33 - 34,36,42 - 44.
④ 1617 年,神圣罗马帝国皇帝任命哈布斯堡皇室的斐迪南大公为波希米亚国王。作为狂热的天主教徒,斐迪南对波希米亚的新教徒进行大规模的逼害,这导致了"布拉格扔出窗外事件"的发生,即 1618 年 5 月 23 日布拉格的新教徒冲进王宫将神圣罗马帝国皇帝的两名代表从窗口扔入壕沟,这标志着"三十年战争"的开始。

从 18 世纪 30 年代开始,兄弟会在德国境内的何恩贺特(Herrnhut)再度复兴并传播到其他一些新教国家。[1]

在兄弟会教义的发展过程中,可以看到这些教义既有承袭胡斯之处,也与胡斯的神学思想存在差异。一般认为,彼得·海尔奇茨基(Peter Chelčický,约 1380—约 1458)是兄弟会教义的奠基者,甚至被尊为精神之父。海尔奇茨基阅读了威克里夫、胡斯、耶诺的马修等人的著作,很有可能在胡斯流亡期间听过胡斯本人的布道,但是海尔奇茨基是一个具有批判精神的思想者,因此他对于包括胡斯、亚库贝克等在内的宗教改革者既有敬仰,也有疏离。海尔奇茨基信奉的是十字架神学,而非荣耀的神学,因此他反对为了荣耀上帝、为根除世界上的恶而采取的任何战争手段,选择的是和平主义(pacifism)和彻底的反战立场。[2] 基督徒只应该加入精神性的战争中,包括战争在内的所有杀人都是犯罪。这显然和胡斯对于战争的立场有所不同。如前所述(参看第三章第二节),胡斯至少是支持"正义的战争"的。十字架神学还体现在应该效法基督,忍受磨难。这就意味着,真正的教会不仅不应该压迫他人,还应该放弃世俗的权力和财产,应该重返早期教会,应该追求使徒式贫困的生活方式。在其后期的著名论著《信仰之网》(Síť víry)中,海尔奇茨基提出,从君士坦丁赠礼开始,皇帝和教皇的腐败撕破了教会之网,因此唯一的修补之法就是回归到君士坦丁之前的教会状态。同时,教会应该与国家分离,因为前者建立在爱的律法基础之上而后者依赖于权力,因此教会必须放弃世俗统治、财产和特权,必须拒绝战争和任何武力胁迫行为。[3] 更重要的是,海尔奇茨基重视伦理道德甚于教义,甚至提出,与其说基督教是宗教信仰,还不如说是生活方式。在他看来,效法基督是最高的生活准则,爱上帝爱邻人是最高的律法——这种爱意味着对圣诫的服从、自愿承受不公正的磨难以及绝不以恶制恶。[4] 不难看出,海尔奇茨基的主要观点,特别是他更为重视伦理道德以及效法基督、重返早期教会、回归使徒式贫困的主张与胡斯是完全一致的。

---

[1] 有关"三十年战争"后波西米亚兄弟会遭受迫害的具体细节,详见 Ami Bost, *History of Bohemian and Moravian Brethren*, London: Religious Tract Society, 1834, pp.102-115。兄弟会运动在何恩贺特的复兴以及在其他新教国家的传播,详见同书第 7—14 章。

[2] Craig D. Atwood, *The Theology of the Czech Brethren from Hus to Comenius*, University Park: The Pennsylvania State University Press, 2009, pp.134-138.

[3] Matthew Spinka, Peter Chelčický, the Spiritual Father of the *Unitas Fratrum*, *Church History*, 12(4),1943, pp.288-289.

[4] Edmund de Schweinitz, *The History of the Church Known as the Unitas Fratrum or the Unity of the Brethren* (2nd edition), p.97.

再来看兄弟会正式成立后的教义情况。1457—1458 年之间,以格列高利(Gregory)为首的一群年轻人在一个名为昆瓦尔德的村庄附近首次建立了兄弟会,他们被后世史学家视为波西米亚宗教改革的第三代。他们阅读了包括《信仰之网》在内的海尔奇茨基的主要著作,认为他是对于圣经和基督律法给予了准确解释的胡斯派。① 在 1464 年的一次宗教会议上,兄弟会公布了其基本的教义:"首先,我们同意将在对主耶稣的信仰中互相关爱,在来自于上帝的正义中集为一体,在爱中对于上帝充满希望。"简言之,它体现了基督教的基本要义:信、望、爱。② 就信仰层面而言,格列高利提出,真正教会的本质和基础是耶稣基督,他是教会建立的基础,是教会之首。这一认识与胡斯完全一致。同样承继了胡斯的观点,兄弟会认为真正的教会是被预定者的集合体,一个人是否得救完全取决于上帝的选择,因此人的得救靠的是完满于爱之中的信仰。此外,这次宗教会议也确认纪律是真正教会的标志。纪律不在于惩罚罪人,而在于引起忏悔,因此,在情同兄弟姐妹、充满爱的成员之间应该互相劝诫。③ 这在胡斯强调伦理道德的基础上又前进了一步。当然,坚持和平主义、坚持远离世俗社会、反对圣餐变体论等方面又体现了与胡斯不一致的地方。

格列高利去世以后,兄弟会在 1495—1500 年之间内部发生了分裂,少数派严格追随格列高利和海尔奇茨基的教义,主流派则信奉相对灵活的教义,新的兄弟会不再是从前那个与世俗社会隔绝的教会团体,而转变为一定程度融入社会、带有自愿性质的教会组织。在此期间,布拉格的路加(Luke of Prague, 1460—1528)在制定兄弟会教义和教规等方面发挥了领导作用,后在 1518 年成为兄弟会的领导者。路加可以被视为革新者,他的教义实际上融合了圣杯派、塔波尔派和海尔奇茨基三大胡斯派的思想。路加将上帝之言置于首要位置,但是不能把它简单理解为圣经里所写的那些话,真正的上帝之言是基督的福音书和诫命。路加也认为,基督是真正教会之首,组织性教会不拥有永久的权威,只拥有相对的权威。由此可见,路加对于上帝和基督的推崇与胡斯是一样的,尽管话语的表述上存有差异。同样类似于胡斯,路加也对教义的实用性和伦理很重视。沿袭海尔奇茨基的思想,路加将基督的律法等同于爱上帝、爱邻人。一个人信仰上帝,爱上帝,对于上帝充

---

① Craig D. Atwood, *The Theology of the Czech Brethren from Hus to Comenius*, p.156.

② Craig D. Atwood, *The Theology of the Czech Brethren from Hus to Comenius*, pp.157-158.

③ Craig D. Atwood, *The Theology of the Czech Brethren from Hus to Comenius*, pp.158-163.

满希望,却对真实世界里真实的人没有爱,这是令人难以理解的。所以个人品德和社会伦理被视为爱上帝的一个方面。[1]

　　路加去世后,兄弟会的新一代领导者抛弃他的学说,与新教改革家马丁·路德建立联系,接受其新教改革思想。一个显著变化是更为开放地融入社会。实际上,有别于早期兄弟会视贵族为压迫者,路加领导下的兄弟会已经承认世俗权力可以用来做善事,因此在不损害兄弟会原则的前提下赢得了贵族阶层对于兄弟会的保护。路加之后,在路德的敦促下,兄弟会接纳了胡斯的观点,即世俗权力来自上帝,如果按照上帝的律法来行使它,它是有效的。[2] 另外,特别值得一提的是反映这一时期兄弟会教义的重要文件,即 1532 年和 1535 年兄弟会的信仰声明。[3] 这两份信仰声明开篇都强调了圣经的权威,1538 年出版的 1535 年信仰声明甚至选择胡斯画像作为其封面,[4]都反映出兄弟会与胡斯及其领导的宗教改革的关联。事实上,路德不仅在 1533 年和 1538 年分别出版了这两份信仰声明,并为此两度撰写序言。在序言中,路德承认自己以前对兄弟会和胡斯的论著存在误解,那些被教会谴责为异端的人实际上是为真理而献身,胡斯如此,兄弟会也是如此。路德希望,所有真正的基督徒都爱并尊敬兄弟会,因为他发现了在罗马教会中看不到的伟大奇迹:兄弟会将人为的传统弃之一边而实践上帝的律法;尽管他们不如他人通晓希伯来语和希腊语,他们却精通圣经,实践它的教义,清晰而准确地教导它。[5] 路德对兄弟会尊奉圣经或上帝的律法以及在此指导下的德行生活给予了高度赞扬,而这两点正是胡斯宗教改革思想的核心。

　　当然,胡斯宗教改革思想和实践的影响并不仅仅局限于波西米亚境内的胡斯派运动。作为欧洲宗教改革运动的发起人,路德自己也在胡斯殉道100 余年后重新"发现"了他,甚至自称"胡斯派"。

---

① Craig D. Atwood, *The Theology of the Czech Brethren from Hus to Comenius*, pp.189 - 240.

② Craig D. Atwood, *The Theology of the Czech Brethren from Hus to Comenius*, pp.256 - 265.

③ 1532 年信仰声明,尤其是其德语译文,都不太尽如人意,因此在 1535 年兄弟会重新拟定了一份信仰声明,呈递给奥地利大公(同时也是波西米亚国王和匈牙利国王)费迪南一世,希望费迪南能承认兄弟会的合法性,不过最终的结果是事与愿违。参见 Craig D. Atwood, *The Theology of the Czech Brethren from Hus to Comenius*, pp.274 - 275。

④ Craig D. Atwood, *The Theology of the Czech Brethren from Hus to Comenius*, pp.274, 278; Edmund de Schweinitz, *The History of the Church Known as the Unitas Fratrum or the Unity of the Brethren* (2nd edition), p.253.

⑤ Ami Bost, *History of Bohemian and Moravian Brethren*, pp.70 - 71.

第三节 路德"发现"胡斯

路德称呼自己为"胡斯派"出现在 1520 年一封致朋友的信中。事实上，就在路德 1517 年张贴《九十五条论纲》不久，已经有人给他贴上了胡斯追随者的标签。尽管两位宗教改革家具有密切关联是不争的事实，但是路德是如何接触、了解并最终接受胡斯的，胡斯对于路德宗教改革事业的意义在哪里，下面将以路德接触胡斯著述的时间为序勾勒路德"发现"胡斯的全过程。

一、"不期而遇"胡斯的布道集

路德初闻胡斯之名可能是在埃尔福特的奥古斯丁修道院隐修期间。1502 年和 1505 年，路德在埃尔福特大学先后获得文学学士和文学硕士学位，原本立意成为律师。路德却意外遭受闪电的惊吓而向上帝许愿成为修士，并在 1505 年 7 月 17 日正式进入埃尔福特的奥古斯丁修道院。[①] 修道院附近安葬有神学家约翰内斯·察哈里亚厄(Johannes Zachariae)。作为埃尔福特大学的代表，察哈里亚厄参加了判决胡斯火刑的康斯坦茨公会议，因为他在监禁胡斯的牢房中与胡斯激辩而获"战胜胡斯者"的称号，此后还得到了神圣罗马帝国皇帝西吉蒙德授予的金玫瑰勋章。[②] 有史料表明，正是在察哈里亚厄墓旁的教堂里，路德的见习修士师傅第一次向路德讲述了有关胡斯的一些情况。[③] 此时的路德如何评价和认识胡斯，我们不得而知。路德在奥古斯丁修道院里与胡斯有了首次的"正面接触"。在 1536 年(或 1537年)为胡斯书信集出版而撰写的序言中，路德清楚地披露了他与胡斯的"不期而遇"：

> 当我在埃尔福特研读神学时，一天在修道院的图书馆里，我碰巧触摸到了一卷约翰·胡斯的布道。看到封面上印有《约翰·胡斯的布道》

[①] 参见"路德年谱"，[美]罗伦·培登著，陆中石、古乐人译:《这是我的立场:马丁·路德传记》，南京:译林出版社，1993 年版，第 364 页。

[②] Heiko A. Oberman, Hus and Luther: Prophets of a Radical Reformation, Rodney L. Petersen & Calvin Augustine Pater (eds.), *The Contentious Triangle: Church, State, and University: A Festschrift in Honor of Professor George Huntston Williams*, Kirksville: Thomas Jefferson University Press, 1999, p.153.

[③] [德]沃尔夫冈·兰德格拉夫著，周正安译:《马丁·路德》，北京:新华出版社，1988 年版，第 26—27 页。

的字样，我立刻充满好奇，很想知道，在这本未遭焚烧而幸存于公立图书馆的书中究竟传播了哪些异端思想。阅读之后，我的惊讶难以形容，因为我无法理解他们为何要烧死如此伟大的一个人——他令人尊敬且对圣经的解释十分有说服力。然而，他的名字在当时是如此令人憎恶，我完全相信，如果我对他高唱赞歌，天庭将在我的头上坍塌，太阳的光辉将被遮住。因此，我带着悲伤的心情合上了此书。我安慰自己："也许他是在堕落成异端之前写作了那些文字。"那时的我对康斯坦茨公会议的所作所为还一无所知。[①]

在上述引文中，路德初次接触胡斯布道集的地点十分清楚，不过具体的年份有待考证。研读路德的多本传记，可以发现，有关路德攻读神学博士过程的记载多有语焉不详甚至矛盾之处。比较一致的事实包括：1508 年冬，路德来到维腾堡大学任教，并于 1509 年 3 月 9 日在此获得"圣经学士"学位，半年后获得"格言学士"学位，此为取得神学博士学位的必经之途。同年10 月，路德回到埃尔福特大学担任神学系教授，尽管埃尔福特大学刚开始并不承认路德在维腾堡大学所获的两个学位，不过斡旋之下争端最终得以解决。1511 年 11 月，路德再次返回维腾堡大学任教，次年 10 月 19 日，他在那里获得神学博士学位。[②] 据此推测，路德"在埃尔福特研读神学"的时间当在 1505 年 7 月进入埃尔福特奥古斯丁修道院之后、1508 年冬赴维腾堡大学任教之前。需要指出的是，信奉基督教的路德在此之前无疑接受过有关圣经等方面的神学知识，但是，必须承认，路德比较系统地研读神学是在他进入奥古斯丁修道院之后。

路德读到胡斯的布道集纯属偶然，正是好奇心驱使他去了解"异端"胡斯的所思所想。胡斯被康斯坦茨公会议定罪为异端并遭火刑烧死后，尽管波西米亚和基督教世界之间最终重新和解，但是胡斯的异端定罪在此后数百年间一直未被罗马教会撤销。路德的前引自述清楚地表明，他早已耳闻胡斯的异端名声，而且他并未质疑罗马教会对胡斯"异端"身份的判定，换言

---

① Émile de Bonnechose, Campbell Mackenzie（trans.）, *Letters of John Huss, Written during His Exile and Imprisonment*, prelimenary notice, pp. 9 - 10. 此段文字被多次引用（尽管个别措辞和细节略有差异），试举两例：E. H. Gillett, *The Life and Times of John Huss; or, the Bohemian Reformation of the Fifteenth Century*（vol. 1）, pp. 81 - 82; Herbert B. Workman, *The Dawn of the Reformation*（Vol. II: *The Age of Hus*）, p. 117。

② Julius Köstlin, *Life of Luther*, New York: Charles Scribner's Sons, 1904, p. 59;［德］沃尔夫冈·兰德格拉夫著、周正安译：《马丁·路德》，第 225 页;［美］罗伦·培登著，陆中石、古乐人译:《这是我的立场:马丁·路德传记》，第 364 页。

之,路德此时还未形成"离经叛道"的改教思想。这一论断也可从 1509—1510 年路德研读隆巴德的《箴言四书》所遗留的笔记得到印证。[①] 事实上,对于首次接触胡斯布道集的经历,路德已在 1532 年为兄弟会出版信仰声明所写的序言中提到(只是更为简略),并且明确指出,当时的他还是教皇至上主义者,教皇以及公会议对他有着强大的吸引力,因此他害怕"蜂蜜里隐藏着毒药",担心自己的单纯受到污染。[②]

路德对于胡斯印象最为深刻之处在于胡斯"对圣经的解释十分有说服力"。如前所述,胡斯曾经多次承认圣经在转变他的思想和行为上的决定作用,担任伯利恒小教堂的布道师后,胡斯在精研圣经的基础上传布上帝之道,留下了大量的布道词。不过,以 1408 年为界,此前的早期布道词无可指责。鉴于当时胡斯"是如此令人憎恶",包含胡斯富有争议、受到罗马教会谴责的教义的布道集不大可能出现在修道院的图书馆里,因此路德所读应该是胡斯的早期布道词,路德难以理解教会为何烧死胡斯当在情理之中。

二、莱比锡论战中被称胡斯派

随着路德新教改革思想的形成,特别是 1517 年他在维腾堡大教堂门口公开张贴《九十五条论纲》,路德及其福音神学成为众矢之的。1518 年 1 月,新福音神学的主要攻击者、时任英戈尔施塔特大学教授约翰·埃克 (Johann Eck)博士写作了《锥标》(Obelisks)一文攻击《九十五条论纲》中的 31 条,并指控路德跟从胡斯,是波西米亚异端。[③] 这是路德首次被控与"异端"胡斯有牵连。

《锥标》一文共有两条涉及胡斯。其一,第 18 条攻击路德《九十五条论纲》中的第 37 条论纲,即真正的基督徒,无论存殁,即使没有赎罪券,也能分享基督和教会的所有恩惠,因这是上帝所赐。埃克认为,路德没有区分不同类型的教会,就像胡斯派那样,否认了上帝教会中教会组织之存在。因此,第 37 条论纲是在"播散波西米亚毒药"。[④] 换言之,埃克指控路德只是尊崇以耶稣基督为首的无形教会,无视教皇领导之下的有形教会。对照胡斯的相关论述,不难发现,埃克以此指控路德为胡斯派并非没有道理。胡斯认

---

① [英]格拉汉姆·汤姆凌著,张之璐译:《真理的教师:马丁·路德和他的世界》,北京:北京大学出版社,2004 年版,第 33 页。

② Matthew Spinka, *John Hus and the Czech Reform*, pp. 3 - 4.

③ 路德文集中文版编辑委员会:《路德文集》第 1 卷,上海:上海三联书店,2005 年版,第 262 页。

④ W. H. T. Dau, *The Leipzig Debate in 1519*, St. Louis: Concordia Publishing House, 1919, pp. 230 - 231.

为,教会分为胜利的教会、战斗的教会和休眠的教会,三者都是被预定者的集合体,区别在于被预定者所处的阶段不同而已。在这三类教会中,胡斯更为关注的是战斗的教会,因为在这一阶段被预定者还在与尘世中的邪恶作斗争,因此战斗的教会中除了被预定者,还包括被预知者,但是被预知者只是待在教会里,并不属于教会。由此可见,不同于罗马教会强调教会的"可见实体"性质,胡斯虽然也承认可见的教会(即战斗的教会),但更加看重的是无形的大公教会,可见的教会之地位要低于大公教会。① 其二,第22条攻击路德《九十五条论纲》中的第43条论纲,即基督徒须知,周济穷人,贷于贫者,都比购买赎罪券好。埃克认为,路德此论听起来很像波西米亚人的论调(显然影射胡斯),并且认为路德批评教皇公开认可的买卖赎罪券的做法是对教皇权威的冒犯。② 埃克将路德抨击赎罪券与胡斯联系在一起并不奇怪,因为1412年胡斯也曾激烈批评时任教皇约翰二十三世发布敕令鼓动教徒们购买赎罪券,这成为胡斯最终被罗马教会控为异端的重要转折点。

有史家评论认为,《锥标》一文最为严厉、"激怒路德"的语言,就是提出《九十五条论纲》中有些条文包含波西米亚的毒素、具有胡斯错误的味道。③ 显然,被贴上胡斯追随者的标签极大地刺激了路德,在随后的回应论文以及书信中路德多次提到埃克的这一指控即为明证。为回应《锥标》一文的攻击,路德于1518年3月写作了《星标》(Asterisks)一文,反驳埃克含沙射影的恶毒批评,斥责埃克的异端指控具有险恶的用心。④ 3月24日,路德致信茨维考教区牧师,以自己受到埃克的指控为例鼓励该牧师勇敢面对一名莱比锡天主教会神学家的攻击,其中提到埃克在《锥标》中称他为狂热的胡斯派以及指控他为异端分子、煽动民众、目中无人、轻率莽撞,等等。⑤ 5月,路德发表《莱比锡论战——为驳斥约翰·埃克博士的指控所做的辩护,马丁·路德兄弟向值得称道的读者致意》一文,提到埃克诽谤他为"异端"和波西米亚的胡斯派。⑥ 从上述所引文字的语气和文意看,此时的路德并不认同自己被称为胡斯派,毕竟在中世纪,如果一个人被控追随罗马教会判定的异端,此人将面临异端指控的危险。当年的胡斯正是因为大胆为威克里夫的四十五信条辩护,而被其对手指控为威克里夫派,从此陷入"异端"的泥沼中不得

---

① Matthew Spinka, *John Hus' Concept of the Church*, pp. 388 – 389.
② W. H. T. Dau, *The Leipzig Debate in 1519*, p. 232.
③ W. H. T. Dau, *The Leipzig Debate in 1519*, p. 25.
④ W. H. T. Dau, *The Leipzig Debate in 1519*, p. 231.
⑤ W. H. T. Dau, *The Leipzig Debate in 1519*, p. 21.
⑥ W. H. T. Dau, *The Leipzig Debate in 1519*, pp. 91 – 94. 中文译文参阅路德文集中文版编辑委员会:《路德文集》第1卷,第266页。

脱身。

路德的同事也很反感埃克的这一指控。6 月 11 日,时任维腾堡大学神学系主任安德莉亚斯·卡尔施塔特(Andreas Carlstadt)致信埃克,深为埃克不公正对待路德不满,认为埃克对路德的指控极其严重,诸如指控路德散布异端教义,引发教会分裂,而且形容路德为一名反叛的波西米亚人。[①] 此后卡尔施塔特写作了 370 条论纲为路德辩护,公开质疑埃克。最终三人同意在莱比锡进行辩论。

在卡尔施塔特与埃克的论战结束之后,1519 年 7 月 4 日至 14 日,路德与埃克展开了论战。无疑,教皇的权威问题是两人论战中最为重要的论题,论战的时间长达 4 天(从 7 月 5 日持续到 8 日)。通过研读圣经以及早期教父的论述,甚至历代教皇的敕令,路德坚决否认教皇是教会之首,认定基督才是教会之首,[②]这一观点与胡斯不谋而合,也是胡斯在其最为重要的神学著作《论教会》一书中重点阐发的思想。不难想象,尊奉教皇为教会之首的埃克会在论战过程中对此作出何种反应。正如路德于 7 月 20 日写给乔治·斯帕拉廷(George Spalatin,时任保护路德的萨克森选帝侯的宫廷神甫兼图书馆长)的信中对论战情况的回忆所言,埃克"三番五次地在我面前喊着波西米亚分子的名称,并公开地指控我是异端,污蔑我支持波西米亚的胡斯派"[③]。例如,在 7 月 5 日上午的论战中,针对《新约·马太福音》第 16 章 18 节中耶稣对彼得所说的经文"我还告诉你:你是彼得,我要把我的教会建造在这磐石上",埃克认定此处的磐石指的就是彼得,因此教皇作为圣彼得的继承人应该是教会之首;而路德认为磐石指的是圣彼得传布的信仰,因此信仰才是教会建立的基础。这种与罗马教会官方解释相左的做法与胡斯也是一样的。[④]

---

① W. H. T. Dau, *The Leipzig Debate in 1519*, p. 35.

② W. H. T. Dau, *The Leipzig Debate in 1519*, pp. 134, 164. 在莱比锡论战之前,路德在一篇名为《有关教皇权威的第十三条论纲之解释》(An Explanation of the Thirteenth Thesis on the Authority of the Pope)的论文中已经明白地表达了这些观点,参见同书第 106 页。

③ "路德就莱比锡论战致斯帕拉廷的一封信,1519 年 7 月 20 日于维滕贝格",引自路德文集中文版编辑委员会:《路德文集》第 1 卷,第 274 页。此外,埃克在论战中指控路德为胡斯派也在多处文献中提及,比如路德最为亲密的朋友和同事菲利普·梅兰希通(Philip Melanchthon)在 7 月 21 日描述莱比锡论战的信,7 月 22 日埃克写给萨克森选侯的信,7 月 24 日埃克致德意志宗教裁判官的信,等等,参见 W. H. T. Dau, *The Leipzig Debate in 1519*, pp. 198, 199, 201。

④ 但胡斯对此段经文中"磐石"一词的解释与路德不同,他主要沿袭了奥古斯丁对此的解释,即耶稣并不是说他要把教会建立在彼得的基础之上——这正是宣扬教皇制度者的观点——而是说他要把教会建立在彼得承认的磐石上,这一磐石即基督。从寓意的角度来看,如果将基督比喻为磐石,则彼得代表着建立在磐石之上的教会。参见 John Hus, David Schley Schaff (trans.), *De Ecclesia* (*The Church*), pp. 75 - 76。

因此,以讥讽的语气,埃克希望路德能够容忍他对波西米亚人的反感,因为他们是教会的敌人。在 7 月 5 日下午的论战中,埃克指责路德对磐石一词的解释有违包括奥古斯丁在内的早期教父,因此路德变成了波西米亚人,波西米亚人会宣称路德为他们的领头人。针对康斯坦茨公会议审判胡斯为异端,埃克在 7 月 6 日和 7 日的论战中竭力为康斯坦茨公会议辩护,胡斯否认磐石一词意指彼得理应受到谴责,路德不应质疑公会议。①

那么,路德在论战中对于胡斯派的指控是如何回应的? 他对于胡斯及其教义所持的立场是什么? 概而论之,一方面,路德明白埃克指控的意图及其后果,因此坚决否认自己是胡斯的追随者;另一方面,路德并不讳言胡斯的有些教义是正统的,康斯坦茨公会议并非没有错误。② 有史料表明,在论战的过程中路德曾利用午膳的时间专门到莱比锡大学的图书馆里查阅康斯坦茨公会议的决议,发现胡斯曾宣称普世的神圣教会只有一个,它是被预定者的集合体等内容。据此,路德宣布:"在约翰·胡斯的信仰中,我发现许多思想明显是基督徒的和福音性的,是普世教会不能定罪的。"路德还认为,公会议并没有确认胡斯所有的文章是异端,教会或教皇都不能设立有关信仰的条款,这些条款必须来自圣经。③

实际上,路德否认自己为胡斯派与他为胡斯的教义辩护并不矛盾,因为路德是否接受胡斯的教义完全取决于它们是否与圣经一致。换言之,圣经是最高权威,它是路德所有神学思想的先决条件,只有圣经是裁决教义矛盾的权威。④ 在莱比锡论战之后所写的一本小册子中,路德指出,他既不会因为波西米亚人赞同他的教义而收回那些教义,也无意掩盖波西米亚人的错误。但是,他发现基督和圣经站在波西米亚人一边,对波西米亚人憎恶教会神职人员的世俗化、道德失范和傲慢自大等也深表赞同。⑤ 可以说,路德以圣经为最高权威来对待胡斯的立场与当年胡斯对待威克里夫的立场是完全一样的:终其一生,哪怕面临康斯坦茨公会议的火刑威胁,胡斯始终以圣经为依据为威克里夫无可指责的神学观点辩护。

---

① W.H.T. Dau, *The Leipzig Debate in 1519*, pp. 164 - 168.

② W.H.T. Dau, *The Leipzig Debate in 1519*, pp. 165 - 173.

③ [美]罗伦·培登著,陆中石、古乐人译:《这是我的立场:马丁·路德传记》,第 91—93 页。

④ [德]保罗·阿尔托齐兹著,段琦、孙善玲译:《马丁·路德的神学》,南京:译林出版社,1998年版,第 2—4 页。

⑤ Julius Köstlin, *Life of Luther*, pp. 62 - 63. 路德写作该小册子是回应埃克的朋友、神学家杰罗姆·埃姆泽(Jerome Emser)的一封公开信。埃姆泽写道,波西米亚叛教者在莱比锡论战期间曾试图接近路德,但是路德拒绝与他们来往并谴责他们背叛罗马教会。路德认为此信暗含陷阱:如果他承认的话,这就意味着他接受了埃克的立场;如果他否认的话,他不免有成为波西米亚人保护神的嫌疑。参见同书第 62 页。

尽管莱比锡论战时期的路德并未承认自己是胡斯派，但是来自波西米亚的胡斯派却不愿放过这一寻求盟友的机会。在 7 月 1 日的一封信中，埃克描述道，跟随路德来到莱比锡的人群中有波西米亚人、布拉格的胡斯派以及很多异端，他们宣称路德和胡斯一样是真理的捍卫者。[①] 莱比锡论战结束后，来自布拉格的胡斯派写给路德的两份信被截获，信中说道："胡斯从前在波西米亚怎样，你马丁·路德在萨克森也怎样。你要坚定不移。"据此，埃克干脆称呼路德为"萨克森的胡斯"。[②]

三、从胡斯著述中认识胡斯

除了致信路德以外，布拉格的胡斯派还随信寄来胡斯的《论教会》一书。得到此书的路德，一经阅读才发现自己的很多观点与胡斯是如此相似。1520 年 2 月 14 日，路德致信斯帕拉廷，明确承认自己就是胡斯派："在没有察觉的情况下，我迄今为止所教导和信奉的都是胡斯的观点。约翰·冯·施道比次（Johann von Staupitz）也是在无意识的情况下教导着这些观点。我们都是胡斯派，不过，我们都没意识到而已。"[③]

如果说"我们都是胡斯派"的认知此时还只是出现在私人通信中，那么路德对教皇利奥十世（Leo X，1513—1521 年在任）1520 年 6 月 15 日训谕的回应则将他完全接受胡斯的立场公之于众。利奥十世的圣谕谴责了路德的 41 条信条，并命令路德在 60 天内收回这些错误观点，否则将面临绝罚。结果路德于 12 月 10 日在维腾堡当众焚烧教皇的训谕，并写作了 4 篇文章驳斥教皇训谕。[④] 以写于 1521 年的《为所有信条辩护》一文为例。如题所示，该文对遭受谴责的 41 条信条展开了辩护，其中共有 4 条信条涉及胡斯或者胡斯派。具体而言，第 16 条信条涉及圣餐中是否应该饼酒同领，路德引用大量圣经条文作为证据对此予以坚决支持，且从整个基督教世界长期以来的惯例来看，希腊人至今还在流行这一做法。因此，路德断言："在这方面波西米亚人和希腊人既不是异端分子，也不是分裂主义者，而是世上最虔诚的基督徒和最忠诚的福音追随者。"[⑤]正是因为路德在"饼酒同领"教义上的立场，路德从此时开始被归为胡斯派的公开同盟者。[⑥] 再来看第 26 条信

---

① W. H. T. Dau, *The Leipzig Debate in 1519*, p.195.
② ［美］罗伦·培登著，陆中石、古乐人译：《这是我的立场：马丁·路德传记》，第 94—95 页；Julius Köstlin, *Life of Luther*, p.63.
③ Julius Köstlin, *Life of Luther*, p.163.
④ 路德文集中文版编辑委员会：《路德文集》第 1 卷，第 497 页。
⑤ "为所有信条辩护"，引自路德文集中文版编辑委员会：《路德文集》第 1 卷，第 545—552 页。
⑥ Julius Köstlin, *Life of Luther*, p.163.

条,它有关教皇是否拥有捆绑和释放一切的权力。在《论教会》一书中,胡斯对此有专题讨论,认为只有上帝拥有捆绑和释放的权力。路德同意胡斯所论,并肯定了胡斯质疑教皇权威的意义:"他的抗议使其付出了生命的代价,但他至少使教宗终于改变了腔调,并碍于这种渎圣行为,对以前的声明有所收敛。"①再来看第33条信条,它有关是否该对异端者施与火刑。路德从历史、圣经等方面论证火焚异端者有悖于圣灵的旨意。就康斯坦茨公会议火焚胡斯和布拉格的杰罗姆,路德直言他们"是优秀的基督徒,他们反倒被异端、离经反教者和敌基督者,即教宗党徒火焚,因为他们捍卫了神圣福音"②。路德的这一立场与胡斯是一致的——胡斯在《论教会》第16章中对处置异端采用死刑明确提出抗议。③ 当然,最重要的是第30条信条,因为罗马教会可以凭此信条认定路德支持"异端"胡斯的教义,从而指控路德为异端(诚如胡斯因其支持威克里夫的教义而被控异端一样)。因此,不妨在此全文引用这条信条:"在康斯坦茨公会议上被定罪的约翰·胡斯的某些信条,是最基督教的、最正确的信条,完全符合福音真义,整个基督教世界都难以将它们定罪。"对此信条,路德的辩护意见是:

> 现在我声明,不仅某些信条,而是所有约翰·胡斯的信条,纵然被康斯坦茨公会议所定罪,却都符合基督教义,并承认在这个问题上,教皇及其仆从扮演了十足的敌基督者的角色。他将神圣福音连同胡斯一起定罪,用地狱魔鬼的教训取而代之(《新约·启示录》第13章1—18节)。我准备捍卫这一论纲,若有必要,我将借助于上帝澄清和坚持它。④

可见,此时的路德已经完全接受胡斯的教义并愿意公开承认这一点,甚至路德诉诸上帝来捍卫论纲的方式与胡斯当年向上帝和基督上诉的做法如出一辙。路德公开将胡斯引为同道而产生的政治影响不容小觑。同意莱比锡论战在其辖区内举行的萨克森乔治公爵在论战结束后曾致信路德,"我们不能不说,埃克博士指控你为胡斯派并未撒谎",而且此后在其辖区内一直禁止宗教改革的传播。英格兰国王亨利八世也在1521年发布驳斥路德的

---

① "为所有信条辩护",引自路德文集中文版编辑委员会:《路德文集》第1卷,第564页。
② "为所有信条辩护",引自路德文集中文版编辑委员会:《路德文集》第1卷,第576页。
③ John Hus, David Schley Schaff (trans.), *De Ecclesia* (*The Church*), pp.170–171.
④ 除了个别文字的调整,该信条以及路德的辩护均引自"为所有信条辩护",路德文集中文版编辑委员会:《路德文集》第1卷,第571页。

有关七种圣礼的声明，并派特使觐见教皇，指出路德的错误教义源自于胡斯异端的巢穴。在神学研究方面享有盛誉的巴黎大学也因路德对康斯坦茨公会议的抨击而站在了罗马教会一边，不过这并不奇怪，因为巴黎大学前名誉校长约翰·热尔松曾是康斯坦茨公会议审判并定罪胡斯为异端的关键人物。即使保护路德的萨克森选帝侯"智者"腓特烈也承担了很大的压力，不得不通过斯帕拉廷要求路德减少对罗马教会的抨击。① 不过，路德称呼自己为胡斯派，并不意味着两人之间不存在差异，也不意味着胡斯神学思想是路德神学思想形成的来源。

来看两者之间的差异。就在路德致信斯帕拉廷承认"我们都是胡斯派"的同时，路德公开宣称，那些称呼他为胡斯派的人冤枉了他，因为他们并未看到他和胡斯神学立场之不同——如果胡斯是异端，那么他就是十倍于胡斯的异端。② 在随后发表的《为所有信条辩护》一文中，路德明确指出，胡斯并不否认教皇在全世界至高无上的地位，只是认为邪恶的教皇并非基督教世界的一个肢体。可是路德主张所有教会平等，根本不承认教皇制度。③ 在《桌边谈话》中，路德也曾提到，胡斯攻击的是教皇至上主义者的不道德行为，而他主要反对的是他们的教义。在路德看来，只要证明他们的教义是错的，他们的行为方式自然就是错的。④ 由此可见，路德与胡斯宗教改革的切入点分别是教义和生活。路德以律法—福音的辩证法构成其神学思想体系的中心点，提出圣经的最高权威体现在其中的福音而非律法，否定人能够靠善行得救（善行属于律法的范畴），提出"因信称义"等诸多革命性的神学主张。⑤ 相比之下，尽管写有以《论教会》为代表的神学著述，胡斯却更为注重实践。因此，有学者评论指出，与路德不同，胡斯不是一个革新者，也不是真正意义的宗教改革家，因为胡斯无意弄乱现在的教会，只是想让已有的法令得到执行，但是胡斯事业的失败毫无疑问推动了更为激进运动的出现和成功。⑥ 对于两者宗教改革事业既存差异又有关联的事实，路德在《桌边谈话》中有十分生动形象的描述："胡斯砍掉并根除基督的葡萄园内的那些荆棘和灌木丛，

① Heiko A. Oberman, Hus and Luther: Prophets of a Radical Reformation, pp. 148-152.
② Heiko A. Oberman, Hus and Luther: Prophets of a Radical Reformation, p. 157.
③ "为所有信条辩护"，引自路德文集中文版编辑委员会：《路德文集》第1卷，第571—572页。
④ Martin Luther, William Hazlitt (ed. & trans.), *The Table Talk of Martin Luther*, London: H.G. Bohn, 1857, p. 186.《桌边谈话》由与路德交往密切的朋友和学生编辑而成，主要收录路德在散步、进餐、与朋友闲谈等日常生活中发表的一些观点和谈话，均无时间和语境的记载，其德文版和英译版都有多个版本。
⑤ [美]胡斯都·L.冈察雷斯著，陈泽民、孙汉书等译：《基督教思想史》（第3卷），第34—67页。
⑥ Jean-Pierre Massaut, De Vooght (Paul). *L'hérésie de Jean Huss*. De Vooght (Paul). *Hussiana* [compte rendu], *Revue Belge de Philologie et D'histoire*, 40(1), 1962, p. 159.

严厉谴责教皇不当甚至邪恶的生活。可是我，马丁·路德博士，来到的却是一片开阔平坦的深耕之地，发起攻击并推翻了教皇的教义。”[①]如果说胡斯只是撼动了天主教会教皇制度的根基，那么路德正是那个将其连根拔起的人。

如果以路德自称“我们都是胡斯派”的1520年来划界的话，在此之前的路德神学最为核心的内容当属1515年提出的“因信称义”教义及其思想的结晶——1518年在海德堡辩论中提出的“十字架神学”。英国著名学者阿利斯特·E.麦格拉斯（Alister E. McGrath）将路德的“因信称义”教义称之为“神学突破”，认为路德在突破中世纪后期神学研究范式的过程中主要受到了三种思想流派的影响，即人文主义、经院新学的唯名论和奥古斯丁修会新学。具体到个人则有人文主义者伊拉斯谟和勒费弗尔、中世纪著名的唯名论者奥卡姆、奥古斯丁修会神学家那汀和阿诺尔第以及施道比次（奥古斯丁本人的神学著作毫无疑问极大影响了路德），等等。[②]特别是时任维腾堡奥古斯丁修会的教区长施道比次，他作为路德的精神导师对路德思想的发展起着决定性的影响，是路德宗教改革中几项至关重要主张的发源地。例如，他鼓动路德反对买卖圣职，支持路德反对教皇制度，引导路德研读《圣经》从而改变了路德对上帝是苛责易怒的审判者的形象认知，并影响路德形成了上帝无比仁爱的认知（此为路德形成“因信称义”教义的关键）。[③]在路德十字架神学发展的上述过程中，路德并未接触到胡斯的神学论著，也未有文献能够证实胡斯的神学思想为路德所关注和借鉴。即便莱比锡论战后读到了胡斯的《论教会》，按照上文引路德致斯帕拉廷的信所言，路德和施道比次也是在“无意识的情况下”与胡斯的神学主张产生了共鸣。可见，我们

---

① Charles Edmund Maurice, *Bohemia: from the Earliest Times to the Fall of National Independence in* 1620; *with a Short Summary of Later Events*, p.365.

② Alister E. McGrath, *Luther's Theology of the Cross: Martin Luther's Theological Breakthrough* (2nd edition), Oxford: Wiley-Blackwell, 2011, pp.52－95.另外，神秘主义的影响也不容忽视，它是路德攻击中世纪悔罪实践的最重要来源以及反对权威信仰和新学佩拉纠主义的助手，参见 Steven Ozment, *The Age of Reform* 1250－1550, pp.239－244；张仕颖《马丁·路德称义哲学思想》，北京：人民出版社，2012年版，第60—67页。神秘主义教给了路德宗教体验的价值以及神学研究和基督徒生活应受的磨难，参见 David Bagchi & David C. Steinmetz (eds.), *The Cambridge Companion to Reformation Theology*, Cambridge: Cambridge University Press, 2004, p.41.

③ ［美］玛格丽特·迈尔斯著，杨华明、李林译：《道成肉身：基督教思想史》，北京：中央编译出版社，2012年版，第311—312页。施道比次的重要作用，还可参见 Heiko A. Oberman, Eliseen Walliser-Schwarzbart (trans), *Luther: Man between God and the Devil*, New York: Image Books, 1992, pp.180－184；Markus Wridet, "Luther's Theology", in Donald K. McKim (ed.), *The Cambridge Companion to Martin Luther*, Cambridge: Cambridge University Press, 2003, pp.89－90；［美］胡斯都·L.冈察雷斯著，陈泽民、孙汉书等译：《基督教思想史》（第3卷），第24—25页。

不能以神学思想的传承来认识胡斯是路德之前的改教先驱。

此后,路德还得到并出版了胡斯的部分书信,而且还为此撰写序言。这些序言作为珍贵的史料不仅再次让我们了解路德与胡斯的共鸣之处,更有助于我们进一步认识胡斯之于路德的意义。

路德首次在维腾堡出版胡斯书信的时间是在 1536 年,共收录有胡斯的 4 封信(原文为捷克语,由路德翻译成拉丁语)以及波西米亚和摩拉维亚贵族致康斯坦茨公会议的信数封。在为此书所作的序言中,路德指出,出版胡斯书信旨在警示即将召开的公会议[①]不要重蹈康斯坦茨公会议的覆辙。路德认为,在康斯坦茨公会议上真理受到了长时间的猛烈攻击,那些试图结束教会分裂的枢机主教和声名卓著之人抛弃了宗教事业并将它交付到一群有悖常理的修士和诡辩论者手中,致使在波西米亚和德意志出现了大量的灾难、战争、屠杀以及无法消除的仇恨。此后,虽然教皇并立不复存在,可是教皇制给教会带来的却是大量错误的教义、赎罪券、唯利是图的弥撒以及各种各样神甫和修士的发明。[②] 虽然路德在序言中没有公开谴责康斯坦茨公会议对胡斯不公正地审判,但是路德对康斯坦茨公会议的尖锐批评以及他出版胡斯书信这一事实本身足以说明路德支持胡斯的立场。

为了"揭示康斯坦茨公会议专横的判决并以此引导那些即将参加罗马教会公会议的神学家",路德于 1537 年出版了更为完整的胡斯书信集,并为此撰写了长篇序言。[③] 在序言中,除了描述与胡斯的首次"不期而遇"(参看上文)以外,路德一方面对胡斯的言行给予高度评价,另一方面对教皇和康斯坦茨公会议严加批评,充分显示路德对胡斯的赞美之词:

> 看看胡斯在他的论述和谈话中是多么坚定地持守基督的教义,他是多么勇敢地与死亡的痛苦作斗争,在忍受耻辱的折磨时他是多么富有耐心和谦卑,在捍卫真理而面对残酷的死亡时他的灵魂是多么伟大!在做这些事情之时,他孤立无援,面对的是一大批汇聚在公会议里的最

---

① 此次公会议由时任神圣罗马帝国皇帝查理五世提议召开,不过由于西班牙和法国之间的战争以及天主教会内部的矛盾致使召开时间一再延迟。1537 年曾在意大利北部城市曼图亚(Mantua)首次召集会议,后转移到意大利东北部城市维琴察(Vicenza),但都未成功。得到教皇保罗三世的同意后,1545 年 12 月 13 日公会议在特兰托(Trent)召开,会议时断时续,于 1563 年闭幕,史称特兰托公会议(Council of Trent)。参见文庸、乐峰、王继武主编:《基督教词典》(修订版),第 475 页。

② 路德此篇序言的英译文参见 Émile de Bonnechose, Campbell Mackenzie (trans.), *Letters of John Huss, Written during His Exile and Imprisonment*, p.217。

③ 本段对路德此篇序言的介绍均引自 Émile de Bonnechose, Campbell Mackenzie (trans.), *Letters of John Huss, Written during His Exile and Imprisonment*, pp.3 - 12。

有权势和最有声望之人,犹如羔羊落入群狼和狮子中间。如果他被视为异端,天底下将无人能被视为真正的基督徒。如果胡斯宣扬的不是真理,那么我们还能承认什么是真理呢?

就胡斯的教义而言,路德着重讨论了两点。其一,胡斯的"最大罪行"是他否认生活不虔诚的教皇为大公教会之首,认为生活不虔诚甚至邪恶的教皇尽管占据着教皇的职位但是并不令人尊敬。可是公会议所做的一切就是迫使胡斯承认,教皇永不犯错,犯罪的教皇也应该被视为圣徒。在路德看来,康斯坦茨公会议极其荒谬,因为尽管他们废黜了三位有罪的教皇,但是他们却禁止任何人谴责这些有罪的教皇。当胡斯这样做了以后,他们居然把他送上了火刑柱! 其二,胡斯否认教皇拥有赦罪的权力,这显然让攻击教皇售卖赎罪券的路德产生了强烈共鸣。对于胡斯的就义,路德有诸多细节描述,并大加颂扬胡斯的勇气:"面临死亡的痛苦,他带着一颗坚强的心乞灵于耶稣。为了他的事业,他不惜以身殉道,他的信仰是如此坚定,他的忠诚是如此坚决。我愿重复的是,如果这样的人还不能被视为慷慨而勇敢的殉道者和基督真正的信徒,那么无人能得拯救了。"因此,对于教会处死胡斯,路德大加嘲讽罗马教皇:"罗马教皇授予很多人圣徒的称号,人们却很难明白他们到底是和蒙神拣选者还是和魔鬼在一起;罗马教皇把这样的人打入地狱,可是审视他的整个一生以后,人们却发现他在天国。"此外,在序言中路德还转述了他人对于胡斯的赞美。例如,神圣罗马帝国皇帝马克西米连一世(Maximilian I, 1493—1519 年在位)评价胡斯遭受了太多的不公正,又如,伊拉斯谟宣称胡斯虽被烧死却没有被说服,再如,一些神学家宣称胡斯的博学胜过康斯坦茨公会议里的所有人,等等。在序言的最后,路德不忘再次嘲讽那些导致胡斯殉道的博士和神学家们——他们以为无人将会指责他们的行为,无人将会尊奉胡斯为圣徒,可是与他们预想相反的是,路德以及其他的人已经证实了胡斯的预言。"我们的神学家们拥有强大的权力,没有预料到任何危险。我承认,在约翰·胡斯生活的时代他们确实拥有强权。可是同样无可置疑的是,当年胡斯站在法庭上接受他们的审判,而现在胡斯和那些审判者已经交换了位置。"

《胡斯书信集》的出版离路德自称"我们都是胡斯派"已有十六七年之久,此时的路德神学日臻成熟,它显然不可能成为路德神学的借用资源,但却让路德更为清楚地理解了"他们为何要烧死如此伟大的一个人"。那么,殉道者胡斯对于路德的宗教改革具有何种意义? 研究路德的著名学者海科·A. 奥伯曼(Heiko A. Oberman)试图从敌基督的视角对此加以解读。

在《论教会》和写于康斯坦茨的部分狱中书信中，胡斯对敌基督多有论述，提出统治教会的真正教皇必须效法圣彼得的美德，否则他就是背离彼得和耶稣基督的敌基督的代表。[①] 胡斯甚至使信徒相信敌基督已经攫取了教会最为神圣之位，因此基督福音的布道师必须揭露敌基督的背叛和诡计，这也是胡斯甘冒生命危险来到康斯坦茨的原因。和胡斯一样，路德也认为敌基督的时代已经来临，教皇就是真正的敌基督，由此胡斯成为了敌基督时代的第一个殉道者，甚至胡斯被焚后的骨灰撒入莱茵河也显示敌基督试图根除真理保护者的一切踪迹。同时，胡斯又是路德的先驱，为了抵抗敌基督直到基督的再次降临，宗教改革势必继续推进。[②] 简言之，胡斯的殉道让路德意识到罗马教会之外还有像胡斯这样真正的基督徒，因此他很难将罗马教会与真正的基督教会等同起来，这就更加坚定了路德推进宗教改革的决心。

梳理路德"发现"胡斯的整个过程，可以发现胡斯著述对于路德的重要意义。按照接触胡斯著述的时间顺序，路德先后读到了《胡斯布道集》和《论教会》并出版了《胡斯书信集》，由此对胡斯的神学思想经历了震惊且害怕、深入了解并引为同道、赞颂且尊崇的接受过程。虽然路德"我们都是胡斯派"的说法广为人知，但是路德的新教改革思想并非来源于胡斯，且与胡斯的神学思想具有本质差异，不过这并不妨碍我们承认胡斯对于路德宗教改革事业的意义——胡斯著述中体现出的以圣经为最高权威、质疑罗马教会的权威等思想，以及胡斯殉道康斯坦茨所表现出的忠诚和勇气，无疑激励了路德继续推进宗教改革的历史进程。

第四节　从异端到宗教改革家

路德"发现"胡斯实质上是路德对于胡斯的重新认识。实际上，随着路德的新教改革，有关胡斯的认识也被置于宗教改革的语境之中，胡斯最终被接受为宗教改革家，或者宗教改革的先驱。从异端，到圣徒，再到宗教改革家，胡斯的形象经历了嬗变的过程。[③]

---

① John Hus, David Schley Schaff (trans.), *De Ecclesia (The Church)*, p.87.

② Heiko A. Oberman, Hus and Luther: Prophets of a Radical Reformation, pp.155 - 160.

③ 由于笔者无法阅读捷克语论著，因此本节讨论的历史书写不包括捷克语出版的胡斯传记和胡斯研究专著。相关捷克语文献的情况，参见 Ota Pavlicek, The Chronology of the Life and Work of Jan Hus, František Šmahel & Ota Pavlíček (eds.), *A Companion to Jan Hus*, pp.9 - 10,注释 1。

一、异端胡斯

视胡斯为异端是康斯坦茨公会议的最终判定,也是此后罗马教会长期坚持的官方结论。胡斯殉道后,康斯坦茨公会议继续召开,最终选举马丁五世为新的教皇。1418 年 2 月,公会议发布了打击胡斯派的 24 条决议,明确提出要根除波西米亚境内的威克里夫异端和胡斯异端。在这一文件中,胡斯和胡斯派这两个表示异端的单词总计出现了 14 次。[①] 同年 2 月 22 日,马丁五世在康斯坦茨发布打击胡斯派异端的教皇敕令,重申公会议判定威克里夫、胡斯和杰罗姆为异端的决议,指出他们异端思想的危害性极大,要求严厉打击他们的追随者。[②] 此后,1420—1431 年间爆发了五次十字军讨伐战争,胡斯派成为了天主教会发动战争、打击异端的目标,胡斯作为异端的形象在这一过程中被教会固化。

捷克史中也很快出现了异端胡斯的形象。不难理解,书写者是拥护教会的天主教徒,突出的例子当属后来成为教皇庇护二世(Pius II,1458—1464 年在任)的埃尼亚斯·西尔维厄斯(Aeneas Sylvius)。在他 1458 年完成的《波西米亚史》(Historia bohemica)一书中,埃尼亚斯将胡斯刻画为异端,是"背信弃义的胡斯派精神癫狂"的始作俑者,认为他玷污了真正的信仰。胡斯利用威克里夫的异端思想迷惑了布拉格大学的师生,鼓动国王赶走了德意志教师,控制了大学,领导了一场公开宣扬异端思想的大众运动。在埃尼亚斯看来,波西米亚人都是不忠诚的异端分子,胡斯的追随者是这个世界上最为丑恶之人。[③] 再举一例更晚一些时候成书的捷克史。1541 年,曾担任过神甫的捷克人瓦茨拉夫·哈耶克(Václav Hájek)出版了《捷克编年史》(Česká kronika)。此书将胡斯描绘成为人正派却偏离真理和正统的软弱之人,认为是威克里夫将胡斯引入歧途。尽管哈耶克的书中不乏捏造的史实,但是上述两书对胡斯的历史书写产生的深远影响一直持续到 19 世纪。[④]

路德发动新教改革之后,在维护天主教会的人眼中,自称"胡斯派"的路

---

① Thomas A. Fudge, *The Crusade against Heretics in Bohemia, 1418 - 1437: Sources and Documents for the Hussite Crusades*, pp.17 - 20.

② Thomas A. Fudge, *The Crusade against Heretics in Bohemia, 1418 - 1437: Sources and Documents for the Hussite Crusades*, pp.45 - 49.

③ Thomas A. Fudge, *Jan Hus: Religious Reform and Social Revolution in Bohemia*, pp. 211 - 212.

④ Thomas A. Fudge, *Jan Hus: Religious Reform and Social Revolution in Bohemia*, pp. 212 - 213.

德让胡斯的异端形象有增无减。以宗教改革之前的英国为例。面对路德的新教改革,英王亨利八世提醒萨克森的诸侯们,不能放纵路德分子像胡斯派那样"从一只小小的蠕虫快速变成了一头恐怖的恶龙。"①著名的托马斯·莫尔(Thomas More)爵士则在写于 1523 年的《回答路德》(*Responsio ad Lutherum*)和写于 1529 年的《有关异端的谈话》(*Dialogue Concerning Heresies*)中都将胡斯列为异端。② 不过,罗马教会将路德与异端胡斯联系在一起,以此陷路德以异端的恶名中,可是收效不佳,因此罗马教会中出现了一种将胡斯视为比路德危害更小的异端的说法。这一做法背后的动机是,将胡斯与路德区别开来,让波西米亚民众相信路德是个危险的异端,他偏离了胡斯和圣杯派依然信奉的那些基督教传统教义,以此来争取波西米亚民众,阻止他们与路德新教派的联合。不过,从 16 世纪下半叶开始,尤其是特兰托公会议以后,罗马教会再次强调胡斯的异端身份。1580 年 3 月 15日,教皇格列高利十三世(Gregory XIII,1572—1585 年在任)发布敕令,谴责胡斯派以及其他异端,并详细列出了胡斯被控异端的 30 条信条。这一时期,包括德、英、法等国的天主教徒在他们的著述中指责胡斯为异端并不少见。③

站在罗马教会的立场来评判胡斯,他反对天主教会的官方教义,因此他是天然的异端,这种异端对于教会是一种威胁,因此教会要打击,要根除。诚所谓"屁股决定脑袋"。但是,如果站在罗马教会之外的立场来看胡斯,他还是异端吗?答案更多是否定的。不过,即便进入 20 世纪甚至 21 世纪,以异端界定胡斯并未销声匿迹,其中的代表性学者有两位。

第一位是比利时学者保罗·德·沃赫特。1960 年,沃赫特出版了两部篇幅浩大的法语专著《约翰·胡斯的异端》和《细论胡斯》。④ 前者是综合研究,从胡斯所处的时代背景一直写到胡斯殉道,末章讨论此书标题所示问题,即胡

---

① Thomas A. Fudge, *Jan Hus Between Time and Eternity: Reconsidering a Medieval Heretic*, p.189.实际上,英国宗教改革有其特殊性,英国国教在英国只是"没有教皇的天主教",改教初期的英国仍然维护着天主教传统。参见钱乘旦主编,姜守明等著,《英国通史》(第 3 卷),南京:江苏人民出版社,2016 年版,第 51—52 页。

② František Šmahel & Ota Pavlíček (eds.), *A Companion to Jan Hus*, pp.358 – 359.

③ František Šmahel & Ota Pavlíček (eds.), *A Companion to Jan Hus*, pp.351 – 358.

④ 两书的初版详见 Paul De Vooght, *L'hérésie de Jean Huss*, Louvain: Publications universitaires de Louvain, 1960; Paul De Vooght, *Hussiana*, Louvain: Publications universitaires de Louvain, 1960. 另,两书合后编为两卷以《约翰·胡斯的异端》(第二版)为名于 1975 年出版,不过作者对第二卷(即原《细论胡斯》)的部分内容有所充实和调整,详见 Paul De Vooght, *L'hérésie de Jean Huss* (2ᵉ édition, 2 tomes), Louvain: Publications universitaires de Louvain, 1975。

斯的异端之处。后者是针对细节问题的研究,主要讨论了影响胡斯"异端"思想形成的诸多因素。在沃赫特看来,胡斯毫无疑问宣扬了异端思想,他被控的30条信条都能从他的著述中找到,从官方教义的角度来看,是"异端的、错误的、轻率的、煽动的、冒犯的"。[①] 但是,需要留意的是,正如沃赫特自己承认的那样,他试图将胡斯"置于他所处时代的环境中来确定他的独特性"[②],因此他对胡斯异端的看法是基于历史语境、依然以罗马教会为参照系而形成的结论。

类似的参照系也出现在研究胡斯的当代权威托马斯·A. 法吉身上。在其出版于 2013 年的《胡斯案:中世纪异端和刑事诉讼程序》一书中,法吉的最终结论是"确凿的证据显示胡斯是异端",同时,"就教会法和中世纪刑事诉讼程序的深入研究表明,尽管存在一些明显的不合规之处,胡斯案的审判是合法的"。[③] 显然,法吉是把胡斯案放在教会法和中世纪教会法庭的历史坐标中来加以考察,从而形成了胡斯是异端的结论。不过,法吉并不认为异端是负面意义的词汇,尤其是将异端放在 16 世纪宗教改革的语境中加以解读的话——恰恰相反,胡斯作为异端值得赞颂,具有其价值。[④] 异端一词已经被法吉赋予了更为丰富的涵义。

当然,赞颂胡斯,更容易成为反对罗马天主教会的人士的立场,更确切地说,是胡斯追随者和支持者所持的立场。他们中的有些人不仅赞颂胡斯献身真理的勇气,而且把胡斯作为圣徒来加以崇拜。

二、圣徒胡斯

就在胡斯殉道不久,胡斯就开始在波西米亚被尊为圣徒。

胡斯殉道的消息传回波西米亚后,其支持者为他举行了追思弥撒。在这一过程中,有些神甫使用了专用于圣徒或殉道者的弥撒经文。在次年的胡斯逝世周年纪念上,同样的事情再次发生。为此,一群来自奥洛穆茨大教堂的神甫们(canon,或译为法政神甫)于 1416 年 12 月给康斯坦茨公会议寄了一封投诉信。信中写道:"一些神甫在教堂里公开为约翰·胡斯和杰罗姆举行礼拜仪式,他们两人被判为了异端,可是这些仪式就好像是为死去的信仰之人所举行的那样。另一些神甫在为这两人举行的礼拜仪式中,开场唱

---

① Paul De Vooght, *L'hérésie de Jean Huss* (2ᵉ édition, Tome 1), p. 514.
② Paul De Vooght, *L'hérésie de Jean Huss* (2ᵉ édition, Tome 1), Introduction, p. xvi.
③ Thomas A. Fudge, *The Trial of Jan Hus: Medieval Heresy and Criminal Procedure*, p. 347.
④ Thomas A. Fudge, In Praise of Heresy: Hus, Luther, and the Ethos of Reformation, *Journal of Religious History*, 43(1), 2019, pp. 25 – 44.

起了'让我们欢庆'（Gaudeamus）等其他歌曲，犹如为殉道者所唱的那样。他们把这两人所谓的美德和受难与圣劳伦斯相提并论，他们对这两人的喜爱甚至超过了圣彼得和其他的圣徒。"[①]这一现象也出现在胡斯流亡期间待过的柯施城堡。在那里，胡斯派神甫们宣称"胡斯比圣彼得和圣保罗能带来更多的神迹，因为前者是从精神层面，而后者是从物质层面"。1418年的一份法庭传唤书也记录了1416年一些激进的神甫和平信徒在皮塞克（Písek）地区尊奉胡斯为圣徒的事实。[②] 胡斯的画像甚至在波西米亚四处散布，胡斯的对手多拉尼的斯捷潘曾为此给公会议写过投诉信。[③]

需要指出的是，胡斯的圣徒形象建构从玛拉多诺维斯的彼得撰写《关于约翰·胡斯教士的记述》时就已开始。彼得的记述虽然带有倾向性，但这并不妨碍人们认为它是最为忠实和详尽记录审判过程的历史叙述。它将胡斯塑造为基督的坚定殉道者，不仅很快影响了捷克人对胡斯的认识，而且造成胡斯成为了叙述波西米亚宗教史上众多事件的依据。[④] 1417—1420年间，彼得将这一文本的最后部分翻译为捷克语并添加部分内容，它通常被称为"约翰·胡斯教士蒙难记"（Passio of Master Jan Hus），在每年的胡斯纪念日中被诵读。在这个"蒙难记"中，胡斯被刻画成类似基督的形象，西吉蒙德则是希律王，科斯及其同党则是文士和法利赛人。[⑤] 同时，圣杯派几代神学家在尊奉胡斯为圣徒这一过程中发挥了主要的作用。作为圣杯派的早期领导者和神学家，约翰·罗基卡纳（John Rokycana）视胡斯为神甫之典范，认为胡斯的神圣体现在他勇敢面对仇恨和迫害——像基督一样，胡斯遭受着污蔑和辱骂，在殉道之前遭受着巨大的羞辱；像圣徒保罗预料使徒将遭受诽谤一样，胡斯遭受不公正之人的仇恨。此后的圣杯派领导人小瓦茨拉夫·科兰达（Wenceslas Koranda, Jr.）也继续尊奉胡斯为圣徒。在他的一篇长篇论文中，科兰达强化了胡斯的圣徒身份，胡斯是过着真正基督徒生活的正义教师，他对当时教士阶层体现的骄傲、贪婪、肮脏等现象的批评是正当的，

---

① František Šmahel & Ota Pavlíček (eds.), *A Companion to Jan Hus*, p. 303; Howard Kaminsky, *A History of the Hussite Revolution*, p.163.

② Howard Kaminsky, *A History of the Hussite Revolution*, pp.166 - 168.

③ Thomas A. Fudge, *The Magnificent Ride: The First Reformation in Hussite Bohemia*, p.126.

④ Thomas A. Fudge, *Jan Hus: Religious Reform and Social Revolution in Bohemia*, pp. 210 - 211.

⑤ Thomas A. Fudge, Jan Hus in Medieval Czech Hagiography, Zdeněk V. David & David R. Holeton (eds.), *The Bohemian Reformation and Religious Practice* (vol.9), Prague: Filosofický časopis and FILOSFIA, 2014, pp.156 - 157,159.

他为真理而殉道必将在天堂得到奖赏,因此虔诚的波西米亚人都视他为殉道者和圣徒。进入 16 世纪,在与路德新教改革派的论辩中,圣杯派神学家一方面宣称圣杯派是传统基督教会的传承者,另一方面继续尊奉胡斯为圣徒。其中的代表性人物博胡斯拉夫·比勒乔沃斯基(Bohuslav Bílejovský)和保罗·比佐夫斯基(Paul Bydžovský)宣称,胡斯因为批评教会里的诸多行为失范而受到了教会上层的反感,因为坚持神圣的真理而在康斯坦茨遭受火刑,他的殉道使他成为了圣徒。更重要的是,胡斯不仅仅是波西米亚的圣徒,他为净化教会所付出的努力对整个西方教会都是有益的贡献。①

实际上,尊奉胡斯为圣徒并不限于波西米亚。1458 年,在德意志斯特滕市(Stetten),名为马修·哈根(Matthau Hagen)的人因为尊奉威克里夫、胡斯和杰罗姆为圣徒而被控异端并遭处死。16 世纪初在德意志发动新教改革的路德也认为胡斯"应该被尊为圣徒",他在 30 年代和 40 年代提到胡斯时,称呼胡斯为"神圣的殉道者"或"圣徒般的殉道者",有时则干脆称之为"圣徒约翰·胡斯"。②

纪念胡斯的不仅仅是教会,也包括世俗权力机构。根据一份写于 1517 年的报告所载,布拉格市政委员会在周日和周一为胡斯和杰罗姆举行的礼拜日活动中,不仅在伏尔塔瓦河大桥下的小岛上燃起了火堆,市长和一些贵族亲临大桥观看,而且大桥的塔楼上还有鼓手击鼓以示庆祝,并有鸣枪仪式,大桥上和大河两岸也有大量民众驻足观看。③ 迟至 18 世纪 20 年代,在胡斯的礼拜日夜晚还有在山顶点燃篝火来纪念胡斯的活动,布拉格的市政当局发现很难根除民众的这些风俗。④

歌曲也在纪念和圣化胡斯的过程中留存于世。一方面,一些弥撒升阶圣歌集(gradual)里出现了专门为胡斯纪念日而创作出来的圣歌。这些歌曲赞颂胡斯的个人美德以及他在波西米亚社会中所发挥的作用,把胡斯的一生与基督的一生相提并论,把胡斯在康斯坦茨的殉道视为耶稣受难的延续。⑤ 另一方面,民众也使用捷克语创作了一些歌曲来纪念胡斯。这些歌曲饱含愤怒,指责公会议,反对教会,很快就传遍了波西米亚。一首名为"约

---

① František Šmahel & Ota Pavlíček (eds.), *A Companion to Jan Hus*, pp. 343 - 347.

② František Šmahel & Ota Pavlíček (eds.), *A Companion to Jan Hus*, p. 310 - 311.

③ Joel Seltzer, Re-envisioning the Saint's Life in Utraquist Historical Writing, Zdeněk V. David & David R. Holeton (eds.), *The Bohemian Reformation and Religious Practice* (vol. 5, part 1), Prague: Main Library, Academy of Sciences of the Czech Republic, 2004, p. 147.

④ František Šmahel & Ota Pavlíček (eds.), *A Companion to Jan Hus*, pp. 308 - 310.

⑤ František Šmahel & Ota Pavlíček (eds.), *A Companion to Jan Hus*, pp. 305 - 306.

翰·胡斯信赖上帝"(*V naději Boží mistr Hus Jan*)的歌曲里首次直接称呼胡斯为"圣徒",突出了胡斯批评教会的正当性以及他的高尚品德。带有类似主题的歌曲创作从 15 世纪早期一直持续到 17 世纪早期。[①]

总体来看,胡斯成为圣徒发生在胡斯殉道后随即展开的纪念活动之中,并一直持续到 17 世纪 20 年代。这些以圣杯派为主的胡斯追随者,颂扬胡斯为真理献身,表达对天主教会烧死胡斯的不满,从而建构了一个完美无缺的圣徒胡斯形象。一定程度而言,胡斯的圣徒形象也有助于提高波西米亚宗教改革的道德权威。不过,随着 1620 年波西米亚新教军队在白山战役的失利,天主教会在波西米亚重返统治地位,胡斯作为圣徒的形象逐渐式微。

三、宗教改革家胡斯

新教改革以后,新教改革家将胡斯引为同道是情理之中的事。除了自称"胡斯派"的路德,还有在瑞士发动宗教改革的茨温利(Ulrich Zwingli, 1484—1531)和加尔文(John Calvin, 1509—1564)。茨温利对胡斯的《论教会》一书持有积极的评价,在 1520 年还把此书送给他的一个朋友。他对胡斯的评价甚高,认为胡斯是纯正福音生活的典范,胡斯教导的一切与基督一致,胡斯被控为异端是不公正的,胡斯是令人惋惜的殉道者,这反映出公会议和罗马教会并非真正的教会。加尔文同样谴责康斯坦茨公会议烧死胡斯,认为胡斯是坚持纯正信仰的无罪之人,因此,以胡斯为例,加尔文提醒新教徒不要参加特兰托公会议,因为公会议和罗马教廷一样不受任何法律的约束。[②] 某种程度而言,胡斯的殉道成为了宗教改革家们批评教会、呼吁教会改革的重要论据。

在新教改革影响不断扩展的同时,胡斯逐渐被纳入宗教改革的解释范式之中,胡斯作为宗教改革家(尤其是新教改革先驱)的形象出现在视觉艺术和历史书写中。

视觉艺术方面,胡斯被刻画为前承威克里夫、后启路德的宗教改革家,三人在宗教改革中的承继关系在 16 世纪的书籍插图和木刻版画中多有体现。布拉格大学图书馆收藏的一本 1572 年出版的胡斯派歌曲集中有一首纪念胡斯的捷克语颂歌。引人注意的是,在颂歌旁边的配图中,有三个椭圆形图案,从上至下分别描绘的是正点燃火花的威克里夫、正点燃煤块的胡斯以及正挥舞着燃烧火炬的路德。[③] 不言而喻,这幅配图体现了时人对于三位

---

① František Šmahel & Ota Pavlíček (eds.), *A Companion to Jan Hus*, pp. 308 – 309.

② František Šmahel & Ota Pavlíček (eds.), *A Companion to Jan Hus*, pp. 362 – 364.

③ Gotthard Lechler, Peter Lorimer (trans.), *John Wycliffe and His English Precursors*, p. 466. 类似的插图在弥撒的素歌集中也有出现,不过细节略有差异:威克里夫正手拿(转下页)

宗教改革家继承关系的认识。类似的插图在路德发动新教改革不久就开始出现，特别是有关胡斯与路德之间关系的刻画。一幅 16 世纪 20 年代的彩色木刻版画将胡斯与路德刻画为牧羊人的典范：在羊圈内的路德与羊群站在被钉在十字架上的耶稣之前，而手拿一本书的胡斯则站在羊圈之外，这暗示胡斯是路德的先驱。在另一幅木刻版画中，胡斯正将手中的火把传给路德（参见图 18）。[①] 另有一些木刻版画描绘了所谓的"胡斯的预言"（参见图19）和萨克森的选帝侯"智者"腓特烈的梦等未经证实然而流传甚广的传说，显示了时人承认路德为胡斯宗教改革事业的继承人。[②]

图 18　胡斯与路德（木刻画）

（图片来源：Thomas A. Fudge, *Jan Hus: Religious Reform and Social Revolution in Bohemia*, p.201.）

（接上页）石块摩擦生火、紧随其后的胡斯手拿点燃的蜡烛，最后的路德手擎燃烧的火把，参见 Thomas A. Fudge, *Jan Hus: Religious Reform and Social Revolution in Bohemia*, p. 201；Vilém Herold, Jan Hus — a Heretic, a Saint, or a Reformer, *Communio Viatorum*, p.11。遗憾的是，上引各书和论文均未配图。

① Thomas A. Fudge, *Jan Hus: Religious Reform and Social Revolution in Bohemia*, pp. 200 - 201.以威克里夫、胡斯、路德以及其他宗教改革家为主题的木刻画、插图等艺术作品的讨论，详见同书第 197—203 页。

② 所谓"胡斯的预言"是指胡斯曾在火刑柱前宣称，100 年后那些指控他的人将为上帝承担责任，这只瘦瘦的鹅（意指胡斯，因为胡斯的名字在捷克语中表示鹅的意思）今天将被烘烤，而100 年后一只天鹅（意指路德）将展翅高歌，不会遭到烈火的焚烧。不过，查阅玛拉多诺维斯的彼得作为目击证人对康斯坦茨公会议审判胡斯全过程的记录，可以发现胡斯殉道前并未说过如此的"预言"。参见 Matthew Spinka, *John Hus at the Council of Constance*, pp. 225 - 234. 关于萨克森的选帝侯"智者"腓特烈的梦，据说腓特烈曾在 1517 年 10 月 30 日晚做过三个梦，梦到一名修士手执巨笔在维腾堡城堡教堂的门上写字，修士声称此笔来自100 年前波西米亚的一只鹅。参见 J. A. Wylie, *The History of Protestantism*（vol. 1），London: Cassell & Company, Limited, 1878, pp. 263,265. 有关上述两则传说的木刻版画及其讨论，参见 Thomas A. Fudge, *Jan Hus: Religious Reform and Social Revolution in Bohemia*, pp. 195 - 199。

图 19 胡斯的预言

(图片来源:Thomas A. Fudge, *Jan Hus: Religious Reform and Social Revolution in Bohemia*, p.196.)

再来看历史叙述中胡斯作为宗教改革家的形象塑造。1554 年,法国加尔文教徒让·克雷斯潘(Jean Crespin)出版了《自约翰·胡斯和杰罗姆以来的殉道者之生活》,他将胡斯定义为英雄、虔诚基督徒的典范、新教运动的先驱和改革者。① 这是视胡斯为新教改革先驱的最早的历史著作之一。1563 年,为支持英国的宗教改革事业,英国人约翰·福克斯(John Fox)出版了《在这末后危险岁月里关乎教会的事迹与见证》(俗称《殉道史》)英文版第一版,记叙了包括胡斯在内的众多殉道者的事迹。② "与克雷斯潘一样,福克斯

---

① Jean Crespin, *Le Livre des martyrs depuis Jean Hus et Jerome*, Geneva, 1554.
② 英文版第一版的题名为 *The Actes and Monuments of These Latter and Perilous Dayes, Touching Matters of the Church*,即通常所称的 *Book of Martyrs*。此书后来有多个版本问世,仅福克斯生前就有 1563、1570、1576 和 1583 四个英文版。此处所引版本为:John Fox, *Fox's Book of Martyrs: The Acts and Monuments of the Church* (vol.1), London: George Virtue, Ivy Lane, Paternoster Row, 1851, pp.823 - 903。

在他具有影响力的殉道史中把胡斯变成了一个新教改革的先驱。"①福克斯所持的立场非常明确,胡斯绝不是异端,胡斯被控异端"并非是因为他错误的教义",而是因为"恶毒的对手们"不满他"批评教皇、枢机主教、高级教士等具有的奢华、自负、贪婪等恶行",是因为他认为"教皇是敌基督。"②换言之,胡斯是因为他改革教会的正义主张和行为而献出了生命。或许在福克斯看来,把胡斯放在《殉道史》出版前玛丽女王大肆迫害英国新教徒的语境中,他与这些殉道的英国新教徒并无二致。

当然,自19世纪以来的众多历史论著中,承认胡斯为宗教改革家已经成为了主流认识。

比如19世纪的3部代表性论著。埃米尔·德·博纳绍斯(Émile de Bonnechose)用法文出版的2卷本《宗教改革之前的15世纪宗教改革家们》是较早凸显胡斯宗教改革家身份的胡斯传记,并很快于1844年在美国出版了其英译本。③ 此书将胡斯等宗教改革家放在西方教会大分裂的时代背景之下来讨论,用近三分之二的篇幅简明扼要但较为完整地描述了胡斯的一生,而且时间的跨度并不限于从胡斯的早期生活到胡斯被处火刑,还论及到胡斯殉道后的持久影响。就篇幅而言,E. H. 吉列特(E. H. Gillett)初版于1861年、总页数超过1200页的2卷本《约翰·胡斯的生平与时代:15世纪的波西米亚宗教改革》是目前篇幅最长的胡斯研究专著。④ 吉列特所持的新教视角非常典型,他视胡斯为路德和宗教改革的先驱,不仅对胡斯作为宗教改革家的一生进行了详尽刻画,而且对波西米亚的宗教改革事业进行了长时段的考察。这种长时段长达近200余年,既涵盖了胡斯之前的14世纪的波西米亚宗教改革先驱,又延伸到17世纪中叶"三十年战争"结束前新教在波西米亚的传播。把胡斯塑造为宗教改革先驱的另一个更为明显的例子是阿尔伯特·亨利·拉迪斯罗(Albert Henry Wratislaw)出版于1882年的《约翰·胡斯:代表低级教士反抗教皇权威的开始》,该书的学术价值

---

① František Šmahel & Ota Pavlicek (eds.), *A Companion to Jan Hus*, p.359.
② John Fox, *Fox's Book of Martyrs: The Acts and Monuments of the Church* (vol.1), p. 902.
③ 此书的法文初版已难寻觅,笔者所得为出版于1860年的该书第3版,详见 Émile de Bonnechose, *Réformateurs avant la Réforme: XVe Siécle* (troisiéme édition), Paris: J. Cherbuliez, Libraire-Éditeur, 1860。此书的英文版见 Émile de Bonnechose, Campbell Mackenzie (trans.), *The Reformers before the Reformation; The Fifteen Century: John Hus and the Council of Constance*, New York: Harper and Brothers, 1844.
④ E.H. Gillett, *The Life and Times of John Huss; or, the Bohemian Reformation of the Fifteenth Century* (2 vols.), Boston: Gould and Lincoln, 1861.

广受赞誉。[①] 在拉迪斯罗的笔下，胡斯把他完美的一生贡献给了"灵魂里至高无上的良心、教会里至高无上的圣经和教士生活方式的必要改革"，"道德、良心和圣经"构成了他一生的座右铭。在与时代的邪恶和腐败作斗争中，胡斯死去了，但是后来人将继续完成他开创的事业。[②] 正如詹姆斯·汉密尔顿·维利(James Hamilton Wylie)于1900年在牛津大学发表的福特讲座所说："我们可以放心地把'宗教改革前的宗教改革家'(Reformer before the Reformation)这一多次重复使用的称号授予胡斯。"[③]可见，在1900年之前，胡斯作为宗教改革先驱的形象已被广为接受。

值得注意的是，作为宗教改革家的胡斯，其宗教改革思想的来源成为了一个引发争议的问题。是来自于威克里夫，还是来自于波西米亚的宗教改革先驱们？奥地利历史学家约翰·洛瑟斯在1884年用德语出版的《胡斯与威克里夫：论胡斯思想的起源》一书认为，胡斯的主要神学著作《论教会》抄袭自威克里夫的同名论著。洛瑟斯的这一论断引发了极大的争议，但同时也推动了更多研究者深入研究胡斯与威克里夫的关系问题。本书第四章第二节已有论述，在此不再赘述。

进入20世纪，多本胡斯传记或胡斯研究专著延续了宗教改革先驱的形象刻画。撰写2卷本《宗教改革的黎明》(其中第一、二卷的副标题分别为"威克里夫的时代"和"胡斯的时代")的英国学者赫伯特·B.沃克曼认为，胡斯是"尊奉真理的新的精神的代表"，而"真理的基础在于其诉诸于个人良心"，因此可以说胡斯处在"宗教改革的黎明"。[④] 有别于其他学者，沃克曼同时注重了对于胡斯生活时代的讨论，并下结论说，罗马教会不可能进行内部

---

① Albert Henry Wratislaw, *John Hus: The Commencement of Resistance to Papal Authority on the Part of the Inferior Clergy*, London: Society for Promoting Christian Knowledge, 1882. 就此书的学术评价而言，英国学者赫伯特·B.沃克曼认为，在帕莱兹奇出版《有关约翰·胡斯教士的文献》之前，此书是利用已有文献撰写的最好英文专著，参见 Herbert B. Workman, *The Dawn of the Reformation* (vol. II: *The Age of Hus*), p.91。弗朗西斯·赫拉别·吕措也认为拉迪斯罗的胡斯传记比同类作品高出一筹，参见 Francis hrabě Lützow, *A History of Bohemian Literature*, p.86. 当代胡斯研究的权威托马斯·A.法吉评价此书是第一本真正研究胡斯的英文专著，参见 Thomas A. Fudge, Jan Hus in English Language Historiography, 1863–2013, *Journal of Moravian History*, 16(2), 2016, p.106。

② Albert Henry Wratislaw, *John Hus: The Commencement of Resistance to Papal Authority on the Part of the Inferior Clergy*, pp.335–336.

③ 维利的6场讲座最后被结集出版，参见 James Hamilton Wylie, *The Council of Constance to the Death of John Hus*, p.175。

④ Herbert B. Workman, *The Dawn of the Reformation* (Vol. II: *The Age of Hus*), preface, p.v.

改革,胡斯领导的宗教改革必然发生,但是受限于时代因素,改革未能成功。[①] 奥斯卡·库恩斯(Oscar Kuhns)也持有类似的看法。他称呼胡斯为"最后的宗教改革先驱",认为历史、社会、宗教等因素阻碍胡斯成为了像路德那样的新教改革家,胡斯的教义显示他是路德和新教的真正先行者。[②] 尤斯塔斯·J. 基茨(Eustace J. Kitts)则认定胡斯既是爱国者也是宗教改革家。就基础教义而言,比如视圣经为信仰的唯一标准、与教会当局断绝关系等,胡斯就是新教徒。就其诉诸于个人良心和圣经,且把圣经作为高于教皇和公会议的权威而言,胡斯是宗教改革的先驱。[③] 1915 年是胡斯逝世 500周年,出版的两本英文论著值得提及。一本面向普通读者,篇幅不长,仅仅152 页,作者是威廉·纳撒尼尔·施瓦策(William Nathaniel Schwarze)。综合前人的研究,施瓦策认为胡斯是"手持火把点燃宗教改革"的主要人物之一,也是为了自由、进步事业献身的最勇敢的殉道者之一。[④] 另一本是篇幅更长的学术论著。在《约翰·胡斯的生平、布道和去世:五百年后的纪念》一书中,大卫·施莱·沙夫(David Schley Schaff)全面概括了有关胡斯的多种历史书写,不过作者就胡斯对于新教改革之影响的立场也很明确:胡斯是路德的先驱,因为"胡斯在他有关教会、教皇和圣经的论述中包含着宗教改革的精髓",而且"路德自己也承认这一点"。[⑤]

　　毋庸置疑,20 世纪胡斯研究领域的集大成者当属美国学者马修·斯宾卡。他不仅翻译了胡斯的书信集,编辑了胡斯研究的重要文献,还出版了 3本胡斯研究的专著。早在 1941 年斯宾卡就出版了《约翰·胡斯与捷克宗教改革》一书。[⑥] 在这本不足 100 页的论著里,斯宾卡从三个方面回应了前述洛瑟斯对胡斯与威克里夫关系研究的论断,即胡斯是否是独立的思想者、胡斯与威克里夫的关系、胡斯在康斯坦茨的受审,最后下结论认为洛瑟斯夸大了胡斯对于威克里夫宗教改革思想的依赖。此后斯宾卡推出了两部研究胡

① Herbert B. Workman, *The Dawn of the Reformation* (Vol. II: *The Age of Hus*), pp. 344 - 345.

② Oscar Kuhns, *John Huss: The Witness*, pp. 9 - 10, 83.

③ Eustace J. Kitts, *Pope John the Twenty-third and Master John Hus of Bohemia*, pp. vi, 395.

④ William Nathaniel Schwarze, *John Hus, the Martyr of Bohemia: A Study of the Dawn of Protestantism*, New York: Fleming H. Revell Company, 1915, p. 136.

⑤ David Schley Schaff, *John Huss: His Life, Teachings and Death, After Five Hundred Years*, pp. 291 - 292.

⑥ 此书初版在芝加哥大学出版社,不过笔者得到的是其 1966 年的再版,详见 Matthew Spinka, *John Hus and the Czech Reform* (reprinted edition), Hamden: Archon Books, 1966。

斯的力作,即分别出版于 1966 年和 1968 年的《约翰·胡斯的教会观》和《约翰·胡斯传》。[①] 前者是为数不多专题研究胡斯神学思想的重要著作,以胡斯的《论教会》和主要捷克语论文等为分析文本,斯宾卡全面阐述了胡斯的教会观,并解释了胡斯神学思想的缘起、发展和成型过程中的诸多影响因素,从而界定了胡斯作为"最为坚定的真理捍卫者"的宗教改革家形象。《约翰·胡斯传》虽沿袭了传统史家传记的写法,但是斯宾卡征引了大量有关胡斯的第一手拉丁语和捷克语史料以及前人多语种出版的研究成果,融学术的严谨与细节的生动于一体,娓娓道出殉道者和宗教改革家胡斯跌宕起伏的一生,将胡斯传记的写作推上了顶峰,此书也成为胡斯研究领域公认的经典之作。在此书的开篇,斯宾卡就提出,路德发动的宗教改革是此前持续近两个世纪的改革运动之结果,胡斯处于中世纪和新教改革之间的过渡期,他所做的一切把旧的宗教改革运动和新的宗教改革运动联系在了一起。[②] 显而易见,斯宾卡是把胡斯视为路德之前的重要宗教改革家。

进入 21 世纪,胡斯研究最为多产、最具学术思辨的学者当属托马斯·A. 法吉。在他已经出版的至少 4 部专题研究胡斯的论著中[③],法吉把胡斯放回中世纪的历史语境中来考察,因此形成的总体看法可以概括为:胡斯既是异端,也是宗教改革家。有别于前述学者的通行看法,法吉认为,胡斯既不是威克里夫的继承人,也不是路德及其新教的先驱,而是中世纪天主教会的改革者。同时,胡斯并非教义的革新者或神学思想的开创者,他感兴趣的只是振兴教会和净化信仰。[④] 就其历史影响而言,从宗教的角度来看,"胡斯和他的同道者所做的一切是朝向个人良知的自由迈出的一小步";从政治的角度来看,"波西米亚所发生的一切是以社会革命的形式展现了民族身份和民主运动。"[⑤]不得不说,法吉独具创见的观点,以及他对于胡斯形象的多层次刻画(不仅仅是异端、宗教改革家,还有布道师、圣徒等)和多视角解读,为

---

① Matthew Spinka, *John Hus' Concept of the Church*; Matthew Spinka, *John Hus: A Biography*.

② Matthew Spinka, *John Hus: A Biography*, p.3.

③ Thomas A. Fudge, *Jan Hus: Religious Reform and Social Revolution in Bohemia*, 2010; *The Memory and Motivation of Jan Hus, Medieval Priest and Martyr*, 2013; *The Trial of Jan Hus: Medieval Heresy and Criminal Procedure*, 2013; *Jan Hus Between Time and Eternity: Reconsidering a Medieval Heretic*, 2016.

④ Thomas A. Fudge, *Jan Hus: Religious Reform and Social Revolution in Bohemia*, p.4; Thomas A. Fudge, *The Memory and Motivation of Jan Hus, Medieval Priest and Martyr*, pp.ix - x.

⑤ Thomas A. Fudge, *Jan Hus: Religious Reform and Social Revolution in Bohemia*, introduction, p.2.

胡斯研究领域吹来了清新的空气,彰显了其学术价值。

异端、圣徒、宗教改革家并非胡斯形象的全部,胡斯还被刻画为爱国者、民族主义者,甚至革命者,等等。自胡斯殉道的那一刻起,如何认识和评价胡斯,不同的时期,不同的群体,不同的视角,答案各异,留下了一个具有多重身份、呈现多面形象的胡斯。虽然胡斯逝世已有六个多世纪,但他的"余响"不绝,关于他的历史书写仍在继续。

结　　语

　　无论生前还是死后,胡斯都是一个极具争议的"话题人物"。他是 15 世纪初波西米亚宗教改革运动的领导者,可是康斯坦茨火刑堆上燃起的大火让他成为中世纪后期最为著名的基督教异端之一。异端和宗教改革家,两者貌似对立,实则和谐统一于胡斯一身。

　　要说胡斯是异端,首先需要对于异端这一概念的内涵进行界定。如前所述,奥古斯丁将异端定义为那些顽固地坚持有悖于圣经经义者。放在基督教的语境中,圣经经义的权威性自不待言,但是棘手的问题是,谁来判定"有悖于",它显然是争议性的关键术语。在罗马天主教会看来,判定的权力掌握在自己手里,由于胡斯信奉和宣扬的教义背离了官方对于圣经的解释,据此应该判定胡斯为异端。但是,在胡斯看来,圣经本身是高于罗马教会的权威。这就意味着,罗马教会和教皇对于圣经的解释不一定是正确的。对于如何理解圣经,胡斯的解决方案其实是诉诸于个人良心的自行解读,由此胡斯坚信,自己对于圣经的理解并不违背圣经经义。如此一来,胡斯与罗马天主教会产生了不可调和的矛盾,异端与正统之争不可避免。至于奥古斯丁定义里另一关键术语"顽固地坚持",对于罗马教会来说,胡斯坚持为异端的教义辩护,而且至死拒绝收回异端的教义,这是不知悔改、不折不扣的异端分子,应该援引教会法判定他为异端并处火刑烧死。对于胡斯来说,这种坚持,显示了他对于追求纯洁信仰和尊奉上帝之道的执着,这是对虔诚基督徒的基本要求。

　　基于奥古斯丁异端定义里两个关键术语的讨论,可以看出,如果认定胡斯为异端,这显然是从罗马教会的角度给出的判断,是在承认罗马教会为正统、援引中世纪教会法的前提下所下的结论。表面上看,胡斯被控异端显示了异端与正统对于阐释教义的争论。本质上看,教义之争反映的是控制权之争。在正统强大的组织力量、话语力量等控制之下,异端很难与之抗衡。正如有学者指出,在中古基督教历史上近千年的正统与异端之争中,阐释教义之争辩是关键问题,正统往往是争辩的胜方,败方则成为异端,而政治时局的稳定或动荡、俗世与教会的状况、城市的兴起与教会的改革、知识分子与俗世王侯及教士的关系等客观环境往往是影响胜负的决定性关键。① 因此,本书一方面呈现了胡斯"异端"思想的起源、发展和成型的过程,另一方面从宗教、政治和民族等角度阐述了胡斯与教权王权之间的关系、教会的状况和改革、民族之间的矛盾等因素对于胡斯被控异端的决定性影响。本书就胡斯这一个案的研究再次证明,在15世纪初所属的中世纪后期,异端与正统的力量对比依旧悬殊,有利于异端挑战正统所需要的时代氛围还在孕育之中,这也许从一个方面解释了为何胡斯领导的宗教改革运动未能结出路德那样的新教改革的"果实"。

面对来自异端的挑战,尤其是11世纪以来的异端运动,罗马教会选择了剑与火作为回应。除了烧死胡斯,教会还使用十字军以武力镇压的方式来根除胡斯派运动。就在康斯坦茨公会议结束前,教皇马丁五世于1418年2月22日发布了针对波西米亚异端的十字军敕令:"必须把信仰错误教义的异端分子完全从基督徒团体中驱逐出去,必须完全运用上帝赋予我们的能力来根除他们。只有这样,真正的天主教信仰才可能保持稳定,不受污染。所有的基督徒才可能毫不动摇,平安无事,在祛除任何迟疑的阴影后,才可能保持虔诚信仰之稳定。"②这一敕令典型地显示了教会镇压异端的动机和目的:既为了信仰(或教义)的稳定,也为了教会(或组织)的稳定。但是,剑与火之下,抛开生灵涂炭不说,教会的教义成了排斥新思想于门外的封闭系统,累积的问题也没有经由外部力量的推动而得到改善和解决,教会指望的稳定很难实现。能否对"异端"持以更为宽容的态度,以对话取代镇压,以动态的稳定取代静态的稳定,也许胡斯的故事会是另一个版本。

因此,换成一种宽容的态度,或者转换为罗马教会之外的立场,胡斯无疑是宗教改革家。不难理解,宗教改革家是指那些针对基督教会出现的问题,提出改革方案,甚至付诸实际行动的人,他们的理论和实践往往对于当时的教会产生了程度不一的冲击。面对教会的种种弊端和诸多问题,胡斯的虔诚信仰和个性决定了他不可能对此视而不见。不过,胡斯是怎样的宗教改革家,这仍然是一个有待作出总结性评价的问题。

首先,胡斯是注重实践的实干型宗教改革家。从14世纪末到15世纪初的波西米亚宗教改革的全过程来看,相较于胡斯宗教改革思想的原创性

① 张学明:论中古基督教之异端,《世界历史》,2003年第5期,第74页。此文此前曾以"中古基督教之正统与异端(451—1418)"为题发表在《新史学》2002年第2期,第203—224页。
② Thomas A. Fudge, *The Crusade against Heretics in Bohemia, 1418-1437: Sources and Documents for the Hussite Crusades*, p.45.

和影响力,胡斯深度参与和领导宗教改革所发挥的作用和影响无疑更为突出,更为深远。胡斯体现出了强烈的现实关切,充分利用布道师的身份,借助于教会布道坛和大学辩论会等多种形式和场合,公开对于赎罪券、教会弊端等现实问题发声和著文,以实际行动参与反对售卖赎罪券等事件,并以大无畏的勇气接受康斯坦茨公会议的审判。胡斯领导的宗教改革以及后续的胡斯派运动将波西米亚长时间地置于欧洲历史的风口浪尖,无论是胡斯战争,还是三十年战争,都凸显了胡斯宗教改革的持续影响作用。因此,从宗教改革的社会影响力而言,包括托马斯·A.法吉等在内的学者将胡斯领导的宗教改革运动称之为"第一次宗教改革"(the First Reformation)、将路德发动的宗教改革称之为"第二次宗教改革"(the Second Reformation)似乎并不为过。

其次,胡斯是坚守传统的保守型宗教改革家。这种传统或保守的取向,一方面体现在对基督教思想传统的继承,另一方面体现在教会改革路径的选取上。本书对于胡斯教会观和宗教改革思想的梳理显示,胡斯的思想来源主要包括奥古斯丁等早期教父和威克里夫,具体体现为坚守圣经或上帝的律法为最高权威、精神性的大公教会高于世俗教会、奉早期教会为模范教会等。这些思想传统的继承影响了胡斯对于教会改革路径的选择。他不像写作《和平保卫者》的帕多瓦的马尔西留那般"激进",要求将教会置于世俗君主的统治之下,他也不像皮埃尔·戴利等公会议主义者所主张的公会议高于教皇,应由公会议来主导教会改革,他甚至不像威克里夫那样提出建立民族教会,以去中心化的方式来改变教会的治理结构。胡斯的改教路径是不涉及教会体制调整的道德重建,这当然是一种相对保守的策略。当然,我们也要看到,胡斯的教会观和改教思想中确实隐含着引发社会革命的要素。

最后,胡斯是时代铸就的中世纪宗教改革家。胡斯的宗教改革思想与实践是时代的产物。"西方教会大分裂"导致的教皇制度危机,教会世俗化催生出的教会种种腐败,加之波西米亚宗教改革先驱们营造的改教氛围和威克里夫改教思想的传入,这些时代因素促成了胡斯形成具有强烈现实关切的宗教改革思想,并成为波西米亚宗教改革运动的领导者。但是,胡斯的宗教改革思想和实践有一个基本前提,那就是胡斯无意推翻现有的教会,他所希冀的教会改革依然是在已有的教会体制和框架内进行。因此,可以说胡斯是宗教改革前的最后一位宗教改革家,这一貌似悖论的论断将胡斯的宗教改革与路德的新教改革区别开来,两者具有本质的不同,胡斯领导的改革运动还未走出中世纪。当然,这样的论断丝毫无损胡斯作为宗教改革家的历史价值和当代意义。

　　回望历史,像胡斯这样被控异端、却在后世被重新认识和评价的历史人物不在少数。宗教改革家威克里夫、路德、加尔文等,哲学家彼得·阿贝拉尔、威廉·奥卡姆等,甚至自然科学家哥白尼、布鲁诺、伽利略等,都曾被教会控为异端,布鲁诺还被教会烧死。但是,正如胡斯在一次布道中对信众所说,“时间将作出自己的判断”。[1] 后来的历史证明,正是这样一群人,以他们的思想和智慧,以他们的行动和勇气,质疑权威,挑战成见,力图让他们所处的世界变得更好,力图让人类不断接近真理性认识。

　　事实上,天主教会自身也重新认识到胡斯具有的历史价值和当代意义。1999 年 12 月 15—18 日,梵蒂冈大赦年委员会和捷克主教联合会在位于意大利罗马的宗座拉特朗大学召开了有关胡斯的国际学术研讨会。12 月 17 日,时任教皇约翰·保罗二世(John Paul II,1978—2005 年在任)在研讨会上致辞,称赞胡斯“面对困难和死亡时的道德勇气使他成为对于捷克人民具有特别意义的人”,为胡斯“所遭受的残酷死亡以及由此在波西米亚人民思想和心灵上造成的冲突和分裂的创痛”表达深深的歉意,并认为“约翰·胡斯在过去曾引发争论,而现在已经成为人们对话、比较和共享研究的话题”。[2] 除了代表罗马天主教会公开表达对近 600 年前将胡斯处以火刑的反思,教皇保罗二世还指出了胡斯研究对于当下的意义。对此,2000 年 1 月 1 日,枢机主教米洛斯拉夫·弗尔克(Miloslav Vlk)和捷克兄弟会福音教会负责人帕维尔·斯梅塔纳(Pavel Smetana)就此次学术研讨会发表的联合声明更是明确指出:“约翰·胡斯对于纯正道德的强调、对于真理的热爱以及忠于良心的呼唤,即使对于我们今天的时代依然是发人深省的启示。”[3]胡斯

---

① Anežka Schmidtová (ed.), *Sermones de tempore qui Collecta dicuntur*, Prague: Academia, 1959, p. 545. 转引自 Thomas A. Fudge, *Jan Hus Between Time and Eternity: Reconsidering a Medieval Heretic*, p.146。

② Pope John Paul II, Address of the Holy Father to an International Symposium on John Hus, http://www. vatican. va/holy_father/john_paul_ii/speeches/1999/december/documents/hf_jp-ii_spe_17121999_jan-hus_en. html. 以“教皇为教会处置约翰·胡斯道歉”为题,美国耶稣会在美国出版的全国性周刊《美国》在 2000 年 1 月 1 日至 8 日这期简要报道了约翰·保罗二世的致辞,参见 Unknown author, Pope Apologizes for Church's Treatment of John Hus, *America*, 182(1), 2000, p.5。

③ Cardinal Miloslav Vlk and Pavel Smetana, The Common Declaration on the Symposium on Jan Hus, Held in Rome, http://www.ekumenickarada.cz/erceng/cl8.htm。事实上,早在 1995 年,枢机主教米洛斯拉夫·弗尔克就参加了纪念胡斯逝世 580 周年的活动,这是天主教会领导首次参加类似活动。弗尔克在纪念活动上表示,他的出席表明罗马天主教会正在重新确立对胡斯的态度。多位罗马天主教历史学家也敦促教皇重新评估胡斯案。参见 *Christianity Today* editorial department, Czech Reformer is Reassessed, *Christianity Today*, September 11, 1995, p.86。

已经褪去异端身份,正在成为宗教对话中建立共识和信任的桥梁和纽带。

胡斯如同一本书,阅读他的故事有助于人们了解他所生活的时代。胡斯如同一坛酒,品味他的一生有助于人们反思自身以及当下的时代。这或许正是历代胡斯研究者孜孜矻矻、埋头书写胡斯的动因。

附　　录

(一) 约翰·威克里夫被控四十五信条[①]

第一条：神甫祝圣后，圣坛上的面饼和酒的本质并没有改变。

第二条：在祝圣后同样的圣餐里，因为没有"主体"的出现，因此"附带物质"并不存在。

第三条：基督不会以其肉身真实地转化在圣餐中。

第四条：犯有致命罪过的主教或高级教士无法授神职、祝圣或施洗礼。

第五条：福音书内没有证据显示耶稣基督主持弥撒。

第六条：上帝应该服从魔鬼。

第七条：如果一个人真正地悔罪，那么口头的忏悔对他来讲是无益和肤浅的。

第八条：如果教皇道德败坏、邪恶透顶，因而他与魔鬼为伴，那么他没有从任何人那里获得统治信众的权力，除非国王授权与他。

第九条：自乌尔班六世以后，我们不应该承认任何教皇，但是整个基督教会应按照适当的律法和希腊人的生活方式生活。

第十条：教会神职人员拥有世俗财产有悖于圣经。

第十一条：除非高级教士知道上帝绝罚某人，否则他不应该绝罚那个人；以任何其他的理由绝罚他人者因而是异端分子或者绝罚了自身。

第十二条：任何绝罚向国王或者议会上诉的神职人员的人犯有背叛国王之罪。

第十三条：由于遭受绝罚而停止传布和听从上帝之道者，他们真正受到

[①] 此处中译文由笔者参考英译文译出，英译文来源有二：(一)《约翰·克里夫及其英格兰先驱们》一书对于 1382 年黑衣修士宗教会议谴责威克里夫 24 条信条的英译文，参看 Gotthard Lechler, Peter Lorimer (trans.), *John Wycliffe and His English Precursors*, pp. 382 – 383；(二)《康斯坦茨公会议史》一书对于四十五信条绝大部分信条的英译文，参看 Jacques Lenfant, Stephen Whatley (trans.), *The History of the Council of Constance* (vol. 1), pp. 217 – 231。拉丁原文，参看 Matthew Spinka, *John Hus' Concept of the Church*, pp. 397 – 400。

了绝罚,在末日审判时他们将被视为耶稣基督的背叛者。

第十四条:未获教廷或者主教的授权,执事和神甫传布上帝之道是合法的。

第十五条:犯有致命罪过的世俗君主、主教或高级教士将失去他们的身份。

第十六条:世俗君王可以任意剥夺行为失范教会人士的世俗财产。

第十七条:平民可以任意纠正行为失范的世俗君王。

第十八条:什一税只是施舍于穷人的。由于高级教士所犯的罪过,教众可以任意收回什一税。

第十九条:高级教士或者其他教会人士的祷告对人的益处与普通的祷告并无二致。

第二十条:给予托钵修士以救济的人已被绝罚。

第二十一条:如果一个人加入任何秘密的教会组织,他将更有可能不去遵循上帝的诫命。

第二十二条:组建修会等组织的人是在犯罪。

第二十三条:任何修会的成员都不是基督教会的成员。

第二十四条:托钵修士应该通过自己的劳动而非乞讨获得生活所需。

第二十五条:任何接受世俗财物的资助而为他人祈祷者皆为西门主义者。

第二十六条:道德败坏之人的祈祷无任何作用。

第二十七条:所有一切的发生皆由于绝对的必然。

第二十八条:由于世俗的贪欲和虚荣,教皇和主教将确认真理、任命神职人员和圣化圣地视为他们独享的私利。

第二十九条:那些爱慕虚荣的异教徒促成了大学和学院的建立以及颁授学位,而这些东西对教会的作用并不比它们对魔鬼的好处多到哪儿去。

第三十条:教皇或者任何高级教士施与的绝罚可以不被认可,因为它是敌基督的谴责。

第三十一条:创建修道院者是罪人,进入修道院者是如撒旦般的邪恶之人。

第三十二条:教士变得富有与基督的教诲背道而驰。

第三十三条:教皇西尔维斯特和君士坦丁大帝资助教会是错误的。

第三十四条:所有的托钵修士都是异教徒,给予他们救济之人已被绝罚。

第三十五条:加入修会或其他宗教组织有碍于恪守神谕,也有碍于通过恪守神谕进入天堂,除非他背弃这些组织。

第三十六条:教皇和所有拥有财产的神职人员以及所有支持他们的世俗君主和其他平信徒,因为拥有财产,成为异端分子。

第三十七条:罗马教会是撒旦的教堂,教皇并非基督的直接代表和使徒。

第三十八条:教皇的教令是可疑的,它们玷污了基督的信仰,学习这些教令的神职人员是愚蠢的。

第三十九条:当皇帝和世俗君主向教会捐献世俗财物之时,他们受到了撒旦的诱惑。

第四十条:由枢机主教选举教皇是魔鬼的发明。

第四十一条:相信罗马教会位列其他所有教会之上,这对于救赎并无必要。

第四十二条:相信教皇和主教的赎罪券是愚蠢的。

第四十三条:为获取商业合同和从事贸易所发的誓言是违法的。

第四十四条:奥古斯丁、伯纳德和本笃都应受谴责,除非他们为建立修会和享有财产而忏悔。基于同样的理由,无论教皇,还是最无耻的托钵修士,都是异端分子。

第四十五条:任何修会都是由魔鬼的引进而建立。

(二) 约翰·胡斯被控三十条信条[①]

第一条:世上只存在一个神圣的普世教会,它是被预定者的集合体。因此可以认为:因其被预定者的唯一性,神圣普世教会是唯一的。

第二条:保罗并非罪恶之人,尽管他的有些行为类似于那些有害于教会者的做法。

第三条:被预知者并非教会的组成部分,因为预定之爱肯定会将教会的成员团结在一起,教会的成员最终不会脱离教会。

第四条:基督兼具神性和人性。因此,第十章认为:由于人具有两种天性,因此每个人都是一种灵。

第五条:以当前的公义为衡量标准,被预知者有时候蒙受恩典,然而他们从未是神圣教会的组成部分;被预定者一直是教会的成员,尽管他们有时候偏离先前的恩典,但是他们不会偏离预定的恩典。

---

① 此处中译文由笔者根据《约翰·胡斯在康斯坦茨公会议》一书对于 30 条信条的英译文译出,参看 Matthew Spinka (ed. & trans.), *John Hus at the Council of Constance*, pp. 260 - 264。拉丁原文,参看 Matthew Spinka, *John Hus' Concept of the Church*, pp. 401 - 409。

第六条:视教会为被预定者的集合体,这与某人以当前的公义为衡量标准来判定他是否蒙受恩典无关。从此意义而言,教会就是一种信仰。

第七条:彼得过去不是、现在也不是神圣大公教会之首。

第八条:行为不端的神甫玷污了他们所拥有的权能。作为不忠诚的上帝之子,他们对于教会的七大圣礼、最终裁定权、圣职、教会的圣物、礼仪、惩戒、道德、圣物崇拜、赎罪券、修会等的看法也是不忠诚的。

第九条:教皇的高贵源自于凯撒,教皇至上及其建立依赖于凯撒的权力。

第十条:在没有神启的情况下,无人可以正当地宣称自己或者他人是神圣教会之首。罗马教皇亦然。

第十一条:我们不能相信罗马教皇是神圣教会之首,除非上帝预定。

第十二条:无人能够占有基督或彼得之位,除非他在道德方面效法基督。再无其他更为合适的地方让他可以效仿,他从上帝那里也并未获得除此之外的其他训诫的权力。神甫之职既要求遵循道德的规范,也要求服从圣职的权威。

第十三条:如果教皇的生活方式背离使徒之首彼得,那么他并非彼得明白无误的真正继承人。如果他有贪欲,那么他就是生活贪婪的加略人犹大的神甫。同理,除非枢机主教们效法使徒的生活方式并信奉主耶稣基督的教条和建议,否则他们也不是基督的使徒们明白无误的真正继承人。

第十四条:那些博士们认为,如果任何遭受教会惩戒之人拒绝接受教会对他的指正,那么此人应该被移交世俗审判。这些博士们实际上无异于定罪基督的那些主教、文士和法利赛人——当基督拒绝按照他们说的来做,他们一边说"我们处死任何人都是非法的",一边将基督移交世俗审判,他们是比彼拉多更为残忍的凶手。

第十五条:对教会的服从遵循的并非圣经明白无误的命令,而是教会里那些神甫们的虚构捏造。

第十六条:人的行为之间显著的区别在于要么高尚要么罪恶。如果一个人是罪恶的,无论做什么事情他都会以罪恶的方式去做。如果他是高尚的,无论做什么事情他都会以高尚的方式去做。罪恶(又称罪行或不可饶恕之罪)彻底侵蚀着所有人的行为,而美德有效地让人的行为生机勃勃。

第十七条:尽管遭受绝罚,依据基督的律法而生活、熟悉圣经并渴望启迪众人的基督的神甫依然应该布道。因此,如果教皇或者他人命令某个愿意布道的神甫不得布道,那么该神甫不应服从此项命令。

第十八条:依据任命且已经担任神甫者应该履行自己的职责,哪怕他遭受绝罚。

第十九条：采用绝罚、暂停圣事和禁止圣事等教会的惩戒方式，神职人员为了自身的晋升和贪婪而让平信徒臣服于他们，且以邪恶的方式袒护敌基督的行为，甚至为他们铺平道路。然而，明确无疑的是，这些他们称之为严厉谴责的惩戒方式都是源自于敌基督。由于敌基督已经几乎控制了这些神职人员，因此他们尤其会起诉那些揭穿敌基督不道德行为的人。

第二十条：通过预定的恩典，教会之躯及其每位成员都与教会之首不可分离地团结在一起。

第二十一条：如果教皇是邪恶的，尤其当他是被预知的，那么如同使徒犹大一样，他是恶魔、小偷、永劫之子，而非神圣战斗性教会之首。他不是战斗性教会的成员，因为通过预定的恩典，教会之躯及其每位成员都与教会之首不可分离地团结在一起。

第二十二条：一个邪恶的或者被预知的教皇或高级教士虽然号称牧羊人，但事实上却是小偷或抢劫犯。

第二十三条：即使根据圣职也不应该称教皇为最神圣者，否则国王也应该被称为最神圣者，刽子手和公告员也应该被称为圣徒。实际上，甚至恶魔因承担上帝指派的任务也应该被称为神圣的。

第二十四条：如果教皇的生活方式背离基督，即使他是依照确立的法规被公正合法地选举为教皇，他也不是通过基督获得教皇之位的，尽管选举他的机构主要由上帝委任。加略人犹大被耶稣基督（也是上帝）公正合法地选为主教，然而他却以另外一种方式进入了羊圈。

第二十五条：博士们认为威克里夫四十五信条皆非正统，它们要么是异端，要么是错误，要么令人愤慨。这些谴责是不理性的和不公正的，谴责的理由也是错误的。

第二十六条：某人是否事实上被合法地选举，或者事实上成为使徒彼得或其他使徒或某个圣职的明白无误的真正继承人，并不是因为选民或大多数选民根据人所订的习俗而取得的一致认可。因此，无论选举是好是坏，我们应该相信被选者的事工。有鉴于此，一个人为教会的利益付出的劳动越多，他从上帝那里得到的权力也越多。

第二十七条：没有丝毫证据表明教会在精神事务方面需要一个与战斗性教会共存的首领。众所周知，教会没有教皇已有很长时间，而且现在谴责约翰二十三世更是明证。

第二十八条：没有这些邪恶的首领，基督通过遍布在世界各地的忠实信徒将把他的教会管理得更好。

第二十九条：早在教皇制度创设之前，基督的使徒们以及忠诚的神甫们已在获得拯救所必需的事务等方面稳固治理着教会。要是没有教皇，他们依然可以这么做——这种可能性是相当大的——直至最后审判日。

第三十条：犯有致命罪过的世俗君主、高级教士或主教将失去他们的身份。

胡斯年谱

（含影响胡斯命运的重要历史事件）

1372 年	胡斯出生于波西米亚南部的胡斯涅兹村庄
1385 年	胡斯进入普拉哈季采小学读书
1390 年	胡斯进入布拉格大学文学院学习
1393 年	胡斯获得文学学士学位
1396 年 1 月	胡斯获得文学硕士学位，开始在布拉格大学文学院任教
1398 年	胡斯成为布拉格大学文学院的全职教师，春季首次成为学士的"举荐教师"
1398 年	胡斯誊写 5 篇威克里夫的哲学论文
1398—1402 年	胡斯住在布拉格大学瓦茨拉夫国王学舍，此前（从学习文学硕士课程开始）担任卡洛琳学舍的服务员
1400 年 1 月 22 日	胡斯发表"美德使谦逊者更为出色"的演说，举荐苏希采的瓦茨拉夫为学士
1400 年 6 月	胡斯被按立为神甫
1400（或 1401）年	胡斯开始在布拉格大学神学院攻读神学博士学位
1401 年	胡斯出任波西米亚索菲亚王后的告解神甫 胡斯在一次布道中谴责波西米亚贵族，因为他们不抵抗巴伐利亚和迈森的军队入侵波西米亚
1401—1402 年	胡斯担任布拉格大学文学院冬季学期的院长
1402 年 3 月 14 日	胡斯出任伯利恒小教堂的布道师，一直任职到 1412 年
1402 年 11 月	哈森伯克的兹贝涅克·扎伊茨被任命为布拉格大主教
1403 年	布拉格大学德意志教师约翰·霍伯纳率先谴责威克里夫的四十五信条

1403 年 5 月 28 日	布拉格大学召开会议,判决威克里夫的四十五信条中有些信条属于异端,禁止信仰和讲授这些信条
1404 年	胡斯致信霍伯纳,反对他谴责威克里夫的四十五信条 胡斯获得神学学士课程的第一个学位"圣经学士"
1404—1406 年	胡斯作为"圣经学士"举行讲座,讲解圣经中的使徒书信和圣歌
1405 年 10 月 19 日	胡斯参加布拉格宗教会议,受兹贝涅克之邀担任会议的布道师
1406 年	胡斯修订并完善捷克语《新约》等内容
1407 年 10 月	胡斯参加布拉格宗教会议,再次受兹贝涅克之邀担任会议的布道师
1407—1409 年	胡斯获得"格言学士",讲授彼得·隆巴德的《箴言四书》,然后获得"完全学士"学位,距博士学位仅一步之遥,但终未成功
1408 年	胡斯出席学生维利莫维奇的尼古拉斯的法庭审判会,为尼古拉斯辩护
1408 年 5 月	布拉格大学教师马修·克宁因信仰"圣餐不变论"受到起诉,兹贝涅克禁止信仰"圣餐不变论",此案成为兹贝涅克疏远改革派和胡斯的分水岭
1408 年 6 月	兹贝涅克发布上缴威克里夫异端书籍的命令 胡斯写作《论基督的圣体》一文,反对兹贝涅克对于"圣餐变体论"的解释
1408 年 8 月 (或 9 月)	胡斯被反对改革派起诉为异端,起诉最终不了了之
1409 年 1 月 18 日	波西米亚国王瓦茨拉夫四世发布库特纳山法令,确定了波西米亚对布拉格大学的控制权,胡斯在法令颁布中发挥了决定性作用
1409 年	胡斯遭到约翰·普罗季瓦多达 12 条罪状的起诉
1409 年 10 月 17 日	胡斯被选为 1409—1410 年冬季学期的布拉格大学校长
1409 年 12 月 3 日	胡斯为布拉格大学创始人、波西米亚国王查理四世的逝世纪念日举行弥撒并布道
1409 年 12 月 20 日	对立教皇亚历山大五世颁布"三面夹攻"的敕令,旨在根除布拉格教区里的异端,敕令第三条针对胡斯
1410 年 1 月	胡斯参加布拉格大学年度辩论会,担任主持人

1410 年 1 月 19 日	胡斯在布拉格大学布道,阐述他的三点教会观,显示其教会观并未偏离官方的观点
1410 年 6 月 16 日	在布拉格召开的宗教会议宣布威克里夫的 15 本书为异端,兹贝涅克命令禁止信奉和讲授威克里夫异端思想,要求上缴威克里夫书籍等
1410 年 6 月 21 日	胡斯写作《论异端书籍的阅读》一文,公开反对兹贝涅克有关处理威克里夫书籍的决定
1410 年 6 月 22 日	胡斯在布道中谴责兹贝涅克不准在小教堂布道的禁令
1410 年 6 月 25 日	胡斯给教皇约翰二十三世写上诉信,并在伯利恒小教堂举行的圣事中宣读上诉信
1410 年 7 月 16 日	兹贝涅克烧毁了约 200 卷威克里夫的书籍
1410 年 7 月 18 日	胡斯遭到兹贝涅克的绝罚
1410 年 7 月底	胡斯参加布拉格大学文学院举行的持续两周的公开辩论会,抗议兹贝涅克烧毁威克里夫的书籍,并就威克里夫的论文《论三位一体》首先发言 从这一时期开始,胡斯被公开称为异端
1410 年 8 月	胡斯二度上诉教皇约翰二十三世,教皇任命枢机主教科隆纳的奥托负责四人委员会审理胡斯的上诉
1410 年 8 月 25 日	科隆纳宣布最终判决,认可兹贝涅克对胡斯的绝罚,并传唤胡斯到教廷
1410 年 9 月 20 日	科隆纳传唤胡斯到教廷的传票送达布拉格
1410 年 9 月 24 日	胡斯被兹贝涅克处以加重的绝罚,此后他派三名代诉人远赴罗马应诉
1411 年 2 月	胡斯遭到科隆纳的绝罚,理由是胡斯藐视法庭
1411 年 3 月 15 日	科隆纳对胡斯的绝罚令在布拉格所有的教堂宣读
1411 年 6 月	约翰二十三世任命四人委员会,审查胡斯案的审判程序
1411 年 7 月 3 日	兹贝涅克和布拉格大学签署协议,同意瓦茨拉夫国王任命委员会仲裁胡斯与兹贝涅克之间的争端
1411 年 7 月 6 日	委员会发布仲裁意见,明显有利于胡斯
1411 年 9 月 1 日	胡斯致信约翰二十三世和枢机主教团,接受委员会的调解
1411 年 9 月 13 日	胡斯张贴挑战书,邀请来自英格兰的外交使团成员约翰·斯托克斯就威克里夫是否异端进行辩论,遭到斯托克斯拒绝

1411 年 10 月	胡斯致信比尔森市的民众,提出任何人都可以阅读任何语言写成的圣经
1412 年 2 月	约翰二十三世把胡斯案由扎巴莱拉转入枢机主教布朗卡迪斯手中
1412 年 3 月 3 日	胡斯写作《三个不确定》一文
1412 年 5 月 22 日	瓦茨拉夫·迪安姆作为教皇售卖赎罪券的代表抵达布拉格 胡斯在伯利恒小教堂的布道中表达对赎罪券的反感
1412 年 5 月 29 日	胡斯在伯利恒小教堂的布道中再次表达对赎罪券的反感
1412 年 6 月 7 日	胡斯在布拉格大学举行的公开辩论会上批评教皇发动十字军和售卖赎罪券
1412 年 6 月 11 日	胡斯致信波兰国王,请求他禁止在波兰售卖赎罪券
1412 年 7 月	胡斯案再度转移到枢机主教彼得·迪格利·斯蒂芬尼斯奇手中,他的判决导致了胡斯与教会的彻底决裂
1412 年 7 月 10 日	瓦茨拉夫国王召集会议,试图调和胡斯与斯坦尼斯拉夫、巴莱奇等人的矛盾,但是后者与胡斯和改革派正式决裂
1412 年 7 月 11 日	胡斯和布拉格大学师生请求布拉格市政委员们不要处死抗议赎罪券的三名年轻人,但三人同日即被处决。两周后,胡斯赞扬三名年轻人维护真理的勇气
1412 年 7 月 16 日	瓦茨拉夫国王再度召集会议,胡斯没有出席,巴莱奇等人重新起诉威克里夫的四十五信条,再次指控胡斯为异端
1412 年 7 月底	胡斯参加布拉格大学举行的公开辩论会,就威克里夫的 6 条信条发表观点
1412 年 7 月 29 日	斯蒂芬尼斯奇确认了科隆纳对胡斯的绝罚
1412 年 9 月 4 日	胡斯被斯蒂芬尼斯奇处以大绝罚,这是胡斯第四次受到绝罚
1412 年 10 月 1 日 (或 2 日)	胡斯在伯利恒小教堂布道期间遭到德意志教民的围攻,但是波西米亚教众保护了他
1412 年 10 月 15 日	胡斯开始流亡生活,持续时间近 2 年
1412 年 10 月 18 日	斯蒂芬尼斯奇的大绝罚判决在布拉格召开的宗教会议上被宣读

胡斯写了上诉信,宣布向上帝和基督上诉

1412 年 11 月 10 日	胡斯完成《论信仰》《论摩西十诫》和《论主祷文》等捷克语论文
1413 年 2 月 2 日	胡斯完成《论西门主义》一文,它是胡斯批评教会腐败和堕落的代表作
1413 年 2 月 6 日	瓦茨拉夫国王召开特别宗教会议,调解胡斯代表的改革派与布拉格大学神学院等反对派的争端,流亡中的胡斯没有参会,但是提交了《和解条件》的文件,此次会议在 2 月 19 日无果而终
1413 年 4 月	瓦茨拉夫国王任命四人委员会再次启动双方的调解工作,对立双方再掀论战,胡斯写作了数篇论辩性质的文章
1413 年 5 月	胡斯完成《论教会》这部最为重要的神学论著
1413 年 6 月	四人委员会再次开始调解工作
	胡斯写作俗称"最后答复"的信,表示绝不接受神学院提交的会议文件中的观点
	胡斯写作《驳八名博士》,反驳巴莱奇《论荣耀》一文
1413 年 6 月 8 日	《论教会》在伯利恒小教堂被公开宣读
1413 年 7 月 1 日	胡斯致信维也纳大学神学教授约翰·塞沃特,抗议塞沃特诽谤布拉格的杰罗姆
1413 年 10 月 27 日	胡斯在柯施城堡完成《主日布道集》,这被视为胡斯布道生涯中的登峰之作
1414 年 8 月 26 日—30 日	胡斯采取多种方式,试图证明自己并未受到正式的异端起诉,或者异端起诉不成立
1414 年 9 月 1 日	胡斯致信神圣罗马帝国皇帝西吉蒙德,正式接受康斯坦茨公会议的参会邀请
1414 年 10 月 11 日	胡斯一行启程赴康斯坦茨参加公会议
1414 年 10 月 18 日	西吉蒙德授权签发了给予胡斯的安全保证书
1414 年 11 月 3 日	胡斯一行抵达康斯坦茨
1414 年 11 月 28 日	教皇下令将胡斯逮捕入狱
1414 年 12 月 1 日	审查胡斯著述的十二人委员会成立
1414 年 12 月 4 日	由三位主教组成的胡斯案审理委员会成立
1414 年 12 月 6 日	胡斯被转移到一所多明我会修道院,被关押在地牢中,在狱中受到第一次讯问

1414 年 12 月 15 日	胡斯的随行人员赫卢姆在康斯坦茨大教堂等地方张贴抗议信,抗议受安全保证书庇护的胡斯被囚禁
1414 年 12 月 24 日	赫卢姆再度张贴抗议信,抗议胡斯被捕入狱
1415 年 1 月 1 日	西吉蒙德同意公会议自行处置胡斯
1415 年 1 月	一批摩拉维亚贵族们集会并致信西吉蒙德,寻求释放胡斯
1415 年 1 月 9 日	胡斯被转移关押到一栋条件略有改观的塔楼里
1415 年 3 月 20 日	教皇约翰二十三世秘密逃离康斯坦茨
1415 年 3 月 24 日	胡斯被康斯坦茨主教关押到戈特里本城堡,一直到 6 月 3 日,在此期间与外界几乎失去联系
1415 年 4 月 6 日	公会议第五次全体会议发布《神圣法令》,宣称公会议的权威高于教皇,公会议开始主导胡斯案的审判
1415 年 4 月 17 日	公会议召开第六次全体会议,组成委员会重启胡斯案的审判
1415 年 5 月 4 日	公会议召开第八次全体会议,谴责威克里夫的四十五信条以及其他 260 条信条
1415 年 5 月	摩拉维亚和波西米亚的贵族为胡斯请愿,请求释放胡斯
1415 年 6 月 3 日	胡斯被转移到方济各修道院的监狱内,便于胡斯参加听证会
1415 年 6 月 5 日	公会议为胡斯举行第一次公开听证会
1415 年 6 月 7 日	公会议为胡斯举行第二次公开听证会
1415 年 6 月 8 日	公会议为胡斯举行第三次公开听证会
1415 年 6 月 18 日	胡斯收到公会议指控他的信条的最终版本,被控信条总计 30 条,胡斯花了两天时间对此回复
1415 年 6 月 22 日	胡斯致信在康斯坦茨的朋友们,描述多人来监狱游说他放弃异端信仰,类似内容也出现在 24 日和 25 日写给朋友们的信中
1415 年 6 月 23 日	公会议投票决定烧毁胡斯的著作
1415 年 7 月 1 日	公会议再次派出代表团,试图劝说胡斯放弃异端信仰
1415 年 7 月 5 日	扎巴莱拉等审判委员传唤胡斯,向胡斯通报公会议要求他宣布放弃异端信仰的最后条款
	当晚,西吉蒙德派杜巴、赫卢姆以及四名主教来到监狱,再次劝说胡斯改变他的决定
1415 年 7 月 6 日	胡斯被公会议判定为异端,处火刑烧死

参考文献

基本史料：

Cosmas of Prague, János M. Bak & Pavlína Rychterová (eds.), Petra Mutlová & Martyn Rady (trans.), *Cosmas of Prague, the Chronicle of the Czechs*, Budapest: Central European University Press, 2020.

Cosmas of Prague, Lisa Wolverton (trans. & ed.), *The Chronicle of the Czechs*, Washington, DC: Catholic University of America Press, 2009.

Émile de Bonnechose, Campbell Mackenzie (trans.), *Letters of John Huss, Written during His Exile and Imprisonment*, Edinburgh: William Whyte & Co., 1846.

Herbert B. Workman & Robert M. Pope (trans.), *The Letters of John Hus*, London: Hodder and Stoughton, 1904.

John Hus, David Schley Schaff (trans.), *De Ecclesia (The Church)*, New York: Charles Scribner's Sons, 1915.

John Wyclif, Terrence A. McVeigh (trans.), *On Simony*, New York: Fordham University Press, 1992.

Louise Ropes Loomis (trans.), *The Council of Constance: The Unification of the Church*, New York: Columbia University Press, 1961.

Marsilius of Padua, Annabel Brett (ed. & trans.), *The Defender of the Peace*, Cambridge: Cambridge University Press, 2005.

Martin Luther, Charles Heel *et al*. (ed. & trans.), *Luther's Table Talk*, London: A. & R. Spottiswoode, 1832.

Martin Luther, William Hazlitt (ed. & trans.), *The Table Talk of Martin Luther*, London: H.G. Bohn, 1857.

Matthew Spinka (ed.), *Advocates of Reform: From Wyclif to Erasmus*,

Philadelphia: The Westminster Press, 1953.

Matthew Spinka (ed. & trans.), *John Hus at the Council of Constance*, New York: Columbia University Press, 1965.

Matthew Spinka (trans.), *The Letters of John Hus*, Manchester: Manchester University Press, 1972.

Thomas A. Fudge, *The Crusade against Heretics in Bohemia, 1418 - 1437: Sources and Documents for the Hussite Crusades*, Aldershot: Ashgate, 2002.

英语专著:

Adrian Fortescue, *The Mass: A Study of the Roman Liturgy*, London: Longmans, Green and Co., 1914.

Albert Henry Wratislaw, *John Hus: The Commencement of Resistance to Papal Authority on the Part of the Inferior Clergy*, London: Society for Promoting Christian Knowledge, 1882.

Alister E. McGrath, *Luther's Theology of the Cross: Martin Luther's Theological Breakthrough* (2nd edition), Oxford: Wiley-Blackwell, 2011.

Ami Bost, *History of Bohemian and Moravian Brethren*, London: Religious Tract Society, 1834.

Anne Hudson, *The Premature Reformation: Wycliffite Texts and Lollard History*, Oxford: Clarendon Press, 1988.

Bede Jarrett, *The Emperor Charles IV*, New York: Sheed & Ward, Inc., 1935.

Bernard Guenée, *Between Church and State: The Lives of Four French Prelates in the Late Middle Ages*, Chicago: University of Chicago Press, 1991.

Brian Patrick McGuire (ed.), *A Companion to Jean Gerson*, Leiden and Boston: Brill, 2006.

Charles Edmund Maurice, *Bohemia: from the Earliest Times to the Fall of National Independence in 1620; with a Short Summary of Later Events*, London: T. Fisher Unwin, 1896.

Christopher Allmand (ed.), *The New Cambridge Medieval History* (vol. vii, c. 1415 - c. 1500), New York: Cambridge University

Press, 1998.

Clinton Locke, *The Age of the Great Western Schism*, New York: Charles Scribner's Sons, 1910.

Craig D. Atwood, *The Theology of the Czech Brethren from Hus to Comenius*, University Park: The Pennsylvania State University Press, 2009.

David Bagchi & David C. Steinmetz (eds.), *The Cambridge Companion to Reformation Theology*, Cambridge: Cambridge University Press, 2004.

David Schley Schaff, *John Huss: His Life, Teachings and Death, After Five Hundred Years*, New York: Charles Scribener's Sons, 1915.

Donald K. McKim (ed.), *The Cambridge Companion to Martin Luther*, Cambridge: Cambridge University Press, 2003.

E. H. Gillett, *The Life and Times of John Huss; or, the Bohemian Reformation of the Fifteenth Century* (2 vols.), Boston: Gould and Lincoln, 1863 – 1864.

Edmund de Schweinitz, *The History of the Church Known as the Unitas Fratrum or the Unity of the Brethren* (2nd edition), Bethlehem: The Moravian Publication Concern, 1901.

Edward Peters (ed.), *Heresy and Authority in Medieval Europe*, London: Scolar Press, 1980.

Elizabeth Jane Whately, *The Gospel in Bohemia, Sketches of Bohemian Religious History*, London: The Religious Tract Society, 1877.

Émile de Bonnechose, Campbell Mackenzie (trans.), *The Reformers before the Reformation; The Fifteen Century: John Hus and the Council of Constance*, New York: Harper and Brothers, 1844.

Eustace J. Kitts, *Pope John the Twenty-third and Master John Hus of Bohemia*, London: Constable and Company Limited, 1910.

Francis hrabě Lützow, *A History of Bohemian Literature*, New York: D. Appleton and Company, 1899.

Francis hrabě Lützow, *The Life and Times of Master John Hus*, London: J. M. Dent & Co., 1909.

Francis Oakley, *The Political Thought of Pierre d'Ailly: The Voluntarist Tradition*, New Haven and London: Yale University Press, 1964.

František Šmahel & Ota Pavlíček (eds.), *A Companion to Jan Hus*, Leiden and Boston: Brill, 2015.

Frederic Austin Ogg (ed.), *A Source Book of Medieval History*, New York: American Book Company, 1908.

Gorden Leff, *Heresy in the Later Middle Ages* (vol. 2), Manchester: Manchester University Press, 1967.

Gotthard Lechler, Peter Lorimer (trans.), *John Wycliffe and His English Precursors*, London: The Religious Tract Society, 1884.

Hastings Rashdall, *The Universities of Europe in the Middle Ages* (2 vols.), Oxford: Clarendon Press, 1895.

Heiko A. Oberman, Eliseen Walliser-Schwarzbart (trans), *Luther: Man between God and the Devil*, New York: Image Books, 1992.

Henry Charles Lea, *A History of the Inquisition of the Middle Ages* (3 vols.), New York: Harper & Brothers, 1888.

Herbert B. Workman, *The Dawn of the Reformation* (Vol. II: *The Age of Hus*), London: Charles H. Kelly, 1902.

Howard Kaminsky, *A History of the Hussite Revolution*, Berkeley and Los Angeles: University of California Press, 1967.

Ian Christopher Levy (ed.), *A Companion to John Wyclif, Late Medieval Theologian*, Leiden: Brill, 2006.

J. A. Wylie, *The History of Protestantism* (vol. 1), London: Cassell & Company, Limited, 1878.

J. Patrick Hornbeck II & Michael Van Dussen (eds.), *Europe after Wyclif*, New York: Fordham University Press, 2017.

Jacques Lenfant, Stephen Whatley (trans.), *The History of the Council of Constance* (2 vols.), London: Printed for Thomas Cox, Thomas Astley, Stephen Austen, Lawton Gilliver, 1728 - 1730.

James A. Brundage, *Medieval Canon Law*, London: Longman, 1995.

James B. Given, *Inquisition and Medieval Society: Power, Discipline, and Resistance in Languedoc*, Ithaca: Cornell University Press, 1997.

James Hamilton Wylie, *The Council of Constance to the Death of John Hus*, London, New York and Bombay: Longmans, Green, and Co., 1900.

Jaroslav Pánek, Oldřich Tůma et al., *A History of the Czech Lands* (2nd edition), Prague: Charles University Karolinum Press, 2018.

Johan Huizinga, F. Hopman (trans.), *The Waning of the Middle Ages*,

London: Penguin Books, 1955.

Johann Loserth, M.J. Evans (trans), *Wiclif and Hus*, London: Hodder and Stoughton, 1884.

John A.F. Thomson, *The Western Church in the Middle Ages*, London: Arnold, 1998.

John Fox, *Fox's Book of Martyrs: The Acts and Monuments of the Church* (vol. 1), London: George Virtue, Ivy Lane, Paternoster Row, 1851.

John Neville Figgis, *Political Thought from Gerson to Grotius: 1414 – 1625*, New York: Harper & Brothers, 1960.

Joseph Paul Bartak, *John Hus at Constance*, Nashville: Cokesbury Press, 1935.

Julius Köstlin, *Life of Luther*, New York: Charles Scribner's Sons, 1904.

L. Elliott-Binns, *The History of the Decline and Fall of the Medieval Papacy*, London: Methuen & Co. Ltd, 1934.

Laura Ackerman Smoller, *History, Prophecy, and the Stars: The Christian Astrology of Pierre d'Ailly, 1350 – 1420*, Princeton: Princeton University Press, 1994.

Lisa Wolverton, *Hastening toward Prague: Power and Society in the Medieval Czech Lands*, Philadelphia: University of Pennsylvania Press, 2001.

Malcolm Lambert, *Medieval Heresy: Popular Movements from the Gregorian Reform to the Reformation* (3rd edition), Oxford: Blackwell, 2002.

Margaret A. Wyatt (trans.), *John Huss: A Memoir, Illustrating Some of the Workings of Popery in the Fourteenth and Fifteenth Centuries*, London: R.B. Seeley and W. Burnside, 1841.

Margaret Deansly, *A History of the Medieval Church 590 – 1500*, London: Routledge, 2005.

Matthew Spinka, *John Hus and the Czech Reform* (reprinted edition), Hamden: Archon Books, 1966.

Matthew Spinka, *John Hus' Concept of the Church*, Princeton: Princeton University Press, 1966.

Matthew Spinka, *John Hus: A Biography*, Princeton: Princeton University Press, 1968.

Michael Frassetto, *The Great Medieval Heretics: Five Centuries of Religious Dissent*, New York: Bluebridge, 2008.

Michael Jones (ed.), *The New Cambridge Medieval History* (vol. vi, c. 1300 – c.1415), New York: Cambridge University Press, 2000.

Michael Van Dussen, *From England to Bohemia: Heresy and Communication in the Later Middle Ages*, Cambridge: Cambridge University Press, 2012.

Norman P. Tanner (ed.), *Decrees of the Ecumenical Councils* (vol. 1), London: Sheed & Ward; Washington, DC: Georgetown University Press, 1990.

Oscar Kuhns, *John Huss: The Witness*, Cincinnati: Jennings and Graham; New York: Eaton and Mains, 1907.

Paul Roubiczek & Joseph Kalmer, *Warrior of God: The Life and Death of John Hus*, London: Ivor Nicholson & Watson Ltd, 1947.

Pavel Soukup, *Jan Hus: The Life and Death of a Preacher*, West Lafayette: Purdue University Press, 2020.

Peter H. Wilson, *Heart of Europe: A History of the Holy Roman Empire*, Cambridge: the Belknap Press of Harvard University Press, 2016.

R. N. Swanson (ed.), *Promissory Notes on the Treasury of Merits: Indulgences in Later Medieval Europe*, Leiden and Boston: Brill, 2006.

R. R. Betts, *Essays in Czech History*, London: The Athlone Press, 1969.

Reginald Lane Poole, *Illustrations of the History of Medieval Thought and Learning* (2nd edition, revised), New York: The Macmillan Company, 1920.

Robert H. Vickers, *History of Bohemia*, Chicago: C. H. Sergel Company, 1894.

Rodney L. Petersen & Calvin Augustine Pater (eds.), *The Contentious Triangle: Church, State, and University: A Festschrift in Honor of Professor George Huntston Williams*, Kirksville: Thomas Jefferson

University Press, 1999.

Samuel Edward Herrick, *Some Heretics of Yesterday*, London: Sampson Low, Marston, Searle & Rivington, 1884.

Stephen E. Lahey, *John Wyclif*, New York: Oxford University Press, 2009.

Stephen Turnbull, *The Hussite Wars*, Oxford: Osprey Publishing, 2004.

Steven Ozment, *The Age of Reform 1250–1550*, New York and London: Yale University Press, 1980.

The Christian Life Bible with Old and New Testaments (New King James Version), Nashville: Thomas Nelson Publishers, 1985.

Thomas A. Fudge, *The Magnificent Ride: The First Reformation in Hussite Bohemia*, Aldershot and Brookfield: Ashgate, 1998.

Thomas A. Fudge, *Jan Hus: Religious Reform and Social Revolution in Bohemia*, New York: I.B. Tauris & Co Ltd, 2010.

Thomas A. Fudge, *The Trial of Jan Hus: Medieval Heresy and Criminal Procedure*, New York: Oxford University Press, 2013.

Thomas A. Fudge, *The Memory and Motivation of Jan Hus, Medieval Priest and Martyr*, Turnhout: Brepols, 2013.

Thomas A. Fudge, *Jan Hus Between Time and Eternity: Reconsidering a Medieval Heretic*, Lanham and London: Lexington Books, 2016.

Thomas A. Fudge, *Jerome of Prague and the Foundations of the Hussite Movement*, Oxford: Oxford University Press, 2016.

V.I. Kryshanovskaya, J.M. Soskice (trans.), *The Torch-Bearers of Bohemia*, New York: Robert M. McBride & Company, 1917.

W. H. T. Dau, *The Leipzig Debate in 1519*, St. Louis: Concordia Publishing House, 1919.

Will Durant, *The Reformation; A History of European Civilization from Wyclif to Calvin: 1300–1564 (The Story of Civilization, Part VI)*, New York: Simon and Schuster, 1957.

William Gilpin, *The Lives of John Wicliff, and of the Most Eminent of His Disciples; Lord Cobham, John Huss, Jerome of Prague, and Zisca*, New York: published by John Mein, corner of Burling-slip and Water-street, 1814.

William M. Mahoney, *The History of the Czech Republic and Slovakia*,

Santa Barbara: Greenwood, 2011.

William Nathaniel Schwarze, *John Hus, the Martyr of Bohemia: A Study of the Dawn of Protestantism*, New York: Fleming H. Revell Company, 1915.

William Sime, *The Harbingers of the Reformation; or, A Biographical Sketch of Wickliffe, Huss and Jerome*, Boston: Perkins & Marvin, 1829.

英语论文:

Anne Hudson, From Oxford to Prague: The Writings of John Wyclif and His English Followers in Bohemia, *The Slavonic and East European Review*, 75(4),1997.

Christianity Today editorial department, Czech Reformer is Reassessed, *Christianity Today*, September 11,1995.

Daniel DiDomizio, Jan Hus's De Ecclesia, Precursor of Vatican II?, *Theological Studies*, 66,1999.

David Cuthbertson, The Protest against the Burning of John Huss: The Story of an Edinburgh University Parchment, *The Library*, s3 - IV (14),1913.

Enrico C. S. Molnar, The Liturgical Reforms of John Hus, *Speculum*, 41 (2),1966.

Heiko A. Oberman, Hus and Luther: Prophets of a Radical Reformation, Rodney L. Petersen & Calvin Augustine Pater (eds.), *The Contentious Triangle: Church, State, and University: A Festschrift in Honor of Professor George Huntston Williams*, Kirksville: Thomas Jefferson University Press, 1999.

Henry Ansgar Kelly, Inquisition and the Prosecution of Heresy: Misconceptions and Abuses, *Church History*, 58(4),1989.

Henry Ansgar Kelly, Judicial Torture in Canon Law and Church Tribunals: From Gratian to Galileo, *The Catholic Historical Review*, 110(4),2015.

Hieromonk Patapios, *Sub Utraque Specie*: The Arguments of John Hus and Jacoubek of Stribro in Defence of Giving Communion to the Laity Under Both Kinds, *Journal of Theological Studies*, 53,2002.

Joel Seltzer, Re-envisioning the Saint's Life in Utraquist Historical Writing, Zdeněk V. David & David R. Holeton (eds.), *The Bohemian Reformation and Religious Practice* (vol. 5, part 1), Prague: Main Library, Academy of Sciences of the Czech Republic, 2004.

John M. Klassen, The Disadvantaged and the Hussite Revolution, *International Review of Social History*, 35,1990.

John M. Klassen, The Czech Nobility's Use of the Right of Patronage on Behalf of the Hussite Reform Movement, *Slavic Review*, 34(2),1975.

Louise R. Loomis, The Organization by Nations at Constance, *Church History*, 1(4),1932.

Markus Wridet, Luther's Theology, Donald K. McKim (ed.), *The Cambridge Companion to Martin Luther*, Cambridge: Cambridge University Press, 2003.

Matthew Spinka, Peter Chelčický, the Spiritual Father of the Unitas Fratrum, *Church History*, 12(4),1943.

Matthew Spinka, Paul Kravar and the Lollard-Hussite Relations, *Church History*, 25(1),1956.

Michael Van Dussen, Conveying Heresy: "A Certayne Student" and the Lollard-Hussite Fellowship, *Viator*, 38(2),2007.

Otakar Odlozilik, Wycliffe's Influence upon Central and Eastern Europe, *The Slavonic and East European Review*, 7(21),1921.

Pavel Soukup, Zdeněk V. David (trans.), Mařík Rvačka's Defense of Crusading Indulgences from 1412, Zdeněk V. David & David R. Holeton (eds.), *The Bohemian Reformation and Religious Practice* (vol.8), Prague: Filosofický časopis, 2011.

Peter Pabian, Inventing the Hussite Nation: Liberals, Catholics, and Protestants in Conflict over Czech National Identity, Zdeněk V. David & David R. Holeton (eds.), *The Bohemian Reformation and Religious Practice* (vol. 6), Prague: Main Library, Academy of Sciences of the Czech Republic, 2007.

R. R. Betts, The Influence of Realist Philosophy on Jan Hus and His Predecessors in Bohemia, *The Slavonic and East European Review*, 29 (73),1951.

Samule Harrison Thomson, Pre-Hussite Heresy in Bohemia, *The English*

Historical Review, 48(189),1933.

Thomas A. Fudge, Jan Hus in Medieval Czech Hagiography, Zdeněk V. David & David R. Holeton (eds.), *The Bohemian Reformation and Religious Practice* (vol. 9), Prague: Filosofický časopis and FILOSFIA, 2014.

Thomas A. Fudge, Jan Hus in English Language Historiography, 1863 – 2013, *Journal of Moravian History*, 16(2),2016.

Thomas A. Fudge, In Praise of Heresy: Hus, Luther, and the Ethos of Reformation, *Journal of Religious History*, 43(1),2019.

Unknown author, Pope Apologizes for Church's Treatment of John Hus, *America*, 182(1),2000.

Vilém Herold, Vojtěch Raňkův of Ježov (Adalbertus Rankonis de Ericinio) and the Bohemian Reformation, Zdeněk V. David & David R. Holeton (eds.), *The Bohemian Reformation and Religious Practice* (vol.7), Prague: Filosofický časopis, 2009.

Vilém Herold, Zdeněk V. David (trans.), Wyclif's Ecclesiology and Its Prague Context, Zdeněk V. David & David R. Holeton (eds.), *The Bohemian Reformation and Religious Practice* (vol.4), Prague: Main Library, Academy of Sciences of the Czech Republic, 2002.

Vilém Herold, Zdeněk V. David (trans.), Jan Hus — a Heretic, a Saint, or a Reformer, *Communio Viatorum*, XLV (I), 2003.

Vilém Herold, Zdeněk V. David (trans.), Master Jan Hus and St. Augustine, Zdeněk V. David & David R. Holeton (eds.), *The Bohemian Reformation and Religious Practice* (vol. 8), Prague: Filosofický časopis, 2011.

William R. Cook, John Wyclif and Hussite Theology 1415 – 1436, *Church History*, 42(3),1973.

Wolfgang-Valentin Ikas, Martinus Polonus' Chronicle of the Popes and Emperors: A Medieval Best-Seller and Its Neglected Influence on Medieval English Chroniclers, *The English Historical Review*, 116 (466),2001.

法语文献：

Émile de Bonnechose, *Lettres de Jean Hus ecrites Durant son Exil et dans sa Prison avec une Preface de Martin Luther* (2ᵉ édition), Paris: L. R. Delay, Libbaire-Editeur, 1846.

Émile de Bonnechose, *Réformateurs avant la Réforme: XVe Siécle* (troisiéme édition), Paris: J. Cherbuliez, Libraire-Éditeur, 1860.

Jacques Lenfant, *Histoire du Concile de Constance* (2 vols.), Amsterdam: Pierre Humbert, 1727.

Jean Crespin, *Le Livre des martyrs depuis Jean Hus et Jerome*, Geneva, 1554.

Jean-Pierre Massaut, De Vooght (Paul). *L'hérésie de Jean Huss*. De Vooght (Paul). *Hussiana* [compte rendu], *Revue Belge de Philologie et D'histoire*, 40(1), 1962.

Louis Maimbourg, *Histoire du Grand Schisme D'Occident*, Paris: Sebastien Mabre-Cramoisy, 1678.

Paul De Vooght, *Hussiana*, Louvain: Publications universitaires de Louvain, 1960.

Paul De Vooght, *L'hérésie de Jean Huss* (2ᵉ édition, 2 tomes), Louvain: Publications universitaires de Louvain, 1975.

拉丁文献:

Emil Friedberg (ed.), *Corpus iuris canonici* (vol. 2), Leipzig: Tauchnitz, 1881.

František Palacký (ed.), *Documenta Mag. Johannis Hus*, Praha: F. Tempský, 1869.

Matthias Flacius Illyricus (ed.), *Historia et Monumenta Joannis Hus et Hieronymi Pragensis, Confessorum Christi*, Norimberg, 1558/1715.

中文专著(含中文译著):

奥古斯丁著,王晓朝译:《上帝之城》,北京:人民出版社,2006年版。

陈曦文:《基督教与中世纪西欧社会》,北京:中国青年出版社,1999年版。

[德]埃里希·卡勒尔著,罗伯特·金贝尔、丽塔·金贝尔编,黄正柏、邢来顺、袁正清译:《德意志人》,北京:商务印书馆,1999年版。

[德]保罗·阿尔托齐兹著,段琦、孙善玲译:《马丁·路德的神学》,南京:译林出版社,1998年版。

[德]赫伯特·格隆德曼等著,张载扬等译:《德意志史》(第一卷:古代和中世

纪上册），北京：商务印书馆，1999年版。

［德］沃尔夫冈·兰德格拉夫著，周正安译：《马丁·路德》，北京：新华出版社，1988年版。

丁建弘：《德国通史》，上海：上海社会科学院出版社，2002年版。

［法］雅克·韦尔热著，王晓辉译：《中世纪大学》，上海：上海人民出版社，2007年版。

［荷］约翰·赫伊津哈著，刘军等译：《中世纪的衰落》，杭州：中国美术学院出版社，1997年版。

［捷］阿·伊拉塞克著，苏杰译：《杨·胡斯》（五幕历史剧），北京：中国戏剧出版社，1960年版。

［捷］约瑟夫·马策克著，卢剑波译：《捷克胡司派运动史》，成都：四川大学出版社，1989年版。

刘城：《中世纪西欧基督教文化环境中"人"的生存状态研究》，北京：北京师范大学出版社，2012年版。

刘明翰：《罗马教皇列传》，北京：东方出版社，1995年版。

刘新利、陈志强：《欧洲文艺复兴史·宗教卷》，北京：人民出版社，2008年版。

路德文集中文版编辑委员会编：《路德文集》（第1卷），上海：上海三联书店，2005年版。

马克思、恩格斯：《马克思恩格斯全集》（第六卷），北京：人民出版社，1961年版。

马克思、恩格斯：《马克思恩格斯全集》（第十卷，第二版），北京：人民出版社，1998年版。

［美］G. F. 穆尔著，郭舜平等译：《基督教简史》，北京：商务印书馆，1981年版。

［美］哈罗德·J. 伯尔曼著，贺卫方等译：《法律与革命——西方法律传统的形成》，北京：法律出版社，2008年版。

［美］胡斯都·L. 冈察雷斯著，陈泽民、孙汉书等译：《基督教思想史》（第2卷），南京：译林出版社，2010年版。

［美］罗伦·培登著，陆中石、古乐人译：《这是我的立场：马丁·路德传记》，南京：译林出版社，1993年版。

［美］玛格丽特·迈尔斯著，杨华明、李林译：《道成肉身：基督教思想史》，北京：中央编译出版社，2012年版。

［美］威尔·杜兰著，幼狮文化公司译：《世界文明史卷六：宗教改革》，北京：

东方出版社,1998 年版。

[美]威利斯顿·沃尔克著,孙善玲、段琦、朱代强译:《基督教会史》,北京:中国社会科学出版社,1991 年版。

[美]威廉·兰格主编,刘绪贻、李崇准、施子愉译:《世界史编年手册(古代和中世纪部分)》,北京:三联书店,1981 年版.

[美]朱迪斯·M.本内特、C.沃伦·霍利斯特著,杨宁、李韵译:《欧洲中世纪史》(第 10 版),上海:上海社会科学院出版社,2007 年版。

欧阳军喜、王宪明:《世界中世纪文化教育史》,北京:中国国际广播出版社,1996 年版。

彭小瑜:《教会法研究——历史与理论》,北京:商务印书馆,2003 年版。

钱乘旦主编,姜守明等著:《英国通史》(第 3 卷),南京:江苏人民出版社,2016 年版。

[瑞士]瓦尔特·吕埃格主编、[比]里德—西蒙斯分册主编,张斌贤等译:《欧洲大学史》(第一卷:中世纪大学),保定:河北大学出版社,2008 年版。

[苏]鲁勃佐夫著,叶文雄译:《胡斯战争(十五世纪捷克伟大的农民战争)》,北京:三联书店,1961 年版。

王美秀、段琦、文庸、乐峰等:《基督教史》,南京:江苏人民出版社,2006年版。

王亚平:《西欧中世纪社会中的基督教社会》,北京:中央编译出版社,2011年版。

文庸、乐峰、王继武主编:《基督教词典》(修订版),北京:商务印书馆,2005年版。

新华通讯社译名室主编:《世界人名翻译大辞典(修订版)》,北京:中国对外翻译出版公司,2007 年版。

杨真:《基督教史纲》(上册),北京:三联书店,1979 年版。

[英]德里克·塞耶著,金天译:《布拉格:欧洲的十字路口》,上海:上海文艺出版社,2021 年版。

[英]格拉汉姆·汤姆凌著,张之璐译:《真理的教师:马丁·路德和他的世界》,北京:北京大学出版社,2004 年版。

[英]吉尔·R.埃文斯著,李瑞萍译:《异端简史》,北京:北京大学出版社,2008 年版。

[英]克里斯托弗·道森著,长川某译:《宗教与西方文化的兴起》,成都:四川人民出版社,1989 年版。

[英]托马斯·马丁·林赛著,孔祥民等译:《宗教改革史》(上册),北京:商务

印书馆，1992年版。

［英］约翰·福克斯著，苏欲晓、梁鲁晋译：《殉道史》，北京：三联书店，2011年版。

［英］约翰·麦克曼勒斯主编，张景龙等译：《牛津基督教史（插图本）》，贵州：贵州人民出版社，1995年版。

［英］詹姆斯·布赖斯著，孙秉莹、谢德风、赵世瑜译：《神圣罗马帝国》，北京：商务印书馆，1998年版。

张仕颖：《马丁·路德称义哲学思想》，北京：人民出版社，2012年版。

张绥：《中世纪"上帝"的文化——中世纪基督教会史》，杭州：浙江人民出版社，1987年版。

赵林：《西方宗教文化》，武汉：武汉大学出版社，2005年版。

中国基督教协会：《圣经》，南京，1998年版。

周定国主编：《世界地名翻译大辞典》，北京：中国对外翻译出版公司，2007年版。

周力行：《捷克史：波西米亚的传奇》，台北：三民书局，2008年版。

周伟驰：《奥古斯丁的基督教思想》，北京：中国社会科学出版社，2005年版。

朱寰、马克垚主编：《世界史：古代史编》（下卷），北京：高等教育出版社，1994年版。

中文论文：

华君如：在烈火中永生——为纪念扬·胡斯大学士殉难580周年而作，《东欧》，1995年第3期。

刘明翰：论胡司运动及其性质，《山东大学学报（哲学社会科学版）》，1962年第3期。

侣化强：西欧中世纪纠问制诉讼中的原告，《法学家》，2010年第2期。

侣化强：异端审判中的刑讯，《国家检察官学院学报》，2010年第2期。

吴泽义：略论胡斯，《史学集刊》，1997年第1期。

徐显明：何谓司法公正，《文史哲》，1999年第6期。

尹曲：胡司战争的时代背景，《史学集刊》，1956年第2期。

尹曲：胡司战争与塔布尔派，《吉林大学人文科学学报》，1959年第4期。

曾祥敏：捷克宗教改革家约翰·胡斯研究述评，《西南民族大学学报（人文社会科学版）》，2013年第2期。

曾祥敏：约翰·胡斯被控"异端"始末探略，《宗教学研究》，2012年第2期。

曾祥敏：捷克宗教改革家胡斯殉道的多因素分析，《世界宗教文化》，2015年第 4 期。

曾祥敏:马丁·路德"发现"约翰·胡斯之过程探析,《世界历史》,2015 年第 6 期。

曾祥敏:宗教改革家约翰·胡斯"异端"形象的生成——以布拉格大学为考察视角,《西南交通大学学报(社会科学版)》,2020 年第 6 期。

曾祥敏:15 世纪基督教礼仪饼酒同领争论之辨析,《基督宗教研究》(第 29 辑),宗教文化出版社,2021 年 10 月。

曾祥敏:司法公正视角下康斯坦茨公会议审判胡斯案述评,《贵州社会科学》,2024 年第 3 期。

张荣:论意志的根据——奥古斯丁《论自由决断》中的意志追问,《江苏行政学院学报》,2008 年第 6 期。

张学明:中古基督教之正统与异端(451—1418),《新史学》(台湾),2002 年第 2 期。

张学明:论中古基督教之异端,《世界历史》,2003 年第 5 期。

赵林:罪恶与自由意志——奥古斯丁"原罪"理论辨析,《世界哲学》,2006 年第 3 期。

周尊南:浅谈胡斯战争,《郑州大学学报(哲学社会科学版)》,1980 年第 3 期。

网络资料:

Cardinal Miloslav Vlk and Pavel Smetana, The Common Declaration on the Symposium on Jan Hus, Held in Rome, http://www.ekumenickarada.cz/erceng/cl8.htm, 2012 年 10 月。

Pope John Paul II, Address of the Holy Father to an International Symposium on John Hus, http://www.vatican.va/holy_father/john_paul_ii/speeches/1999/december/documents/hf_jp-ii_spe_17121999_jan-hus_en.html, 2012 年 10 月。

后记

本书修改自我在四川大学历史文化学院 2013 年完成的博士论文。

我本是学英语出身,硕士研究生读的是外国语言学与应用语言学,怀着对历史研究的浓厚兴趣决意攻读历史学博士学位。对史学持有的兴趣固然是求学路上攻坚克难的强大动力,但是我毕竟缺乏史学的专业训练,因此,开始读博的一段时间里,惶恐的心情一直难以消除。除了自己以勤奋弥补先天和后天之不足以外,导师张箭先生对我一直鼓励有加,特别是确定捷克宗教改革家约翰·胡斯作为我的博士论文研究对象后,先生的学术指导和殷殷期待,增强了我完成博士论文的信心。从 2011 年 8 月底正式动笔,直到 2013 年 1 月 16 日敲定论文初稿的最后一个字,再到答辩前的多轮修改,最终迎来了 2013 年 5 月 7 日博士论文答辩的顺利通过。

我的博士论文是国内首篇以胡斯为专题研究的专门著述,我自然期待它能早日修改出版。让我没有想到的是,博士论文的完善和修订会持续长达 10 年之久。造成这一"拖延"的原因是多方面的。

首先,博士论文答辩通过以后,我一直在西南交通大学外国语学院从事较为繁重的教学和科研工作,后来还承担了英语系主任的行政管理工作,因此常常感觉分身乏术,时间和精力不够用,博士论文的修改时断时续。

其次,2015 年是胡斯殉道 600 周年纪念,在此前后,国际学术界出版了一些胡斯研究和与胡斯研究相关的最新学术专著和论文,特别是胡斯研究的当代权威学者托马斯·A.法吉相继出版了《约翰·胡斯案:中世纪异端及其审判程序》(2013 年)、《中世纪神甫和殉道者约翰·胡斯的记忆和动机》(2013 年)、《居于时间和永恒之间的约翰·胡斯:反思中世纪异端》(2016 年)等英文专著。非常幸运的是,我得到了国家留学基金委西部地区人才培养特别项目的全额资助,于 2016 年 8 月至 2017 年 8 月,在英国雷丁大学(University of Reading)教育学院担任访问学者一年。于是,利用这个得天独厚的机会,我广泛收集和购买了包括上述英文专著在内的胡斯研究最新成果。当然,阅读和消化这些研究成果颇为耗时费力,产生的工作量也超过了我的预期。

最后,修改论文的过程中,我依然延续了当年写作博士论文形成的字斟句酌的风格。还记得读博期间,因为这种写作风格影响了论文的推进速度,因此我时常感到焦虑。一次偶然的机会,我读到了《南方周末》于 2011 年 5 月 5 日刊发的采访著名作家张炜(**同年 8 月,因 450 余万字的巨型长篇小说《你在高原》获第八届茅盾文学奖**)的文章。张炜一直在筹建中国的诗歌博物馆,最早的规划是在 2007 年开馆,但迟至 2011 年他接受《南方周末》采访时,博物馆的建设还在进行之中。为此,张炜安慰自己:"做事情只要方向对,就不怕慢。想想世上的事情,有许多就是因为太快了才做坏的。"既然导师和我都认定博士论文的选题具有学术价值和研究意义,那我还是不要过于在乎论文推进速度的快与慢,慢工也许能出"细活"。这种平和的心态,虽然要以论文的写作和修改进展不快为代价,但是让我真正体会了史学研究和写作的乐趣。沉浸在中外文献对 600 多年前约翰·胡斯所生活的世界的描述,我尽力想象胡斯以及他周围之人的所作所为,试图理解他们的所思所想,逐步梳理出胡斯的人生脉络,试图理解他的思想实质和行为逻辑。在此过程中,既有准确理解和翻译英、法、拉丁文等外文史料的自我满足,也有发现新的史料的意外惊喜,更有对如何合理组织材料、如何严密论证等史学研究和写作的小小心得。当年的论文写作是如此,此后的论文修改也是如此。

还好,就在 2020 年中国和全世界抗击新冠肺炎的特殊环境下,6 月中旬,我终于完成了对于 7 年前那篇旧作的大幅修改。同年,我以修改的博士论文申报国家社科基金后期资助项目并成功获得立项。当然,在接下来的两年多时间里,我对博士论文再一次进行了修改。

博士论文的写作和修改,得到了很多人的帮助和支持。在此,我想对他们表达我发自内心深处的感激和感恩。

首先,我想对导师张箭先生表达最为诚挚的谢意!读博期间,先生对我的学业多有鼓励,对我的生活多有关心。更重要的是,先生治学的严谨、学识的渊博和指导学生的尽心尽责令我感佩不已,也让我受益匪浅。从谋划选题开始,先生就富有洞见地建议我放弃最初选定的英国宗教改革家约翰·威克里夫,转攻历史影响更为深远的捷克宗教改革家胡斯。在资料搜集阶段,先生数次给我提示重要的参考文献,特别是托马斯·A. 法吉 2010 年出版的英文专著《约翰·胡斯:波西米亚的宗教改革和社会革命》对我的博士论文至关重要,而且还要求我利用掌握第二外语的优势搜集相关法语文献。在论文写作期间,先生不厌其烦地解答我的疑问,对我撰写的数篇单篇论文提出修改意见并鼓励我投稿。论文初稿完成后,先生牺牲寒假休息时间对我的论文逐字逐句地审阅，从多个方面提出了宝贵修改意见，甚至指出了文中出现的打印错别字。可以说，没有先生的悉心指导，就没有这本博士论文的产生。同样重要的是，先生带领我参加了在武汉大学召开的中国世界中世纪史学会 2010 年年会，这对于我扩展学术视野、增进学术交流大有裨益。

其次，我要特别缅怀英年早逝的四川大学外国语学院姜源教授。姜老师是我妻子的硕士生导师，在不经意间我翻阅到他的博士论文《中美文化交流与形象建构批评(1784—1908)》，这激发了我转学历史的念头。虽然姜老师对我没有课堂授业之恩，但是我感恩于他曾经对我学问和人生的点拨。永远难忘 2010 年 1 月的一天，在四川大学南门外的一个咖啡厅里，我与姜老师有过长达两个多小时的交谈，他温文儒雅、平易谦和的学者风范给我留下了深刻的印象。但是，谁能想到这竟是我见到姜老师的最后一面——2010 年 3 月 21 日姜老师突发心脏病去世！希望这本书能告慰姜老师的在天之灵，以此感谢他对于我所有的帮助和指导。另外，姜老师的遗孀、四川大学李慧宇老师对我的学业一直给予了大力的帮助，文字实在难以形容我内心的感激之情。顺便一提，姜老师和导师张箭先生还是朋友。我报考张老师的博士，也是姜老师的引荐。姜老师逝世后，张老师曾撰文《怀念姜源先生》(载《中国社会科学报》2010 年 4 月 22 日"后海"版)寄托哀思并予以悼念。

史料是历史研究的基础和关键。在此，我要感谢所有为我博士论文的文献搜集提供帮助的人。2009 年 8 月至 2010 年 7 月期间，爱妻杨静林利用在美国从事对外汉语教学的机会为我购买了论文所需的绝大部分英语参考文献，另有美国加州苹果公司的高级软件工程师彭涛先生对此大力协助。美国斯坦福大学庹姗姗博士和她丈夫毛盛绩博士从图书馆帮我借阅《约翰·胡斯的异端》等三本法语专著。西南交通大学外国语学院华少庠教授提示我《德意志人》一书中有关胡斯的史料并允让我借阅此书。华中科技大学外国语学院林纯洁教授为我提供了有关路德与胡斯之间关系的材料。清华大学历史系张绪山教授通过电子邮件惠赠他所发表的有关威克里夫的论文。西南交通大学外国语学院俞森林教授向我提供了搜集网上资源的众多信息。此外，我还要感谢北京大学历史学系李隆国教授对于论文附录中部分拉丁文条目汉语译文的指正，感谢西南交通大学外国语学院张燊副教授对部分法语引文汉语译文的指点，感谢西南民族大学陈灿平教授对我学问的指点和帮助，感谢美国朋友约翰·夏基(John Sharkey)和帕特·夏基(Pat Sharkey)夫妇给我解释英文文献阅读中遇到的疑惑。我还要特别感谢英国雷丁大学教育学院李大国教授邀请我到英国访学并担任我的导师,让我有机会收集到胡斯研究的最新成果。

最后,我还要特别感谢上海三联书店的编辑郑秀艳老师,她的认真和细致帮助我尽可能地减少了文字方面的不足。当然,本书中出现的任何问题,理当由我本人负责。

本书的部分内容曾在《世界历史》《宗教学研究》《世界宗教文化》《贵州社会科学》《西南民族大学学报(人文社会科学版)》《西南交通大学学报(社会科学版)》《基督宗教研究》等学术期刊发表。

我很庆幸,2009 年选择了历史学作为满足自己学术好奇心的新方向。我一直享受着历史研究的探究过程,希望眼前的这本论著能向更多读者展示我在探究过程中的发现。

2024 年 5 月 4 日写于四川成都

图书在版编目(CIP)数据

被控异端与宗教改革:约翰·胡斯的思想与实践/曾祥敏
著.—上海:上海三联书店,2024.7
ISBN 978-7-5426-8545-2

Ⅰ.①被… Ⅱ.①曾… Ⅲ.①胡斯(Huss,John 1369-
1415)-宗教哲学-哲学思想-研究 Ⅳ.①B920

中国国家版本馆 CIP 数据核字(2024)第 112203 号

被控异端与宗教改革:约翰·胡斯的思想与实践

著　者 / 曾祥敏

责任编辑 / 郑秀艳
装帧设计 / 一本好书
监　制 / 姚　军
责任校对 / 王凌霄

出版发行 / 上海三联书店
　　　　　(200041)中国上海市静安区威海路 755 号 30 楼
邮　箱 / sdxsanlian@sina.com
联系电话 / 编辑部:021-22895517
　　　　　发行部:021-22895559
印　刷 / 上海颛辉印刷厂有限公司

版　次 / 2024 年 7 月第 1 版
印　次 / 2024 年 7 月第 1 次印刷
开　本 / 710mm×1000mm　1/16
字　数 / 410 千字
印　张 / 23.25
书　号 / ISBN 978-7-5426-8545-2/B·910
定　价 / 98.00 元

敬启读者,如发现本书有印装质量问题,请与印刷厂联系 021-56152633